全国高等学校教材

供医学院校五年制、七年制和八年制用

U0725982

医学生
职业发展与就业指导教程

第**4**版

人民卫生出版社

图书在版编目（CIP）数据

医学生职业发展与就业指导教程 / 全艳，张文雯主编 .—4 版 .—北京：人民卫生出版社，2019

ISBN 978-7-117-28086-0

Ⅰ.①医… Ⅱ.①全…②张… Ⅲ.①医学院校 — 大学生 — 职业选择 — 教材 Ⅳ.① G647.38

中国版本图书馆 CIP 数据核字（2019）第 026400 号

| 人卫智网 | www.ipmph.com | 医学教育、学术、考试、健康，购书智慧智能综合服务平台 |
| 人卫官网 | www.pmph.com | 人卫官方资讯发布平台 |

医学生职业发展与就业指导教程
第 4 版

主　　编：全　艳　张文雯
出版发行：人民卫生出版社（中继线 010-59780011）
地　　址：北京市朝阳区潘家园南里 19 号
邮　　编：100021
E - mail：pmph @ pmph.com
购书热线：010-59787592　010-59787584　010-65264830
印　　刷：北京铭成印刷有限公司
经　　销：新华书店
开　　本：787 × 1092　1/16　印张：25
字　　数：608 千字
版　　次：2009 年 9 月第 1 版　2019 年 3 月第 4 版
　　　　　2024 年 7 月第 4 版第 7 次印刷（总第 17 次印刷）
标准书号：ISBN 978-7-117-28086-0
定　　价：63.00 元

打击盗版举报电话：010-59787491　E-mail：WQ @ pmph.com
（凡属印装质量问题请与本社市场营销中心联系退换）

序

党的十九大提出中国特色社会主义进入了新时代，确立了习近平新时代中国特色社会主义思想作为我们党的指导思想。作为党的十七届、十八届、十九届全国党代会代表，我深知新时代面临着许多新的矛盾，在高校毕业生就业领域同样有许多新的体现，从需求侧来说，人民群众的期盼由"能就业"向"就好业"转变，期盼更加积极的就业政策和更加优质的就业服务。从供给侧来说，优质高等教育资源供给相对不足，制度政策供给有待完善，服务供给有待加强。努力缩小供给侧与需求侧的差距，是新时代我们努力奋斗的方向。我们要不断创新思路和工作方法，进一步深化改革、完善制度、优化服务，提高人民群众对教育工作的获得感、满意度。

随着我国高等医学教育的快速发展，医学毕业生的数量和质量也显著提高。然而，由于医学专业性强，就业面相对较窄，医疗卫生单位"用人高消费"等因素，导致医学毕业生就业压力逐年上升。凡事"预则立，不预则废"，当今时代是充满机遇和挑战的时代，求职择业是每个医学生面临的人生重大课题之一。我能干什么？想干什么？适合干什么？社会需要什么样的人？就业？考研？出国？三甲医院、二级医院、乡镇卫生院，还是私企？面对着纷繁复杂的职业发展路径，医学生们有着太多的困惑。

美国生涯理论专家萨帕（D.E.Super）曾经说过："生涯是个人终其一生所扮演角色的整个过程，生涯发展是以人为中心的，只有个人在寻求它的时候，它才存在。"职业生涯规划的过程，是实现自我的开始，是接受新知识，学习新技能，建立新观念，不断提升完善自己的过程。医学生在求职择业过程中，面对全新的就业体制，面对激烈的择业竞争，面对复杂的人际关系，往往会感到手足无措，产生种种心理误区。大学生职业生涯规划，能帮助同学们真正了解自己，为自己定下事业大计，谋划未来，拟定一生的发展方向，根据主客观条件设计出合理且可行的职业生涯发展方向，找到现实与理想的最佳结合点。因此，职业生涯规划及就业指导作为大学生进入社会之前必须修为的关键环节，应得到社会、学校，特别是大学生自己的重视。

职业生涯规划教育可以有效帮助学生进行职业定位，就业指导教育旨在培养学生提高岗位胜任能力，两者相辅相成。医学生的职业发展要依赖科学的规划，而职业生涯规划能够帮助学生克服和规避职业发展中的艰难险阻，提高职业发展的高度和宽度。

本教材是由哈尔滨医科大学牵头，会同黑龙江省内外医学院校从事职业发展与就业指导的专家学者们，总结自己多年的工作经验，精心撰写的一部职业发展与就业指导教程。该教程第 1 版于 2009 年出版，已经历了近十年的教学实践，在前 3 版的基础上，作者又汲取党的十九大精神，修订出版第 4 版，为医学高等教育总结归纳医学生职业生涯与就业指导领域提供了可供参考和借鉴的最新成果。

　　早在 1909 年，美国人帕森斯（Frank Parsons）首次提出了"职业指导"的概念，并因此成为职业指导之父。党的十九大报告指出，就业是最大的民生，要坚持就业优先战略和积极就业政策，实现更高质量和更充分就业。高校毕业生就业工作是"教育优先发展"和"就业优先战略"的重要交汇点，必须摆在突出重要位置。今天，我们将带给广大医学生一个更系统、更完善、更全新的医学生职业发展理念。希望通过本书能够对广大医学生的职业发展和职业选择有所裨益，帮助你们确定自己的职业目标，规划自己的职业方向，完善自己的人生定位，基于职业生涯规划提高自身的创新发展能力，在未来的职业生涯中扬帆远航！

中国工程院院士

哈尔滨医科大学校长

2018 年 8 月

Preface

The 19th CPC National Congress has defined socialism with Chinese characteristics marched into a new era, which established the Xi Jinping thought on socialism with Chinese characteristics for a new era as our guiding ideology.I, as a representative of 17th, 18th, 19th CPC National Congress, well known that the new area is facing plenty of new contradictions, and so does the university graduates.On the demand side, people demand more active policies and more quality employment services.On the supply side, the high quality higher education resources are relatively undersupplied, the institutional policy and services supply requires to be perfected.To narrow the gap between the supply side and the demand side is the direction of our endeavor in the new era. We need to constantly innovate our thinking and working methods, to further deepen reforms, to improve systems and services, and improve the sense of satisfaction of people towards educational work.

With the rapid development of higher medical education of China, the quantity and quality of medical graduates have also been significantly improved.However, as a result of the strong professional of medical science, the relatively narrow employment scope, medical and health institutions "high consumption of personnel" and other factors, lead to the increasing employment pressure on medical graduates.The Doctrine of the Mean notes that, "preparedness ensures success and unpreparedness spells failure".The present era is full of opportunities and challenges, and job seeking is one of the major life issues facing every medical student. "What can I do?What I want to do?What am I suitable for?What kind of people is the society needs?What kind of hospitals should I choose?" Facing the complicated career development path, medical students have too much confusion.

American career theorist D·E·Super has mentioned that, "Life is the whole process in which an individual plays a role throughout his or her life.It exists only when individuals seek for it." The process of career planning is the beginning of self-realization, the process of accepting new knowledge, learning new skills, establishing new ideas and constantly improving oneself.In the process of job hunting, medical students often feel at a loss or produce a variety of mental error when facing the new employment system, the fierce competition and the complex interpersonal relationship.Career planning for college students can effectively help them to design a reasonable and feasible career development direction according to the subjective and objective conditions.

Therefore, career planning and guidance as a key link before university students enter the society should be attached great importance to the society, university and especially the student.

The education of career planning can effectively help students with their career orientation, and the aim of education of career guidance is to train students to improve their competence, which both supplement each other.The career development of medical students depends on scientific planning, and career planning can help students overcome and avoid the difficulties in career development and increase the height and width of career development.

This textbook is led by Harbin Medical University, in conjunction with the experts and scholars engaged in career development and employment guidance in medical colleges and universities in Heilongjiang province.It was published in 2009 and has experienced nearly ten years of teaching practice.Based on the first three editions, the forth edition absorbed the spirit of the 19th National Congress of the Communist Party of China, and provides the latest achievements for medical students'career.

As early as 1909, the concept of "career guidance" was first proposed by Frank Parsons, the father of career guidance.According to the 19th National Congress of the CPC, employment is the greatest livelihood for people and we should adhere to the strategy of giving top priority to employment and a proactive employment policy to achieve higher quality and better employment.The employment of university graduates is an important intersection of "education priority development" and "employment priority strategy", which must be prominently displayed.Now, we will bring the medical students a more systematic, perfect, brand-new medical student's career development concept.We hope it help you to pursue your career goals and life orientation.

Yang Baofeng

Academician of Chinese Academy of Engineering

Former President of Harbin Medical University

August, 2018

前　言

　　本教材分别于 2009、2012、2015 年出版和再版，每一次再版都是根据教育部有关大学生创新创业政策、就业形势新变化和大学生职业发展情况而进行修订的。十九大以来，习近平总书记在就业方面做出了一系列重要指示，包括大学生到国际组织任职等，大学生就业政策又有了新内涵。根据形势变化，现决定再版《医学生职业发展与就业指导教程》，以使该教材与时俱进，与国家政策及大学生职业发展的新特点紧密结合，同时，调整教材内容，更新教材理念，将习近平新时代中国特色社会主义思想中关于大学生职业发展和就业方面的新思想、新要求、新精神融入新版教材，以增强修订后教材的教育性和指导性，让大学生们能够及时享受到国家最新政策和改革发展的最新成果，尽快投入到新时代中国特色社会主义建设中去。

　　该教材的多次再版充分说明了本教材受到了教师、学生及广大读者的欢迎。编者在备受鼓舞之余，更感责任的重大。改版后教材总体思路不变，体例稍作改动，特色不变，其他方面做出了如下修改：

　　第一，书名由原来的《医学生职业发展与创新创业教程》改为《医学生职业发展与就业指导教程》。

　　第二，删减了创新创业内容。随着创新创业教育的发展，创新创业指导已逐渐发展成独立的学科体系，被单独列为一门课程，已有独立教材。因此，本书中删减掉了创新创业的内容，更加突出了就业指导的完整体系。

　　第三，增加了就业新政策等内容。随着大学生就业形势的变化，增加了大学生最新就业政策，尤其是基层就业政策，引导医学生面向城乡基层就业，到祖国最需要的地方建功立业；增加了就业指导方面的知识和内容，包括大学生的毕业去向，指导毕业生明确目标，选准方向，着力进行能力提升，以不同的就业形式选定自己的职业发展之路；增加了医学生从业资质的要求及工作后职称晋升的标准等内容，引导医学生在校期间进行职业素质的培养，为更好适应职业需要做准备。

　　第四，增加了每章标题和名词的英文翻译；增加了英文文献和英文前言与后记；增加了可借鉴的国外医学卫生法规案例；增加了可借鉴的国外就业理念和国外成功求职经验等相关内容。

　　第五，调整了一部分内容。结合国家对职业生涯规划和就业指导教学大纲的最新要求和各医学类院校在教学实践过程中的实践积累，调整了部分内容及近年的案例及相关参考文献。

　　本教材修订过程中，得到了编者所在院校领导的大力支持，在此表示衷心感谢！在本书的编写及修订过程中，我们参阅了大量的文献、资料，在此向引文作者深表敬意和诚挚的谢意！主观愿望与现实之间总会有差距，由于我们的水平和在学术以及经验上的局限，本教材中错误与疏漏在所难免，恳请专家同仁及广大读者给予批评指正，编者不胜感激。

编　者
2018 年 8 月

Introduction

This textbook was published and republished in 2009, 2012 and 2015 respectively.Each republication was modified according to the new requirements of Ministry of Education, including the entrepreneurship policies, the employment situation and the career development of university students.Since the 19th National Congress of the Communist Party of China, General Secretary Xi Jinping has made a series of important instructions on employment, including encouraging university students to work in international organizations and so on, which provided new connotation of university student employment policy.In order to keep pace with the times, the republication of *Career Development and Guidance for Medical Students* consistent with national policy and the new features of university students'career development.The content and concept of the textbook has been adjusted to include the new ideas, new requirements and new spirits of Xi Jinping thought on socialism with Chinese characteristics for a new era, by which promoting the educational and instructional function of the textbook.

The republication of the textbook fully displays the popularity among teachers, students and readers.We feel more responsibility than encouragement.The new textbook keeps the original overall thoughts, but adjusted in the following parts:

First, the title of the textbook changes into *Career Development and Guidance for Medical Students.*

Second, the parts of Innovation and Entrepreneurship have been deleted, due to Innovation and Entrepreneurship has been classified as an independent course and has its own textbook.

Third, added the part of New Employment Policy, including the Grassroots Employment Policy, the Employment Guidance, the Qualification Requirements and the Promotion Criteria, which guides the medical students to improve their literacy and prepare for their employment.

Four, added the English translation of each subtitle and each noun explanation, added English Literature, English Introduction and Postscript, added cases of foreign medical health laws and regulations for reference, added foreign employment philosophy and foreign successful employment experience for reference, and so on.

Five, according to the newest national requirements of career planning and guidance syllabus, referring to the practice accumulation of medical university, adjusted several parts, cases and related literatures.

Introduction

  We are thankful for the grand support we received from the leaders of the university. And we are also thankful for all the writers of all the literature and data we referenced.

  There is always a gap between the subjective desire and the realities.

  Due to the limitation of our capacities and experience, mistakes and omissions are inevitable in the textbook. We are hopeful for your kind criticize and correct.

Editor's note

August, 2018

目　录

第一章

认识医学生职业生涯规划

知识点

通过本章的学习，帮助医学生正确认识职业生涯规划及其重要意义，掌握职业生涯规划的设计步骤；理解医学专业及医学教育的培养目标，明确医学生学业规划的特殊性；增强对医学生职业生涯规划和学业规划的理解与感悟，主动开启自己的职业生涯探索与学业规划。

第一节 职业生涯规划

迷惘与疑惑

小程同学的故事（一）

小程，2003届白求恩医科大学医药信息学本科毕业，2006年中国协和医科大学情报学硕士毕业生。

小时候，我的理想是长大了能成为一名医生。我常常想象自己有一天能如名医华佗一样为他人解除病痛，甚至妙手回春，那时一定会有很强的成就感和幸福感。高考时，我毫不犹豫地报考了那所以白求恩的名字命名的医科大学。优异的成绩让我顺利地踏入了这所重点大学的校门，却没能帮我实现当医生的梦想，我被录取到医药信息学专业。接到录取通知书时我的心情很糟糕。但不服输的个性让我马上又将希望寄托于五年后的临床医学研究生入学考试，多方咨询后才知道只有本科所学专业是临床医学的学生才有资格报考临床医学专业的研究生。本该沉浸在高考成功喜悦中的我一下子被这个现实击倒了，入学后的很长一段时间我都有退学的想法。由于担心我的复习再考会给父母带来经济负担和心理压力，我最终放弃了这个念头。

医药信息学专业前三年半的课程安排与临床医学专业一致。每当看到那些临床医学的学生刻苦学习的劲头，我就会想，如果将来能成为一名医生我一定比他们还要刻苦。既然无法成为一名医生，那我有什么必要和他们一样拼命去学习医学知识呢？很长一段时间我似乎在跟命运怄气，我带着沮丧的表情站在生活这面镜子前面，生活也对我愁眉苦脸。我不再勤奋，也不再有上进心。于是几乎所有的学习荣誉第一次远离了我，我在无法圆梦的失落情绪中也离我的同学们越来越远。

突然有一天，我猛然发现还有一年半就要毕业了。我开始问自己：你珍惜过自己经过十二年寒窗苦读后才获得的学习机会吗？这三年半你都学到了什么？你为自己的未来考虑过吗？毕业了你拿什么去找工作？一份不起眼的成绩单？一张普通的大学毕业证？周围的同学一直在进步，我为什么到现在才察觉？难道只有当上医生才叫成功吗？

同学们，上面的故事是否让你感悟到了什么？你有没有过与小程近似的心路历程？你觉醒了吗？开始行动了吗？你身在何处？想要去何方？下一步该迈向何方？该怎样去？职业生涯规划会引领你度过一个对未来有意义的大学生活；职业生涯规划会督促你为就业做好充分的准备，帮你提升自己的能力和价值，助你步入成功的人生。

理论解析

一、职业生涯规划的基本概念

（一）职业的含义

职业是人们在社会中所从事的作为谋生手段的工作；从社会角度看职业是劳动者获得的社会角色，劳动者为社会承担一定的义务和责任，并获得相应的报酬；从国民经济活动所需要的人力资源角度来看，职业是指不同性质、不同内容、不同形式、不同操作的专门劳动岗位。

（二）生涯的含义

《辞海》对"生涯"一词的解释为：指从事某种活动或职业的生活。还有学者认为：广义的生涯，指社会个体在其整个生命活动的时空中所经历的以接受教育（培训）与职业转换为主轴的一切活动的总和；狭义的生涯，既可以指社会个体在其某一段生命活动的时空里所经历的以教育（培训）与职业转换为主轴的一切活动的总和，也可以指社会个体在其某一生命活动的时空里所经历的以非教育（培训）与职业转换为主轴的一切活动的总和。目前，大多数西方学者所接受的生涯的定义是舒伯（Donald E.Super）于1976年提出的论点：生涯是生活里各种时态的演进方向和历程，它统合了人一生中的各种职业和生活角色，由此表现出个人独特的自我发展形态。生涯也是人生从青春期到退休后，一连串有酬或无酬职位的综合。除了职业之外，还包括任何与工作有关的角色，如学生、退休者，甚至包含家庭和公民的角色。

简单说，生涯就是一个人终生的工作经历。每个人都有属于自己的生涯，每个人的生涯都在他自己的脚下进行着，或默默无声，或轰轰烈烈。生涯像水一样流动，你可以通过自我寻觅与探索去改变它的流向，也可以通过行为的调试来完善性格，从而提升它的深度。即使社会存在诸多因素不断影响着你生涯的发展，但是你可以从现在开始，认识自己，掌握生涯，贴近生命。

（三）职业生涯的含义

职业生涯指个体职业发展的历程，指一个人一生连续从事的职业、职务、职位的过程。人们一生的职业历程，有着种种不同的可能：有的人从事这种职业，有的人从事那种职业；有的人一生变换多种职业，有的人终身位于一个岗位上；有的人不断追求、事业成功；有的人穷困潦倒、无所作为。造成人们职业生涯的差异，有社会环境的影响，也有个人能力、心理、机遇等方面的差异。

（四）职业生涯规划的含义

职业生涯规划是指个人和组织相结合，在对一个人职业生涯的主客观条件进行测定、分析、总结研究的基础上，对自己的兴趣、爱好、能力、特长、经历及不足等各方面进行综合分析与权衡，结合社会需要，根据自己的职业倾向，确定其最佳的职业奋斗目标，并为实现这一目标做出行之有效的安排。比如：做出自我评估、个人职业的近期和远景规划、职业目标、方案设计、评估与行动方案等一系列计划与行动。

职业生涯规划的目的不只是协助个人按照自己的资历条件找一份工作，实现个人目标，更重要的是帮助个人真正了解自己，为自己筹划未来，拟订一生的目标，在"知己知彼"的情形下设计出各自合理且可行的职业生涯发展方向。

从 1957 年到 1990 年，著名职业生涯规划大师舒伯（Donald E.Super）经过研究提出了"生涯"概念和生活广度、生活空间的生涯发展观（life-span, life-space career development）。他依照年龄将每个人生阶段与职业发展配合，将生涯发展阶段划分成成长、试探、建立、保持和衰退五个阶段，并创意设计了生涯彩虹图（life-career rainbow）。在生涯彩虹图中（图 1-1），纵向层面代表的是纵观上下的生活空间，是由一组职位和角色所组成。可分成子女、学生、休闲者、公民、工作者、持家者六个不同的角色，他们交互影响交织出个人独特的生涯类型。

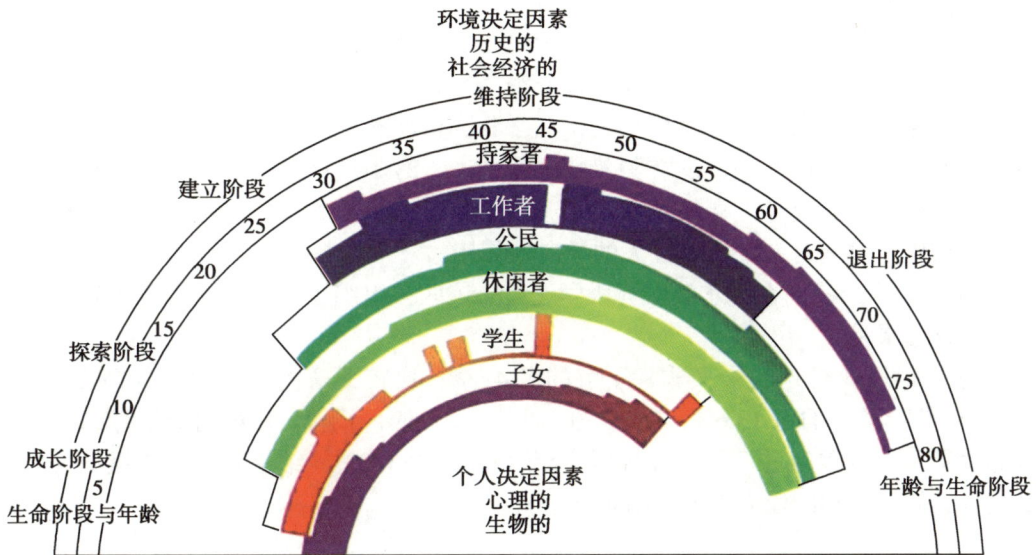

图 1-1 舒伯生涯彩虹图

从这个彩虹图的阴影比例中可以看出，成长阶段（0~14 岁）最显著的角色是子女；探索阶段（15~20 岁）是学生；建立阶段（30 岁左右）是家长和工作者；维持阶段（45 岁左右）工作者的角色突然中断，又恢复了学生角色，同时公民与休闲者的角色逐渐增加，这正如一般所说的"中年危机"的出现，同时暗示这时必须再学习、再调适才有可能处理好职业与家庭生活中所面临的问题；衰退阶段（65 岁以上），由于生理及心理功能日渐衰退，个体不得不面对现实，从积极参与到隐退。这一阶段往往注重发展新的角色，寻求不同方式以替代和满足需求。举例来说，如一个大学的新生，必须适应新的角色与学习环境，经过"成长"和"探索"，一旦"建立"较固定的适应模式，同时"维持"大学学习生活之后，又要开始面对另一个阶段——准备求职。原有的已经适应的习惯会逐渐衰退，继而对新阶段的任务又要进行"成长""探索""建立""维持"与"衰退"，如此周而复始。

二、医学生职业生涯规划的意义和目的

（一）有助于医学生明确个人职业目标

古人云："志不立，天下无可成之事"。人生需要有前进的方向和目标，没有目标，就像轮船在大海里失去了航向和灯塔，不仅会浪费大量的时间和精力，甚至会导致沉船，一生一事无成。古罗马帝国的凯撒大帝，战功赫赫，他一手造就了整个世界的文明发源地，他一生的成功被他自己归纳成 8 个字："提前布局，抓住机会"。

【案例】

哈佛大学的专家曾经做过一个著名的调研。1953 年召集 100 位大学生作了目标对人生影响的跟踪调查，调查对象是那些智力、学历和环境因素基本相同的学生。调查初始时的数据为：27% 的人，没有目标；60% 的人，目标模糊；10% 的人，有清晰但比较短期的目标；3% 的人，有清晰且长期的目标。25 年之后，再来对这些"年轻人"的生活进行调查。他们的状况如下：3% 有清晰且长期的目标的人，25 年来几乎没有改变过自己的目标，并且向着这个目标不懈努力，最后，几乎都成为了社会各界的精英、行业领袖。10% 有着清晰但短期目标的人，大部分生活在社会的中上层。他们的短期目标不断通过努力得以实现，生活水平稳步提高，成为社会各个行业中不可缺少的专业人士。如著名的医生、设计师、学者、律师等。60% 目标模糊的人，几乎都生活在社会的中下层面，虽然能够安稳地生活和工作，但是除此之外，没有其他特别的成绩。27% 没有目标的人，生活在社会的最底层，经常处于失业状态，靠领取失业救济维持生活，对整个社会和世界充满怨恨。

调查结论：目标对人生有着巨大的导向性作用。

2009 年 6 月，我们在哈尔滨医科大学（大庆校区）组织了一次学生生涯规划情况问卷调查，调查结果是：

1. 学生对职业规划的含义非常了解的占 4.5%；比较了解的占 28.8%；了解一些的占 51.9%；只是听说过的占 13.6%；1.2% 的学生是一点都不了解。并对四个年级的学生对职业规划含义的了解程度进行了统计分析（$X^2=18.94$，$P=0.09$），结果是不同年级学生对职业规划的含义的了解程度没有差异（图 1-2）。

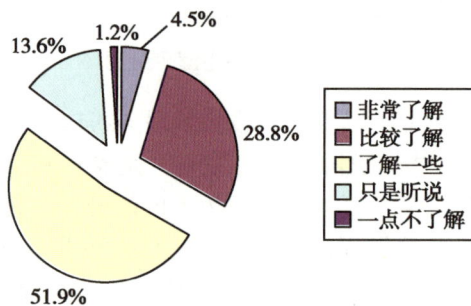

图 1-2　医学生对职业规划了解情况

2. 在医学生对职业规划操作程度的调查结果显示（图1-3），做过大学生生活或学业规划的同学占49.8%；没做过的占14.8%；正在考虑做的占27.2%；有8.2%的学生很迷茫，不知道如何做大学生活规划和职业规划。

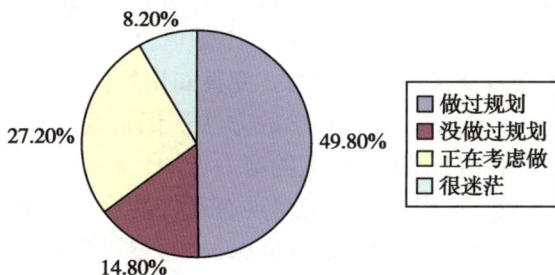

图1-3　医学生对职业规划操作程度

3. 对职业生涯规划意义的认识也不平衡，医学生认知职业规划的必要程度也有所不同（图1-4）

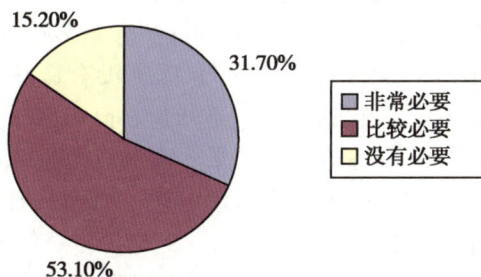

图1-4　医学生认知职业规划必要程度情况比例

大学作为大学生职业生涯规划的第一站，其作用至关重要。这个数字比率说明指导当代医学生进行职业生涯规划已迫在眉睫，刻不容缓。

（二）有助于医学生进行正确自我分析，转变就业观念

通过职业发展规划理论的系统学习，用科学认知的方法和手段，对自己的性格、兴趣、气质、能力以及价值观等进行全面分析，认清自己的优势与特长、劣势与不足。同时，结合职业分析，充分考虑职业的区域性、行业性和岗位性等特性，认清医药卫生行业的现状和发展前景以及医学职业岗位对求职者的自身素质和能力的要求，从而清晰地知道自己能做什么，适合做什么，据此帮助自己，做到知己所长，知己所短，然后在医学大背景下选择适合自己从事的医学具体职业。这对医学生确立正确就业观十分重要。良好的就业观念是医学生在认识和处理职业问题时的准绳，正确地认识和把握这一准绳，不仅有助于个人找到合适的就业岗位，而且有助于医学生的成长、成才和职业理想的实现。

【案例】

小黎同学2006年毕业于一所医学院校医药营销学本科专业。虽然参加工作只有两年的时间，但已经换了好几份工作。最长的一份工作才做了8个月，每次都是她主动辞职的。理由是总是觉得自己不喜欢手上的工作，想找更合适的，但总也找不到，只好不停的辞职、找工作。现在又处在求职的阶段，实在不想再这样下去。可她以前做过私立医院办公室秘书、医疗器械销售公司代理、药品销售公司推销员，只要和自己专业有点关系的，觉得自己能胜任的工作她几乎都做过了，迷茫的她也不知接下来该做什么。

小黎同学之所以这么迷茫，就是从来没有认真地分析过自己，没有对自己的个性、兴趣、爱好、能力和水平等进行一个综合的评价，不知道自己真正喜欢什么。

（三）有助于医学生获得持久的学习动力，完善知识结构

医学生学习实施职业发展规划，用科学的方法认识自我、认识职业，有助于清晰地把握自身的优势和劣势，明确自己在学业上的努力方向，将已有知识科学重组，最大限度地发挥知识结构的整体效能。特别是通过自身现有条件的测量评估，可以调动医学生自我完善的愿望，增强学习医学专业知识与技能的动力；通过对职业要求的调查了解，使医学生发现自身现有条件与职业要求之间的距离，从而挖掘潜力，奋发学习，提升自我；通过制定合理可行的生涯目标和职业目标，促使医学生去规划自己的专业学习和技能锻炼，并为获得理想的职业去做各种准备；在学习中提升医学职业精神和医学人文精神，最终达到"人职匹配"的目标。

（四）有助于医学生坚定职业理想，走向成功人生

"晴带雨伞，饱带干粮""人无远虑，必有近忧"。众多遭遇职业瓶颈的咨询者当中，不少在工作了3~5年便遇到了"无规划窘迫症"，因为没有良好、系统的职业规划，所以在跳槽N次后开始感觉力不从心，感到茫然，不知道自己可以干什么，应该干什么和喜欢干什么，这就是"活在当下"的心态造成的苦果。面对竞争越来越激烈的职场，无法认清自己的能力和职业定位，就像在大海里用手捕鱼一样，抓到一条算一条，不知道哪个水域鱼多，也不知道应该使用什么工具。

英国前首相丘吉尔曾说过"一个人看不到未来，就把握不了现在。"大量资料显示，一个人事业的成败，人生的成就，在很大程度上取决于其能否认真地思考和规划自己的未来。职业规划的设计能够催人奋进，督促有远大抱负的人按着规划的目标坚定地去学习去提高自己，去一步一个脚印地向前，直到成功。

【案例】

就读于某医科大学信息技术管理专业的小邹，在暑假社会实践中参加了一家国际医药公司的宣传活动。在这次活动中，他遇到很多志趣相投的人。他们经常在一起讨论工作，讨论世界著名医药企业的发展经历，小邹逐渐对人生有了一个清晰的目标，他产生了"想进入国际医药大公司"的念头。有了这个想法之后，小邹制订出了一个非常详尽的计划。包括每个阶段应该做哪些事情，考取营销师、药剂师等技能证书等。每完成一项任务，他就会从计划表中划去一项。在学习期间，他一直坚持盯住目标不放松，利用课余时间和假期参加一些大型医药公司的实习活动。他白天上课，晚上加班学习到凌晨。毕业后，小邹凭着他的丰富实践经历和优秀的学习成绩，顺利地在一家外资医药企业得到了工作机会，可是他没有满足，他计划着找到合适的机会到名牌药科大学深造，或者是去国外读书、打工。通过学习丰富人生阅历，同时抓住可能有的新机遇，实现自己更高的职业目标。

三、医学生职业生涯规划的步骤

医学生职业生涯规划的步骤见表1-1。

表 1-1　职业生涯规划期限参考表

项目	期限	规划内容
学业规划	3 年以内	确定大学期间的学业规划及近期目标规划 大学期间应着重训练、完成的任务
学业末期、求职及职业初期规划	3~5 年	规划三至五年内的职业目标与任务 毕业前准备、求职目标、行动及职业尝试锻炼等
职业中期拼搏规划	5~10 年	主要总结前五年的职业发展情况，修订职业目标 调整中长期职业发展的计划与措施等
长期规划	10~20 年	职业稳定之后，仍需要确立更高的职业理想与目标，如业务水平、工资待遇、学术价值、社会地位、职位等

作为医学院校的学生，应该将短期、中期和长期规划进行有机结合，这样可以达到学习效率和求职成功率高、职业竞争力强、就业顺利的目的。

职业生涯规划的基本步骤见图 1-5。

（一）激发职业规划认知

激发职业认知，简单来说就是激发医学生对职业生涯规划重要性的认识，唤起医学生的主观能动性，愿意花时间来规划自己的职业生涯。职场的激烈竞争，迫切要求医学生对自身对职业有一个清楚的认识，并有强烈的愿望去科学设计规划自己的未来人生。现实中许多医学生将职业简单地看成谋生手段，大大降低了其责任心与归属感，严重影响了个人职业潜力和学习智慧的发挥。因此职业生涯设计的第一步是让医学生对职业生涯规划重要性有清醒的认识。每一个医学生都应该懂得，生

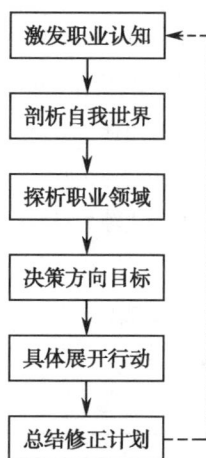

图 1-5　职业生涯规划步骤

涯规划只是一个过程，是一种面对生涯发展的态度，它未必能够立竿见影，马上为自己带来理想的工作或某种物质利益，但你只要耕耘，必有收获。它的效益是在不远的将来，而且一定会让你终身受益。

（二）剖析自我世界

1. **明确人生价值**　人生价值观是建立在世界观和生命观基础上随时调整人生方向的"罗盘"和"指南针"，它决定了一个人的生存方式和生活追求。许多人一辈子匆忙奔波最后一事无成，主要原因是没有明确的价值观，或者说他们的价值观是混乱不确定的，他们从来没有思考过人生什么是最重要的，所以也不清楚人生的主次先后和轻重缓急，始终在随大流，忙了一辈子，也没忙出一个所以然来。大学是人生重要的转折阶段，大学生一定要树立正确的价值观，因为它就像人生方向的"指南针"会引领你走向成功或走向失败。

2. **认清自身现状**　一份完善的职业生涯规划的重中之重是对自我的正确认识和剖析，自我认知是个人职业生涯规划的基础，一个人只有通过自我认知和评估，正确、深刻、准确地认识和了解自己，才能对未来的职业生涯做出最佳抉择。自我认知测试见表 1-2。

表 1-2　自我认知测试简表

项目	判断	属于其他
性格特点	内向 / 软弱	外向 / 刚强
心理素质怎样？	好 / 较好	一般 / 不好
优势是什么？	沟通	动手能力
劣势是什么？	不善表达	沟通能力差
兴趣是什么？	经商 / 当医生 / 做护士	医药营销商 / 运动医生 / 心理医生 / 家庭护士
爱好是什么？	艺术 / 写作	设计 / 理财
什么是我生命中最不会舍弃的东西？	亲情 / 爱情 / 友情	金钱 / 享受 / 工作 / 事业
生活中曾受到的失败的教训是什么？	高考失意 / 求职碰壁	恋爱失败
生活中曾取得的成功经验有哪些？		
我具备的优于他人的技能是什么？	外语 / 智商 / 表达	社会实践能力 / 家庭条件
整体素质怎样？	高	低
最欠缺的是什么？	胆识 / 魄力	独立思考 / 决策能力
医学专业成绩怎样？	高	一般
情商？	高	一般
身体 / 体质状况	健康 / 强壮	亚健康 / 一般
思想观念	传统	现代 / 后现代
性别	男	女

（三）分析职业环境

在制订职业生涯规划时，医学生要注意到环境资源对个人职业生涯发展的重要影响。要清楚以下情况：

1. 所处的医学大环境。

2. 医学职业环境的发展变化情况。

3. 所学医学专业与医学环境的关系。

4. 医学职业环境对求职者的要求、条件和待遇。

5. 医学职业环境对自己提出的要求以及医学职业环境对自己的有利条件和不利因素。

（四）决策方向与目标

1. 确定职业生涯规划的方向与目标　职业生涯规划就是为了实现职业生涯目标，进而获得自己理想的生活，所以目标抉择才是职业生涯规划的核心。制订目标要符合个人实际情况，不能过高或过低。过高的目标无法实现会使人受到打击，过低的目标太容易实现不利于发挥潜能，也就不利于获得大的成就。因此，需要根据所学专业与兴趣、理想相结合，理性客观地确定目标。

设定目标的原则：先有大目标，再补充小目标；亦可先有小目标，再定大目标。医学生就业目标方向可参考图 1-6。

就业目标　　　　　　　　　从事工作

医院 ——————————→ 医务工作

其他医疗机构 ——————→ 医药营销/医疗保健/社区医疗
　　　　　　　　　　　　　公共卫生/疾病预防/卫生监督

自主创业 ——————————→ 办诊所、药品商店等

继续教育深造 ——————→ 报考医学/公共事业管理研究生等

医疗科研单位 ——————→ 医学科研工作

医疗卫生行政部门 ———→ 医学管理工作

外企或其他行业部门 ——→ 擅长或感兴趣的工作

国家公务员考试 ————→ 机关/企事业单位机关管理工作

其他领域 ——————————→ 与家族企业发展相关的高级经理人等工作

国外 ——————————→ 深造或创业

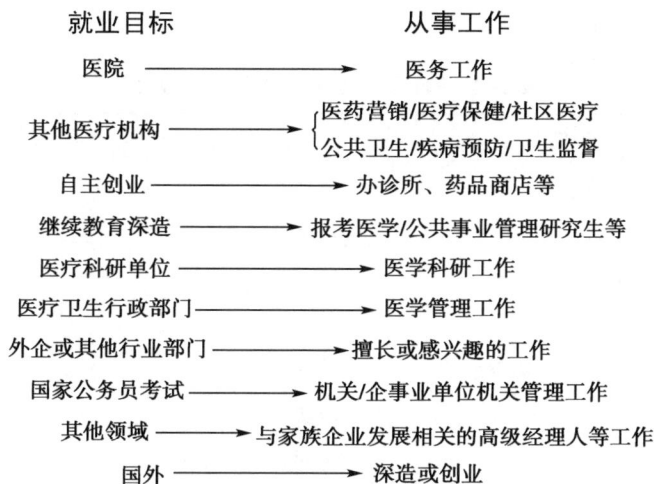

图 1-6　医学生就业方向选择

2. 策划医学职业生涯规划的方案　所谓职业生涯策略与措施，是指为实现职业生涯目标而制订的行动计划。在我们确定职业生涯目标后，就要制订相应的行动方案来实现它们。实施策略措施要具体可行，容易评估。应包括职业生涯发展路线、时间计划、具体求职过程、制作简历求职信以及面试等方面措施。医学生要通过自己的行动来实现自己设立的工作目标。

执行方案要素：

（1）计划的执行：人生计划、十年计划、五年计划、年度计划、月计划、周计划、日计划。

（2）掌握"轻重缓急、有条不紊"的原则。

（3）实施有效的"时间管理"，积极进取。

（4）定期配合环境变化及既有成就，适时调整规划。

（五）具体展开行动

积极行动的开展是将一切策划进行落实的阶段，医学生在此阶段应该综合考虑以上各个因素来进行具体的行动。具体的行动内容有：

1. 大学行动计划

（1）有计划的安排课业，参考表 1-3。

表 1-3　学习安排（参考）

学习项目	时间	学习项目	时间
专业课	每周按课表上课	专业职业资格证书	课余参加辅导班
外语	1. 每周按课表上课 2. 每天晨起练习	普通话	课余参加辅导班
计算机	1. 每周按课表上课 2. 每晚睡前练习	双学位证书	课余参加辅导班
考研复习	每周六、周日	专升本自考	课余参加辅导班
辅修专业课程	下午 7~8 节	医学人文类课程	每周三~周五

注意：一周时间分割分块，前后有序，互不冲突；增长学识，提高智商与智慧；为就业储蓄知识能量，为求职简历增加砝码和分量

（2）有计划的安排课外活动，参考表 1-4。

表 1-4　有计划的安排课外活动（参考）

项目	内容	考核方式
文化活动	听取专家学者讲座	每学期 4 次
	小型学术报告会	每学期 2 次
	人文书目必读	5 篇
	读书报告会	每学期 2 次
	参加书画、摄影、集邮展等	系级
		院级
		市级
	社会问题调查	撰写调查报告
	班级活动	积极参与、以普通同学身份或班级干部身份参加
	学生会活动	以普通同学身份或学生会干部身份参加
	团支部活动	入团并以团员或团干部身份参加
	社团活动	以爱好者身份参加
	老乡会活动	自愿
	兴趣小组活动	以兴趣为导向

注意：在活动中有目的的注意锻炼和提升自己的组织能力、协调能力、沟通能力、表达能力以及心理素质等

（3）有计划的考取各种证书，参考表 1-5。

表 1-5　证书（参考）

项目	时间分配
通过全国大学英语四、六级考试	大二至大三
全国计算机等级考试（二级及以上）	大一下学期
本专业国家职业资格考试	大二至大三
跨专业国家职业资格考试	大四
普通话国家职业资格考试	大二
国家奖学金	大一至大四
辅修专业 / 双学位	大二至大四
三好学生	大一至大四
优秀学生	大一至大四
优秀学生干部	大一至大四
优秀团员证书	大一至大四
优秀毕业生	毕业前夕
其他奖学金	大一至大四

（4）政治上积极要求进步，靠近党组织，做到品学兼优，争取加入党组织，实现崇高的政治理想。

2．职业行动计划

（1）通过实验课和课间实习锻炼动手能力。

（2）通过毕业生产实习培养专业技能和上岗能力。

（3）通过各种媒体和途径了解就业信息和国家就业政策。

（4）精心撰写求职信，写出自己的优势和出色之处，写出自己的独一无二。

（5）精心制作求职简历，附上成绩单和获得的各种证书；列出你参加的活动与各种社会实践经历。

（6）进行模拟面试练习。

（7）积极参加相关招聘会等。

（六）修订完善职业生涯规划

现实社会中种种不确定因素的存在，会使我们与原来制订的职业生涯规划目标有所偏差，这就要求我们在职业发展规划实施一定时间后，要定期总结，不断地反省并对规划的目标和行动方案作出恰当的修正或调整，从而保证最终实现人生理想。从这个意义上说，职业生涯设计就是一个再认识、再发现的过程，往往需要医学生经过长时间，甚至是一生去探索。

实践指导

1．【职业生涯实践案例】

小程同学的故事（二）

翻开校友录，我突然发现尽管我所学的专业是冷门，但是同专业的师兄师姐毕业后发展得都很好，有的去了医药公司，成为年轻的高级经理人；有的去了高校，成为高校图书馆的学科馆员；有的在医学信息研究机构从事情报研究工作，成为出色的研究员；有的在国外继续深造。我突然醒悟，有当医生的意愿不一定就能成为一名优秀的医生，当不了医生也能让自己变得优秀，是金子总会发光的！

距离大学毕业还有一年半的时间，我的英语刚刚过四级，那还是凭着中学时代的扎实功底通过的。我的计算机还没有拿到一个国家级的证书，我才拿过两次奖学金，甚至从没递交过入党申请。我突然发现自己的大学生活差点就要被心中那个未曾实现的梦想荒废了。

当我的思想发生转折性变化的那一天，我对自己说到了该奋起直追的时候了！再这样下去荒废的是自己的人生和前途。于是，当很多同学还在梦乡中的时候，我已经坐在宿舍楼的小教室里开始背单词了。节假日的阶梯教室里也多了我的身影。经过半年的刻苦学习，我顺利通过了大学英语六级的考试，同一年获得了学校二等奖学金，并通过了国家计算机等级三级水平的考试。

也就是在这一年，我开始进入专业课的学习。自己所学的专业，尽管在国内尚属于冷门，而在国外则属于热门专业，因为信息的价值往往无法用金钱来衡量，这也许就是软科学的魅力。我开始对未来充满信心，无论是理论知识的学习，还是学校安排的实践技能的锻炼，我都变得异常积极和热情。大学毕业时，由于成绩优异，我获得了被免试推荐到中国医学科学院中国协和医科大学医学信息研究所攻读情报学硕士学位的资格。拿到接收函的那一刻，我喜极而泣，暗自庆幸自己当初的及时醒悟。

硕士毕业后参加工作是我为自己规划的职业生涯中的重要部分。在择业时，我所学的情报学这个专业比信息技术、市场营销及临床医学等热门专业的就业面要窄得多，不太好找工作。进入研三后曾经有一段时间，我常常想如果读书二十年却找不到合适工作怎么办？想到这些，背心一阵透凉，后来竟然病倒了。突然有一天，广州的一家医院通知我去面试。

一周后，我回到北京。2006年12月3日，农业展览馆召开了一场面向2006届研究生的大型招聘会。各高校都发放了一定数量的入场门票。招聘会盛况空前，求职者的队伍一直从展馆门口排到了大院门口。此情此景让我深切感受到就业形势的严峻。我捧着简历，将自己置身于汹涌的人潮中，会场如集市热闹非凡，难怪叫"人才市场"！置身其中，让我对自己的简历是否能被招聘者看到平添了一份担忧。为防止投递的简历遗失，对于投递过简历的单位，我都记下其电子邮件地址和电话等别的联系方式，将相同的简历再发一次，以提高被招聘者看到的概率。

2007年3月的一天，首都医科大学图书馆馆长的电话打到了我的手机上。在研究生招聘会上，我向这所高校投递了简历。后来才知道，他们的人事处已经无法找到那份简历了，庆幸的是，馆长看到了我直接发送到她邮箱中的那一份，真该感谢我当时的那份细心。

在谈话中我将自己对专业的热爱以及我想去高校图书馆工作的意愿恰当地表达了出来。同时我非常坦诚地和领导们谈了我的职业定位、职业生涯规划。

新的问题又来了，我该选择北京还是广州？是去高校好呢？还是去医院好？作为政治文化的中心，北京显然要比广州具有更多的发展机会。医院待遇要比高校好一些，但是医院的研究资源是有限的，研究环境也无法与高校相比，更重要的是发展空间不如高校大。如果光为了眼前的高收入，而不去管将来的发展前景，目光未免有些短浅。经过考虑，我最终选择了首都医科大学。

小程同学的故事启示我们，人的一生会面临很多的选择，升学就业就是人生的一个重要的转折点。在即将作出抉择的时刻，你要知道自己想要的是什么，知道自己最适合做什么。好高骛远和盲目攀比都是不可取的。也许适合别人的工作或职业未必适合自己，也许自己乐在其中的状态别人也无法理解。但无论怎样，机会总是青睐有准备的头脑。正确为自己定位，找准方向做好各方面的准备，适合你的机会迟早会到来。

2. 职业生涯规划的简易法——"5W法" 现实中医学生设计职业生涯规划，也可使用一些简便易行的方法。下面向同学们介绍一种"5W法"——用5个"W"归零思考。这是一种被许多人士成功应用的方法，依托的是归零思考的模式：从问自己是谁开始，如果能够成功回答完五个问题，你就有最后答案了。

5"W"是：

（1）Who am I？（我是谁？）

（2）What will I do？（我想做什么？）

（3）What can I do？（我会做什么？）

（4）What does the situation allow me to do？（环境支持或允许我做什么？）

（5）What is the plan of my career and life？（我的职业与生活规划是什么？）

回答了这5个问题，找到它们的最高共同点，你就有了自己的职业生涯规划，如果你有兴趣，现在就可以试试。

【案例】

小杨同学，某医科大学药品营销专业学生，使用以上方法对自己进行了职业生涯规划，经过整理各组答案如下：

（1）我是谁？

药科大学药品营销专业学生，一个来自农村的孩子，自己是属于那种很外向的人，善于沟通，曾经有过兼职推销人员的实践经历并取得相当不错的业绩。而且，自己所学的专业也是药品营销专业，这也正是自己的兴趣所在。通过亲自去做营销，越来越感到这一行的人如果工作尽责，又有一定水平，会受到客户很高的尊重，比较合乎自己的性情，也能赚到一些钱；很爱我的父亲和母亲，很担心他们患有慢性病的身体，每年几乎都要回老家去看望他们；不要求很多钱，但需要体面而丰富的生活。喜欢唱歌，有时爱幻想。

（2）我想干什么？

顺利毕业；成为一个有一定经验的药品营销人员（职业方向）；总体目标是成为一家医药销售大公司的总裁。

（3）我能干什么？

能承担药品销售公司的业务员，能协调公司各部门的关系；能成为销售公司业务的能手和争取成为指导下属开发客户的教师；能讲营销业务开发的课程和一些较容易的管理课程；会开汽车；唱卡拉OK很迷人；相信还可以学会很多东西。

（4）环境能支持我干什么？

中国现在是一个政治稳定，经济、文化快速发展的国家，这种环境为每一个大学生都提供了一个非常好的发展机遇。随着市场经济的发展，市场在经济活动中的作用将越来越大。社会的发展将会对市场营销的职业产生重要影响，社会对市场营销的需求将越来越大。自己比较感兴趣的是制药、医疗保险和食品卫生，这些行业都是社会所不可缺少的行业，而且随着社会的发展，这些行业的发展空间也会相当大。

（5）我的职业和生活规划是什么？

做药品营销员、药品营销代理处经理；药品营销公司经理、总裁或开自己的公司；工作后结婚和妻子住在属于自己的舒适的房子里（不一定太大），每天开着自己的汽车（不一定很贵）去工作；有时想与人合伙开营销公司，自己负责业务开发，但未来的老板如果能吸收我做股东，并提供更大的事业发展空间似乎更好些；爱好唱歌，大学入学后曾获得过全校歌唱比赛独唱男子第一名，做过当歌星的梦。

（6）我的社会实践感悟

作为在校医学生，自己和有一定经验的市场营销人员有很大差距。这些差距包括：

1）思想观念上的差距：刚从事销售的人一般会认为销售只是卖出商品，但有一定经验的人则会认为销售是"卖出自己"——客户只有相信销售者，才可能购买商品。

2）知识上的差距：在销售实践的过程中，发现自己学习的书本知识仍很不够，特别是外语方面能力无法适应一些高端企业和外企的销售要求。所以，决定加强英语的学习，准备报一个英语的口语班，每周一次学习，同时，准备参加学校里的英语角，切实提高英语水平。

3）心理素质的差距：市场销售需要百折不挠，而作为一个学生，缺少的恰恰是这一点，往往遇到一点挫折和失败就会退缩。这种差距，需要在实践中逐步消除。

4）能力的差距：这一点是最明显和最重要的，但我有信心赶上。

小杨不仅回答了 5 个问题，还就社会实践做了客观总结，找出了差距，也就明确了努力的方向。他把未来职业目标分解成两个阶段：一个是大学期间，把专业课和选修课学好：他坚信，顺利毕业的前提是学好专业课程，而专业课程的学习则对职业目标（成为一个有一定经验的药品营销人员）有促进作用，同时利用课余接触市场、了解市场、熟悉市场，在接触市场阶段，和一些相关公司保持联系；毕业后的目标是：先做营销员，经过努力升任公司总经理助理；如果有机会攻读在职 MBA；成为公司的正式股东；拥有自己的住房与汽车、结婚并将父母接来……

相关解答

1. 我对现在流行的职业生涯设计不太"感冒"，觉得特别悬乎，这些东西能信吗？

职业生涯规划这个理论是个舶来品，是有科学依据和规律的，它已经被西方众多专家和成功人士所认可。"职业生涯规划"被引进我国以来，许多企业和许多高校的相关人员都对其进行了认真研究和实践。十几年来，不仅为众多企事业单位在人才培养方面提供了巨大帮助，而且为成千上万名大学生成功的大学生活和成功的就业和创业以及职业发展提供了巨大帮助。近日我们对哈尔滨医科大学多个专业的学生进行了抽样调查，调查的结果是有 68.3% 的医学生认可和认为有必要进行职业生涯规划。但也确有 31.7% 的医学生同这位提问的同学一样对职业生涯设计不"感冒"。因为这部分同学还不了解职业生涯规划，这些同学不妨到网上搜索一些中外成功的企业家，看看他们成功的背后是不是有职业生涯规划的支撑。你也可以与自己的未来赌一次，不做职业生涯规划，也未必就不能成功是吧！但有一个道理同学们必须明白：对职业生涯进行规划了不一定就能使你的就业和职业生涯一顺百顺，但不规划不设计你肯定会无谓地浪费很多时间，走很多弯路，因为无目标或目标不明的人走得越快也许离你所要去的地方就越远。

因此，建议同学们重视职业生涯规划理论与实践。为什么设置目标，怎么制定目标，将来又怎么实现目标，这是现代职业生涯规划理论的核心所在。本书为你提供了许多操作与实训平台，试一试吧，会让你受益终生的。图 1-7 是我们于 2009 年 6 月在哈尔滨医科大学（大庆校区）组织的一个调查。

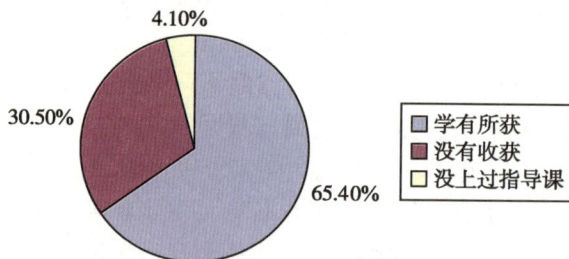

图 1-7　医学生学习就业指导课的反馈情况

上图是问卷的结果，显示 65.40% 的医学生感觉到开设大学生就业指导课，学习学业规划与职业生涯规划很有收获。

2. 到底应该是先就业后择业，还是先择业后就业？

毕业生首先要清楚就业和择业之间的关系。就业，简而言之，指的是寻找到一份工作，获得物质上的报酬，从而解决自己的生活经济来源问题；而择业，不光是找到工作，而是要在众多的就业机会里选择某个适合自己的、长远来看能够获得更好发展的职业。它意在选择，是主动的、自主的就业，而非被动的就业。它应该是有"远见"的，是你想做的事业。

目前我们常听到声音最多的就是"先就业，再择业"。这是现今社会媒体的主流，也是就业难现实的使然。面对种种就业难的压力，如果一味追求不找到一份最适合自己的工作，就不就业，那是一种脱离现实的僵化选择。其实，现行的高等教育培养出来的大学生最缺少的是实践应用能力，大学生先自食其力找到一份工作，既可以及早参加社会实践，锻炼动手能力，又可以解决生活经济来源，减轻家庭负担，或许通过实践喜爱上了现行岗位，或许在实践中积蓄了力量，为选择更好的岗位奠定了必要的基础。当然，如果让"择业"与"就业"能保持同步可谓是上上之举。这样可以避免导致盲目地为了找一份工作而找工作，避免缺乏理性的选择和思考，将现实与长远的规划有机结合，及早做到人职匹配。

我们特别提醒，面对竞争激烈的就业现实，医学生应该及早实施职业发展规划的设计，及早确立职业发展目标，做出职业决策，这是避免毕业时盲目就业、迷茫随大流的最好办法。

课后作业

了解自己的学校和专业，进行自我认知测试，为个人职业生涯规划做准备。

相关链接

1. CAREER PLANNING WEB OF CHINA 职业规划中国网
2. 乐职网 http://www.lezhi.com
3. 程社明.你的船，你的海——职业生涯规划.北京：新华出版社，2007.

第二节　医学生职业生涯规划

医学就是如何维护健康的技艺和健康丧失后使之恢复健康的技艺。

——阿维森纳

迷惘与疑惑

某同学刚上大学时，雄心勃勃立志要做一名好医生，并制订了详细的计划，希望自己能够用心在短短的几年大学生活里学习到最多的东西。但当自己真正接触到医学课程时，却发现医学并不像自己想象的那样生动有趣，学习计划也频频落空，半年已经过去，得到的东西却屈指可数。是自己的懒惰？抑或是对所谓大学的麻木？只能用一个词来形容半年前的生活："颓废"。医学到底是什么？他不想再这样下去，但却找不到前进的方向。

一位大学新生这样说过："刚上大学时远离了父母，远离了昔日的朋友，我的心底感到迷惘。周围环境的陌生更增加了我心底那份化不开的孤独。每天背着书包奔波在校园中，不知自己怎样度过大学五年的学习生活。"

上述两位同学，虽然已经成为了光荣的医学生，尽管也曾立志将来要做个好医生，但是并没有真正把握医学的实质与精神所在，这在医学生中并不少见。

理论解析

一、医学的定义及其性质

（一）医学的定义

世界是复杂的，生命系统和医学同样具有复杂性。医学今天已成为一门系统、独立、庞大的知识体系。由于医学与社会、文化、经济及科学技术发展水平密切相关，受许多因素的制约及影响，医学的内涵也随之变化发展。因此至今仍难以找到关于医学概念较为完整、确切而又为人们所公认的定义。

中世纪阿拉伯医学家阿维森纳（AviCeNna，980~1037）在其名著《医典》中，曾经给医学定义如下："医学是科学，我们从中学到在健康时和在不健康时人体的种种状态；健康通过什么方式易于丧失；丧失健康时通过怎样的方式使之恢复健康。换言之，医学就是如何维护健康的技艺和健康丧失后使之恢复健康的技艺。"

我国《中国百科大辞典》对医学的定义是：医学是认识生命活动规律，保持和增进健康，预防和治疗疾病，促进人类实现在身体、心理和社会适应上全面健康的科学知识体系与实践活动。

综合看来，医学基本属于自然科学领域中的生物应用科学，但与社会科学密切相关。它是运用自然科学和某些社会科学的理论、技术与研究方法，认识人体结构、功能和生命活动的规律；研究内外环境因素对机体的影响和所致疾病的发生、发展及其防治规律的科学知识体系。其任务是认识生命现象本质，增进健康，防治疾病，延长寿命，从而保障人类的正常生存和发展。

（二）医学的性质

随着医学研究领域的不断扩大，自然科学与社会科学汇通潮流的发展，综合科学、交叉与边缘科学的兴起，越来越多的医学家、科学家对医学的科学性质提出了不同的见解。著名的德国病理学家和社会医学家微耳和（R.virchow，1821~1902）在其讲演中曾指出："医学本质上是社会科学，而政治在某种意义上也是医学。"曾在德国、美国、前苏联从事医学史及社会保健事业研究的著名医史学家西格里斯（H.E.sigerist，1891~1957）明确表示："当我说与其说医学是一门自然科学，不如说它是一门社会科学时，曾不止一次地使听众们感到震惊。医学的目的是社会的，它的目的不仅是治疗疾病，使某个机体康复，而且它的目的还要使人得到调整，以适应他的环境，成为一个有用的社会成员。为了做到这一点，医学经常要用科学的方法，但是它的最终目的仍然是社会的。"

医学同其他科学一样，是在长期的生产劳动中，在与自然环境和疾病的斗争过程中产生和发展起来的。医学的发展紧跟着自然科学（生物学、物理学、化学）和社会科学发展的步伐，因为医学研究的对象是与自然和社会密切相关的人，人不仅具有自然属性，而且具有社会属性。因此，与人类健康与疾病相关的医学也具有自然科学和社会科学的双重属性，是科学精神和人文精神的统一体。人类历史告诉我们，医学与社会发展、民族盛衰都有直接的关系，同时，不同的社会历史时期，不同国家地区，不同经济文化制度也对人类健康及疾病产生影响，如 20 世纪的中上叶感染性疾病和营养性疾病占优势，20 世纪下叶则以心脑血管疾病及癌症为主；非洲及一些西方国家性病患者和吸毒者较多；等等。对医学本质属性的正确认识，有助于我们深刻全面地掌握医学的本质及发展规律，从而更有效地推动医学科学的发展。

二、医学教育的培养目标

医学自形成以来，就一直以"救死扶伤""防治疾病""延长寿命为目的"。但是，随着人类社会的飞速发展，很多疾病不仅未被消灭，反而还不断出现一些新的病种，如艾滋病、丙型肝炎、疯牛病、禽流感等。另一方面，医学科学技术越发展，医疗费用就越昂贵，医疗危机在世界各国不断出现，使传统的医学公正性遇到巨大挑战。面对新问题，医学专家们在对传统医学目的重新审视后，提出了现代医学的四个目的：一是预防疾病和损伤，促进和维持健康；二是解除由病灾引起的疼痛和疾苦；三是照料和治愈有病者，照料不能治愈者；四是避免早衰和追求安详死亡。这些都要求未来医药卫生工作者不仅要具备更扎实、更广博的知识以及更精湛的医疗技术，而且还需要具有心理学、社会学等方面的理论支撑，才能胜任未来医学事业发展的需要。

医学科学各领域本身的迅猛发展，以及生物学、医学、工程学、社会学等工科及人文科学相互渗透，又产生了不少新兴学科、边缘学科，这些情况与医学教育有限之间的矛盾显得将越来越突出，这也是当前各国医学教育面临的共同问题。医学已从系统、器官水平发展进入了细胞、分子水平，医学也从单纯治病型向治疗、预防、康复型的复杂型进行转变，这些都要求未来医学教育作出相应的适应性调整。传统医学教育面临全球性的批评和挑战，医学教育内容、医学教育方式改革已成为全球性的普遍呼声。

现代医学教育培养的医学生要面对 21 世纪高科技革命的挑战，其在学校学到的知识，打下的基础，培养的能力，成就的意志，都将成为一种"烙印"伴随医学生职业生涯的始终，终身学习能力的培养也将对其终身业务能力的发展产生重要的影响。医学生不应是死记硬背的"重复型"医学人才，而应是具有创新能力的"创造型"医学人才。

三、现代医学人才的知识结构

为了适应医学模式的转变，国内外一些医学教育家对医学人才的培养曾作出详细论述。著名的美国医学理论家恩格尔（G.I.Engel）在 1977 年就曾明确地指出："为了理解疾病的决定因素及达到合理的治疗和预防，医学模式必须考虑到病人、环境以及社会……这就要求一种新的生物、心理、社会模式。"随着医学模式的转变，医疗服务已从对疾病的单纯治疗扩大到预防、保健和康复，从生理扩大到心理，从个体扩大到群体，从生物技术活动扩大到社会活动。因此医学生的知识结构必须做出相应的优化组合，从而符合生物—心理—社会医学模式的要求。

（一）广博的科学文化基础知识

科学文化基础知识是专业知识向纵深发展的源泉，现代医学科学理论无不建立在雄厚的基础理论之上。基础理论知识具有相对稳定性，是医学生将来从事专业工作、科学研究的基础。科学文化基础知识包括与医学相关的自然科学知识、人文社会科学知识。扩展这些知识能拓宽自身的视野，从更为广阔的文化背景上去理解现代医学的发展，更新知识结构，开拓科学思路，及时跟踪现代医学的发展前沿。例如，必要的地理、气象知识有利于了解和把握某些地方病、季节流行病的发病机制及防治措施；史学（人类社会发展史和科学发展史）知识能激发学生的爱国热情和为科学献身的情怀；文学艺术能陶冶医学生的性情，有助于情感的升华；哲学能提高人的思维能力；伦理学和法学能使其明确自身的行为道德规范；心理学有助于了解病人的心理，针对性地开展心理教育和心理治疗。

（二）宽厚实用的医学专业知识

对医学人才来说，只有熟练掌握现代医学专业知识，才能更好地开展教学、科研、临床及卫生服务工作，提高服务水平。但值得提出的是，长久以来，在医学教育中，存在着两种错误倾向：一是单纯强调科学技术教育，忽视人文社会科学知识及其他相邻学科知识，造成学生知识面窄，不利于持续性发展；二是对医学专业知识不分良莠，眉毛胡子一把抓，学生的大脑变成了知识仓库，许多知识在实际工作中用不上，而现实中需要的又未接触，造成了学校教学与实际工作的脱节。现代职业教育强调专业理论知识以应用为目的，以"必须、够用"为度，以讲清概念，强化应用为教学重点。专业教学要加强针对性和实用性，目前，我国医学教育也强调"大基础、小分流""宽口径、多方位"等特点。因此，医学生的医学专业知识和基础科学知识应体现于医学实践中，坚持"以人为本"的原则，不可迷失了医学的方向和目的。

（三）沟通、获取信息的语言知识

沟通、获取信息的"语言"知识主要包括三种"语言"，即汉语、外语及计算机语言的掌握和运用。现代社会国家之间、地区之间的交往日益频繁，熟练地掌握并运用外语（主要是英语）可有效地促进国际间医疗卫生与医学科研的交流与合作；信息化、数字化、网络化的时代要求人们能够熟练使用计算机，这有助于及时获取和掌握最新科技和信息，紧跟医学发展的步伐；医疗工作中，病史的采集、病历书写、病情记录、出院记录、手术记录等医疗文书的书写，不仅是医生每天的工作，而且是具有法律效应的文件；医疗卫生政策制度、法规等的制定均要求医务工作者能够熟练恰当地运用汉语，应有良好的表述力、沟通能力及严谨、流畅的写作能力。

三种"语言"是医学人才重要的学习工具。医学生应重视医学英语、医学计算机、医学写作三门课程的学习，积极参与学校开展的英语、计算机等方面的学习活动，提高自己驾驭语言的能力。

（四）复合交叉的边缘学科知识

现代科学技术高度分化又高度综合的趋势表明，科学上的一些难题，单靠某个学科的理论知识已难以取得重大突破。医学科学与自然科学、人文社会科学、工程技术科学等相互渗透交叉，形成了许多边缘交叉学科。这些学科知识，对于现代医学复合型人才来说是必不可少的。

过去，时代要求"一专多能"的人才，这是一种以一门专业为支柱的综合知识结构。如今，时代提出了更高的要求，即"多专多能"的人才，也就是要求这类人才不仅要有广博的基础知识，还要熟练掌握多门相邻领域的专业知识，这也是"厚基础，宽口径"的专业培养方向。

对于医学来说，重要的交叉边缘学科有分子生物学、生物医学工程、社会心理学、医学信息技术等。获取知识的主要途径：一是课堂教学；二是自学。教材、专著、期刊及网络是知识信息的物质载体，所以读书、上网是获取多方面知识的重要途径和手段。值得指出的是，一些学生上图书馆借小说多，借专业参考书少；上网聊天多，查阅医学信息时间少。他们在非常有限的在校学习期间内，未能充分利用有利时机和条件，失去了扩大知识面、构建合理知识结构的有利条件和优势年龄。另外，医学教学过程中的各个环节，如实验、讨论、见习、实习、讲座等都是获取知识、经验的重要机会，必须认真地合理地加以利用。

四、现代医学人才的能力结构

构成能力结构的要素是多方面的，不同行业、学科专业具有不同的能力结构。从医学院校的培养目标和未来社会对医生能力的共同要求来考核，可将医学生能力结构要素归纳为以下八个方面，即观察力、记忆力、思维力、表达能力、操作能力、应急能力、临诊能力、创造能力。

1. 观察力 观察是一种有目的、有计划的知觉，是人对现实的一种主动认知形式。医务工作者需要敏锐的观察力，病人的神色、气味、声调、精神状态是疾病的直接反映或间接表现。医务人员要运用敏锐的观察力，在诊治疾病的过程中把握复杂因素的变化，进行综合的诊断、治疗和护理。在与病人接触过程中，通过观察了解病人生理、心理需要，及时给予满足或解释，这样可以增进医患关系，提高治疗效果。

2. 记忆力 记忆力是人脑对过去经历过事物的反映。记忆的功能是储存和提取人在实践活动中所获得的经验。医护人员要面对众多疾病类型之间的比较、鉴别、诊断，许多疾病的典型症状又十分相似，没有良好的记忆就难以鉴别。疾病过程和治疗方案的千变万化，千百种药的药性及适应证的掌握，信息量庞大而复杂，没有良好的记忆力和一定的记忆方法是难以胜任的。

3. 思维力 思维是人脑对客观现实的、间接的、概括的反映，从而使人对客观事物获得规律性和本质特征的认识，是智力活动的核心，是大学生成才最重要的智力因素。医学生将来从事职业的特殊性，要求他们在思维上要具有较强的能力。在医疗工作实践中，医生要善于分析问题和综合病情，进行推理和判断，概括出疾病发生、发展的规律。思维的任务在于解决问题，诊断就是解决问题的过程。人体疾病虽然具有共性，但体现在病人身上各有差别，表现各有特点，另外，医学的对象是整体的人，还要着眼于病人的整个生活情况和周围环节的相互关系，避免"头痛医头，脚痛医脚"。思维敏捷性的锻炼对医学生来说十分重要，如抢救危重病人时，需要正确、敏锐的判断力，在短时间内迅速提出解决问题的正确意见，措施得当，可以挽救病人的生命。

4. 表达能力　语言是思维的外壳，是表达和传递信息的工具。希波克拉底认为，医生有两件东西能治病，一是药物，一是语言。中肯的语义、和谐的语调和清晰的语言，对于病人来说有如一剂良药。言语的暗示不仅能影响人的心理和行为，而且能影响人体的生理变化。医务人员在病人面前的每句话，都应该是安慰和鼓励，都应该给病人带来希望，不可轻率言辞。言语也是重要的治疗手段，尤其在心理治疗中更是如此，如患癌症的病人，如果医生给他鼓励、安慰，他会精神振奋，病情随之好转一些。否则，如医生表现很绝望，加之病人本身的精神压力，有可能使之一蹶不振，病情恶化。

5. 操作能力　操作能力是使人的智力转化为物质力量的凭借，它是用脑和动手的结合，是认识世界和改造世界的结合。操作能力对医学生具有非常重要的意义。医学生将来所要从事的工作是救死扶伤的工作，需要一针一线，一刀一剪的工作，直接关系到人的生命。所以，从基础实验课学习开始就应该注意培养操作能力，积极参与，亲自动手，不能只当旁观者，必须从难从严地注意基本功训练。在临床实习过程中更要注意这方面的能力培养，多接触病人，多参加换药、手术等医疗工作，为将来毕业后能熟练并精益求精地为病人服务打下良好基础。

6. 应急能力　应急能力是建立在扎实深入的理论知识和熟练精湛的操作技能基础之上的。这是对医学生的特殊要求，在遇到病人急症求医的时候，应该有条不紊，胆大心细，在短时间内将所学的专业知识运用于实践，发挥作用，尤其是在处理急诊病人时，机智果断、不慌不乱的应急能力显得尤为重要。

7. 临诊能力　医务工作者各种能力在实践中的综合应用，体现为诊断能力和临诊能力。这种能力的培养对医学生来说是必不可少的，它是在掌握一定专业知识基础上的综合能力，通过观察询问，了解病人的主要疾病症状，抓住主要矛盾，有针对性地去解决问题。

8. 创造能力　主要包括发现新事物，提出新理论，开拓新领域，改革新工具等。创造能力是一个以相当的知识、技能为前提，以各方面能力协调发展为基础的高层次能力结构。一个医学生如果仅仅满足于背诵一些形态、机制、原则，而缺乏甚至没有研究创新的热情和起码的能力，可以断言，今后是很难有所作为的。

五、可供医学生选择的智能结构模型

医学生在成长成才的过程中要依据科学的发展途径，综合自身智力、能力及知识获取等各种因素建立合理的智能结构，学习知识，培养能力。下面通过智能结构模式图形向医学生推荐几种在成长成才的过程中必须建立的合理的智能建构模型，以及智能结构各要素之间的相互作用及规律。

（一）"金字塔"型智能结构图（图1-8）

1. 知识结构　由数学、物理、化学、外语、人文社会科学、政治理论、体育等基本课程构成，这是我们对自然界和社会科学所掌握的基本的认知能力，具有宽厚的理论基础是形成智能结构的前提条件。

2. 智力结构　是指一个人所具有的想象、思维、观察、记忆、分析、判断等能力条件，是在扎实的理论基础之上形成的综合能力，这是形成智能的重要条件，如果一个人的智力结构不好，就不具备能力的发展。

3. 能力结构　是指提取信息能力、撰写论文能力、实验能力、操作能力等多种实际应用能力，是在实践应用发展中形成较高层次的理论与实践的结合。理论知识是否得到有效的发挥和运用是评价学生优劣的依据。

4. 创新能力　是指通过合理的智能建构而形成的宽厚而扎实的理论知识和适应多种工作需要的能力，善于总结知识、积极思考、肯于钻研，将所学的知识发扬光大，这是智能建构的最高层次，整个大学期间的培养教育都是为了实现这一目标而努力。

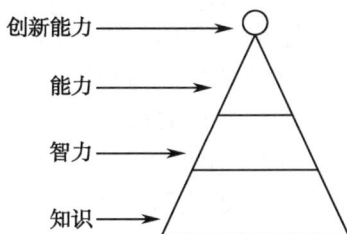

图 1-8　"金字塔"型智能结构图

（二）"工"字型智能结构图（图1-9）

1. 基础医学知识　基础医学是研究人的生命和疾病现象本质及其规律的学科，课程体系和知识结构庞大而繁杂，代表性门类有：解剖学、遗传学、组胚学、免疫学、微生物学、寄生虫学、生物化学、生理学、病理学、病理生理学、细胞生物学、药理学等学科。

2. 专业医学知识　专业医学是研究人体内外环境对健康的影响及增进健康、防治疾病的方法及措施，涉的学科有：内科学、护理学、外科学、影像学、妇产科学、麻醉学、儿科学、口腔学、预防管理学、医学法学、生物信息学等。

3. 相关医学知识　构成了基础医学和专业医学之间的桥梁和纽带，有助于医学生更好地理解和掌握专业知识，同时也形成了相对独立的学科，代表学科有：医学心理学、医学导论学、环境医学、社会医学、医学伦理学、文化素养学、运动医学、领导科学等多种相关医学科学。

（三）"图钉"型智能结构图（图1-10）

1. 综合能力　医学生的综合能力标准与其他专业相比要求较高，是集"金字塔"型智能结构和"工"字型智能结构为一体的综合能力，这是医学生将从事专业工作所具备宽厚而扎实的综合知识结构和基本的技术操作能力。

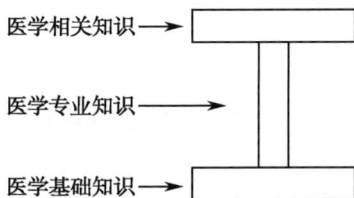

图1-9　"工"字型智能结构图

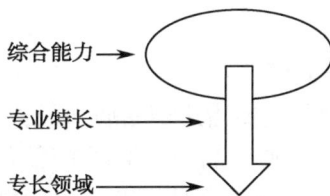

图1-10　"图钉"型智能结构图

2. 专业特长　从事专业工作的基本技术能力和业务素质，看一个人是否具有专业特长知识和业务技术能力主要看是否能胜任本职工作，能否独立应对和解决工作中的具体问题，并能指导他人进行科研和具体工作。

3. 专长领域　是指在医学科学研究领域卓有建树的专家和学者，能够分析、整理、加工前人知识并预测未来知识走向，能够发掘和解决深层次医学科学研究的专业问题，为医学科学事业的发展做出贡献。

医学生具备合理的智能结构对医学生的成长和发展是非常重要的。拥有合理的智能结构才能合理地掌握知识、运用能力和创新发展。合理的智能结构包括丰富扎实的基础知识、较强的智力和高超的能力，通过基础知识的学习和积累，我们才能更好地发展智力和培养能力，从而达到具备创新能力的基本条件。因此对于医学生来说，首先要具备渊博的知识，无论是基础知识，还是专业知识和相关知识，医学生都应该广泛涉猎，认真学习，扎实积累；同时拓宽知识的广度、加深知识的深度，了解和掌握知识的各个横纵层面，精益求精，不断提高。用知识武装自己的头脑，实现由知识积累的量变经过思维力、判断力和想象力等智力因素的加工整理而达到能力提高的质变。其次，医学生要有较强的智力。智力包括观察力、记忆力和思维力等方面，智力的培养实际上就是培养学生探索问题、发现问题和解决问题的能力。在拥有合理知识结构的前提下通过敏锐的观察力，了解问题存在的各项因素和条件，然后通过记忆力调动我们大脑中所存储的知识和经验，再经过思维力和想象力来进行推理判断，以达到对问题本质和根源的了解。这个过程也就是通过思维力和想象力来进行分析、整理、判断，从而寻求到解决问题的途径和方法，达到既治标又治本的目的。再者，合格的医学生应具备较强的个人能力，即解决问题的能力和创新能力，恰好医学实践过程就是培养动手能力及创新能力的过程，不断地通过实践操作来加强对知识的记忆、运用。在动手、动脑的过程中，发现新的问题，通过自己的观察、分析和判断，通过合理的推理和假设，形成新的思路和新的方法。创新能力的培养首先要具备创新意识，要有强烈的创新欲望和创新兴趣。同时一个医学生要有对医学科学发展的使命感和责任感，学习和了解医学科学发展的趋势和方向。合格的医学生仅仅具备创新意识是远远不够的，要努力学习，刻苦钻研，勤于思考，善于发现，乐于奉献，勇敢面对新世纪的挑战，攀登医学科学的高峰，为推动医学科学事业的发展做出应有的贡献。

六、医学生应具备的基本素质

人之成才重在素质。"素质"是指人的内在基础条件，是相对稳定的，具有一定结构的心理因素的总和，它是医学生成长成才的内在因素。不同的社会制度和不同的历史时期对医学生素质的要求不同。作为一名医学生应具备以下基本素质：德、识、才、学、体。

（一）德

"德"主要指道德品质、品德、思想作风的修养。医学生个体德的形成过程包括三个层次：个性心理品德、伦理道德品质、思想政治品德。

个性心理品德是指专注力，科学的好奇性，认真、持之以恒，不怕失败的心理特征。这种心理品德，在儿童时期就表现在玩耍和游戏之中，直到成人，与学习、工作、研究等智力、体力的活动结合起来，成为医学生成才的重要素质之一。

伦理道德品质是指以高尚的思想情操处理人与人之间、个人与社会、集体之间的关系。实际上，它是人的道德修养及其在社会关系中的表现。

思想政治品德是指正确的世界观，以及建立在这个世界观基础上的政治立场和代表先进阶级的先进思想。人才的个性心理品德、伦理道德品质和思想政治品德三者之间是互相联系、互为影响的。

（二）识

"识"是指医学生的见识。是医学生正确认识主客观世界，善于审时度势，综合运用各种基本知识和技能，从而创造成才的能力。也就是观察问题、分析问题和解决问题时有见解，表现出与众不同的见识和能力。

医学生要看准时代发展的方向，具有科学预知能力。科学见识，表现在对自然、社会、人类思维规律的把握，以及对科学发展的超前预知能力。美国科学家维纳曾指出"在科学发展上可以得到最大收获的领域是各种已经建立起来的部门之间的被忽视的无人区"。指明了边缘学科将蓬勃发展的趋势。

医学生要有审时度势的能力。医学生在精读医学书籍的前提下，要博览群书，这样不仅可使大脑得到适当休息，而且可以从中得到科学创造必备的知识素养。医学科学如茫茫大海，要使理想实现，顺利到达成功彼岸，就要避免思想上的局限性、片面性、盲目性，少走弯路。

（三）才

"才"是指才智、才能、才干，也就是一个人认识世界，改造世界的能力。这种能力包括基本能力和创造能力。基本能力包括知识、技能和体力。知识和体力是能力的基础，技能是能力的核心。创造能力包括思维能力和人事工作能力，思维能力包括逻辑性思维能力和创造性思维能力，创造性思维能力是创造能力的核心；人事工作能力包括交际能力（表达能力、谈判能力、涉外能力等）和领导能力（管理能力和统率能力等）等。

（四）学

"学"是指学问、知识，它包括社会科学知识、自然科学知识等。正如培根所说"知识就是力量"。知识是能力的基础，知识水平的高低决定着科技人才能力的大小。

首先，要注重知识的系统性。对一名医学生来说今后将从事临床工作和科学研究，应该熟练掌握本学科的知识及许多邻近相关学科的知识。要知其然，也要知其所以然。把所学的知识贯通起来，形成有机的知识网络，系统地上升到学术水平。

其次，要有宽厚而广博的基础知识。凡是在科学上有所成就的人才，都具有宽厚广博的基础知识。知识越多，思路越宽，越容易产生新的观点。随着科学技术的发展，自然科学知识与社会科学知识相互渗透，产生许多新的边缘学科，这就需要我们不断掌握这些知识。没有宽厚广博的基础知识就很难跟踪新的科学发展。

（五）体

"体"是指人才的身体健康状况。作为一名医学生首先应有健全的体魄，才能更好地从事医疗卫生服务工作。

以上五个要素中，德是医学生的灵魂，是统帅，是根本，是才、学、识、体的发展动力。才、学、识三者的关系既是相互联系，又是有所区别的有机统一体。才是一个人才必备的条件，它在智能结构中具有关键性的作用；学是医学人才结构中智能方面的基础性要素；识在医学生个体结构中起决定性的作用；体是医学生成长的物质基础。

与此同时，这五个要素也是进行创造性劳动的必要条件。但运用掌握的知识去探索新知识，特别是把知识转化为"为病人服务"的本领还需要一定的技能，对于医学生来说技能是非常重要的。科学技术的发展，促进了技能的提高，技能的提高又可促进科学技术的发展。这些基本技能包括资料调查技能、设计和计算技能、实验操作技能、业务组织技能和交流表达技能。

七、医学生成长成才过程中非智力因素的作用

要使医学生适应现代卫生事业日益发展的需要，成长为"有理想、有道德、有文化、有纪律"的合格人才，在医学教育中，除既传授知识又大力培养智力外，努力发展、积极开发非智力因素也是很重要的一环。智力因素是影响一个人能力强弱的重要因素，但大量的事实表明，非智力因素不仅在学生学习过程中起着重要作用，而且在成才过程中也是较为重要的动力。在某些情况下甚至比智力因素显得更为重要。非智力因素主要包括情感、意志和性格三方面。

（一）情绪和情感

情绪和情感是人们对客观事物所持态度而产生的体验，是一种十分复杂的心理活动。一般情况下，情绪是情感的外部表现，情感是情绪的内在本质，两者往往密不可分。一名大学生有高涨的情绪，表现为朝气蓬勃，奋发向上，热情乐观。在学习、生活中热情高涨，就能维持长久的兴趣爱好，能产生克服困难的信心，能直接转化为学习动力。可以说，高涨的热情是发展智力，促使成才的基本动力。因此，大学生应对自己施以积极的影响，调动其情感的力量是很重要的。

（二）意志

坚强的意志是医务人员重要的心理素质之一。诊断、处理病情包含了复杂的分析、综合、推理的过程，尤其在病情危急、复杂时，常会遇到很多困难和挫折，在抢救病人时更会遇到病情突变的情况，此时，镇定、果断、顽强及克服困难的精神和勇气便极其重要。而慌乱、优柔寡断、缺乏勇气和毅力的个性，会使得在诊治过程中，患得患失、不知所措，容易错误判断、延误病情甚至丧失挽救病人的机会。

（三）性格

医学生是未来的医务人员，性格对医务人员的影响是显而易见的。例如，一位具有稳定、愉快、乐观情绪的医生，会给病人以鼓励，增强他们与疾病作斗争的信心，有利于身体康复。反之如果医生情绪冲动、易紧张，常可引起失误，轻者加重病情，重者危及病人生命；又如，同情心是医生的最基本的心理素质之一，有了同情心，才会关心、体贴、爱护、帮助病人；富有同情心的医生，容易使病人产生依赖感，容易得到病人的积极配合。

实践指导

经历过高考千军万马闯独木桥的厮杀，某同学认为终于成功地步入了大学的殿堂，这

下可以好好地休息一把了，把自己以前想做而未能做，想玩而不能玩的都玩个痛快。结果期末考试五科不及格，降级了。

首先要主动适应大学生活变化。高中学习基本上是被动式的。大学则全然不同，自由支配的时间越来越多，老师不再施加压力，特别是文科的课程，课业一般比较轻松。成绩好坏就全靠个人平时的学习态度是否自觉了。建议新生在确定所学课程后，为自己制订一个合理可行的学习计划、明确的学习目标，并坚持按照计划进行学习，平时有问题主动请教老师。

另外，尽早确定自己的人生理想，积极地做好相应的人生规划会对刚刚进入大学校园的学生产生良好的促进作用。建议大学新生要主动适应大学的学术环境，尽可能地多听一些讲座或是找高年级的同学谈心，从而尽快了解和适应大学的学术环境，用成功经验激励自己，尽快找到人生发展的正确方向。

相关解答

有人断言："21世纪将是职业证书的时代。"近些年在大学校园里出现了"考证热"这样一种现象，很多学生投入大量的精力和财力参加到考证大军的队伍中。一时间，英语、计算机、注册会计师、公务员、电子商务师、项目分析师、LOMA寿险管理师、心理咨询师成为了大学生群体中耳熟能详的热门词汇。面对如此"热潮"，大学生应该如何应对？

大学生热衷于通过考试来获得各种资格证书，从其态度和目的角度来分析是积极的。很多大学生在被问及为何如此热衷于考证的时候，他们回答最多的是：就业和发展。目前我国已经有90多个职业采用了职业准入制度，在大学生看来，通过"考证"有可能获得就业的机会，即便不行也能够成为自身能力的证明，可以在日后相关行业的求职竞争中占据有利地位。这说明大学生已经开始对文凭与职业证书进行区别，他们认为文凭更多的是知识的证明，职业证书则是对职业能力的要求。有了文凭，再去考各种不同的证书，说明大学生对能力这种外在表现的认识有了提高。

伴随着这种认识，很多学生抱着"技多不压身"的观点，认为多拿几张证书，就能在求职时更有"底气"。但是不是在大学期间考的证越多越好呢？答案当然是否定的。因为人的时间、精力和经济条件都是有限的。大部分"考证"课程只是学校学习知识的延伸，并不能够完全等同于实际能力的培养和提高，而大学生获取专业知识的主渠道还是大学课堂，如果抱着"证书多多益善"的思想势必会对自己专业课程的学习造成影响。另一方面，很多学生在准备考证的过程中往往是以最终获得证书为目的，从而采取考试突击的学习办法，并没有对资格考试的实际内容做过深入透彻的学习和研究，"高分低能"成了大学生"考证"现象的代名词。

那么我们应该如何应对"考证热"这一难题呢？哪些证是我们应该考的，哪些证又是我们不该碰的呢？

首先，在我们决定考证之前，有两点问题是我们必须注意的。一是从工作需要出发；另一点是从自己感兴趣、愿意从事的行业发展或是跟自己发展相关的职业出发，从而选择比较适合自己的职业资格认证项目。

其次，要选择含金量高的证书。不少学生喜欢报考热门证书，以为热门证书的含金量就高。其实，有些热门证书只是阶段流行"产品"，往往由于广告效应暂时红火，因此，大学生考证要注意一点，证书不在多，而在于精。用人单位较为关注与招聘职位相关，能体现求职者能力，市场认可度高，含金量高的证书。那些通过率高的证书在求职时并没有多大优势。

最后，要协调好专业学习、证书考级和能力实践之间的关系。证书固然重要，但能力才是大学生提升就业竞争力的根本。特别是一些强调专业能力的职位，如医疗技术、管理、营销等岗位，用人单位招聘人才时更看重实际能力而非证书。因此，大学生考证，应以提升能力为终极目标，这样就业机会、职位提升、薪酬增长等才会纷至沓来，反之，再权威的证书也只是一张白纸。此外，毕业生在校的各科成绩是否优秀，是否拿过奖学金、是否担任过学生干部、是否有参加社团的经历等，这些条件都非常重要。一个拿过各类证书的毕业生与一个拥有良好成绩和企业实习经验的毕业生相比，企业一般会选择后者。

课后作业

选择一位高年级同学进行一下访谈，讨论一下医学生应该如何进行大学学习与生活。

相关链接

1. 赵怀玉.大学生学业规划、职业发展与就业指导.西安：西北大学出版社，2008
2. 孙桂兰.医学生临床指南.北京：军事医学科学出版社，2000

第三节　医学生学业规划

迷惘与疑惑

大学生小李的自白

小时候，我根本没有职业的概念。上小学时，老师问我们的梦想是什么，我听别人回答"科学家"，我听说过作家这个词，索性就说一个"作家"，至于什么是作家，我并不了解。

上初中的时候，最大的梦想是考上最好的高中。上高中的时候，最大的梦想是进入好的大学。而我的认知里，只有北大、清华。

后来上了一所曾经闻所未闻的大学，选了一个听都没听过的专业，我的梦想也随之不见了。

迷茫，是大学的开始。

进入大学以后，我不知道以后要做什么，能做什么；我不知道所学的专业以后会进入哪个领域，能发展到哪个位置。只是单纯听着学长学姐的探路经验，听着老师又大又空的解读，模仿着身边同学的一颦一簇。

别人考证我也考证；别人说准备考公务员，我也萌生了想法；别人说考研前景好，我也有了意向；别人说还可以当兵，大学毕业还可以参加"三支一扶""大学生村官""西部计划"……

我懵了。大学里有这么多选择，哪一条路才适合自己呢？

有时候，别人指导的方向不一定适合自己，只有真正知道自己想要什么，那才有前进的动力。无论做什么，都要认清自己，找准方向，只有这样，在未来的学业中，才能有的放矢，打造自己的核心竞争力。

理论解析

同学们都是通过激烈竞争迈进大学校园的，面对未来的医学学习生活，有的同学茫然不知所措，甚至迷失方向；有的同学还不能够完全适应大学的学习方法，更有甚者荒废了学业。对于在大学期间学什么、怎么学、用什么学、什么时候学等问题，很多刚刚入学的医学生都存在着不同的困惑。因此，搞好学业规划，并在学习过程中严格执行，对于医学生来讲具有重要意义。

一、学业规划的含义与目的

（一）学业规划的含义

大学生的学业是指大学生在高等教育阶段所进行的以学为主的一切活动，是广义的学习阶段，它不仅包括科学文化知识的学习，还包括思想、政治、道德、业务、组织管理能力、科研及创新能力等的学习。

大学生学业规划，是指大学生对与其事业（职业）目标相关的学业所进行的安排和筹划。具体来讲，是指大学生通过对自身特点（性格特点、能力特点）和社会未来需要的深入分析和正确认识，确定自己的事业（职业）目标，进而确定学业发展方向，然后结合自己的实际情况（经济条件、工作生活现状、家庭情况等）制订学业发展计划。

（二）学业规划的目的

学业规划就是大学生通过解决学什么、怎么学、用什么学、什么时候学等问题，以确保自身顺利完成学业，为实现就业或开辟事业打好基础。就其内涵来看，是指规划主体根据对自身天赋、兴趣、性格、能力等方面的特点和未来社会需要的深入分析，正确认识并确定其人生阶段性事业（职业）目标，进而确定学业路线，然后结合求学者的实际情况（经济条件、工作生活现状、家庭情况等）制订学业发展计划的过程。其根本目的在于最大限度地提高规划好的人生事业（职业）发展效率，也就是以最小的经济、精力及时间的投入来取得事业（职业）上的成就。

学业规划是个人发展规划的一种。个人发展规划包括了学业规划与职业规划。现在学什么，将来就干什么，也就是我们常说的学以致用是最为经济和高效的个人发展方式。因此，学业的选择是个人最大限度开发自身事业（职业）潜能的具有战略意义的关键环节，因为只有学其所爱、学其所长、学以致用，才能让个人避免走人生事业（职业）发展的弯路，从而最大限度地提高其事业（职业）的发展效率。学业规划的目的就是通过对学业的筹划与安排，实现以最小的求学成本（包括时间、精力、金钱等的投入）来取得自身的职业理想，也就是为了最大限度地提高个人的人生发展效率，实现个人的可持续发展。

二、医学生学业规划的特殊性

首先，医学教育的特殊性来自医学固有的本质属性：一切为了人，为了人的生命，为了人的健康。相应地决定了医学生综合素质提升的重要性和必要性；其次，医学教育学制较长、学科分类精细、专业特点突出，对医学生的自学能力和自我控制力提出了较高要求；第三，目前大部分医学院校还都多以"学年制"为基本教学管理模式，学校对于学生大多集中在思想道德教育、心理健康教育、班队建设、社团管理等几个方面，学业规划还没有得到最广大教育管理者、执行者以及学习者的足够重视，因此医学生的自我学业规划意识以及自决能力是大学期间能否完成学业目标的关键。

三、医学生学业规划的阶段分析

（一）大学一、二年级为基础预热阶段

大学一、二年级为医学教育的基础知识积累阶段，医学生在这一阶段所掌握的知识将直接影响其日后临床、科研等工作的取向和发展。因此，医学生在此阶段不仅要积极地积累基础医学知识，打下良好的基础，与此同时还要对自己希望从事的职业及与自己所学专业对口的职业建立一个初步的了解。具体办法可以采用与师兄师姐进行交流（尤其是大五的毕业生），或是向专业老师请教等方式，询问就业情况，增强交流技巧，这也是锻炼人际交往能力的最佳时机。

（二）大学三年级为专业目标确立阶段

此时，多数医学生将转入临床实习阶段，通过接触实际医疗工作的机会，尽快确立自己日后的专业学习方向。与此同时，还可以初步考虑毕业以后是继续学习深造还是直接就业，并了解应做的相关准备工作。打算毕业后直接就业的同学，应以提高自身素质为主，可以通过实习机会多多积累临床实践经验，提高工作技能，还可以通过参加学生会和社团组织锻炼自己的各种能力，并且开始尝试与自己未来职业有关或本专业相关的兼职、社会实践活动，提高自己的责任感、主动性和受挫能力。注意增强外语口语能力、计算机能力，通过英语和计算机的相关证书考试，并有选择性地辅修其他专业的知识充实自己。要考研究生继续深造的同学应着重专业课和外语的学习和钻研，把主要精力放在学业上，同时也应注意自身综合素质的提高。

（三）大学四年级为自我和环境评估并形成行动计划阶段

大学四年级学生要对自身的优势和劣势进行客观科学的分析，查漏补缺，继续全面地提升自己。在对自身和环境作出合理评估后，选择就业的同学应积极拓展自己的知识储备，尤其是与自己所希望从事专业有关的理论知识，为日后工作打下良好的理论基础，并且要有意识的增加与社会接触的机会，开展多种形式的社会实践活动，为自己的就业打下坚实的实践基础。与此同时，留意各种行业的信息，并在确立目标方面形成初步的打算和计划。选择考研的同学此时应根据自己的性格，兴趣和学业专长确定自己所要报考的学科。从这一年的暑假开始便要着手考研的复习和准备。

（四）大学五年级为职业选择与实践阶段

准备就业的同学要再次检验自己的职业目标是否明确，前四年的准备是否充分。然后积极参加招聘活动，在实践中检验自己的积累和准备是否充分。最后在同学和老师的帮助

下进行预习和模拟面试，并积极了解就业指导中心提供的用人单位信息，强化求职技巧。准备考研的同学，此时复习已接近尾声，应着重于有关考研信息的收集和整理分析。可以通过各种途径，如向自己报考专业相同的在读研究生及该学科专家教授咨询有关应试技巧、本学科发展前沿信息等，向报考学校招生办公室了解有关招生信息，积极联系报考导师等。

四、医学生学业规划的实施步骤

（一）学业规划选定

首先，分析自己的兴趣爱好，确定自己想干什么。其次，分析自己的能力、特长，确定自己能干什么。最后，分析所学专业特点及专业方向分类，确定社会要求自己干什么。着眼未来、预测趋势、评价自我，要把自己的兴趣爱好、能力特长、社会需要等因素结合起来，把想干什么、能干什么、社会要求干什么有机地结合起来。几方面的结合点和链接处正是大学生学业规划的关键所在。

（二）学业规划强化

当学业规划选定以后，很多大学生或者拖延不动，或者立即盲目地行动，结果导致了有规划无行动或不持久的现象，从而无法实现既定的学业规划目标。面对医学知识深奥庞杂的特点，医学生一定要注意对学业规划的强化过程。所谓强化就是学业规划的执行者在执行之前充分运用想象，详细地罗列出达成学业规划的好处，从而培养出积极的心态，进而增强动力、产生更大的执行力，确保学业规划顺利完成。

（三）学业规划分解

学业总目标制定出以后，要自上而下地分解，即制订学习计划。可以按照以下的思路进行：大学期间的总学习目标，一年的学习目标，一学期的学习目标，一月的学习目标，一周的学习目标，一日的学习目标。使得学业规划落实到学习生活的每一天，确保学业规划的严格执行。

（四）学业规划评估与反馈

由于现实生活中种种不确定因素的存在，要求学业规划的设计具有一定的弹性，评估结果出来以后应进行反馈，以便于自己及时反省和修正学业目标，变更实施措施与计划。所以应做到定期评估与反馈进而分析原因与障碍，找出改进的方法与措施。

（五）奖励与惩罚

激励措施能将人的潜能和积极性激发出来，惩罚可以防止惰性的产生。所以，一定要制定出完成阶段目标后对自己的奖励和惩罚措施。

【案例】

小张同学是某医科大学临床专业一年级的学生。做一名医生是他的梦想，聪明活泼的他以优异的成绩考上了医学院校的临床专业，但是大一半年的医学专业学习使他感到医学专业尤其是基础医学知识并没有他所想象的那样生动、充满挑战。对于未来他似乎有些迷茫。为此小张找到了学校的相关老师请求指导，在老师的帮助下，他对自己进行了较为细致的分析，发现动手能力、分析能力以及思维逻辑性等方面是他的优势能力，而沟通能力、记忆力和工作持久性等方面是他的弱势能力，依据此分析他制订了一份详细的发展规划表（表1-6）。

表 1-6 个人发展规划表

学业发展规划	时间规划	1 年级：医学知识认识阶段 2 年级：医学知识拓展及能力锻炼阶段 3 年级：专业定向阶段 4 年级：专业提高及考研准备阶段 5 年级：研究生考试冲刺阶段
	知识规划	熟练掌握医学相关的基础及临床专业知识，精通定向专业的相关知识，积极拓展医学相关知识及人文知识，以英语 4、6 级和计算机等级考试为标准准确把握相关知识
	技能规划	发挥自身的动手能力积极锻炼临床操作技能，积极参加社团和学生会活动锻炼语言表达及人际沟通能力
	自我约束和交流	为了确保达到目的，需要制订详细的时间计划表并请同伴监督执行
	反馈和修正	每半学期将通过对时间计划表的总结，及时反馈和修正学业规划

实践指导

王某入学后得到"前辈"的指导：学医一定要"头悬梁、锥刺骨"，像高三一样甚至比高三的学习还要刻苦。因此王某在大学里过着三点一线的生活，什么活动都不参加，和同学交流也少，他感觉大学生活索然无味。

"头悬梁、锥刺骨"固然是对学习的一种积极态度，但未必是一种最合理的学习方式。大学期间，除了知识的获取和积累之外，能力的锻炼也是必不可少的。这就需要我们合理地调配我们的时间和精力，从被动转向主动，在提高学习效率的基础上，尽可能地利用时间去参加一些社会活动、志愿服务和实践活动，从而锻炼多方面的能力。经过大学的学习，我们应该真正做到从思考中确立自我，从学习中寻求真理，从独立中体验自主，从计划中把握时间，从交流中锻炼表达，从交友中品味成熟，从实践中赢得价值，从兴趣中攫取快乐，从追求中获得力量。

相关解答

迈入神圣的医学殿堂，医学新生应如何转变学习理念，快速地融入大学的学习生活中？

确实，从中学到大学这是人生的重要转折，中学生向大学生的转变需要一个过程，如何加快这个转变，如何调整自己适应新的生活、学习环境，如何投入到紧张的大学生活中，是每个大学生必须考虑的问题。

首先，应从高考成功后的陶醉中解脱出来，调整方位，尽快将自己融入大学生活的主旋律中。能够考上理想的大学这确实是令人兴奋的，学生为此付出了艰苦的劳动。但成功已成为过去，我们应冷静地面对现实，认真地思考怎样迈出大学生活的第一步，做好战胜困难的准备，尽早进入再次出征的状态。其次，破除唯我独尊、唯我独优的优越感。大学生在中学时代几乎都是佼佼者，是在赞扬声中长大的，对于困难和波折心理承受能力较低，而大学是群英荟萃、高手如林的地方，过去的佼佼者不一定总是出类拔萃。生活和学习中难免有不满意的地方，难免会出现成绩的起伏和暂时的落伍，这与往日的一帆风顺形成强烈反差，因而容易导致心理失衡和自尊心受挫。因此，忘却以往的光荣，重新认识自己，把自己放在合适的位置上，自强不息，不骄不躁，谦虚谨慎将成为大学生再次成功的关键。第三，注意大学教育与中学教育的区别，改进学习方法。大学教育非同中小学教育，前者是后者的继续，后者是前者的基础。大学培养的是专业化程度很高的专门人才，一般地讲，大学集中了专业教学和科研的优势。大学的教学内容、讲授方法、学习方法与中小学有很大区别，因而中学生进入大学后，总有一个适应的过程，能否顺利迅速地度过这一阶段，是对大学生自我调控能力的检查。

课后作业

做一个适合自己的学业规划设计，并与同学进行讨论。

相关链接

1. http：//www.bioon.com 生物谷
2. http：//www.dxy.cn 丁香园

第二章

认识自我

知识点

　　通过本章的学习，认识兴趣、性格的基本特质，明晰兴趣、性格与职业发展的关系，掌握性格与职业的最佳匹配；明晰自己最擅长并愿意在工作中使用的五项可迁移技能、自我管理技能和专业知识技能；能使用相关资源和方法了解意向职业的技能要求；认识价值观对个人职业选择和发展所起的激励及影响作用，培养良好的职业价值观；通过一系列的操作游戏，使学生在游戏情境中根据一定的规则，寻找解决生涯问题的线索，发现自己性格、兴趣、技能、价值观的结合点，找到适合自己的职业方向。

第一节　兴趣探索

"天才就是强烈的兴趣和顽强的入迷"

——童第周

迷惘与疑惑

　　1. 小王同学是某医学院校大三学生，兴趣广泛：从小到大学过武术、乒乓球、绘画等，在某些方面还得过奖，可就是没长性，过段时间又扔一边去了，面对职业选择时，他想知道到底什么才是自己真正的兴趣。

　　2. 小周同学高考报志愿时不知选什么好，在父母、亲戚、同学的参谋下选择了现在的药学专业，她对本专业既不喜欢也不讨厌，但当她听说药学专业目前就业前景不是很好，其他专业如何好时自己便陷入迷茫，疑惑所学的专业是否适合自己。

　　你"喜欢"什么？这并不是一个容易回答的问题。有些人因为缺少社会经验，不知道自己喜欢什么，还有些人花了很长的时间寻寻觅觅，仍无法理清在"许多个"喜欢之间，究竟哪一个才是"最"喜欢？于是，对未来的发展感到茫然困惑，不知所终。

32

理论解析

一、兴趣与职业生涯的关系

兴趣（interest）是个人对某种事物或某种活动的一种选择态度，表现在某方面需求的情绪倾向。不同的人可能具有相同的兴趣，更多的则是不尽相同的。如果你喜欢美术，你会为欣赏到一幅高水平的画而激动不已；如果你喜欢计算机，你使用计算机的系统软件可能会易如反掌；如果你喜欢开车，你和朋友谈起驾驶来，你可能会眉飞色舞。相反，若是硬要一个擅长音乐的人把兴趣转移到推导数学公式方面，他会感到无用武之地，也会感到苦不堪言。

职业兴趣则是指一个人是否喜爱某种职业，是一种职业选择与态度方面的倾向。据研究，如果一个人对所从事的职业有兴趣，能发挥他全部工作才能的80%~90%，并且长时间保持高效率不感到疲劳；而对工作没兴趣的人，只能发挥全部才能的20%~30%，也容易感到精疲力竭。

对于兴趣与职业生涯的关系，可以从以下三个方面来理解：

（一）兴趣有利于提高工作绩效

个体是要依靠专业知识和技能参与职业活动的。由于兴趣是最好的老师，它可以促使个体不断学习，从而提高职业技能。同时，又由于兴趣属于个性心理倾向，它有利于推动人们的工作动机，调动人的潜能，提高积极性，从而充分发挥自己的才干。可以说，兴趣能从能力与活力两个方面提高个体的职业活动水平。

（二）兴趣有利于提高职业满意度

兴趣代表了个体的某种心理偏好。职业兴趣表明了个体对职业的偏好，从事自己感兴趣的职业，本身就可以获得更高的职业满足感。这种职业满足感还是保证职业稳定性和工作满意度的重要因素。

（三）兴趣给个人职业生涯指引方向

从事自己喜爱的工作，可以带来愉悦的感受，让自己更有动力积极投入于工作之中，创造更大的成功机会，获得更高度的成就满足感，也因此会更为肯定自己的能力表现，对自己更具信心，更能充分发挥自己的潜能，完成自我实现的人生目标。

二、霍兰德职业兴趣理论

霍兰德（John L.Holland）的职业兴趣理论，源于人格心理学的概念和大量职业咨询的实践与研究。1959年霍兰德提出职业兴趣理论，他认为职业兴趣是人格的体现，因此职业兴趣理论又被称为人格类型理论（RIASEC）。

霍兰德从整个人格的角度来考察职业选择问题。他认为，人格类型模式和职业类型模式应互相配合，否则，人们难以在职业活动中获得自己需要的机会和奖励。霍兰德认为从事同一职业工作的人存在共同的人格，并能划分为不同的类型，因此，他提出了四个假设：①大多数人的人格可以分为现实型、研究型、艺术型、社会型、企业型和常规型等六种类型，这些是在个人与环境的相互作用中形成的，每一种特定人格类型的人会对相应的职业类型中的活动感兴趣；②人们所生活的职业环境也同样可以划分为上述六种类型，各种职业环境大致由同一种人格类型的人占据；③人们寻求的是能够充分施展自己的能力，充分表现、发展自己价值观的职业环境；④个人的行为是由个人的人格和其所处的环境相互作用决定的。

兴趣是描述人格的另一种方法，是职业选择中一个更为普遍的概念，人格是兴趣、价值、需求、技巧、信仰、态度和学习个性的综合体；就职业选择而言，兴趣是个体和职业匹配的过程中最重要的因素。

使用不同的兴趣问卷，以不同年龄、不同性别、不同国家的被试为样本，研究结果都证实了霍兰德的职业兴趣类型理论具有普遍性和代表性，其理论逐步为许多职业兴趣量表采纳，作为分数合成和解释上的理论依据。因此，霍兰德职业兴趣理论成为了最具影响力的职业发展理论和职业分类体系。

（一）兴趣类型

霍兰德认为人格分类模式等同于兴趣分类模式，主要存在六种人格类型，所以其人格分类也常作为兴趣分类来介绍。

1. 现实型（realistic） 又称为技能型。具有这类倾向的个体，属于技术与运动取向。往往身体技能及机械协调能力较强，对机械与物体的关心比较强烈。稳健、务实，喜欢从事规则明确的活动及技术性工作，甚至热衷于亲自动手创造新事物。不善言谈，对于人际交往及人员管理、监督等活动不太感兴趣。

2. 研究型（investigative） 又称为调查型。具有这类倾向的个体，喜欢理论思维或偏爱数理统计工作，对于解决抽象性问题具有极大的热情。他们通常倾向于通过思考、分析解决难题，而不一定落实到具体操作。喜欢具有创造性、挑战性的工作，不太喜欢固定程式的任务。对于人员的领导及人际交往也情非所愿，独立倾向明显。

3. 艺术型（art） 具有此类倾向的个体，对具有创造、想象及自我表现空间的工作显示出明显偏好。他们和研究型倾向的个体相同之处在于创造倾向明显，对于结构化程度较高的任务及环境都不太喜欢，对于机械性及程式化的工作了无兴趣。也比较喜欢独立行事，不太合群。但两者所不同的是艺术倾向明显的个体好自我表现，重视自己的感性，直觉力较好，情绪变化较大。

4. 社会型（social） 具有此类倾向的个体，喜欢以人为对象的工作。他们通常言语能力优于数理能力，善于言谈，乐于与人相处，给人提供帮助，具有人道主义倾向，责任心也较强。习惯于与人商讨或调整人际关系来解决面临的问题，不太喜欢以机械和物品为对象的工作，适合从事咨询、培训、辅导及安抚劝说类工作。

5. 传统型（conventional） 也称为事务型、常规型。具有这类倾向的个体，喜欢高度有序、要求明晰的工作，对于规则模糊、自由度大的工作不太适应。不喜欢主动决策，习惯于服从，一般较为忠诚、可靠，偏保守，与人工作中的交往会保持一定的距离。工作仔细、有毅力。对社会地位、社会评价比较在意，通常愿意在大型机构做一般性工作。

6. 企业型（enterprising） 又译经营型。具有这种兴趣倾向的个体，喜欢制订新的工作计划、事业规划以及设立新的组织，并积极地发挥组织的作用进行活动，喜欢影响、管理、领导他人，自信、支配欲、冒险性强。他们不喜欢具体精细或需要长时间集中心智的工作。

（二）职业类型及其关系

霍兰德认为，主要存在六种人格类型和六种与之相对应的环境模式，六大类型并非是并列的，没有明晰的边界。他以六边形模型来标示六大类型的相互关系，边和对角线的长度反映了人格类型之间心理上的一致性程度，同时也代表着六种职业类型之间的相似与相容程度，位置相邻的两类职业类型相似性最大。人与职业的适应和匹配也可从该模型中得到体现。如图 2-1 所示：

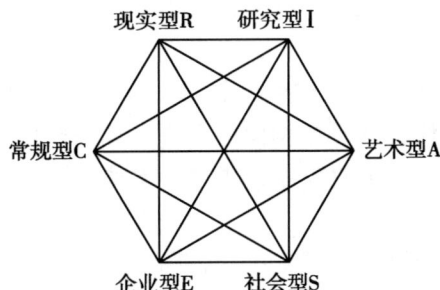

图 2-1 职业类型及其关系图

1. 相邻关系　如 RI、IR、IA、AI、AS、SA、SE、ES、EC、CE、RC 及 CR。属于这种关系的两种类型的个体之间共同点较多，现实型 R、研究型 I 的人就都不太偏好人际交往，这两种职业环境中也都较少机会与人接触。

2. 相隔关系　如 RA、RE、IC、IS、AR、AE、SI、SC、EA、ER、CI 及 CS，属于这种关系的两种类型个体之间共同点较相邻关系少。

3. 相对关系　在六边形上处于对角位置的类型之间即为相对关系，如 RS、IE、AC、SR、EI、及 CA，属于这种关系的两种类型个体之间的共同点少，因此，一个人同时对处于相对关系的两种职业环境都兴趣很浓的情况比较少见。

人们通常倾向选择与自我兴趣类型匹配的职业环境，如具有现实型兴趣的人希望在现实型的职业环境中工作，可以最好地发挥个人的潜能。但职业选择中，个体并非一定要选择与自己兴趣完全对应的职业环境。这是因为：①个体本身常是多种兴趣类型的综合体，单一类型显著突出的情况不多，因此评价个体的兴趣类型时也时常以其在六大类型中得分居前三位的类型组合而成，组合时根据分数的高低依次排列字母，构成其兴趣组型，如RCA、AIS 等；②影响职业选择的因素是多方面的，不完全依据兴趣类型，还要参照社会的职业需求及获得职业的现实可能性。因此，职业选择时会不断妥协，寻求与相邻职业环境、甚至相隔职业环境，在这种环境中，个体需要逐渐适应工作环境。

（三）兴趣与职业的适配

霍兰德认为，大多数人都是六种类型之中的一种或两种以上类型的不同的组合，不同兴趣类型的人适合于不同的职业环境。"适配性"是指个体的个人特质和其所喜欢的职业活动之间的符合程度，如具有社会型特质的人。

1. 社会型（S）

（1）共同特征：喜欢与人交往、不断结交新的朋友、善言谈、愿意教导别人。关心社会问题、渴望发挥自己的社会作用。寻求广泛的人际关系，比较看重社会义务和社会道德。

（2）适配的职业：喜欢要求与人打交道的工作，能够不断结交新的朋友，从事提供信息、启迪、帮助、培训、开发或治疗等事务，并具备相应能力。如：教育工作者（教师、教育行政人员），社会工作者（咨询人员、公关人员）、营销师、心理医生、医疗机构管理者、社区健康医师、记者等。

2. 企业型（E）

（1）共同特征：追求权力、权威和物质财富，具有领导才能。喜欢竞争、敢冒风险、有野心、抱负。为人务实，习惯以利益得失，权力、地位、金钱等来衡量做事的价值，做事有较强的目的性。

（2）适配的职业：喜欢要求具备经营、管理、劝服、监督和领导才能，以实现机构、政治、社会及经济目标的工作，并具备相应的能力。如医院管理人员、项目经理、销售人员，营销管理人员、政府官员、企业领导、法官、律师。

3. 常规型（C）

（1）共同特征：尊重权威和规章制度，喜欢按计划办事，细心、有条理，习惯接受他人的指挥和领导，自己不谋求领导职务。喜欢关注实际和细节情况，通常较为谨慎和保守，缺乏创造性，不喜欢冒险和竞争，富有自我牺牲精神。

（2）适配的职业：喜欢要求注意细节、精确度、有系统有条理，具有记录、归档及依据特定要求或程序组织数据和文字信息的职业，并具备相应能力。如：秘书、办公室人员、记事员、会计、行政助理、图书馆管理员、出纳员、打字员、投资分析员。

4. 现实型（R）

（1）共同特征：愿意使用工具从事操作性工作，动手能力强，做事手脚灵活，动作协调。偏好于具体任务，不善言辞，做事保守，较为谦虚。缺乏社交能力，通常喜欢独立做事。

（2）适配的职业：喜欢使用工具、机器，需要基本操作技能的工作。对要求具备机械方面才能、体力或从事与物件、机器、工具、运动器材、植物、动物相关的职业有兴趣，并具备相应能力。如：技术性职业（计算机硬件人员、摄影师、制图员、机械装配工），技能性职业（护士、检验师、影像师、木匠、厨师、技工、修理工、农民、一般劳动）。

5. 研究型（I）

（1）共同特征：思想家而非实干家，抽象思维能力强，求知欲强，肯动脑，善思考，不愿动手。喜欢独立的和富有创造性的工作。知识渊博，有学识才能，不善于领导他人。考虑问题理性，做事喜欢精确，喜欢逻辑分析和推理，不断探讨未知的领域。

（2）适配的职业：喜欢智力的、抽象的、分析的、独立的定向任务，要求具备智力或分析才能，并将其用于观察、估测、衡量、形成理论、最终解决问题的工作，并具备相应的能力。如科学研究人员、教师、工程师、电脑编程人员、医生、系统分析员。

6. 艺术型（A）

（1）共同特征：有创造力，乐于创造新颖、与众不同的成果，渴望表现自己的个性，实现自身的价值。做事理想化，追求完美，不重实际。具有一定的艺术才能和个性。善于表达、怀旧、心态较为复杂。

（2）适配的职业：喜欢的工作要求具备艺术修养、创造力、表达能力和直觉，并将其用于语言、行为、声音、颜色和形式的审美、思索和感受，具备相应的能力。如艺术方面

（演员、导演、艺术设计师、雕刻家、美容师、建筑师、摄影家、广告制作人），音乐方面（歌唱家、作曲家、乐队指挥），文学方面（小说家、诗人、剧作家）。

根据霍兰德的理论，兴趣是职业选择中最重要的因素，是一种强大的精神力量。兴趣与职业适配性的关键在于：个体之间在人格方面存在着本质差异；个体具有不同的类型；当工作环境与人格类型协调一致时会产生更高的工作满意度和更低的离职可能性。

霍兰德认为，个体的职业兴趣可以影响其对职业的满意程度，当个体所从事的职业和他的职业兴趣类型匹配时，个体的潜能可以得到最大的发挥，工作业绩也更加显著。但是，大多数人都并非只有一种性向，一个人的性向中很可能同时包含着两种或两种以上的性向。这些性向越相似，相容性越强，则一个人在选择职业时所面临的内在冲突和犹豫就会越少。但如果个体寻找的是相对的职业环境，意味着所进入的是与自我兴趣完全不同的职业环境，则工作起来可能难以适应，或者难以做到工作时觉得很快乐。相反，甚至可能会每天工作得很痛苦。

对于大学生和缺乏职业经验的人，为了清晰地了解自己的职业兴趣类型和在职业选择中的主观倾向，从而在纷繁的职业机会中找寻到最适合自己的职业，避免职业选择中的盲目行为，可以认识和了解霍兰德的职业兴趣理论，通过职业兴趣测试帮助做好职业选择和职业设计，成功地进行职业调整，从整体上认识和发展自己的职业能力。

（四）医学职业与兴趣的适配

2003年，由美国内科学基金、ACP基金和欧洲内科医学联盟共同倡议和提出的《医师宣言》明确要求，医师在行医从业过程中，不仅要遵循："患者利益首位原则、患者自主的原则、社会公平原则"，还要履行"提高业务能力、对患者诚实、为患者保密、和患者保持适当关系、提高医疗质量、促进享有医疗、对有限的资源进行公平分配、对科学知识负有责任、通过解决利益冲突而维护信任、对职责负有责任"等责任。在遵循上述原则和承担责任的同时，从业者不仅具备相应的学历、经历和知识技能，还要具备良好的思想道德素质、医学科学素质、人文素质和良好的身心素质。在思想道德方面，要具有高度的思想觉悟、高尚的情操、热爱祖国、尊重他人、诚实守信、先人后己、全心全意为病人服务的思想，还要有高尚的医德医风和敬业精神，对病人要有爱心、同情心和责任心，忠于职守、尽职尽责、科学严谨、精益求精。在医学科学素质方面，应具有执着的科学精神，严谨的工作态度，扎实的专业知识，熟练的临床技能，较强的工作能力，较高的专业技术水平，较强的法律意识和职业敏感性以及开拓创新和解决问题能力。在人文素质方面，要通晓广泛的交叉学科、边缘学科及人文社科知识，具备人文修养，拥有较好的沟通能力和协作能力。在身心素质方面，应有良好的性格、健康的体魄、坚强的意志、乐观的情绪，要诚实、热情、谦和、宽容，能够经受挫折，沉着冷静，面对困难百折不挠。

从此，可以看出医学职业是个非常特殊的职业，和其他职业相比，它不仅要求从业者有较高的理论和技能，还要有良好的职业素质和思想道德。能力是职业的基础，兴趣是职业选择的重要因素，只有具备适当职业兴趣的从业者，才会更好地适应某一职业工作。对医学生来讲，如果具备调研型（I）的人格类型，能更符合医学的职业要求。

这是因为，兴趣是一个人从事学习、工作的内在心理需求，它不仅影响个体的学习和工作的积极性、主动性、愉悦性，还会使个体产生内在倾向性——生涯动机。生涯动机是个人学习某一专业或从事某一职业的一种内驱力,是个人学习和工作的内在动机和动力,它能够激发个人勤奋学习、努力工作、在专业和职业上有所建树。因此,不论从个体的个性来讲,还是从人职匹配的角度来讲,医学从业者都应该具备医学职业兴趣。只有具备了医学职业兴趣,才会对这一职业充满更高的热情和积极性,才会在相应的专业学习能力基础上,积极地开展学习和工作,才会在学习和工作过程中严格地控制和约束自己,才会承担起医学工作的职业责任。

但是,人的职业兴趣不是天生就有的,它可以通过后天的熏陶和培养逐渐进行养成,因为人的兴趣虽是持久和稳定的,但也是广泛的。所以,对医学生来讲,如果通过一个阶段的专业学习,仍然不感兴趣的话,就要认真考虑自己的职业兴趣类型究竟适合医学临床类、医学管理类、医学社会类,还是医学研究类等。

【练习2-1】

霍兰德职业兴趣测评量表

指导语:本测验量表将帮助你发现和确定自己的职业兴趣和能力特长,从而更好地做出求职择业的决策。如果你已经考虑好或者选择好了自己的职业,本测验将使你的这种考虑或选择具有理论基础,或向你展示其他合适的职业;如果你至今尚未确定职业方向,本测验将帮助你根据自己的情况选择一个恰当的职业目标。本测验共有七个部分,每部分测验都没有时间限制,但请你尽快按要求完成。

第一部分 你心目中的理想职业(专业)

对于未来的职业(或升学进修的专业),你得早有考虑,它可能很抽象、很朦胧,也可能很具体、很清晰。不论是哪种情况,现在都请你把自己最想作的3种工作或最想读的3种专业,按顺序写下来。

1.

2.

3.

第二部分 你所感兴趣的活动

下面列举了若干种活动,请就这些活动判断你的好恶。喜欢的,请在"是"栏里打√;不喜欢的,请在"否"里打×,请按顺序回答全部问题。

R:实际型活动

1. 装配修理电器或玩具	是□	否□
2. 修理自行车	是□	否□
3. 用木头做东西	是□	否□
4. 开汽车或摩托车	是□	否□
5. 用机器做东西	是□	否□
6. 参加木工技术学习班	是□	否□
7. 参加制图描图学习班	是□	否□
8. 驾驶卡车或拖拉机	是□	否□
9. 参加机械和电气学习班	是□	否□
10. 装配修理机器	是□	否□

统计"是"一栏得分共计

I：调查型活动

1. 读科技图书和杂志	是□	否□
2. 在实验室工作	是□	否□
3. 改良水果品种，培育新的水果	是□	否□
4. 调查了解土和金属等物质的成分	是□	否□
5. 研究自己选择的特殊问题	是□	否□
6. 解算术或玩数学游戏	是□	否□
7. 物理课	是□	否□
8. 化学课	是□	否□
9. 几何课	是□	否□
10. 生物课	是□	否□

统计"是"一栏得分共计

A：艺术型活动

1. 素描／制图或绘画	是□	否□
2. 参加话剧／戏剧	是□	否□
3. 设计家具／布置室内	是□	否□
4. 练习乐器／参加乐队	是□	否□
5. 欣赏音乐或戏剧	是□	否□
6. 看小说／读剧本	是□	否□
7. 从事摄影创作	是□	否□
8. 写诗或吟诗	是□	否□
9. 进艺术（美术／音乐）培训	是□	否□
10. 练习书法	是□	否□

统计"是"一栏得分共计

S：社会型活动

1. 学校或单位组织的正式活动	是□	否□
2. 参加某个社会团体或俱乐部活动	是□	否□
3. 帮助别人解决困难	是□	否□
4. 照顾儿童	是□	否□
5. 出席晚会、联欢会、茶话会	是□	否□
6. 和大家一起出去郊游	是□	否□
7. 想获得关于心理方面的知识	是□	否□
8. 参加讲座会或辩论会	是□	否□
9. 观看或参加体育比赛和运动会	是□	否□
10. 结交新朋友	是□	否□

统计"是"一栏得分共计

E：事业型活动

1. 说服鼓动他人	是□	否□
2. 卖东西	是□	否□

3. 谈论政治　　　　　　　　　　　　　是☐　　　　否☐

4. 制订计划、参加会议　　　　　　　　是☐　　　　否☐

5. 以自己的意志影响别人的行为　　　　是☐　　　　否☐

6. 在社会团体中担任职务　　　　　　　是☐　　　　否☐

7. 检查与评价别人的工作　　　　　　　是☐　　　　否☐

8. 结交名流　　　　　　　　　　　　　是☐　　　　否☐

9. 指导有某种目标的团体　　　　　　　是☐　　　　否☐

10. 参与政治活动　　　　　　　　　　　是☐　　　　否☐

统计"是"一栏得分共计

C：常规型（传统型）活动

1. 整理好桌面和房间　　　　　　　　　是☐　　　　否☐

2. 抄写文件和信件　　　　　　　　　　是☐　　　　否☐

3. 为领导写报告或公务信函　　　　　　是☐　　　　否☐

4. 检查个人收支情况　　　　　　　　　是☐　　　　否☐

5. 打字培训班　　　　　　　　　　　　是☐　　　　否☐

6. 参加算盘、文秘等实务培训　　　　　是☐　　　　否☐

7. 参加商业会计培训班　　　　　　　　是☐　　　　否☐

8. 参加情报处理培训班　　　　　　　　是☐　　　　否☐

9. 整理信件、报告、记录等　　　　　　是☐　　　　否☐

10. 写商业贸易信　　　　　　　　　　　是☐　　　　否☐

统计"是"一栏得分共计

第三部分　你所擅长获胜的活动

下面列举了若干种活动，其中你能做或大概能做的事，请在"是"栏里打√；反之，在"否"栏里打 ×，请回答全部问题。

R：实际型活动

1. 能使用电锯、电钻和锉刀等木工工具　是☐　　　　否☐

2. 知道万用表的使用方法　　　　　　　是☐　　　　否☐

3. 能够修理自行车或其他机械　　　　　是☐　　　　否☐

4. 能够使用电钻床、磨床或缝纫机　　　是☐　　　　否☐

5. 能给家具和木制品刷漆　　　　　　　是☐　　　　否☐

6. 能看建筑设计图　　　　　　　　　　是☐　　　　否☐

7. 能够修理简单的电气用品　　　　　　是☐　　　　否☐

8. 能修理家具　　　　　　　　　　　　是☐　　　　否☐

9. 能修理收录机　　　　　　　　　　　是☐　　　　否☐

10. 能简单地修理水管　　　　　　　　　是☐　　　　否☐

统计"是"一栏得分共计

I：调研型能力

1. 懂得真空管或晶体管的作用　　　　　是☐　　　　否☐

2. 能够列举三种蛋白质多的食品　　　　是☐　　　　否☐

3. 理解铀的裂变   是□   否□

4. 能用计算尺、计算器、对数表   是□   否□

5. 会使用显微镜   是□   否□

6. 能找到三个星座   是□   否□

7. 能独立进行调查研究   是□   否□

8. 能解释简单的化学   是□   否□

9. 理解人造卫星为什么不落地   是□   否□

10. 经常参加学术的会议   是□   否□

统计"是"一栏得分共计

A：艺术型能力

1. 能演奏乐器   是□   否□

2. 能参加二部或四部合唱   是□   否□

3. 独唱或独奏   是□   否□

4. 扮演剧中角色   是□   否□

5. 能创作简单的乐曲   是□   否□

6. 会跳舞   是□   否□

7. 能绘画、素描或书法   是□   否□

8. 能雕刻、剪纸或泥塑   是□   否□

9. 能设计板报、服装或家具   是□   否□

10. 写得一手好文章   是□   否□

统计"是"一栏得分共计

S：社会型能力

1. 有向各种人说明解释的能力   是□   否□

2. 常参加社会福利活动   是□   否□

3. 能和大家一起友好相处地工作   是□   否□

4. 善于与年长者相处   是□   否□

5. 会邀请人、招待人   是□   否□

6. 能简单易懂地教育儿童   是□   否□

7. 能安排会议等活动顺序   是□   否□

8. 善于体察人心和帮助他人   是□   否□

9. 帮助护理病人和伤员   是□   否□

10. 安排社团组织的各种事务   是□   否□

统计"是"一栏得分共计

E：事业型能力

1. 担任过学生干部并且干得不错   是□   否□

2. 工作上能指导和监督他人   是□   否□

3. 做事充满活力和热情   是□   否□

4. 有效利用自身的做法调动他人   是□   否□

5. 销售能力强   是□   否□

6. 曾作为俱乐部或社团的负责人　　　　　　　　是□　　　否□

7. 向领导提出建议或反映意见　　　　　　　　　是□　　　否□

8. 有开创事业的能力　　　　　　　　　　　　　是□　　　否□

9. 知道怎样做能成为一个优秀的领导者　　　　　是□　　　否□

10. 健谈善辩　　　　　　　　　　　　　　　　　是□　　　否□

统计"是"一栏得分共计

C：常规型能力

1. 会熟练地打印中文　　　　　　　　　　　　　是□　　　否□

2. 会用外文打字机或复印机　　　　　　　　　　是□　　　否□

3. 能快速记笔记和抄写文章　　　　　　　　　　是□　　　否□

4. 善于整理保管文件和资料　　　　　　　　　　是□　　　否□

5. 善于从事事务性的工作　　　　　　　　　　　是□　　　否□

6. 会用算盘　　　　　　　　　　　　　　　　　是□　　　否□

7. 能在短时间内分类和处理大量文件　　　　　　是□　　　否□

8. 能使用计算机　　　　　　　　　　　　　　　是□　　　否□

9. 能搜集数据　　　　　　　　　　　　　　　　是□　　　否□

10. 善于为自己或集体做财务预算表　　　　　　是□　　　否□

统计"是"一栏得分共计

第四部分　你所喜欢的职业

下面列举了多种职业，请逐一认真地看，如果是你有兴趣的工作，请在"是"栏里打√；如果你不太喜欢、不关心的工作，请在"否"栏里打×，请回答全部问题。

R：实际型职业

1. 飞机机械师　　　　　　　　　　　　　　　　是□　　　否□

2. 野生动物专家　　　　　　　　　　　　　　　是□　　　否□

3. 汽车维修工　　　　　　　　　　　　　　　　是□　　　否□

4. 木匠　　　　　　　　　　　　　　　　　　　是□　　　否□

5. 测量工程师　　　　　　　　　　　　　　　　是□　　　否□

6. 无线电报务员　　　　　　　　　　　　　　　是□　　　否□

7. 园艺师　　　　　　　　　　　　　　　　　　是□　　　否□

8. 长途公共汽车司机　　　　　　　　　　　　　是□　　　否□

9. 电工　　　　　　　　　　　　　　　　　　　是□　　　否□

统计"是"一栏得分共计

I：调研型职业

1. 气象学或天文学者　　　　　　　　　　　　　是□　　　否□

2. 生物学者　　　　　　　　　　　　　　　　　是□　　　否□

3. 医学实验室的技术人员　　　　　　　　　　　是□　　　否□

4. 人类学者　　　　　　　　　　　　　　　　　是□　　　否□

5. 动物学者　　　　　　　　　　　　　　　　　是□　　　否□

6. 化学者　　　　　　　　　　　　　　　　　　是□　　　否□

7. 数学学者	是□	否□
8. 科学杂志的编辑或作家	是□	否□
9. 地质学者	是□	否□
10. 物理学者	是□	否□

统计"是"一栏得分共计

A：艺术型职业

1. 乐队指挥	是□	否□
2. 演奏家	是□	否□
3. 作家	是□	否□
4. 摄影家	是□	否□
5. 记者	是□	否□
6. 画家、书法家	是□	否□
7. 歌唱家	是□	否□
8. 作曲家	是□	否□
9. 电影电视演员	是□	否□

统计"是"一栏得分共计

S：社会型职业

1. 街道、工会或妇联干部	是□	否□
2. 小学、中学教师	是□	否□
3. 精神病医生	是□	否□
4. 婚姻介绍所工作人员	是□	否□
5. 体育教练	是□	否□
6. 福利机构负责人	是□	否□
7. 心理咨询员	是□	否□
8. 共青团干部	是□	否□
9. 导游	是□	否□
10. 国家机关工作人员	是□	否□

统计"是"一栏得分共计

E：事业型职业

1. 厂长	是□	否□
2. 电视片编制人	是□	否□
3. 公司经理	是□	否□
4. 销售员	是□	否□
5. 不动产推销员	是□	否□
6. 广告部长	是□	否□
7. 体育活动主办者	是□	否□
8. 销售部长	是□	否□
9. 个体工商业者	是□	否□
10. 企业管理咨询人员	是□	否□

统计"是"一栏得分共计

C：常规型职业

1. 会计师	是□	否□
2. 银行出纳员	是□	否□
3. 税收管理员	是□	否□
4. 计算机操作员	是□	否□
5. 簿记人员	是□	否□
6. 成本核算员	是□	否□
7. 文书档案管理员	是□	否□
8. 打字员	是□	否□
9. 法庭书记员	是□	否□
10. 人口普查登记员	是□	否□

统计"是"一栏得分共计

第五部分　你的能力类型简评

职业能力自我评分表（表 2-1）和职业类型自我评分表（表 2-2）是你在 6 个职业能力方面的自我评定表。你可以先与同龄者比较出自己在每一方面的能力，然后经斟酌后对自己的能力作评估。请在表中适当的数字上画圈。数字越大，表示你的能力越强。注意，请勿全部填同样的数字，因为人的每项能力不可能完全一样。

表 2-1　职业能力自我评分表

	R 型	I 型	A 型	S 型	E 型	C 型
	机械操作能力	科学研究能力	艺术创作能力	解释表达能力	商业洽谈能力	事务执行能力
高	7	7	7	7	7	7
	6	6	6	6	6	6
	5	5	5	5	5	5
中	4	4	4	4	4	4
	3	3	3	3	3	3
	2	2	2	2	2	2
低	1	1	1	1	1	1

表 2-2　职业类型自我评分表

	R 型	I 型	A 型	S 型	E 型	C 型
	体育技能	数学技能	音乐技能	交际技能	领导技能	办公技能
高	7	7	7	7	7	7
	6	6	6	6	6	6
	5	5	5	5	5	5
中	4	4	4	4	4	4
	3	3	3	3	3	3
	2	2	2	2	2	2
低	1	1	1	1	1	1

这个部分的主要目的是看你的哪个能力比其他能力突出，所以你可以把六个能力排队，然后让能力度不同的能力有不同的数值就可以了。

比如，一个人觉得自己，最强是数学技能，然后是办公技能，然后是领导技能和交际技能差不多，然后是体育技能，最后是音乐技能。

那么，他的评分为7，6，5，5，4，2或者6，5，4，4，3，1。这种情况不会影响得到的结果。

统计得分共计

第六部分　统计和确定你的职业倾向

请将第二部分至第五部分的全部测验分数按下表（表2-3）作纵向累加。

表2-3　霍兰德职业倾向测评成绩统计表

测试	R型	I型	A型	S型	E型	C型
第二部分						
第三部分						
第四部分						
第五部分表2-1						
第五部分表2-2						
总分						

请将上表中的6种职业倾向总分按大小顺序依次从左到右排列：

_____型、_____型_____型、_____型、_____型、_____型

最高分_____、最低分_____

得分最高的职业类型就是最适合你的职业。然后再找出得分的前三位，得出你的职业兴趣亚类型。

第七部分　你所看重的东西——职业价值观

这一部分测验列出了人们在选择工作时通常会考虑的9种因素（见所附工作价值标准）。现在请你在其中选出最重要的两项因素，并将序号填入下边相应空格上。

最重要：____次重要：____最不重要：____次不重要：____

附：工作价值标准：

1. 工资高、福利好
2. 工作环境（物质方面）舒适
3. 人际关系良好
4. 工作稳定有保障
5. 能提供较好的受教育机会
6. 有较高的社会地位
7. 工作不太紧张、外部压力少
8. 能充分发挥自己的能力特长
9. 社会需要与社会贡献大

以上全部测验完毕。

现在，将你测验分数居第一位的职业类型找出来，对照下表（表2-4），判断适合自己的职业类型。

表2-4 职业索引：职业兴趣代号与其相应的职业对照表

职业兴趣代号	相应的职业
R（实际型）	木匠、农民、操作X光的技师、工程师、飞机机械师、鱼类和野生动物专家、自动化技师、机械工（车工、钳工等）、电工、无线电报务员、火车司机、长途公共汽车司机、机械制图员、修理机器、电器师
I（调查型）	气象学者、生物学者、天文学家、药剂师、动物学者、化学家、科学报刊编辑、地质学者、植物学者、物理学者、数学家、实验员、科研人员、科技作者
A（艺术型）	室内装饰专家、图书管理专家、摄影师、音乐教师、作家、演员、记者、诗人、作曲家、编剧、雕刻家、漫画家
S（社会型）	社会学者、导游、福利机构工作者、咨询人员、社会工作者、社会科学教师、学校领导、精神病工作者、公共保健护士
E（事业型）	推销员、进货员、商品批发员、旅馆经理、饭店经理、广告宣传员、调度员、律师、政治家、零售商
C（常规型）	记账员、会计、银行出纳、法庭速记员、成本估算员、税务员、核算员、打字员、办公室职员、统计员、计算机操作员、秘书

职业兴趣对照表（表2-5）介绍的是与职业兴趣代号相对应的职业类型，对照的方法如下：首先根据你的职业兴趣代号（得分最高的前三项），在下表中找出相应的职业，例如你的职业兴趣代号是RIA，那么牙科技术人员、陶工等是适合你兴趣的职业。然后寻找与你职业兴趣代号相近的职业，如你的职业兴趣代号是RIA，那么，其他由这三个字母组合成的编号（如IRA、IAR、ARI等）对应的职业，也较适合你的兴趣。

表2-5 职业兴趣对照表

职业兴趣代号	适合职业
RIA	牙科技术员、陶工、建筑设计员、模型工、细木工、制作链条人员
RIS	厨师、林务员、跳水员、潜水员、染色员、电器修理、眼镜制作、电工、纺织机器装配工、服务员、装玻璃工人、发电厂工人、焊接工
RIE	建筑和桥梁工程、环境工程、航空工程、公路工程、电力工程、信号工程、电话工程、一般机械工程、自动工程、矿业工程、海洋工程、交通工程技术人员、制图员、家政经济人员、计量员、农民、农场工人、农业机械操作、清洁工、无线电修理、汽车修理、手表修理、管工、线路装配工、工具仓库管理员
RIC	船上工作人员、接待员、杂志保管员、牙医助手、制帽工、磨坊工、石匠、机器制造、机车（火车头）制造、农业机器装配、汽车装配工、缝纫机装配工、钟表装配和检验、电动器具装配、鞋匠、锁匠、货物检验员、电梯机修工、托儿所所长、钢琴调音员、装配工、印刷工、建筑钢铁工作、卡车司机
RAI	手工雕刻、玻璃雕刻、制作模型人员、家具木工、制作皮革品、手工绣花、手工钩针纺织、排字工作、印刷工作、图画雕刻、装订工

续表

职业兴趣代号	适合职业
RSE	消防员、交通巡警、警察、门卫、理发师、房间清洁工、屠夫、锻工、开凿工人、管道安装工、出租汽车驾驶员、货物搬运工、送报员、勘探员、娱乐场所服务员、起卸机操作工、灭害虫者、电梯操作工、厨房助手
RSI	纺织工、编织工、农业学校教师、某些职业课程教师（诸如艺术、商业、技术、工艺课程）、雨衣上胶工
REC	抄水表员、保姆、实验室动物饲养员、动物管理员
REI	轮船船长、航海领航员、大副、试管实验员
RES	旅馆服务员、家畜饲养员、渔民、渔网修补工、水手长、收割机操作工、搬运行李工人、公园服务员、救生员、登山导游、火车工程技术员、建筑工作、铺轨工人
RCI	测量员、勘测员、仪表操作者、农业工程技术、化学工程技师、民用工程技师、石油工程技师、资料室管理员、探矿工、煅烧工、烧窑工、矿工、保养工、磨床工、取样工、样品检验员、纺纱工、炮手、漂洗工、电焊工、锯木工、刨床工、制帽工、手工缝纫工、油漆工、染色工、按摩工、木匠、农民建筑工作、电影放映员、勘测员助手
RCS	公共汽车驾驶员、一等水手、游泳池服务员、裁缝、建筑工作、石匠、烟囱修建工、混凝土工、电话修理工、爆炸手、邮递员、矿工、裱糊工人、纺纱工
RCE	打井工、吊车驾驶员、农场工人、邮件分类员、铲车司机、拖拉机司机
IAS	普通经济学家、农场经济学家、财政经济学家、国际贸易经济学家、实验心理学家、工程心理学家、心理学家、哲学家、内科医生、数学家
IAR	人类学家、天文学家、化学家、物理学家、医学病理、动物标本剥制者、化石修复者、艺术品管理者
ISE	营养学家、饮食顾问、火灾检查员、邮政服务检查员
ISC	侦察员、电视播音室修理员、电视修理服务员、验尸室人员、编目录者、医学实验定技师、调查研究者
ISR	水生生物学者，昆虫学者、微生物学家、配镜师、矫正视力者、细菌学家、牙科医生、骨科医生
ISA	实验心理学家、普通心理学家、发展心理学家、教育心理学家、社会心理学家、临床心理学家、目标学家、皮肤病学家、精神病学家、妇产科医师、眼科医生、五官科医生、医学实验室技术专家、民航医务人员、护士
IES	细菌学家、生理学家、化学专家、地质专家、地理物理学专家、纺织技术专家、医院药剂师、工业药剂师、药房营业员
IEC	档案保管员、保险统计员
ICR	质量检验技术员、地质学技师、工程师、法官、图书馆技术辅导员、计算机操作员、医院听诊员、家禽检查员

续表

职业兴趣代号	适合职业
IRA	地理学家、地质学家、声学物理学家、矿物学家、古生物学家、石油学家、地震学家、声学物理学家、原子和分子物理学家、电学和磁学物理学家、气象学家、设计审核员、人口统计学家、数学统计学家、外科医生、城市规划家、气象员
IRS	流体物理学家、物理海洋学家、等离子体物理学家、农业科学家、动物学家、食品科学家、园艺学家、植物学家、细菌学家、解剖学家、动物病理学家、作物病理学家、药物学家、生物化学家、生物物理学家、细胞生物学家、临床化学家、遗传学家、分子生物学家、质量控制工程师、地理学家、兽医、放射性治疗技师
IRE	化验员、化学工程师、纺织工程师、食品技师、渔业技术专家、材料和测试工程师、电气工程师、土木工程师、航空工程师、行政官员、冶金专家、原子核工程师、陶瓷工程师、地质工程师、电力工程量、口腔科医生、牙科医生
IRC	飞机领航员、飞行员、物理实验室技师、文献检查员、农业技术专家、动植物技术专家、生物技师、油管检查员、工商业规划者、矿藏安全检查员、纺织品检验员、照相机修理者、工程技术员、编计算程序者、工具设计者、仪器维修工
CRI	簿记员、会计、记时员、铸造机操作工、打字员、按键操作工、复印机操作工
CRS	仓库保管员、档案管理员、缝纫工、讲述员、收款人
CRE	标价员、实验室工作者、广告管理员、自动打字机操作员、电动机装配工、缝纫机操作工
CIS	记账员、顾客服务员、报刊发行员、土地测量员、保险公司职员、会计师、估价员、邮政检查员、外贸检查员
CIE	打字员、统计员、支票记录员、订货员、校对员、办公室工作人员
CIR	校对员、工程职员、海底电报员、检修计划员、发报员
CSE	接待员、通讯员、电话接线员、卖票员、旅馆服务员、私人职员、商学教师、旅游办事员
CSR	运货代理商、铁路职员、交通检查员、办公室通信员、簿记员、出纳员、银行财务职员
CSA	秘书、图书管理员、办公室办事员
CER	邮递员、数据处理员、办公室办事员
CEI	推销员、经济分析家
CES	银行会计、记账员、法人秘书、速记员、法院报告人
ECI	银行行长、审计员、信用管理员、地产管理员、商业管理员
ECS	信用办事员、保险人员、各类进货员、海关服务经理、售货员，购买员、会计
ERI	建筑物管理员、工业工程师、农场管理员、护士长、农业经营管理人员
ERS	仓库管理员、房屋管理员、货栈监督管理员
ERC	邮政局长、渔船船长、机械操作领班、木工领班、瓦工领班、驾驶员领班
EIR	科学、技术和有关周期出版物的管理员

续表

职业兴趣代号	适合职业
EIC	专利代理人、鉴定人、运输服务检查员、安全检查员、废品收购人员
EIS	警官、侦察员、交通检验员、安全咨询员、合同管理者、商人
EAS	法官、律师、公证人
EAR	展览室管理员、舞台管理员、播音员、驯兽员
ESC	理发师、裁判员、政府行政管理员、财政管理员、I程管理员、职业病防治、售货员、商业经理、办公室主任、人事负责人、调度员
ESR	家具售货员、书店售货员、公共汽车驾驶员、日用品售货员、护士长、自然科学和工程的行政领导
ESI	博物馆管理员、图书馆管理员、古迹管理员、饮食业经理、地区安全服务管理员、技术服务咨询者、超级市场管理员、零售商品店店员、批发商、出租汽车服务站调度
ESA	博物馆馆长、报刊管理员、音乐器材售货员、广告商、营业员、导游、（轮船或班机上的）事务长、飞机上的服务员、船员、法官、律师
ASE	戏剧导演、舞蹈教师、广告撰稿人、报刊、专栏作者、记者、演员、英语翻译
ASI	音乐教师、乐器教师、美术教师、管弦乐指挥，合唱队指挥、歌星、演奏家、哲学家、作家、广告经理、时装模特
AER	新闻摄影师、电视摄影师、艺术指导、录音指导、丑角演员、魔术师、木偶戏演员、骑士、跳水员
AEI	音乐指挥、舞台指导、电影导演
AES	流行歌手、舞蹈演员、电影导演、广播节目主持人、舞蹈教师、口技表演者、喜剧演员、模特
AIS	画家、剧作家、编辑、评论家、时装艺术大师、新闻摄影师、男演员、文学作者
AIE	花匠、皮衣设计师、工业产品设计师、剪影艺术家、复制雕刻品大师
AIR	建筑师、画家、摄影师、绘图员、环境美化工、雕刻家、包装设计师、陶器设计师、绣花工、漫画工
SEC	社会活动家、退伍军人服务官员、工商会事务代表、教育咨询者、宿舍管理员、旅馆经理、饮食服务管理员
SER	体育教练、游泳指导
SEI	大学校长、学院院长、医院行政管理员、历史学家、家政经济学家、职业学校教师、资料员
SEA	娱乐活动管理员、国外服务办事员、社会服务助理、一般咨询者、宗教教育工作者
SCE	部长助理、福利机构职员、生产协调人、环境卫生管理人员、戏院经理、餐馆经理、售票员
SRI	外科医师助手、医院服务员

续表

职业兴趣代号	适合职业
SRE	体育教师、职业病治疗者、体育教练、专业运动员、房管员、儿童家庭教师、警察、引座员、传达员、保姆
SRC	护理员、护理助理、医院勤杂工、理发师、学校儿童服务人员
SIA	社会学家、心理咨询者、学校心理学家、政治科学家、大学或学院系主任、大学或学院的教育学教师、大学农业教师、大学工程和建筑课程的教师、大学法律教师、大学数学、医学、物理、社会科学和生命科学的教师、研究生助教、成人教育教师
SIE	营养学家、饮食学家、海关检查员、安全检查员、税务稽查员、校长
SIC	描图员、兽医助手、诊所助理、体检检查员、监督缓刑犯的工作者、娱乐指导者、咨询人员、社会科学教师
SIR	理疗员、救护队工作人员、手足病医生、职业病治疗助手

实践指导

某同学性格内向、顺从，喜欢自己一个人做事情，喜欢运动，不善于和人交往。

2006 年毕业于一所普通医学院校，到医院工作一年后，很不适应，于是第二年报考研究生。由于上述原因本来不打算报考本专业方向，而改报文科类。但由于跨专业考研很难，而且也没有明确的方向，所以还是报考了本专业的研究生。毕业后，进研究所工作，工作了一年多以后，仍然发现自己不太适应专业工作。自认为一无是处、什么都干不成，不知道究竟自己能做什么。

通过霍兰德职业兴趣类型量表测试该同学倾向于常规型和现实型。常规型的人尊重权威和规章制度，喜欢按计划办事，细心、有条理，习惯接受他人的指挥和领导，自己不谋求领导职务。喜欢关注实际和细节情况，通常较为谨慎和保守，缺乏创造性，不喜欢冒险和竞争，富有自我牺牲精神。现实型的人愿意使用工具从事操作性工作，动手能力强，做事手脚灵活，动作协调。偏好于具体任务，不善言辞，做事保守，较为谦虚。缺乏社交能力，通常喜欢独立做事。因此，在职业选择时我们不妨从兴趣类型出发，选择医学领域中那些适合自己特点的工作，比如和"物"打交道的技术类工作。

另外，职业兴趣是和个体的性格、能力等个性特征相联系的，在职业选择中不能单纯依靠兴趣，还得结合能力、性格等个性特征着手进行选择，所以，该同学着手要做的是性格和能力调整。

相关解答

1. 是否一定要选择自己感兴趣的职业？

如果自己各方面的条件都比较好，有很多的选择，那么在清晰了解自己的情况下，这是最好的。但在现实中，这种情况比较少，我们不妨了解自己的次兴趣，这样的话，也可以给予自己多一些的选择机会，更宽的空间。当知道自己的兴趣所在，但同时又不能按兴趣去选择职业的时候，不妨平时多了解这些方面的资讯，更好地充实自己，然后在机会降临的时候，不会错过。有时可以把兴趣转化为爱好，同样可以陶冶性情，按兴趣去工作只是让自己更容易成功，生活更加快乐，但并不是让自己幸福快乐的唯一途径。

2. 兴趣是否是选择工作的首要标准？

视人生的不同阶段而言，也要看自己周围的环境，一定要做到无怨无悔。在一开始的阶段，我们要解决一些很实际的问题，可能不能够过于强调兴趣，在有一定平台的基础上，我们可以把自己的兴趣加进去，把工作做得更有特色，更有成效，而有些时候我们需要"熬"到这个阶段。例如从事考古工作，了解历史，是一件很伟大的工作，但是基本上绝大多数从事该行业的人，生活都不会过得很轻松，那么你就要接受"兴趣是要付出代价的"。

课后作业

1. 完成【练习2-1】霍兰德职业兴趣测评量表的练习。
2. 完成《我的职业生涯规划档案》中的兴趣部分。

相关链接

1. http：//blog.chinahr.com 中华英才网
2. http//zhiyuhr.com 知遇网
3. http//www.med66.com 医学教育网
4. http：//www.zgxl.cn 中英国际心理网

第二节 性格探索

一个人的性格决定他的机遇。如果你喜欢保持你的性格，那么，你就无权拒绝你的机遇。

——罗曼·罗兰

迷惘与困惑

1. 小李同学的父母都是教师，高考填报志愿时，在父母的要求下，她选择了师范院校。但进入大学后，小李觉得自己的性格并不适合现在的专业，然而自己从小被灌输的职业理念就是长大后要做教师，因此，小李也说不清楚自己究竟是怎样的性格，自己的性格适合从事什么职业。

2. 小王同学是某医科大学临床专业一年级的学生，经过半年的学习，他觉得自己越来越喜欢所学习专业，而且成绩也不错。但令他困惑的却是自己的性格，因为他了解到作为医生要不断地与患者打交道，要具备热心和开朗的性格，而他觉得自己性格内向，不善言谈。在面临自己的第一次职业规划时，小王犹豫了，他想知道自己的性格适合从事自己喜爱的临床专业吗？

在大学校园里，像小李和小王这样的同学还有很多，他们要么完全不清楚自己的性格，要么虽对自己的性格有一定的分析，但又有这样那样的担心；他们既不知道自己的性格适合什么样的职业，也不清楚自己的性格将会给未来所从事的职业带来怎样的影响。要解决这些困惑，就需要对性格的特质有清晰的认识，了解性格与职业发展的关系，在对自己的性格有正确分析的基础上，做好自己的职业发展规划。

理论解析

一、什么是性格

性格是指表现在人对现实的态度和相应的行为方式中的比较稳定的、具有核心意义的个性心理特征。性格是一种与社会相关最密切的人格特征，并表现在对自己、对别人、对事物的态度和所采取的言行上。

当你向别人介绍自己是一个"活泼""开朗""热情"的人，或者当你形容自己是一个"文静""细心""友善"的人时，你就是在描述你的"性格"，或是你的"个性"或"人格特质"。

东方古语云："积行成习，积习成性，积性成命"，西方也有名言："播下一个行为，收获一种习惯；播下一种习惯，收获一种性格；播下一种性格，收获一种命运。"可见性格对人的影响有多大。

你了解自己的性格吗？不妨来试一试吧！

【练习2-2】

小 测 试

将双手交叉，按照自己最舒服、最习惯的方式交叉。然后看看你的拇指，注意观察它们彼此的相对位置：是左拇指在上，还是右拇指在上。如果左拇指在上，则表明你大脑右半球比较发达，而右半球是负责感性思维、形象思维的，它的发达也就意味着你思维的发散性、跳跃性都是比较好的，有相当的想象力，你是一个感性的人；如果右拇指在上，则表明你大脑左半球比较发达，而左半球是负责理性思维的，它的发达也就意味着你思维的逻辑性、条理性比较强，你是一个理性的人。

这个简单易行的小测试，可以让你对自己是感性还是理性的人有一个初步的了解，但这个小测试所揭示的东西仅具有参考价值，也许某些情况下，你会有介乎两者之间的选择。本章我们会介绍更多的、更准确的性格测试方法。

二、性格与职业发展的关系

某些人格特质之间具有相当的关联性，例如"活泼""开朗""热情"的人通常也会较为"积极主动"，显得较为"爱表现"，因此也常具备较佳的"沟通能力"。另一方面，"文静""细心"的人常会较为"谨慎"而"内敛"，因此也较重视"秩序"，让人觉得"可靠"。当然，有许多人格特质是介于两个极端特质中间的灰色地带。透过这些人格特质的分析，我们可以归纳出几个较为典型的人格组型，也许是A、B、O、AB四型，也许是十二星象为代码的组型，也许是生涯学者Holland所提出的六边形，也许是Jung或Myers-Briggs匠心独具的十六种人格类型。

每种职业都有它独特的行为要求，而这种要求是否与个体的性格行为取向一致，是影响个体职业发展的一个重要因素。因为只有在适合自己性格的工作环境中，个体才能够发挥自己的长处和优势，工作的情感才会越丰富，也就越容易获得工作的满足感和成就感。反之，就不会对工作产生深刻的情感和认识，也就不会有工作的激情。因此，性格与职业之间的适配和对应，可以使我们成为更有效的工作者。

（一）性格是职业生涯选择的起点和依据

日常生活中，人们都喜欢与自己性格相近的人成为朋友，同样，人们也更倾向于寻找与自己性格类型一致的职业。因为只有当人们的性格与所从事的职业相一致时，才会集中精力去获得自己喜欢的职业知识，才会发挥自身的积极性，关注该职业的前沿和动态，从而积极思考，大胆探索，增强克服困难的勇气和意志，取得良好的工作效果。

（二）性格与发挥个人才能，提高工作效率密切相关

只有当人们的性格与所从事职业的要求一致时，个体才会感到自信，工作便成为一件快乐的事情，并且往往容易取得佳绩。相反，如果个体所从事职业的要求与自己的性格反差太大，甚至格格不入，那么个体便会感到无所适从，当工作成为一件不快甚至痛苦的事情的时候，想要做出成绩则是一件很难的事情。

（三）性格是保持职业稳定，获得职场成功的重要因素

对于一个人来说，当自己的性格有助于职业发展时，便会对所从事的工作产生兴趣，愿意为之钻研，就越容易取得成绩，进而便会对自己的职业感到满意，工作单位也会对其给出较高的评价。在这种良好的工作氛围中，个体就更容易保持工作的长期性和稳定性，并将自身的潜能最大限度地调动起来，在自己长期专注的方向上，做出艰苦的努力，取得职场的成功。

另外，"工作"作为人类的社会生活经验之一，也会持续不断地对人们的人格特质进行修正，使得人格特质也逐渐发生转变。例如，害羞内向的你也许因为某种因素报考了教育专业，而不得不学习当一位老师；经过多年课程教学的锻炼之后，你很有可能会发现再也没有人相信你也曾经有过"害羞内向"的年代了。

所以，多方去了解你的人格特质，但不要被目前以为是的人格特质限制了你的生涯发展。

【练习2-3】

展示你性格的形容词

下表是我们常用来形容人格特质的一些词语，仔细想想看你自己具备了哪些特质？请将这些形容词提供给你的好朋友参考，也请他圈选出他认为你所具备的特质。对此看看他所形容的你和你所形容的自己，有些什么异同？为什么会有这些异同？

顺从	重视物质	温和	坦白	自然	害羞	勤奋
诚实	有恒心	稳定	谦虚	实际	分析	独立
喜欢解决问题	理性	内向	好奇	重视方法	冷静沉着	批判
具有科学精神	追根究底	深谋远虑	亲和力	人缘佳	喜欢与人接触	乐于助人
为他人着想	随和	宽宏大量	善解人意	温暖	合作	循规蹈矩
喜欢规律	缺乏弹性	节俭	缺乏想象力	传统保守	谨慎	有条理
按部就班	负责任	复杂善变	喜欢变化	缺乏条理	想象力丰富	崇尚理想
情绪化	直觉的	不切实际	不喜欢从众	独创性	较冲动	感性
富冒险性	精力充沛	善表达	慷慨大方	自信	有领导能力	活泼热情
积极主动	喜欢表现	说服力强				

（1）总结：

我圈，别人也圈的特质是：

我圈，别人没圈的特质是：

别人圈，我没圈的特质是：

我的发现：原来我是个_____的人
我希望继续保有的特质是：

我希望改变的特质是：

（2）理想我与真实我：也许你很高兴地发现你的朋友真是了解你，或者你很遗憾地发现你的朋友认识的你早已经是"过去式"了，甚至你真的希望能成为朋友眼中的你！"理想我"（你希望成为的样子）与"真实我"（你现在实际的样子）的差距，经常会困扰着许多年轻人。如何缩短理想与现实的鸿沟，让两者更趋向一致？是值得你更深入思索的问题，也是通向满意生涯的一个重要指标。

人格特质描述	我过去的样子	我现在的样子	我希望的样子
乐观的			
爱整洁的			
小心谨慎的			
守信的			
脾气温和的			
彬彬有礼的			
诚实可靠的			
努力勤奋的			
有自信的			
受欢迎的			
独立自主的			
积极进取的			

续表

人格特质描述	我过去的样子	我现在的样子	我希望的样子
有耐心的			
体贴的			
幽默的			
热心助人的			
重纪律的			
开朗的			
谦虚的			

三、MBTI 人格理论

（一）MBTI 人格理论介绍

MBTI（Myers-Briggs type indicator）是一种迫选型、自我报告式的性格评估测试，用以衡量和描述人们在获取信息、作出决策、对待生活等方面的心理活动规律和性格类型。主要应用于职业发展、职业咨询、团队建议、婚姻教育等方面，是目前国际上应用较广的人才甄别工具。

MBTI 人格理论的基础是著名心理学家卡尔·荣格（Carl G.Jung）关于心理类型的划分，由美国心理学家布莱格斯（Katherine C.Briggs）和她的女儿迈尔斯（Isabel Briggs Myers）根据荣格的心理类型理论和她们对于人类性格差异的长期观察和研究而著成。经过了长达 50 多年的研究和发展，MBTI 已经成为了当今全球最为著名和权威的性格测试。

MBTI 人格理论可以帮助解释为什么不同的人对不同的事物感兴趣、擅长不同的工作、并且有时不能互相理解。这个工具已经在世界上运用了将近 30 年的时间，夫妻利用它增进融洽，师生利用它提高学习、授课效率，青年人利用它选择职业，组织利用它改善人际关系、团队沟通、组织建设、组织诊断等多个方面。在世界五百强中，有 80% 的企业有 MBTI 的应用经验。

（二）MBTI 人格理论的指标

MBTI 衡量的是个人的类型偏好，或称作倾向。所谓"偏好"是一种天生的倾向性，是一种特定的行为和思考方式。这些偏好并无优劣之分，却形成人与人之间的不同。它们各自识别了一些人类正常和有价值的行为，也可能成为误解和偏见的来源。MBTI 通过了解人们在做事、获取信息、决策等方面的偏好来从四个维度对人进行分析，每个维度包括两个相对的极点，代表不同的偏好倾向。

1. 外倾（extroversion，简称 E）—内倾（introversion，简称 I）维度 外倾和内倾作为一种态度，指个体从何处获得精神能量，个体的注意力集中于何处。

外倾指的是人们觉察和判断的焦点多集中于外在世界或他人，较为关注周遭所发生的事件或人物。在工作中，外倾的人观点较多，通常首先发言，他们很容易和周围的人沟通，会通过和其他人之间的讨论来解决问题。

内倾指人们的觉察和判断均以其对自身内在世界的兴趣为基础，较为关注自身的想法和观点。他们相对保守、文静，不容易让人了解，并且对自己的情感可以很好地控制，不会宣泄感情。

E–I 维度对比，见下表（表 2–6）。

表 2–6　E–I 维度对比

外倾（E）	内倾（I）	外倾（E）	内倾（I）
善于表达	通常保留	主动参与	静静反思
自由的表达情绪和想法	情绪和想法不轻易流露	大家	个人
听、说、想同时进行	先听，后想，再说	忘我	思我
朋友圈大	固定的朋友	广度	深度

2. 感觉（sensing，简称 S）—直觉（intuition，简称 N）维度　感觉和直觉描述的是个体获取信息所采用的方式。

感觉指个体倾向于通过视觉、听觉、触觉、味觉和嗅觉等方式获取信息，并将这些信息整合从而进一步处理。他们更重视事情的事实与细节，认为所有可被感知的和可被证实的都是能够得到信赖的，因此他们更适合从事应用类的工作，适于做实施执行的工作。

直觉指个体倾向于通过第六感或预感来获取信息，他们喜欢事物的变换与多样性，会更多地去探讨未来的可能性，在没有经验的情况下，他们更倾向于凭自己的直觉做事，会看重将来，对未来的期盼远远大于对现实世界的关注。在工作中，直觉型的人较为重视远景和全貌，因此更适合做策划工作。

S–N 维度对比，见下表（表 2–7）。

表 2–7　S–N 维度对比

感觉（S）	直觉（N）	感觉（S）	直觉（N）
明确、可测量	可发明、改革	连续的	任意的
细节、细致	风格、方向	重复	变化
现实、现在	革新、将来	享受现在	预测将来
看到、听到、闻到	第六感	基于事实、经验	基于想象、灵感

3. 思考（thinking，简称 T）—情感（feeling，简称 F）维度　思考和情感维度描述的是个体通过何种方式做出决策。

善于思考的人通过逻辑分析和客观考虑做出决策，因此，逻辑分析对于他们来说至关重要。在分析问题时，思考型的人倾向于从局外人的角度来看待和分析，他们认为这样会更客观。在工作中，他们注重解决问题，不会仅仅看到眼前利益，会从更长远的角度来考虑问题。

重情感的人倾向于根据个人的主观评价作出决策，他们通常采用与个人的价值取向有关的判断标准，并依此对信息做出分析与判断。在工作中，他们更多地从自己的角度出发来分析问题，并看重眼前的利益。有问题出现时，他们会将自己作为当事人，并从这种角度来看待问题。

T–F 维度对比，见下表（表 2–8）。

表 2–8 T–F 维度对比

思考（T）	情感（F）	思考（T）	情感（F）
客观、公正	主观、仁慈	理智、冷酷	善良、善解人意
批评，不感情用事	赏识，也喜欢被表扬	头脑	心灵
清晰	协调	原则、规范	价值、人情
基于分析的	基于体验的	情有可原、法不容恕	法不容恕、情有可原
关注事情和联系	关注人和关系		

4. 判断（judging，简称 J）—知觉（perceiving，简称 P）维度 判断与知觉用来描述个体与外界打交道的不同方式。

判断这种态度是一种习惯化的行为，它同思考与情感共同作用于外部世界。判断型的人喜欢有序的生活，做事情有规律，喜欢决定性的、有计划的组织和生活方式。在工作中，他们乐于制订和执行计划，如果没有制订好相应的计划，他们就不大可能开始工作。

知觉型的人喜欢灵活、能适应的、自发的生活方式，他们更有好奇心，乐于发现新奇的事物，倾向于追求舒适的生活，并保持一种灵活的生活方式。在工作中，他们喜欢解决具有挑战性的问题，能够灵活地处理问题，并善于抓住机会，对他们而言，适应和理解新环境或情境远比管理它更有趣。

J–P 维度对比，见下表（表 2–9）。

表 2–9 J–P 维度对比

判断（J）	知觉（P）
按部就班	随遇而安
随时控制	不断体验
明确规则和结构	确定基本方向
有计划、有条理	灵活的、即兴的
快速判断、决定	喜欢开放、获取
确定	好奇
最终期限	新的发现
避免"燃眉之急"的压力	从最后关头的压力中得到动力

人的性格是非常复杂的，每个维度都会相互影响。在 MBTI 中，四个维度中的两极组合成了 16 种人格类型，将它们结合起来，有助于更加清晰地对个体的职业性格进行分析和探索。这 16 种性格类型的特征分析见下表（表 2–10）。

表 2-10　MBTI 16 种性格类型及其特征

类型	特征	解决问题模式
ISTJ	详尽、精确、系统、勤劳，关注细节。致力于改善组织程序与过程，无论组织处在发展的顺境还是逆境，都对组织保持忠诚	喜欢完全依据事实，在逻辑框架里进行分析；为获得理想结果，需考虑对人们的影响，然后寻找更多的可能性和其他含义
ISTP	注重实用性，尊重事实，寻求有利方法，具有现实性，只信服被论证的结果。喜欢独立工作，依靠逻辑和足智多谋解决即时出现的组织问题	喜欢依据具体事实以自身具有的内部逻辑构建问题和解决问题；为获得理想结果，需要考虑其他可能性和对人们的影响
ESTP	行为定向型，讲究实效、足智多谋、注重现实，以最有效的途径解决问题。喜欢事件即时发生，然后在复杂的情境中找到解决问题的方法	喜欢现实、具体地评估环境，然后用逻辑分析以后采取的步骤；为获得理想结果，会考虑对人们的影响，寻找其他可选择的可能性
ESTJ	理智、善分析、果断、意志坚定，以系统化的方式组织具体事实。喜欢事先组织细节和操作程序，与他人一起完成任务	喜欢根据相关的事实和细节进行逻辑分析，从而控制情境；为达到理想结果，会考虑更广阔的前景以及对人们和自己的影响
ISFJ	仁慈、忠诚、体谅他人、善良，不怕麻烦帮助需要帮助的人。喜欢充当后盾，提供支持和鼓励	喜欢完全依据事实，尤其是当应用于人和准则方面时；为获得理想结果，需退一步思考问题的逻辑，然后寻找更多的可能性和其他含义
ISFP	温和、体贴、灵活、具有开放性。富有同情心，尤其对那些需要帮助的人。喜欢在合作和充满和谐气氛的环境中工作，但常常是在完成他们自己任务的时候	喜欢从实用的角度考虑对自己和他人真正重要的事物；为获得理想结果，需考虑其他人际关系和其他可能性，然后更客观地决定事情
ESFP	友好、开朗、爱开玩笑、活泼，天性喜欢与他人相处。喜欢与其他活泼、快节奏的人一起工作，同时也会根据判断做出不同选择	喜欢对情境进行现实和具体的评估，尤其是对于人更是如此；为获得最佳结果，需增强客观性，从长远的眼光看待不同事物
ESFJ	乐于助人，机智，富有同情心，注重秩序，把与他人相处和谐看得很重要，喜欢组织人们和制订计划完成眼前的任务	喜欢考虑准则以及对人们的影响，也关注相关的事实和有用的细节；为获取理想结果，需识别其他人际关系，然后理智、冷静地分析
INFJ	相信自己的眼光，具有同情心和洞察力，温和地运用影响力。喜欢独立工作或与那些热衷于关注人们的成长与发展问题的小群体共同工作	喜欢识别自己内在观点的可能性，尤其是与人和社会准则有关的问题；为成功实现目标，对指向未来的远见卓识的客观性和现实的细枝末节的问题同样重视
INFP	具有开放性，是理想主义者，具有洞察力，灵活。希望自己的工作被认为是重要的。喜欢独立工作或在能发挥创造性的小团体里工作	思考真正对他人和自己重要的问题，找出具有创造性的可能性；为获得最佳结果，注意搜集事实资料以客观地做出决策
ENFP	热情，富有洞察力和创新性，多才多艺，不知疲倦地寻求新的希望和前景。喜欢在团队中工作，致力于从事能给人们带来更好的改变的事情	喜欢根据自己的价值观和准则探索创造性发展的各种可能性和前景；为获得最佳结果，冷静理智分析，考虑相关的事实资料和各种细节

续表

类型	特征	解决问题模式
ENFJ	关注人际关系，理解、宽容和赞赏他人，是良好沟通的促进者。喜欢与他人一起工作，致力于完成与人们的发展有关的各种任务	先判断发展计划是否考虑能取得的绩效和对人们的影响；为获得最佳结果注意更多事实资料，然后进行理智、冷静地分析
INTJ	独立而极具个性化，具有专一性和果断性，相信自己的眼光，漠视众人的怀疑。喜欢独自完成复杂的工程	喜欢以内在的认识制定战略、系统和结构，然后客观地做出决定；为获得最佳结果，会接纳他人和那些使自己的认识更加接近现实的细节资料
INTP	讲究合理性，喜欢理论和抽象的事物，好奇心重，更喜欢构建思想，不太关注环境和人。喜欢单独工作，强调对自己的观点和方法拥有最大的自主权	在寻求各种可能的选择时，喜欢以自身内部的逻辑建构问题和解决问题；为获取最佳结果，需要同时关注现实状况和他人的需求
ENTP	富于创新，具有战略眼光，多才多艺，分析型思维，具有创业能力。喜欢与他人一起从事需要非凡智慧的创始性活动	喜欢探索未来的前景和发展模式，理智地分析每一个正向和反向的结果；为获得最理想结果，关注人们的需要和相关的事实和细节
ENTJ	具有逻辑性、组织性、客观性、果断性。喜欢与他人一起工作，尤其是从事管理工作和制订战略计划时	根据内在的理解进行逻辑分析从而控制局面；为获得理想结果，对事实资料进行现实性决策，同时考虑决策对人们和自己的影响

在 MBTI 测评结果中，人们在每个维度上只能有一种偏好，如一个人是内倾的就不可能是外倾的，是知觉型的就不会是判断型的。但是，这并不代表一个内倾型的人就丝毫没有外倾的特征，这就好像一个经常使用右手的人并不代表他的左手是没有用处的，很多时候他都需要左右手配合。性格也是如此，一个人如果是内倾的，就意味着在绝大多数情况下其自然反应是内倾的，但他也有外倾的时候。在特别的情况下，甚至可能主要表现为外倾。所以，不要绝对地看待测评结果。

【练习 2-4】

Keirsey 气质类型调查问卷

本问卷中的所有问题都取自于人们的日常生活，你的回答只是表明你通常是如何看待和处理事物的。所有问题都无所谓对错，更无好坏之分，在答题时不必对每道题多加考虑，只要按你的感觉判断进行作答即可。

1. 电话铃响的时候，你会	a. 马上第一个去接	b. 希望别人去接
2. 你更倾向于	a. 敏锐而不内省	b. 内省而不敏锐
3. 对你来说哪种情况更糟糕	a. 想入非非	b. 循规蹈矩
4. 同别人在一起，你通常	a. 坚定而不随和	b. 随和而不坚定
5. 哪种事使你感到惬意	a. 做出权威判断	b. 做出有价值的判断
6. 对工作环境里的噪声，你会	a. 抽出时间整顿	b. 最大限度地忍耐
7. 你的做事方式	a. 果断	b. 某种程度的斟酌
8. 排队时，你常常	a. 与他人聊天	b. 仍考虑工作
9. 你更倾向于	a. 感知多于设想	b. 设想多于感知
10. 你对什么更感兴趣	a. 真实存在的东西	b. 潜在的东西

续表

11. 你可能依据什么做出判断	a. 事实	b. 愿望
12. 评价他人时，你易于	a. 客观，不讲人情	b. 友好，有人情味
13. 你希望怎样制定合同	a. 签字、盖章	b. 友好，有人情味
14. 你更愿意拥有	a. 工作成果	b. 不断进展的工作
15. 在一个聚会上，你倾向	a. 与许多人交流	b. 只与几个朋友交流
16. 你更倾向于	a. 务实而不空谈	b. 空谈而不务实
17. 你喜欢什么样的作者	a. 直述主题	b. 运用隐喻和象征
18. 什么更吸引你	a. 思想和谐	b. 关系和睦
19. 如果要使某人失望，你通常	a. 坦率、直言不讳	b. 温和、体谅他人
20. 工作中你希望你的行动进展	a. 确定	b. 不确定
21. 你更经常提出	a. 最后、确定的意见	b. 暂时、初步的意见
22. 与陌生人交流	a. 使你更加自信	b. 使你伤脑筋
23. 事实	a. 只能说明事实	b. 是理论的例证
24. 你觉得幻想家和理论家	a. 有些讨厌	b. 非常有魅力
25. 在一场热烈的讨论中，你会	a. 坚持你的观点	b. 寻找共同之处
26. 哪一个更好	a. 公正	b. 宽容
27. 你觉得工作中什么更自然	a. 指出错误	b. 设法取悦他人
28. 什么时候你感觉更惬意	a. 做出决定之后	b. 做出决定之前
29. 你倾向于	a. 直接说出你的想法	b. 听别人发言
30. 常识	a. 通常是可靠的	b. 经常值得怀疑
31. 儿童往往不会	a. 做十分有用的事	b. 充分利用想象力
32. 管理他人时，你更倾向于	a. 坚定而严格	b. 宽厚仁慈
33. 你更倾向于作为一个	a. 头脑冷静的人	b. 热心肠的人
34. 你倾向于	a. 将事情办妥	b. 探究各种潜质
35. 在多数情况下，你更	a. 做作而不自然	b. 自然而不做作
36. 你认为自己是一个	a. 外向的人	b. 自闭的人
37. 你更经常是一个	a. 讲求实际的人	b. 沉于幻想的人
38. 你说话时	a. 详细而不泛泛	b. 泛泛而不详细
39. 哪句话更像是赞美	a. 逻辑性强的人	b. 情感丰富的人
40. 你更易受什么支配	a. 你的思想	b. 你的体验
41. 当一个工作完成时，你会	a. 处理未了结的事	b. 继续干别的事
42. 你喜欢什么样的工作	a. 有最后期限	b. 随时进行
43. 你是那种	a. 很健谈的人	b. 认真聆听的人
44. 你更容易接受	a. 较直白的语言	b. 较有寓意的语言
45. 你更经常注意的是	a. 恰好在眼前的事物	b. 想象中的事物
46. 成为哪一种人更糟糕	a. 过分心软	b. 顽固
47. 在令人难堪的情况下，你有时表现得	a. 过分无动于衷	b. 过于同情怜悯
48. 你在做出选择时倾向于	a. 小心翼翼	b. 有些冲动
49. 你更喜欢	a. 紧张而不悠闲	b. 悠闲而不紧张
50. 工作中你倾向于	a. 热情与同事交往	b. 保留更多的私人空间

续表

51. 你更容易相信	a. 你的经验	b. 你的观念
52. 你更愿意感受	a. 脚踏实地	b. 有些动荡
53. 你认为你自己更是一个	a. 意志坚强的人	b. 心底温和的人
54. 你对自己哪种品格评价更高	a. 通情达理	b. 埋头苦干
55. 你通常希望事情	a. 已经被安排、确定	b. 只是暂时确定
56. 你认为自己更加	a. 严肃、坚定	b. 随和
57. 你觉得自己是个	a. 好的演说家	b. 好的聆听者
58. 你很满意自己能够	a. 有力地把握事实	b. 有丰富想象力
59. 你更注重	a. 基本原理	b. 深沉寓意
60. 什么错误看起来比较严重	a. 同情心过于丰富	b. 过于冷漠
61. 你更容易受什么影响	a. 有说服力的证据	b. 令人感动的陈述
62. 哪一种情况下你的感觉更好	a. 结束一件事	b. 保留各种选择
63. 较令人满意的是	a. 确定事情已经做好	b. 只是顺其自然
64. 你是一个	a. 容易接近的人	b. 有些矜持的人
65. 你喜欢什么样的故事	a. 刺激和冒险的	b. 幻想和豪勇的
66. 什么事对你来说更容易	a. 使他人各尽其用	b. 认同他人
67. 你更希望自己具备	a. 意志的力量	b. 情感的力量
68. 你认为自己基本上	a. 禁得住批评和侮辱	b. 禁不住批评和侮辱
69. 你常常注意到的是	a. 混乱	b. 变革的机会
70. 你比较	a. 按照程序办事而非反复无常	b. 反复无常而非按照程序办事

计分表

题号	a	b	题号	a	b	题号	a	b	题号	a	b	题号	a	b	题号	a	b	题号	a	b
1			2			3			4			5			6			7		
8			9			10			11			12			13			14		
15			16			17			18			19			20			21		
22			23			24			25			26			27			28		
29			30			31			32			33			34			35		
36			37			38			39			40			41			42		
43			44			45			46			47			48			49		
50			51			52			53			54			55			56		
57			58			59			60			61			62			63		
64			65			66			67			68			69			70		

合计

类型	E 外向	I 内向	S 感知觉	N 直觉	S 感知觉	N 直觉	T 理性	F 感性	T 理性	F 感性	J 判断	P 知觉	J 判断	P 知觉

四、探索性格的其他方法

在性格探索方面，还有许多其他的方法可以为我们提供帮助，例如 SCL-90 症状自评量表和卡特尔 16PF 量表，都是当今广泛用于测定个体心理人格特征的自测量表。有研究认为，SCL-90 自评量表与 16PF 量表的结合应用能更客观地反映一个人的心理健康水平。又如霍兰德职业能力人格测验（HLD），它有助于了解个体的个性心理、职业兴趣、特殊能力、职业倾向等职业人格要素。同时，我们身边还有很多很好的资源，例如父母眼中的我、朋友眼中的我、配偶或恋人眼中的我、同事及同学眼中的我等，从与我有不同关系的人那里获得关于自己的不同信息，会发现许多自己并不知道的我，从而获得对自己的较全面和客观地认识。

【练习 2-5】

观察与讨论

● 根据你在 Keirsey 气质类型调查问卷中得出的自己的性格类型，在全班同学中，找到与你同一性格类型的人，并坐到一起。

● 相互说一说自己的性格特点有哪些，通常对对方的印象是什么，在生活和工作中需注意些什么，自己又能从对方的身上学习到什么。

很多人以为自己最了解自己，可以对自己的性格进行正确的分析和评估，其实不然。一个人的生活阅历总是有限的，当用自己的眼光来看待自己的时候，往往由于缺乏客观的横向比较而无法确定自己在人群中的位置，无法对自己的性格类型做出正确的判断。倾听和接受别人对你的评价，虚心学习他人性格上的优点，在一定程度上可以纠正我们对自己性格认识上的偏差。

五、性格与职业的匹配

（一）性格与职业的适配

人的性格倾向，就像分别使用自己的两只手写字一样，虽都可以写出来，但惯用的那只手写出的字会比另一只更好。在工作中，性格与职业的正确适配可以为个体的职业发展提供更广阔的发展空间。试想，如果让一个性格外向、大大咧咧的人去做财务管理工作，让一个性格内向、腼腆害羞的人去做旅游接待工作，他们的工作都将很难取得成绩。

每个人都会沿着自己所属的性格类型发展出个人的行为、技巧和态度，而每一种性格也都存在着潜能和潜在的盲点。因此，了解自己的性格属于哪种类型，适合从事哪种类型的工作，就可以在工作和生活中妥善安排，扬长避短，使工作和生活更加愉快。

MBTI 16 种性格类型的职业倾向见表 2-11。

各种职业个性人员的分布，见表 2-12。

无论哪种性格类型的人，都有许多具体和丰富的性格特征，而且纯粹属于某一单一性格类型的人不多，大部分人都属于混合型，只是存在着程度的差别。因此，上面关于性格与职业的适配，只能提供一个大致的方向，在实际的匹配过程中，还应根据人的性格特征与职业生涯要求的具体情况采取有针对性的方法。同时，我们也应认识到，每个偏好、每个类型都没有好坏与对错之分，每种性格类型的人都是独特的，都可以在适合的工作环境中发挥自己的优势。认识自己的性格类型，可以让我们更好地了解自己，理解自己的行为特点，根据自己的性格特点学习、工作和解决问题，但这并不意味着它可以成为约束我们不做某事或不选择某种职业的理由。客观环境的变化和个人的主观调节都会使性格发生改变，所以性格与职业的匹配也并非绝对，而是具有一定弹性的，世界上没有完全适合某种性格的职业，也没有完全不适合某种性格的职业，懂得用己所长，整合资源，才是我们应该真正做到的。

表 2-11　MBTI 16 种性格类型的职业倾向

ISTJ	ISFJ	INFJ	INTJ
●管理者 ●行政管理 ●执法者 ●会计 或者其他能够让他们可以利用自己的经验和对细节的注意完成任务的职业。	●教育 ●健康护理（包括生理、心理） ●宗教服务 或者其他能够让他们运用自己的经验亲力亲为帮助别人的职业，这种帮助是协助或辅助性的。	●宗教 ●咨询服务（包括个人、社会、心理等） ●教学/教导 ●艺术 或者其他能够促进他们情感、智力或精神发展的职业。	●科学或技术领域 ●计算机 ●法律 或者其他能够让他们运用智力创造和技术知识去构思、分析和完成任务的职业。
ISTP	**ISFP**	**INFP**	**INTP**
●熟练工种 ●技术领域 ●农业 ●执法者 ●军人 或者其他能够让他们动手操作、分析数据或事情的职业。	●健康护理（包括生理、心理） ●商业 ●执法者 或者其他能够让他们运用友善、专注于细节的相关服务的职业。	●咨询服务（包括个人、社会、心理等） ●写作 ●艺术 或者其他能够让他们运用创造和集中于他们的价值观的职业。	●科学或技术领域 或者其他能够让他们基于自己的专业技术知识独立、客观分析问题的职业。
ESTP	**ESFP**	**ENFP**	**ENTP**
●市场 ●熟练工种 ●商业 ●执法者 ●应用技术 或者其他能够让他们利用行动关注必要细节的职业。	●健康护理（包括生理、心理） ●教学/教导 ●教练 ●儿童保育 ●熟练工种 或者其他能够让他们利用外向的天性和热情去帮助那些有实际需要的人们的职业。	●咨询服务（包括个人、社会、心理等） ●教学/教导 ●宗教 ●艺术 或者其他能够让他们利用创造和交流去帮助促进他人成长的职业。	●科学 ●管理者 ●技术 ●艺术 或者其他能够让他们有机会不断承担新挑战的工作。
ESTJ	**ESFJ**	**ENFJ**	**ENTJ**
●管理者 ●行政管理 ●执法者 或者其他能够让他们运用对事实的逻辑和组织完成任务的职业。	●教育 ●健康护理（包括生理、心理） ●宗教 或者其他能够让他们运用个人关怀为他人提供服务的职业。	●宗教 ●艺术 ●教学/教导 或者其他能够让他们帮助别人在情感、智力和精神上成长的职业。	●管理者 ●领导者 或者其他能够让他们运用实际分析、战略计划和组织能力完成任务的职业。

表 2-12　各种职业个性人员的分布

大类	小类	比例
监护 guardian 43.46%	1. 监管者 supervisor（estj）	11.06%
	2. 检察员 inspector（istj）	10.58%
	3. 供应者 provider（esfj）	12.18%
	4. 保卫者 protector（isfj）	9.65%
个人发展 idealist 30.14%	5. 教师 teacher（enfj）	7.44%
	6. 牧师等使者 champion（enfp）	8.60%
	7. 顾问（counselor）（infj）	7.30%
	8. 医生（healer）（infp）	6.80%
技术理性 rational 13.76%	9. 分析师（analysts）（entj）	3.20%
	10. 发明家（inventor）（entp）	2.24%
	11. 策划者（mastermind）（intj）	5.24%
	12. 设计师（architect）（intp）	3.08%
行动艺术 artisan 12.63%	13. 文艺业主、指挥、导演等促进者（promoter）（estp）	2.71%
	14. 乐器、玩偶等器具操作师（operator）（istp）	2.16%
	15. 表演者（performer）（esfp）	4.79%
	16. 艺术作家（composer）（isfp）	2.98%

（二）性格与医学职业的适配

每一种特定的职业都要求从业者具有适应工作性质的职业性格，良好的职业性格对从业者的能力提高和事业发展起着极大的推动作用。医学是一门实践性、服务型和风险性都很强的职业，也是一门"健康所系，性命相托"的特殊职业。医学职业的特殊工作性质要求医务人员的诊疗、护理行为要对患者有利，不仅有利于恢复病人的健康，而且有利于减轻病人的经济负担；不仅有利于病人体质的恢复，而且有利于病人精神的愉悦；不仅有利于医学科学的发展，而且有利于促进人类的健康。因此，作为医务工作者，必须具备较好地与人相处共事的能力，并且乐于从事理解、帮助他人的活动，有一颗仁爱之心，这是医务工作者必须具备的人格特质。也就是说，医务人员不仅要有较高的医疗水平，还要有冷静、细心、热忱、负责、诚实、爱心等性格特征，它不仅是我国高等教育人才培养目标和新世纪医学人才培养目标的需要，也是医学生全面发展和成才的需要。

MBTI 16 种性格类型的医学职业倾向，见表 2-13。

医学是一门多分支的学科，其专业特点不同，医学教研工作又不尽相同，特别在当今边缘学科和交叉学科兴起的大环境下，医学生应不断分析、评价自己的性格，找出与医学专业不相适应的性格缺陷，从而扬长避短，不断完善自身的人格塑造，并通过自我评估，结合自己的兴趣、特长和环境因素，找到自己的发展方向，为树立一个良好的自我职业形象、做好自己的职业发展规划打好基础。

表 2-13　MBTI 16 种性格类型的医学职业倾向

ISTJ	ISTP	ESTP	ESTJ
适合从事能够让他们可以利用自己的经验和对细节的注意完成任务的职业，如： ⊕ 医药管理 ⊕ 临床医疗 ⊕ 医学检验 ⊕ 医学文秘	适合从事能够让他们动手操作、分析数据或事情的职业，如： ⊕ 临床医疗（手术） ⊕ 医学检验 ⊕ 病理技术 ⊕ 医学影像技术	适合从事能够让他们利用行动关注必要细节的职业，如： ⊕ 疾病监控 ⊕ 卫生监督 ⊕ 检验检疫 ⊕ 医药销售	适合从事能够让他们运用对事实的逻辑和组织完成任务的职业，如： ⊕ 医药管理 ⊕ 医学文秘 ⊕ 卫生监督 ⊕ 检验检疫
ISFJ	**ISFP**	**ESFP**	**ESFJ**
适合从事能够让他们运用自己的经验亲力亲为地协助或辅助别人的职业，如： ⊕ 医学教育 ⊕ 健康护理 ⊕ 医学服务 ⊕ 医疗保健	适合从事能够让他们运用友善、专注于细节的相关服务的职业，如： ⊕ 康复治疗 ⊕ 专业护理 ⊕ 卫生保健 ⊕ 营养师	适合从事能够让他们利用外向的天性和热情去帮助那些有实际需要的人们的职业，如： ⊕ 健康护理 ⊕ 医学教学 ⊕ 儿童保育 ⊕ 社区卫生保健	适合从事能够让他们运用个人关怀为他人提供服务的职业，如： ⊕ 医学教育 ⊕ 护理 ⊕ 医药咨询 ⊕ 卫生保健
INFJ	**INFP**	**ENFP**	**ENFJ**
适合从事能够促进他们的情感、智力或精神发展的职业，如： ⊕ 医药销售 ⊕ 医药咨询 ⊕ 医疗保健 ⊕ 医学教学	适合从事能够让他们运用创造和集中于他们的价值观的职业，如： ⊕ 临床医疗 ⊕ 医学科研 ⊕ 医药咨询	适合从事能够让他们利用创造和交流去帮助促进他人成长的职业，如： ⊕ 医药咨询 ⊕ 医学教学 ⊕ 医疗保健 ⊕ 护理	适合从事能够让他们帮助别人在情感、智力和精神上成长的职业，如： ⊕ 医学教学 ⊕ 卫生保健 ⊕ 心理咨询 ⊕ 基础护理
INTJ	**INTP**	**ENTP**	**ENTJ**
适合从事能够让他们运用智力创造和技术知识去构思、分析和完成任务的职业，如： ⊕ 药物研究开发 ⊕ 医学科研 ⊕ 医学技术领域	适合从事能够让他们基于自己的专业技术知识独立、客观地分析问题的职业，如： ⊕ 临床医学 ⊕ 医药研发 ⊕ 医学检验 ⊕ 医学技术领域	适合从事能够让他们有机会不断承担新挑战的工作，如： ⊕ 临床医学 ⊕ 医学研究 ⊕ 医药营销 ⊕ 疾病监控	适合从事能够让他们运用实际分析、战略计划和组织完成任务的工作，如： ⊕ 医学管理 ⊕ 医学文秘 ⊕ 检验检疫 ⊕ 医药营销

实践指导

本单元开始时提到的小王同学的性格分析：学习了性格探索的知识后，小王在课后完成了 MBTI 的职业性格测试，得出自己的性格类型是 ISFJ，即内倾、感觉、情感、判断。

▲ 内倾（I）："注意力和能量集中于自己的内心世界，从对思想、回忆和情感的反思中得到活力。"小王有自己固定的朋友圈，人不多但关系较好，与知心朋友在一起让他感

觉到开心。他更关注自己的内心想法和感受，经常沉浸在自己的世界里思考问题而对周围的人和事物毫无感觉。他不喜欢变化或不稳定的工作，希望能够在注重安全和隐私，有序且高效的环境中工作。

▲ 感觉（S）："用自己的五官来获取信息。喜欢收集实实在在的、确实已出现的信息。对于周围所发生的事件观察入微，特别关注现实。"小王是个关注细节的人，与自己打过交道的人他往往能够说出这些人的相貌、衣着等。他不喜欢幻想，认为做好现在的事情才是最重要的，他也不喜欢冒险和刺激的工作，希望能把自己学到的医学知识应用到工作中。

▲ 情感（F）："喜欢考虑对自己和他人来说什么是重要的。会在头脑中将自己放在情境所牵涉的相关人员的位置上并试图理解其感受，然后在此基础上根据自己的价值判断做出决定。"小王是一个乐于助人的人，认为别人的认可和赞赏对他很重要，他易于同情和理解别人，同学们对他的评价都较好。他希望自己的工作环境是友好、轻松、没有人际冲突的，希望自己的工作能够为别人带来帮助。

▲ 判断（J）："喜欢将事情管理得井井有条，过一种有计划的、井然有序的生活。喜欢做出决定，完成后继续下面的工作。生活比较有规划和秩序，喜欢把事情敲定下来。"小王总是通过思考和情感来组织、计划和调控自己的生活，喜欢将自己的事情管理得井井有条。他认为系统的工作和秩序是最重要的，不喜欢在杂乱的环境中工作，希望在有明确计划的、能够让自己集中精力、按部就班地处理好事情的环境中工作。

根据表 2-11，小王了解到可能适合自己的职业方向为：保健、教学 / 图书馆工作、办公室管理、个人服务、文书管理。此外，他还完成了老师推荐的其他测评，查到可能适合自己的职业领域为：医护领域、消费类商业、服务业领域，可能适合的职业包括：内科医生、外科医生、药剂师、实验室技术人员、牙科医生、医学研究员、图书 / 档案管理员、室内装潢设计师、顾客服务代表、记账员、特殊教育教师、酒店管理、人事管理人员、法律研究者、律师等。明确了自己适合医学职业后，小王坚定了学好本专业的信心，并将这部分内容填入了自己的职业生涯规划档案中。

相关解答

1. 有句话说"性格决定命运"，我觉得自己的性格不好，孤僻、暴躁，是不是意味着我将很难在事业上有好的发展呢？像我这样的性格可以改变吗？

性格上的孤僻和暴躁并不意味着不能在事业上取得好的发展。"性格决定命运"强调的是一个人的性格可以影响到他的行为方式和生活习惯等各个方面，进而对他的命运产生影响。但我们要明确的是性格不能决定一个人智慧的高低和事业的成就，每一种性格的人都会有适合自己的领域和职业，也都可以在自己的领域里有所建树。每个人的性格中都会闪光点，也都会有盲点，孤僻、暴躁是你性格中的缺点，意味着你也许不适于从事与人打交道的职业，如教师、服务员、公关人员、外交人员、机关干部等，但孤僻和暴躁一定不会是你性格的全部，你应该挖掘出自己性格中的闪光点，找到适合的职业，并在此基础上坚持不懈的努力，就一定会取得事业上的进步。另外，性格并不是固定不变的，每个人性格的形成都受到多种因素的影响，只要你了解自己的性格类型和自己性格的优点及缺点，然后发扬性格中的优点，努力克服并摒弃性格中的缺点，那成功的命运就离你不远了！

2. 我觉得自己的性格与 MBTI 中的每种性格类型特征好像都沾点边，又好像不完全一样，我该怎样确定适合自己的职业呢？

MBTI 理论是通过将人的性格分为四个维度、十六种类型，来研究性格的共性，进而为其提供职业分析的。但人的性格是非常复杂的，在不同的情境中又会有不同的表现，不同性格类型的人在性格特征上也会存在着一定程度的交叉，因此，一个人的性格会与多个性格类型的某一个或几个特征点相符。但是，这并不意味着你的性格同时属于多种性格类型，只有其中最主要的和最典型的，才能够代表你的性格类型。你可以在自我性格分析的基础上，通过专业的职业性格测试工具或个体咨询，加之与自己有不同关系的人那里获得的信息，来明确自己的性格类型和适合的职业。这种自我认识与他人认识的结合，专业评估与生活观察的结合，更加有利于你认识真实的自我，明确自己的职业选择。

课后作业

完成《我的职业生涯规划档案》中的性格部分。

相关链接

1. http：//www.apesk.com/mbti/dati88.asp MBTI 职业性格测试完整版
2. http：//www.beisen.careersky.org 性格测评部分

第三节 技 能 探 索

人，本来就不是完美无缺的。既有所长，也有所短。要想使每个人最大限度地发挥各自的才能，使之成为得力的合作者，就要扬其所长，避其所短，让他们在各自擅长的领域里大显身手。

——（日）德田虎雄

迷惘与疑惑

1. 小孙同学说他不知道自己究竟能干什么，对于找工作没有信心，因为他不知道自己有什么优势和长处会被用人单位看上。即使能够幸运找到工作，他也担心自己不能胜任。

2. 小黎同学是某医科大学的学生，他感到现在学医的太多了，就业压力又很大，想学习掌握其他的技能来增强自己的竞争力，可他又不知道需要一些什么样的技能才能帮助自己找到心仪的工作。

除了兴趣和人格特质之外，对你的人生选择也同样具有影响力的就是你的"能力"了。有时，能力不足会让你裹足不前，没有勇气去做你喜欢的事。例如你也许和大多数人一样，很喜欢整天坐在电脑前玩电脑游戏，但可能还不具备电脑游戏的程序设计能力，而无法成为软件工程师。甚至，你可能梦想成为众人欣羡追逐的明星，却始终遗憾没有人欣赏你的歌声或演技。

有能力完成一些想做的事，会让你对自己更具信心。然而，某些你很擅长的工作任务，却可能无法吸引你投入的兴趣。就像有人可以当很好的医生，但他却宁可从事喜欢的表演或创作；有人可能具有成为优秀运动员的天分，但他却喜欢较为静态的室内设计。此时，令人困惑的问题经常是你是否具备了你所喜欢的工作所要求的能力？或者，你要如何培养你自己，才能具备你所需要的能力。

有些事你不会做，并不真的是因为你没有能力，而是因为你从来不曾"学"过，或者是你不曾给自己机会充分地学习。例如，你不会修理电器，可能只是因为从来没有人教过你如何修理电器。如果你真的希望有朝一日能成为专业摄影师，唯一的方法就是去学习摄影技术，加入学校的摄影社团将是一个适当的学习起点。培养自己的能力，的确需要投资时间、金钱或心力，但是如果完全不愿意投资自己，那么你可能永远成为不了某个领域的专业人士。

不妨仔细思量一下，在未来的人生历程中，你需要什么样的能力？然后，从现在开始好好栽培自己。

【理论解析】

一、能力简述

著名心理学家罗圭斯特（Lofquist）与戴维斯（Dawis）提出的明尼苏达工作适应论认为，当个人能够同时达到内在和外在满意时，个人与环境之间的关系就比较协调，个人的工作满意度会比较高，在该工作领域也能持久发展。他们认为，做自己能胜任的工作，培养和发展自己的能力，发挥个人潜能，常常是个人选择职业时希望能够得到满足的需要，亦即与能力相关的价值观，由此可见，能力与个人的职业满意度、工作适应性以及职业稳定性都具有直接的相关关系。

（一）能力的含义

心理学认为，能力是人们成功地完成某种活动时所必需的个性心理特征。它代表一个人完成某种活动时所需要的主观条件，是直接影响活动效率，并使活动顺利完成的个性心理特征。

能力有两种涵义：其一是指已表现出来的实际能力和已达到的某种熟练程度，可用成就测验来测量；其二是指潜在能力，即尚未表现出来的心理能量。通过学习或训练后可能发展起来的能力与可能达到的某种熟练程度，可用性向测验来测量。

人们所从事的活动往往是复杂的、多方面的，因此它常常需要同时具备多方面的心理特征。如绘画艺术，它既要求较高水平的形象记忆和色彩鉴别能力，也要求空间知觉和视觉想象力的发展达到一定程度。只有各方面能力的组合能满足某一活动的综合要求时，人们才能胜任这一活动。

能力总是和人的某种活动相联系，离开了具体活动，能力就无法形成和表现。例如，在绘画活动中，一个人在色彩鉴别、空间比例关系与亮度关系估算等方面特别好，我们称他具有绘画能力；在音乐活动中，一个人有强烈的曲调感、节奏感和良好的听觉表象，我们说他有音乐能力。一个人的能力是在掌握知识的过程中形成和发展的，在人的一生中，能力随着年龄的增加有一个从形成、发展到衰退的过程。

（二）能力的分类

从不同角度、不同依据出发，可对能力作多种不同形式的分类。

1. 按其倾向性划分

（1）一般能力：又称普通能力，一般能力是指从事任何活动都必须具备的能力，即智力，包括观察力、记忆力、想象力、注意力和思考能力等。这些能力，是我们认识理解客观事物并解决问题的基本能力，是完成任何活动都不可或缺的。

（2）特殊能力：是指某种特殊性的活动才需要的能力，又称专门能力，它常常是某些方面能力的独特结合，专为顺利完成某种活动所必需的，如音乐能力、数学能力等。

一般能力和特殊能力的有机结合是有效完成某种活动的必要保证。一个人要顺利完成某种活动既要依靠一般能力的参与，也要有特殊能力的参与，特殊能力就是建立在一般能力的活动中的具体化。一般能力与特殊能力在发展中相互作用，特殊能力是建立在一般能力基础上的，任何特殊能力都是经过一般能力的专业性培训发展出来的。一般能力又包含在特殊能力之中。一般能力越发展，就越能为特殊能力的发展创造有利条件，而特殊能力的发展也会促进一般能力的发展，如身体平衡能力越强的人越适合学体操；而特殊能力的发展也会促进一般能力的发展，如绘画能力越强，越能锻炼其观察力。正因如此，一般能力与特殊能力相互联系，构成了辩证统一的整体，很难在一项活动中把两者截然分开。在现实生活中，多数人的一般能力不差，但缺乏突出的特殊能力；也有人一般能力很差，但具有惊人的特殊能力。假如有人一般能力不差，又有特殊能力，这两者的和谐统一就是才能，有某种才能的人，如果主观上努力，客观上得以施展，就可发展为天才。

2. 按其功能或内容划分

（1）认知能力：指接收、加工、储存和应用信息的能力，是从事各种不同活动所需的最主要的心理条件，也就是一般所讲的智力。

（2）操作能力：是操纵、制作运动的能力，如劳动能力、艺术表演能力等。它与认知能力的发展密不可分。

（3）社交能力：指人们在社会交往活动中所表现出来的能力，如言语感染力、判别决策力、紧急应变力、组织管理能力等。

3. 按活动性质划分

（1）模仿力：指通过观察别人的行为、活动以取得用相同方式做出反应的能力。儿童这方面的表现比较突出。美国心理学家班杜拉（A.Bandura）认为，模仿是人们彼此相互影响的重要方式，是实现个体行为社会化得基本历程之一。

（2）创造力：指产生新思想和新产品的能力。它与模仿力截然不同，但又有密切联系。人们常常是先模仿，然后才进行创造的。

【练习2-6】

找出你的可转换于工作的技能

可转换于工作的技能，是指可以使用在一个以上的情况中、或是可以从学校转换至工作中的技能。这些技能是确保未来良好工作表现所必需的。请仔细阅读下面表中所列出的54项技能，并依各题的要求进行操作。

1. 保持身体强健

2. 改造及装配东西

3. 精准快速地处理事物

4. 把小片块放在一起——组合东西

5. 研究东西如何运动

6. 手和眼睛的协调

7. 从事困难的体力劳动

8. 灵巧地使用双手

9. 开车、骑脚踏车或机车

10. 修理东西

11. 身体反应迅速

12. 显现身体活动的协调

13. 研究和搜集资讯

14. 使用机器工具、打字机、缝纫机、电钻及其他的工具

15. 复习及评估已发生的事

16. 注意细节及精密度

17. 遵循说明及图表

18. 以清楚的书写互传资讯

19. 从书籍、电视、收音机等，找寻资讯

20. 分析资料及事实

21. 保存并更新资料

22. 将资料分类、归档

23. 统计资料

24. 设计事物、事件及活动

25. 理财及做预算

26. 提出新构想

27. 记住数字或包含数字的事物

28. 正确地心算

29. 参考许多不同的问题解决方法

30. 分类并筛选资讯

31. 使用自己的感觉解决问题

32. 作曲

33. 透过身体、脸部表情及声音传达情感或想法

34. 有创意地使用颜色、形状或空间

35. 想出解决问题的方法

36. 迅速、准确地判断人、事、物

37. 接受别人的构想并且发扬光大

38. 助人

39. 使用资讯来形成构想

40. 领导并指挥别人

41. 创意地写作——故事或诗

42. 赞美把事情做好的人

43. 与人聊天

44. 主动与初次见面者打交道

45. 组织人群

46. 说服别人接受一个构想或卖给他们某些东西

47. 倾听并且查看别人的观点

48. 对别人解释如何做事

49. 激励人们并且让他们想做一些事

50. 关心别人感觉

51. 改造、制造东西；善用身边的东西；当场制作

52. 使人觉得受欢迎并且被接受

53. 透过图画及音乐传达情感或想法

54. 在团体中或公开的场合表演

1. 请根据上面表中所描述的技能，判断自己的感受，依据自己的感受，将这54项技能分别填在下面的四个框中。

可以做得非常好：	可以做，但不是很好：
只要努力，可以做得好：	不是我的能力之一：

2. 请看一看"你可以做得非常好"的那些技能，然后根据你可以做得做好的顺序进行排列。

（1）

（2）

（3）

（4）

（5）

（6）

（7）

（8）

（9）

（10）

3. 从"不是我的能力之一"的那些技能中，挑出一项你认为对你未来职业发展最有用的技能，告诉自己你要设法改善它，并且拟定计划去做。

> *现在我并不具备这项技能，但我要设法培养这项技能。
> 我的计划是：

二、能力与生涯发展的关系

能力是一个人能否进入职业的先决条件。无论从事什么职业总要有一定的能力作保证。没有任何能力，也就无职业生涯可言。人在其一生之中，要从事各种各样的社会生活和社会生产活动，必须具备与之相适应的多种能力。能力不同，职业选择就有差异。从能力差异的角度，在职业选择时应遵循以下原则。

（一）一般能力与职业相吻合的原则

不同的职业对人的一般能力的要求不同，有些职业对从业者的智力水平有严格的要求，如律师、工程师、科研人员、大学教师都有很高的智商。智力在相当大的程度上决定着其所从事的职业类型。

（二）特殊能力与职业相吻合的原则

要顺利完成某项工作，除要具有一般能力外，又要具有该项工作所要求的特殊能力，例如，从事教育工作需要有阅读能力和表达能力；从事数学研究需要有计算能力、空间想象能力和逻辑思维能力；法官应具有很强的逻辑推理能力，却不一定要很强的动手能力；建筑工人应有一定的空间判断能力，却不需要良好的语言表达能力。

（三）能力类型与职业相吻合的原则

能力有类型差异，能力的类型差异主要体现在进行感知、记忆、思维、想象时，呈现出不同的特点，比如有的人知觉东西是整体的，而有人习惯于局部的；有的人擅长形象思维，而有的人擅长抽象逻辑思维；有人记忆速度快，但记不牢，有的人记忆慢，但准确性高。能力还有水平差异，即同样一种能力，在整个人群中的相对水平有高下之分；在个人身上也有强弱之别。个人的能力在群体中的地位，决定了其竞争力，因此对个人能力的相对定位十分重要。

对职业的研究表明，职业可以根据工作性质、内容和环境而划分为不同的类型，并且对人的能力也有不同的要求，因此应注意能力类型与职业类型的吻合。能力水平要与职业层次一致或基本一致。对一种职业或职业类型来说，由于所承担的责任不同，又可分为不同的层次，不同的层次对人的能力有不同的要求。因而，在根据能力类型确定了职业类型后，还应根据自己所达到或可能达到的能力水平确定相吻合的职业层次。

三、能力倾向的分类

能力倾向就是指一个人所具有的有利于其在某一个职业方面成功的潜力素质的总和，它与能力相反，不是已具有，而是为有效地进行某类特定活动所必须具备的、潜在的特殊能力素质，是指经过适当学习或训练后，或被置于一定条件下时，能完成某种职业活动的可能性或潜力。职业能力倾向可细分为与特定职业相联系的各种职业能力倾向，如音乐（职业）能力倾向、美术（职业）能力倾向、机械操作（职业）能力倾向、行政（职业）能力倾向等。

能力倾向测验可以测量人的某种潜能，从而预测人在一定职业领域中成功的可能性，或者筛除在该职业领域中没有成功可能性的个体。人们编制了许多针对不同职业领域的能力倾向测验，用于人员的选拔、安置和职业设计。例如，在选择计算机操作人员时，人们着重考察接受测验的人对数据的计算、加工能力和手指灵活性、眼手协调能力等。

能力倾向测验考查的是被试者的能力倾向，它要涉及广泛的知识，但绝不依赖于具体的知识点，因此想靠死记硬背取得高分是不可能的，保证了测验对所有被评价者的公平性。能力倾向测验在一定程度上体现了对被评价者的最低限度的要求，高于这一限度，可将其评分与其他方面的评价结果综合考虑。低于这一限度则不能被录用。所以，它必须和其他测评手段一起使用，相互补充，才会发挥良好的作用。

能力倾向测验的所有题目都是客观化选择题。能力倾向测验可以进一步区分为多重能力倾向测验和特殊能力倾向测验。多重能力倾向测验是由测查各种不同能力的分测验组成，可以一般地了解人的能力倾向；而特殊能力测验只能了解能力的某一特殊方面的情况，如机械推理能力、逻辑思维能力等。

四、技能的分类

技能是在运用知识去解决某种问题的过程中逐步形成的，是在活动中由于练习而巩固了的并在活动中应用的动作方式，是活动方式概括，它和能力都属于心理过程的范畴。一个人的技能也能在相当大程度上随着年龄的增加而不断地提高。

技能分为三个类型，即专业知识技能、自我管理技能和可迁移技能。

（一）专业知识技能

专业知识技能指需要通过教育或者培训才能获得的特别的知识或能力。知识技能除了通过正式的专业教育之外，还可以通过课外培训、专业会议等渠道获得。在社会分层的各种要素中，虽然经济资源的占有和使用仍然是基础的要素，但是知识技能的更新加快、收益期缩短、获益能力加强等，使得知识技能的作用具有快速增长的趋势。

知识技能不可迁移。它是一些特殊的词汇、程序和学科内容，必须经过有意识的、专门的培训才能掌握。它们常常与专业学习的内容相关。当然，知识技能，并非只有通过正式的专业教育才能获得，除了学校课程外，专业会议、课外培训、讲座、研讨班、自学、职业资格认证考试等都可以帮助个人获得知识技能。

（二）自我管理技能

自我管理技能也被视为一个人的个性品质，常被用来描述或说明个人具有的某些特征，这些特征能够帮助个人更好地适应周围环境。自我管理技能无论是一个人先天具有的还是后天习得的，都需要练习。它们可以从非工作（生活）领域迁移转换到工作领域。也就是说，耐心、负责、热情、敏捷这些技能并不是通过专门的课程学习到的，而是在日常生活中随时随地培养的。也包括自我心态、自我心智、自我形象、自我激励、自我角色认知、自我时间、自我人际、自我目标、自我情绪、自我行为、自我学习、自我反省等诸多方面的管理技能。

例如，一位大四同学在回顾自己的实习经历后写道："这段经历为我毕业后进入社会作了良好的准备。在这次实习中，我懂得了在工作中不仅需要具备良好的知识技能，还要具备良好的社交能力，才能在工作中营造良好和谐的工作氛围。在工作中要积极主动，要虚心地向同事、前辈请教；要知难而上，不能遇到一点困难就放弃；要严格要求自己，不为自己的失职找借口。平时要和同事多多交流，和谐相处。"

（三）可迁移技能

可迁移技能也被称为通用技能，是教育学上的术语，意思是说学习过的知识技能和现在用的知识技能虽然不同，但是可以根据学过的知识找到解决现在所需技能的方法。其特征是可以从生活的方方面面，特别是工作之外得到发展，同时可以迁移应用于不同的工作之中，是个人可持续运用的技能。比如你很小的时候就能够说服父母亲推后你就寝的时间，在高中时拿了辩论赛的大奖，在大学时能够为你所在的学生社团募集资金。在这些事件中，"说服"就是一项非常重要的通用技能，即可迁移技能。在自己的职业规划中，当需要勾画出最核心技能的时候，可迁移技能是需要被最先和最详细叙述的。因为无论自己的需求和工作环境有什么样的变化，它是最能持续运用和最能够依靠的技能。

美国著名的心理学家和职业专家赫伍德·斐格勒（Howard Figler），在 1988 年对可迁移技能进行了十类划分，并对这些技能在职业竞争中的作用作了高度的评价。这十种技能分别是：

1. 预算管理　表现为对现有资源的最佳运用。
2. 督导他人　表现为执行、实现能力。
3. 公共关系　表现为良好的营造氛围能力。

4. 应对最后期限的压力　表现出强烈的攻坚能力。

5. 磋商和仲裁　表现出合理适当的妥协共存能力。

6. 公共演讲　表现出公共引导和宣传方面的潜力。

7. 公共评论协作　是公共引导和宣传的表现。

8. 组织、管理、调整能力　是领导和资源协调能力的综合体现。

9. 与他人面谈的技巧和能力　个体交往潜力的集中表现区域。

10. 教学和教导能力　传授、散布方面的潜质。

五、使用《美国职业大典》（DOT）了解技能

《美国职业大典》包含了不同职务的工作内容，不仅描述了不同职务的具体工作内容，而且按照 3 个概括的分类——数据（指示说明和信息）、人（主管、同事和公众）和事物（材料、设备和产品）——描述了不同职务所涉及的基本技能。位于职务名称前面的 9 位数码（以案例中提到的调查员为例）表明这个职务是如何与数据（第四位数）、人（第五位数）和事物（第六位数）相关联的。例如，调查员系列号的中间三位数字为 2、6、7，对照表 2-14 我们就可以发现，这一职位包含了分析数据与人交谈和对人们发出指令操作某些设备等内容。吊车操作员的第六位数极有可能是 3，意思为驾驶和操作。

表 2-14 《美国职业大典》中确认的以数据、人、事物分类的技能与职务的关系

数据（第四位数）	人（第五位数）	事物（第六位数）
0　综合	0　辅导	0　准备
1　协调	1　误判	1　精细工作
2　分析	2　指示	2　操作—控制
3　汇总	3　督导	3　驾驶—操作
4　计算	4　使人愉快	4　操控
5　复制	5　说服	5　照料
6　比较	6　说话—指令	6　加载—卸载
7　无显著相关	7　服务	7　操纵
	8　无显著相关	8　无显著相关

《美国职业大典》是我们了解职务所涉及的技能类型的有力工具。如果你所在地区的职业咨询中心可以登录 O*NET（http：//online.onetcenter.org），你就可以通过上网迅捷地了解到职务和技能的关系。O*NET 是由美国劳工部开发的职业信息系统的缩写。这套系统采用了简便的主动式计算机数据库，它收集、分析和传播超过 1100 个职业领域的职业技能和信息。你只需简单地键入 3 项技能，计算机就可以搜索到一系列使用到这些技能的职业。O*NET 与《美国职业大典》（DOT）可以交叉使用。如果你知道《美国职业大典》上职务的编号，你就可以通过 O*NET 查出若干个相关的职业。例如，你查找咨询顾问职务，通过 O*NET 你可以发现它的相近职务为：领班、特殊服务、退伍军人联络代表、咨询顾问总监、家庭咨询师、外国留学生咨询师等。你只需键入这些职务的名称，就可以得知这

些职务所涉及的工作内容和技能的描述。

【练习 2-7】

评估你的创业技能

下表将帮助你了解自己的强项和弱点，并让你更好地知道自己是否做好了成为一名小型企业主的准备。

检查该表中列出的每一方面的技能，自问是否在每一方面拥有一些或所有技能，然后评价自己在每一方面的技能，从 1~5 的评分中，圈选适合的数字，其中 1 为低水平，2 介于低和中等水平之间，3 为中等水平，4 介于中等和高水平之间，5 为高水平。

技能	评分				
	低		中		高
销售 ■ 制定价格 ■ 采购 ■ 销售计划 ■ 磋商谈判 ■ 向买家直销 ■ 客户服务后续跟进 ■ 管理其他销售代表 ■ 跟踪竞争对手	1	2	3	4	5
市场营销 ■ 广告 / 促销 / 公共关系 ■ 年度市场营销规划 ■ 媒体计划和购买 ■ 广告文案撰写 ■ 市场营销策略 ■ 分销渠道规划 ■ 制定价格 ■ 包装	1	2	3	4	5
财务计划 ■ 现金流计划 ■ 每月财务 ■ 银行关系 ■ 信用额度管理	1	2	3	4	5
会计 ■ 记账开账单、应付款项、应收款项 ■ 月损益表 / 资产负债表 ■ 季度 / 年度报税	1	2	3	4	5
行政 ■ 日程安排 ■ 工资单处理 ■ 福利管理	1	2	3	4	5

续表

技能	评分				
	低		中		高
人事管理	1	2	3	4	5
■ 雇佣员工					
■ 解雇员工					
■ 激励员工					
■ 一般管理技能					
个人业务技能	1	2	3	4	5
■ 口头表达能力					
■ 书面交流能力					
■ 电脑技能					
■ 字处理技能					
■ 收发传真和电子邮件					
■ 组织能力					
无形技能	1	2	3	4	5
■ 长期努力工作的能力					
■ 管理风险和压力的能力					
■ 家庭支持					
■ 处理失败的能力					
■ 独当一面的能力					
■ 与其他人携手工作和管理其他人的能力					
总计					

你对自己在每一方面的表现进行评分之后，把总分加起来，然后套用下述评分等级：

● 如果你的总分低于 20 分，你应该重新考虑开创企业是否适合你。

● 如果你的总分介于 20 分到 25 分之间，你差不多准备就绪了，但是你或许应该明智地花些时间改进自己的一些弱项。

● 如果你的总分高于 25 分，你现在就可以开始创业了。

实践指导

1. 发现自己的成就及技能

小张同学从小就是个出了名的鬼把戏策划者，当他长大一点，他开始从设计鬼把戏转为做策划。上大学后，小张担任院学生会主席，在某个新学期初，他想举办一个别出心裁的晚会。他把这个主意告诉了所有同学，并把他们分成若干小组，分别负责准备食物、娱乐节目、交通和装点布置。最后，这个晚会举办得极其成功。

这件事之后一周，小张同学要为他的职业指导课写一篇描述他成就的小论文，他采用这次晚会作为例子。他描述了他的最初策划，怎样组织和分配工作，怎样列出一项工作检查清单，怎样与每个人保持沟通。从老师给大家的一份技能清单中，小张同学发现自己具备领导能力、创造力、沟通能力、决心、组织力、相信他人、依靠他人、关注细节等技能，正是由于具备这些技能使他圆满地举办了这次晚会。

在小张大学生活的最后一年，一个朋友告诉他本地区内一家知名公司需要聘用一名实习生。这个朋友认为小张的组织能力会使他成为一名有力的候选人。由于小张没有任何真正的工作经验，他将这次晚会作为建立的内容来证明他的技能，这份简历让他有了一次面试机会，他的开放型个性和组织能力让他获得了这份实习工作。

小张的工作之一是组织会议和特殊活动。他热爱这项工作，而且善于利用公司办公室的各种资源策划各种出色的活动，在同身边的人的交往中学到了许多东西，令他更加感到自信。他发现组织和策划活动适合他的兴趣和技能，小张开始对职业进行调研并思考为了继续从事类似的工作需要哪些进一步的教育或培训。于是便向一名职业顾问咨询后制订了一个教育计划，在工作中不断地提高自己。

通过以上努力，小张同学在毕业后顺利地进入了一家知名的企业。

每个人都具备自己独特的技能。这些技能往往给你带来成就和满足的经验。你的最难以忘怀的成就往往揭示着你的自发性技能最集中的所在。当运用这些技能时，你总能够取得成功。你对自己的自发性技能了解得越深入，你就越有可能找到一份需要这类技能的工作。运用这些技能给你一种一切尽在掌握之中的满足感。如果你能够把你的自发性技能融汇到所选择的职业中，你会更愉快、更有效率、更加成功。同时，你还会发现这些技能可以迁移到许多不同的工作中去。

技能的辨识可以通过以下几种方式来体现。

一是自我评价可衡量的业绩：自我的行为方式和经验，对自我技能的总结和归类。

二是来自于他人的认可和反馈：通过身边熟悉的人，如老师、同学、家人、朋友等对自己的评价，全面了解自己的技能。

三是撰写成就故事：列出自己所做的有成就感的事件进行撰写。其中应包含所要达到的目标；将会面临的障碍、限制、困难；具体行动步骤；对结果的描述与量化评估。

四是职业技能分类卡：这是探索职业技能的一种非正式评估方式。由被测评者在一定数量的职业技能卡片中选出自己最擅长使用的技能，以便在日常工作中进行加强和提升。

2. 某同学的技能分析

小徐同学来自湖南。毕业于一所专科学校。在人才市场求职时，招聘单位的广告中明确说明应届生免谈，但他再三权衡后，觉得自己的能力足够胜任这份网络工程师的工作，于是投递了自己的简历。人事小姐反问"难道你不明白我们的招聘条件吗？"，小徐自信回答："我知道你们不招应届生，但并非所有的应届生都不符合你们的要求呀！"。人事小姐再问："你觉得你有什么资本胜任这份工作？"，小徐讲了三点：第一，自己在大学时学的专业即是计算机应用，已具备这个专业基础；第二，在求学时，勤工俭学，已有一年网络维护经验；第三，是农村出来的孩子，能吃苦耐劳，只要自己愿意学，相信公司会给机会的。三点说完，旁边聆听的一位老人说："这小伙子我要了！"。这位老人即是董事长，他解释录用小徐的理由时说："有无经验并非企业用人的首要条件，是否自信和清醒认识自己才是必要条件。小伙子如此自信和清醒认识自己的能力，相信他能成为公司的栋梁之材。"

著名职业指导专家凯斯顿（Kingston）说过："每个人都应自己决定自己的职业，科学无论发展到什么程度，亦不能代替个人担负这个责任。"作为一名合格的毕业生，不但没有理由低估自己的能力，而且要依靠自己的能力来寻找理想的职业。毕业生小徐有较强的自我认知与自我觉察能力，而这种认知能力也正是他个人职业与事业生涯的起点，在这种清晰的自我定位的基础上，他实现了依靠自己的能力寻找理想的职业的梦想。同时，小徐具有较强的技能表达能力，简短的三点，言简意赅，将自己曾经干过什么、能干什么、以后怎么干三个问题表达得无懈可击，"秀"出真实自我，使自己的优势自然显现。正准备求职择业的毕业生应善于从学友们的成功中汲取营养，总结经验，做好就业前的能力培养和心理准备，在今后求职的道路上少走弯路，顺利实现自己的职业理想。

相关解答

1. 某同学对个人能力缺乏自信，一提到找工作就犯怵，觉得自己在就业市场没有竞争力。

自信是一个人对自己的积极感受，即对自己的认可、肯定、接受和支持的态度，也可以说是一个人对自我的认识评价接受的程度。求职的过程既考验人的能力，也考验人的心理。很多同学在社会为其提供的就业机会面前往往会顾虑重重，不能主动地参与就业市场的竞争、向用人单位展示和推销自我，与机遇擦肩而过。为了增强自己在就业市场的竞争力，大学生要有的放矢地学习、训练和充实自己，主动地完善自己，努力培养和提高自身的职业技能，但由于大学生在校的主要任务是学习专业知识，所以提高职业技能的途径有限。比较常用的途径有两种：第一，积极参加社会实践，提高解决实际生产经营问题的专业技能；第二，参加职业技能考试，做好就业前的技能储备，增强自身的社会适应力和就业能力。通过多方面努力，将知识技能、自我管理技能以及可迁移技能更好地结合在一起，在实际招聘和工作中，后两种能力可能更凸显其重要性，因为来应聘的人，通常都已经具备了一定的专业知识技能。而个人的竞争力，在于这三者的结合。当代大学生应认清就业形势，转变就业观念，科学地评价自己，努力提高自己的技能，把外在的压力转化为内在的动力，把挫折看成是锻炼意志，增强能力的好机会，保持平和的心态，顺利实现就业。

2. 某同学是学临床专业的，到医院人力资源部工作，感觉自己没有能力适应当前的工作。

工作与专业不对口的现象在毕业生求职中是普遍存在的。但是无论毕业生从事的工作是否与专业对口，本科教育打下的专业基础都远远不能满足工作需要，很多经验和技能都需要在实际工作中不断学习和积累。在大学生就业难的大环境下，尽可以放下"专业不对口"的包袱，放宽自己的求职范围、寻找更多的就业机会。从长期来看，专业背景并不会对薪资和职业发展产生很大的影响。

能力是一个人素质的集中体现。大学生在职业生涯设计及择业时应测试自己具有哪方面的技能，对自己有一个客观的认识。如果大学生在大学求学期间能注重个性发展和学习能力、动手能力、创造力、实践能力、人际协调能力的提高，能陶冶情操、提高修养、丰富文化生活，他就是一个素质型、发展较全面的人才。大学本科教育是素质教育、通才教育，一个身心健康、奋发向上的毕业生就是具有发展潜力的人。

尺有所短，寸有所长，临床医学专业的同学在医院从事人力资源工作有自己的优势，首先医学知识比较全面，其次对医院的环境和科室机构比较熟悉，人力资源是医院第一位的战略资源，医院通过开发人力资源可以为医院创造尽可能多的价值，提高医疗技术水平、扩大医院品牌效应。行政管理的职业特性需要讲求时效性、讲求办事快速、重细节，周到细致、服务意识要特别强、人际交往能力强。因此，只要发掘自身的专业，结合专业知识同时发挥综合能力，勤学多问，应该能够胜任当前的工作。

3. 某同学在学好专业课的同时，特别注意培养外语和计算机的技能，这对择业真的很重要么？

某同学在经历了二十几次面试之后，终于找到了一份满意的工作，他总结到是外语、计算机的实际运用能力帮助了他，面试的单位中既有教育机构，也有大中型医药公司，但共同的特点是用人单位在注重专业知识的同时，重视外语听说能力、写作能力、计算机操作能力。

专业能力是能力的一种，是求职中必备的条件之一，尤其医学这些专业性较强的领域，但是，专业不能代替能力，在培养专业能力的同时应培养各种能力，这可以为就业打下夯实的基础，也可以拓展就业领域。现在大多数用人单位有共同的偏好，一是有相应的工作经验，二是非常注重外语、计算机的技能，三是相应的专业背景。除对学生的学习成绩和社会经验有要求之外，注重的是交流沟通的能力，特别是用英语交流的能力，还有解决问题、分析问题的能力，以及主动性。有不少同学热衷于考证，是不是证书越多越好？我们认为，如果证书能够真正体现你的才能，那当然是好的，但是用人单位更注重的是你处理问题，解决问题的能力以及在实践当中处理问题的综合性能力。医学院校毕业生数量迅速增长和医学专业性较强，决定了医学生的就业面相对狭窄。医学类多为长线专业，如临床医学本科专业学制为5年，学生的就业目标单一，范围狭窄，就业形势相当严峻。普通医学院校，由于自身的知名度不高，其毕业生的出路更加被学校和学生所共同关心。在当前的形势下，医学生如何提高自己的核心竞争力，在众多的毕业生中脱颖而出呢？英语水平已经成为影响医学院校毕业生就业竞争力的重要因素。在就业单位上存在明显差异，三甲医院、医药相关的外企、大型医药企业、机关、科研单位等目前比较理想的就业单位，对外语及计算机水平的要求较高，职业声望与外语、计算机水平成正比。

所以，同学们应该在大学学习期间有意识的培养英语、计算机实际应用能力，而不是计算机考过二级，外语通过四、六级考试就一劳永逸。培养终身学习的能力、创新能力和实践能力才是真正的目的。注重沟通能力、团队合作能力及社会交往能力等实际应用能力，正视社会，正视自身，敢于竞争，不怕挫折，在激烈的就业竞争中占据优势。

课后作业

1. 找出10个与自己成就相关的故事，确认个人最擅长并愿意在工作中使用的技能。
2. 完成《我的职业生涯规划档案》中的技能部分。
3. 列出一些你曾经完成的活动或课程，指出其中涉及的你已经习以为常的技能。
4. 为你自己写一封推荐信。

相关链接

1. http：//online.onetcenter.org
2. http：//www.jobsoso.com
3. 理查德·尼尔森·鲍利斯.你的降落伞是什么颜色.陈伟等译.北京：中信出版社，2006
4. 罗伯特·洛克.把握你的职业生涯发展.北京：中国轻工业出版社，2006

第四节　价值观探索

一个人对社会的价值，首先取决于他的感情、思想和行动对于增进人类利益有多大作用，而不应看他取得什么。

——（美）爱因斯坦

迷惘与疑惑

1. 小赵同学，护理专业，即将毕业。谈到自己的理想时："我的理想是明年找到一个合适的工作，赶快走上工作岗位，除此之外没有其他理想！"而对于国家、民族这样大的理想，她很现实地说："其实每一个中国人都是爱国的，更不要说是年轻人。只是现在像我这样的大学生可能没有那么多的精力去想。"

还有几位去年走进大学的学生谈起"理想"时，也表现出了一些"不屑"的神情："现实中的理想和书本上是有所区别的。其实我们也知道，理想对于年轻人而言，应该是将国家、民族放在第一位的。可是现在的情形似乎不允许我们想那么多，唯一可以考虑到的只是把自己的事情做好，这就是我们的理想。"

2. 小王同学来自偏远山区的农村，当初选择医学院校是为了解除家乡人民在疾病上的痛苦，但看到身边的同学在毕业时都往大城市、大医院扎堆，自己也动摇了，不知道该怎么办好，是坚持自己当初的梦想，还是随波逐流？他很困惑。

3. 小孙同学已经大三了，很快就要面临毕业找工作的问题：是找一份收入一般但稳定且福利好的工作，还是找一份薪水较高但挑战很大且极不稳定的工作？他一直犹豫不决。

理论解析

【练习2-8】

价值观句子完形评估

在下列未完成的句子中，请填写你第一时间想到的意念，完成所有句子后，在前面列出一些从语句中可能反映出来的个人价值观。你会发现，在你的生命历程中，影响最深的事情有哪些？你最想做的事情是什么？……你可以从中找到一些答案。

价值观	句子
＿＿＿＿＿＿	1.假如我有一百万，我＿＿＿＿＿＿＿＿＿＿＿＿＿＿＿＿
＿＿＿＿＿＿	2.我曾听过或读过的最好的概念＿＿＿＿＿＿＿＿＿＿＿＿

	3. 我想改变世界的一件事物是＿＿＿＿＿＿＿＿＿＿＿＿
＿＿＿＿＿＿＿	4. 我一生中最想要的是＿＿＿＿＿＿＿＿＿＿＿＿＿＿
＿＿＿＿＿＿＿	5. 我做得最好时是当我＿＿＿＿＿＿＿＿＿＿＿＿＿＿
＿＿＿＿＿＿＿	6. 我最关注的是＿＿＿＿＿＿＿＿＿＿＿＿＿＿＿＿＿
＿＿＿＿＿＿＿	7. 我经常会幻想的是＿＿＿＿＿＿＿＿＿＿＿＿＿＿＿
＿＿＿＿＿＿＿	8. 我想我父母最希望我＿＿＿＿＿＿＿＿＿＿＿＿＿＿
＿＿＿＿＿＿＿	9. 我一生中最大的喜乐是＿＿＿＿＿＿＿＿＿＿＿＿＿
＿＿＿＿＿＿＿	10. 我是＿＿＿＿＿＿＿＿＿＿＿＿＿＿＿＿＿＿＿＿＿
＿＿＿＿＿＿＿	11. 对我了解的人认为我是＿＿＿＿＿＿＿＿＿＿＿＿＿
＿＿＿＿＿＿＿	12. 我相信＿＿＿＿＿＿＿＿＿＿＿＿＿＿＿＿＿＿＿＿
＿＿＿＿＿＿＿	13. 假如我只有二十四小时的生命，我会＿＿＿＿＿＿＿
＿＿＿＿＿＿＿	14. 我最喜爱的音乐是＿＿＿＿＿＿＿＿＿＿＿＿＿＿＿
＿＿＿＿＿＿＿	15. 最能和我一起工作的人是（可多填）＿＿＿＿＿＿＿
＿＿＿＿＿＿＿	16. 我的工作必须给我＿＿＿＿＿＿＿＿＿＿＿＿＿＿＿
＿＿＿＿＿＿＿	17. 我给我子女的忠告会是＿＿＿＿＿＿＿＿＿＿＿＿＿
＿＿＿＿＿＿＿	18. 最好的电视节目是（可多填）＿＿＿＿＿＿＿＿＿＿
＿＿＿＿＿＿＿	19. 我暗地里希望＿＿＿＿＿＿＿＿＿＿＿＿＿＿＿＿＿
＿＿＿＿＿＿＿	20. 在学校里我做得最好时是当＿＿＿＿＿＿＿＿＿＿＿
＿＿＿＿＿＿＿	21. 假如在大火中我只能保存一样物件，那将会是＿＿＿
＿＿＿＿＿＿＿	22. 假如我能改变自己一样东西，那将会是＿＿＿＿＿＿

一、什么是价值观

价值观是一种内心尺度，它凌驾于整个人性之上，支配着人的行为、态度、观察、信念、理解等，支配着人认识世界、明白事物对自己的意义和自我了解、自我定向、自我设计等，也为人自认为正当的行为提供充足的理由。

在 20 世纪 70 年代以前，有关价值观的概念一直没有定论，直到 1973 年，美国学者罗克齐将价值观的研究推向了全新的发展阶段，并将其定义为"一个持久的信念，认为一种具体的行为方式或存在的终极状态，对个人或社会而言，比与之相反的行为方式或存在的终极状态更可取"。他指出，价值观是一般性的信念，不仅具有动机功能和评价功能，还具有规范和禁止功能，是行为和态度的指导，是个人的也是社会的现象。

罗克齐的定义比较抽象，为了便于理解，我们将价值观定义为：一个人由心中发出的，对周围的客观事物（包括人、事、物）的意义、重要性的总评价和总看法，即人们对世界上存在的万事万物的认识以及所持有的态度。价值观包括内容和强度两种属性：内容属性告诉人们某种方式的行为或存在状态是重要的；强度属性表明其重要程度。当我们根据强度属性来排列一个人的价值观时，就可以获得一个人的价值系统。每个人的价值观都是一个层次，这个层次形成了每个人的价值系统。这个系统通过我们赋予自由、快乐、自尊、诚实、服从、公平等观念的相对重要性程度而形成层级。

二、价值观的激励作用

实践证明，人的不同层次需求都有其相对应的价值观。1943年，美国著名心理学家马斯洛（Abraham Maslow，1908—1970）在《人的动机理论》一文中提出了享誉全球的"需求层次论"，他把人的需求划分为五个层次，从低到高依次是生理需求、安全需求、归属和爱的需求、尊重需求、自我实现需求。

那么这五种需求所包含的具体内容是什么呢？

生理需求是人们最原始、最基本的需求，如吃饭、穿衣、住宅、医疗等。若不满足，则有生命危险。它是最强烈的、不可避免的、最底层的需求，也是推动人们行动的强大动力。

安全需求要求劳动安全、职业安全、生活稳定、希望免于灾难、希望未来有保障等，具体表现在：①物质上的：如操作安全、劳动保护和保健待遇等；②经济上的：如失业、意外事故、养老等；③心理上的：希望解除严酷监督的威胁、希望免受不公正待遇，工作有应付能力和信心。安全需求比生理需求较高一级，当生理需求得到满足以后就要保障这种需求。

归属和爱的需求也叫社交的需求，是指个人渴望得到家庭、团体、朋友、同事的关怀爱护理解，是对友情、信任、温暖、爱情的需要。它包括：①社交：希望和同事保持友谊与忠诚的伙伴关系，希望得到互爱等；②归属感：希望有所归属，成为团体的一员，在个人有困难时能互相帮助，希望有熟识的友人能倾吐心里话、说说意见，甚至发发牢骚。而"爱"不单是指两性间的爱，而是广义的，体现在互相信任、深深理解和相互给予上，包括给予和接受爱。

尊重包括自我尊重、自我评价以及尊重别人。尊重的需求也可以划分为：①渴望实力、成就、适应性和面向世界的自信心，渴望独立与自由；②渴望名誉与声望。满足自我尊重的需求可以获得自信、价值与能力体验、力量及适应性增强等多方面的感觉，而阻挠这些需求将产生自卑感、虚弱感和无能感。基于这种需要，愿意把工作做得更好，希望受到别人重视，借以自我炫耀，指望有成长的机会、有出头的可能。这种需求一旦成为推动力，就将会令人具有持久的干劲。

自我实现的需求是最高等级的需求。满足这种需求就要求完成与自己能力相称的工作，最充分地发挥自己的潜在能力，成为所期望的人物。这是一种创造的需求。自我实现意味着充分地、活跃地、忘我地、集中全力全神贯注地体验生活。

五种需求层次在顺序上的"由低到高"是不能更改的，只有当低层次的需求得到满足之后，个人才能关注并致力于满足下一层次的需求。这些需求是强大的内在驱动力，我们所做的事情正是为了满足这些需求。它们在我们的生活中反映出来，就体现为我们的价值观。比如：有的学生比较注重所要从事的工作到底能给自己带来多少收入，而有的学生可能更多的希望所从事的工作是自己的兴趣所在，是自己所喜欢的工作。这两者的不同在很大程度上可以归结于他们所处的需求层次的不同，前者在"生理需求""安全需求"的层次上，而后者是在较低层次的需求已经得到满足的情况下，追求对"归属""自我尊重""自我实现"的需要。图2-2标示出了马斯洛的需求层次模型，图2-3标示出了不同层次的需求所对应的价值观。

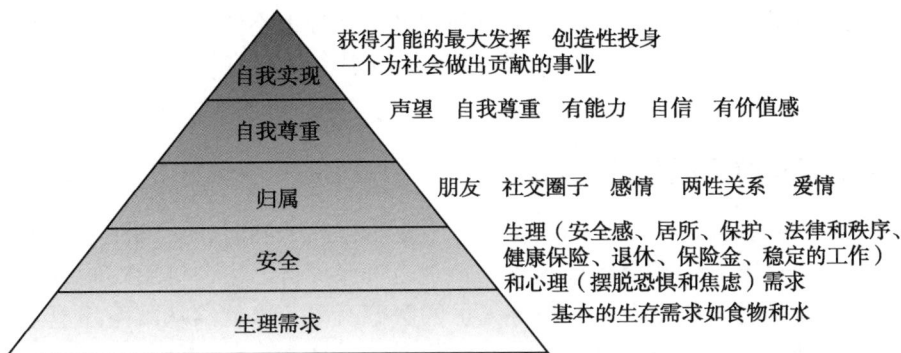

图 2-2 马斯洛需求层次模型

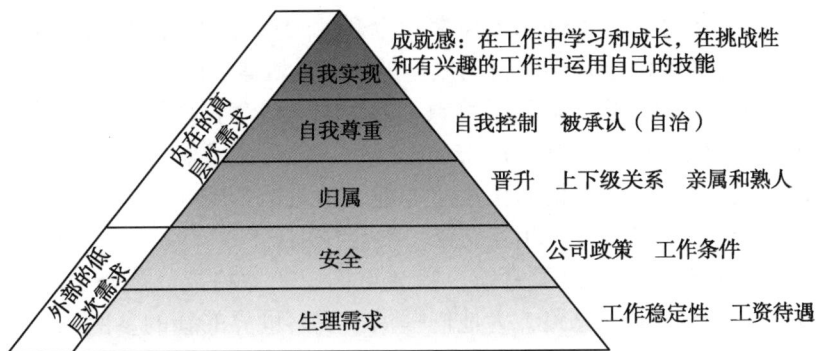

图 2-3 需求层次对应价值观

【练习 2-9】

我 的 需 求

对照需求层次模型，思考一下：你处在哪一级需求层次上？你最希望在今后的工作中获得对哪个层次的满足？什么因素能够带给你满足感，从而激励你能更好地工作？

三、职业价值观

职业价值观也称职业意向，是指人们根据自己的价值观，对社会上各种职业的认知、态度和倾向，反映的是主体需要和社会属性之间的关系，如社会地位、职业报酬、工作环境、职业发展可能性等，它既是求职者职业理想、信念、世界观的直接体现，也是其人生观、价值观在择业问题的最直观表达。

大学生职业价值观是大学生选择职业的期望或标准，是他们对于职业发展的可能性、经济报酬、社会地位和求职应付出的代价等相对稳定的根本态度和看法。它由四部分因素构成：一是大学生在职业选择过程中根据自身的兴趣、性格、能力对就业环境、形势、政策等因素的综合认识和评价；二是大学生在自身人生观、价值观引导下，对将来所从事职业的社会地位、工作性质、稳定程度、发展趋势等择业目标的综合判断；三是大学生在职业需要的驱动下对职业选择过程中可能出现的复杂关系、冲突、问题时表现出的价值立场或价值取向；四是在职业目标确定之后，大学生为实现自身职业目标而采取的手段、形式等。

根据不同的划分标准，人们对职业价值观的种类划分也不同。美国心理学家洛克特在其《人类价值观的本质》一书中，提出了13种价值观，我们将在后面的测试部分详细进行说明。

四、医学职业对价值观的要求

随着时代发展和社会进步，人们在生活水平逐步提高的同时，更加注重健康权和生命权，人们在试图通过建立、健全社会医疗保障制度来保护自己生命健康的同时，开始重视另一个维系生命健康的重要支点——医务人员的医德医风。这就给从事医疗卫生职业的工作者提出了与其他从业人员所不同的要求，医疗卫生人员应具备正确的价值观及良好的职业道德素质和职业精神。

医疗卫生行业不良行为的发生、泛滥，固然与社会转型期的社会大环境和社会不正之风有关，但毕竟这只是外因。外部因素再多，也会由于自身的免疫力而不为所动，而部分医务人员道德价值观的错位才是不良行为发生的决定性因素。

社会主义市场经济的发展，解放了思想，为医学生成才提供了极佳的外部条件，从而有利于他们确立积极的职业价值观。但市场经济也可能导致拜金主义膨胀，使部分医学生的职业价值观趋向混乱。市场经济对医学生职业价值观的影响，不是直线式和单维型，而是积极影响与消极影响同时并存、相互交锋、复合作用。

首先，人们的思想观念得到了更新。社会重构了利益格局，经济杠杆的作用日益凸现。这一方面拓宽了医学生的思路，为他们提供了观察世界的新的参照系，另一方面则从大范围潜移默化地影响了医学生的价值观念。如市场经济所弘扬的效益观念、竞争观念、创新观念、务实观念和正当利益观念等，确实对医学生职业价值观的确立起了重要的推动作用。

其次，市场经济的发展也导致了思想观念的多元化和一定程度的模糊性。有些医学生也开始倾心于"注重实用、功利主义"的价值观，医学生的价值观仍处于急速地动荡、演变和组合之中。

医学是神圣的事业，医学院校学生毕业后肩负着消除疾病、救死扶伤、促进医药卫生事业发展，维护和增进人们健康的重大职责，因而树立与职业发展相匹配的正确价值观显得尤为重要。

（一）正确处理个人需要与社会需要、个人价值与社会价值的关系

医学院校学生应该首先考虑社会需要，担负起社会的责任，要把社会的客观要求同个人的主观愿望有机地统一起来，要以国家和集体的利益为重，实现个人价值和社会价值的有效结合。在选择职业时，我们应该遵循的主要是人类的幸福和我们自身的完美。不应该认为这两种利益是敌对的，相互冲突的，一种利益必须消灭另一种；人类的天性本来就是这样的，人们只有为同时代的人完美，为他们的幸福而工作，才能使自己也达到完美。

（二）"救死扶伤"是恒久不变的誓言

"健康所系、性命相托"，作为一名医学院校学生，必须面对人生不能承受之重。不管当今社会多么纷繁复杂，不管自己的生活多么压抑困扰，作为一名医疗卫生行业人员，我们面对生命时永远应该冷静、积极、珍惜。医学院校学生誓言，是一份对社会的庄严承诺。选择了医务工作，就选择了"救死扶伤"，任何情况都不允许改变医学的初衷，任何

理由都不能放任病人不管。处在时代及自身特殊发展时期的医学院校学生应加强自身的人文伦理学习,现在医学模式的转变使人道主义及伦理学在医疗行为中越来越受到重视。秉持"救死扶伤、以人为本"的信念,培养正确地职业态度,才能发挥医学的真正价值。

(三)科学分析和认识现代社会医疗问题,充分肯定自身职业价值

医疗资源的分配不均,卫生发展与经济发展脱节,医疗保障水平低下,医疗服务市场化等,造成当前医患矛盾尖锐、医患关系紧张。作为医学院校学生,要正确认识目前存在的问题,应该牢记自己将从事的是一项保护人类健康和生命的崇高职业,抗击"非典"、抗震救灾时和人民的健康受到威胁时,那些默默无闻、奋战在第一线的白衣战士们至今让人铭记在心。

(四)与时俱进,提升服务理念

医学院学生要顺应现代医学卫生服务发展潮流,遵循"以人为本"的理念,应该了解和接受现代医学发展趋势,提高服务意识,将"以病人为中心"理念贯穿于整个学习和工作过程中,转变思想观念,学会换位思考,注意尊重和体谅病人,清除病人"求医"的陈旧观念,提高自身服务意识、责任意识、事业心和学习工作热情,努力为病人提供高超的医疗技术和高水平的医疗服务。

(五)终身学习,精益求精

医生的医术和医德直接关系着患者的安全和幸福,只有具备一流的专业技能,才能更好地为病人解除痛苦。医学院校学生应该从现在开始就好好把握学习机会,无论在学校还是已经踏入社会,都应当在专业领域中不断追求、前进、精益求精,不断攀登医学高峰。

(六)努力才有收获,积累才能成功

繁重的临床工作、过高的科研压力、太高的期望、巨大的风险、不信任的医患关系、医疗工作付出与回报不平衡以及上述问题带来的职业倦怠和悲观心理都将是医学院校学生职业生涯中面临的考验。但应该相信,随着社会发展和人类进步,目前的从医形势只是暂时的。医学生涯是一个漫长的过程,刚开始是积累经验的艰苦过程,到后来才是享用经验的回报过程。先有诚实勤奋的付出,后有应得的成就,如果急于求成,为追求名利采用不诚信的方式获取所谓的成就,则到最后将失去一切。

实践指导

一、个人价值观探索(exploration of personal values)

(一)价值观购买

为了帮助你探索出你的价值观,假定给你 8 万块钱以及 34 个购买项目,请你仔细地阅读表 2-15 中的 34 个项目,然后在每一个项目后面,写下你愿意花多少钱购买它。在所列的 34 个项目上你想怎么花 8 万块钱都可以,比如:你可以在某一项目上花 200 元,而在另一项目上花 4000 元。要是你对某个项目毫无兴趣,你也可以一毛钱都不花,要是你愿意的话,当然也可以把 8 万块钱都花在某一个项目上。对于怎样使用这笔钱,你有绝对的自由,只是一定要把 8 万块都花光,不能多也不能少。当然,你还可以根据自己的喜好加上另外一些项目(比如"热爱朋友、宗教信仰"等,表 2-15 中的内容只是提供一个探索价值观的方法而已)。

表 2-15　购买项目——探索价值观

购买的项目	花费的金额（自填）
1. 清除世界上现有的偏见	
2. 帮助病人与穷人	
3. 成为有名的人物（如电影明星、棒球英雄、太空人）	
4. 一个能使你的公司多赚 3 倍钱的企划案	
5. 天天按摩并吃到世界上最好的厨师烧的菜	
6. 了解生活的意义	
7. 一种能使大家不再贫穷或说谎的疫苗	
8. 布置你工作的环境	
9. 成为世界上最富有的人	
10. 当总统	
11. 一次最完美的恋爱	
12. 一栋房子，有着你喜爱的艺术品，室内室外有着全世界最美的风景	
13. 成为全世界最有吸引力的人	
14. 活到一百岁而不曾生病	
15. 接受一个天才精神分析家的精神分析	
16. 一个为你私人所用的，收集名作最完备的图书馆	
17. 送些礼物给父母、妻子、子女	
18. 清除世界上不公平的事	
19. 发现蕴藏 100 万盎司的金矿，把它送给你最关心的慈善机构	
20. 被选为今年的杰出人物，受全世界报纸的赞扬	
21. 精通本行的业务	
22. 除了享受外，什么事都不必做，一切的需要和欲望都自动地会得到满足	
23. 成为世界上最聪明的人	
24. 一种把"真诚的血浆"渗入全世界每一个水源的设备	
25. 能轻轻松松地做你想做的事情，一点儿也不匆忙	
26. 一个充满着银元的大房子	
27. 控制 50 万人的命运	
28. 受到全世界人的热爱与崇拜	
29. 有着无限的车票、戏票，使你能观赏各地音乐、舞蹈和戏剧的演出	
30. 新的发型、任你选设计师裁制你的衣服，再给你两星期的时间到能令人美丽的温泉去洗温泉	
31. 成为世界上最好的健康俱乐部的会员	
32. 能免除心理困扰的药物	
33. 拥有一台全能的电脑，要什么情报就有什么情报	
34. 和你的家人一块去旅游	

在你做完这个"预算"后，就可以来"计算"你的价值观了。这34个项目中的每一个项目都和某一个价值观关联，详见表2-16。

表2-16 每一个项目关联的价值观

1和18——公平	7和24——诚实	13和30——外表的吸引力
2和19——人道主义	8和25——自主	14和31——健康
3和20——认可	9和26——经济	15和32——情绪方面的圆满
4和21——成就	10和27——权力	16和33——知识
5和22——快乐	11和28——爱	17和34——热爱家庭
6和23——智慧	12和29——美感	

表2-17中列举了各个价值观的关联解释。

表2-17 各个价值观的关联解释

价值观	解释
公平	不偏不倚的
人道主义	关心别人的利益
认可	能使人自己觉得重要
成就	完成事情
快乐	满足、喜悦
智慧	良好的品味和判断力
诚实	坦白、廉正
自主	独立的能力
经济	物质的占有；财富
权力	对别人的控制权、影响力；权威
爱	温情；温暖地相处
美感	为了美的缘故而欣赏美
外表的吸引力	关心个人身体的外观
健康	关心个人身体的健康
情绪方面的美满	免于焦虑；心灵平静
知识	真实或情报的追求
热爱家庭	乐于为家庭奉献，孝敬父母，深爱妻子，热爱子女

请把你有花费的项目写下，记下项目的号码，花费的金额，以及关联到的价值观。完成表2-18后，看看你在哪三个价值观上花了最多的钱?

表 2-18 关联价值观

项目	花费金额	价值观

现在再请你完成表 2-19 和表 2-20。

在单个项目上你花了最多钱的三个项目是？

表 2-19 价值观关联项目

序号	项目号码	价值观
1		
2		
3		

从单个价值观来看，你在哪三种互相组合的项目上花了最多的钱？

表 2-20 项目组合

序号	价值观	花费金额
1		
2		
3		

你对表中所显示的价值观觉得诧异吗？是不是和你原来所想的一样呢？你能接受这些价值观吗？例如王同学，在表中显示出极高的"美感"价值观，她说："我一向为自己注重外表而觉得羞耻，我觉得这样似乎很肤浅，然而我真心在乎我的外表，也在乎我周围的事物看起来怎样。现在我领悟到一件事，持有美感的价值观是我的一部分，是我的本质之一，我根本用不着再为此害羞，我学会了接受自己。"已经毕业的李同学："当我发现自己花钱最多的两项价值观是金钱和权力时，我吓了一跳。我自觉目前我从事的行业很有意思，可是在这个行业里我不可能赚很多钱，也不可能有什么太多的权力。因此我在想自己创业的可能性。"所有的价值观都是中性的，无所谓好的价值观与坏的价值观。比如希望具有权力没什么不好，因为权力是中性的。重要的是你运用权力的方式是建设性的还是破坏性的。在你接受你的价值观后，你便能根据价值观采取行动、订立目标。表现你的价值观（采取行动）才会让你更加能够作出自我完成的、成功的抉择。

（二）职业价值观自测量表

通过职业价值观测试，可以帮助学生更透彻地了解自己，更好地选择适合自己的工作环境和工作领域，更科学地规划自己的职业方向。

职业价值观测试题

说明：下面有 52 道题目，每个题目都有 5 个备选答案，请根据自己的实际情况或想法作答，每题只能选择一个答案。通过测验，你可以大致了解自己的职业价值观念倾向。

A-非常重要；B-比较重要；C-一般；D-较不重要；E-很不重要。

1	你的工作必须经常解决新的问题	A	B	C	D	E
2	你的工作能为社会福利带来看得见的效果	A	B	C	D	E
3	你的工作奖金很高	A	B	C	D	E
4	你的工作内容经常变换	A	B	C	D	E
5	你能在你的工作范围内自由发挥	A	B	C	D	E
6	工作能使你的同学、朋友非常羡慕你	A	B	C	D	E
7	工作带有艺术性	A	B	C	D	E
8	你的工作能使人感觉到你是团体中的一分子	A	B	C	D	E
9	不论你怎么干，你总能和大多数人一样晋级和涨工资	A	B	C	D	E
10	你的工作使你有可能经常变换工作地点、场所或方式	A	B	C	D	E
11	在工作中你能接触到各种不同的人	A	B	C	D	E
12	你的工作上下班时间比较随便、自由	A	B	C	D	E
13	你的工作使你不断获得成功的感觉	A	B	C	D	E
14	你的工作赋予你高于别人的权力	A	B	C	D	E
15	在工作中，你能试行一些自己的新想法	A	B	C	D	E
16	在工作中你不会因为身体或能力等因素，被人瞧不起	A	B	C	D	E
17	你能从工作的成果中，知道自己做得不错	A	B	C	D	E
18	你的工作经常要外出，参加各种集会和活动	A	B	C	D	E
19	只要你干上这份工作，就不再被调到其他意想不到的单位和工种上去	A	B	C	D	E
20	你的工作能使世界更美丽	A	B	C	D	E
21	在你的工作中，不会有人常来打扰你	A	B	C	D	E
22	只要努力，你的工资会高于其他同年龄的人，升级或涨工资的可能性比干其他工作大得多	A	B	C	D	E
23	你的工作是一项对智力的挑战	A	B	C	D	E
24	你的工作要求你把一些事物管理得井井有条	A	B	C	D	E
25	你的工作单位有舒适的休息室、更衣室、浴室及其他设备	A	B	C	D	E
26	你的工作让你有可能结识各行各业的知名人物	A	B	C	D	E
27	在你的工作中，能和同事建立良好的关系	A	B	C	D	E
28	在别人眼中，你的工作是很重要的	A	B	C	D	E
29	在工作中你经常接触到新鲜的事物	A	B	C	D	E

续表

30	你的工作使你能常常帮助别人	A	B	C	D	E
31	你在工作单位中，有可能经常变换工作	A	B	C	D	E
32	你的作风使你被别人尊重	A	B	C	D	E
33	同事和领导人品较好，相处比较随便	A	B	C	D	E
34	你的工作会使许多人认识你	A	B	C	D	E
35	你的工作场所很好，比如有适度的灯光，安静、清洁的工作环境，甚至恒温、恒湿等优越的条件	A	B	C	D	E
36	在工作中，你为他人服务，使他人感到满意，你自己也很高兴	A	B	C	D	E
37	你的工作需要计划和组织别人的工作	A	B	C	D	E
38	你的工作需要敏锐的思考	A	B	C	D	E
39	你的工作可以使你获得较多的额外收入，比如：常发实物、常购买打折扣的商品、常发商品的提货券、有机会购买进口货等	A	B	C	D	E
40	在工作中你是不受别人差遣的	A	B	C	D	E
41	你的工作结果应该是一种艺术而不是一般的产品	A	B	C	D	E
42	在工作中不必担心会因为所做的事情领导不满意，而受到训斥或经济惩罚	A	B	C	D	E
43	在你的工作中能和领导有融洽的关系	A	B	C	D	E
44	你可以看见你努力工作的成果	A	B	C	D	E
45	在工作中常常要你提出许多新的想法	A	B	C	D	E
46	由于你的工作，经常有许多人来感谢你	A	B	C	D	E
47	你的工作成果常常能得到上级、同事或社会的肯定	A	B	C	D	E
48	在工作中，你可能做一个负责人，虽然可能只领导很少几个人，你信奉"宁做兵头，不做将尾"的俗语	A	B	C	D	E
49	你从事的那种工作，经常在报刊、电视中被提到，因而在人们的心目中很有地位	A	B	C	D	E
50	你的工作有数量可观的夜班费、加班费、保健费或营养费等	A	B	C	D	E
51	你的工作比较轻松，精神上也不紧张	A	B	C	D	E
52	你的工作需要和影视、戏剧、音乐、美术、文学等艺术打交道	A	B	C	D	E

【职业价值观测评说明】

上面的52道题分别代表13项工作价值观。每圈一个A得5分、B得4分、C得3分、D得2分、E得1分。请你根据下面评价表中每一项前面的题号，计算一下每一项的得分总数，并把它填在每一项的得分栏上。然后在表格下面依次列出得分最高和最低的三项。

得分最高的三项是：1._____；2._____；3._____。

得分最低的三项是：1._____；2._____；3_____。

从得分最高和最低的三项中，可以大致看出你的价值倾向，在选择职业时就可以加以考虑了。

项目	价值观	所属项目	分数汇总	说明
1	利他主义	2，30，36，46		工作的目的和价值，在于直接为大众的幸福和利益尽一份力
2	审美主义	7，20，41，52		工作的目的和价值，在于能不断地追求美的东西，得到美感的享受
3	智力刺激	1，23，38，45		工作的目的和价值，在于不断进行智力的操作，动脑思考，学习以及探索新事物，解决新问题
4	成就动机	13，17，44，47		工作的目的和价值，在于不断创新，不断取得成就，不断得到领导与同事的赞扬，或不断实现自己想要做的事
5	自主独立	5，15，21，40		工作的目的和价值，在于能充分发挥自己的独立性和主动性，按自己的方式、步调或想法去做，不受他人的干扰
6	社会地位	6，28，32，49		工作的目的和价值，在于所从事的工作在人们的心目中有较高的社会地位，从而使自己得到了人的重视与尊敬
7	权力控制	14，24，37，48		工作的目的和价值，在于获得对他人或某事物的管理支配权，能指挥和调遣一定范围内的人或事物
8	经济报酬	3，22，39，50		工作的目的和价值，在于获得优厚的报酬，使自己有足够的财力去获得自己想要的东西，使生活过得较为富足
9	社会交往	11，18，26，34		工作的目的和价值，在于能和各种人交往，建立比较广泛的社会联系和关系，甚至能和知名人物结识
10	安全稳定	9，16，19，42		不管自己能力怎样，希望在工作中有一个安稳局面，不会因为奖金、长工资、调动工作或领导训斥等经常提心吊胆、心烦意乱
11	轻松舒适	12，25，35，51		希望能将工作作为一种消遣、休息或享受的形式，追求比较舒适、轻松、自由、优越的工作条件和环境
12	人际关系	8，27，33，43		希望一起工作的大多数同事和领导人品较好，相处在一起感到愉快、自然，认为这就是很有价值的事，是一种极大的满足
13	追求新意	4，10，29，31		希望工作的内容应该经常变换，使工作和生活显得丰富多彩，不单调枯燥

二、个人价值观澄清

每个人都有自己独特的价值观，而且不管喜欢与否，生活中重要他人的价值观也常常会对我们产生影响。重要的不是去评判这些价值的对错，而是去考量他们给自己的生活和职业发展带来的影响，并适时做出调整。同时也需要认识到：很少有工作能够完全满足一个人所有的重要价值观。因此，我们总是要不断地做出妥协和放弃。这是不可避免的，也是必要的。只有对自己的价值观进行澄清和排序，才能知道如何取舍。

下面我们要进行个人价值观澄清，请大家把以下 21 种个人价值，根据对你的重要程度进行排序。之后，相信你将对自己的个人价值观有深入的认识和了解，你也将明了自己究竟想要"什么"。（注：每个价值后面的句子是对该价值的解释，以便于你对该价值有更好的理解。）

成就——成功；通过决心、坚持和努力而达到的结果。对"成就"一词的定义是："获得成功的结果，达到预定的目标"。

审美——为了美而欣赏、享受美。

利他——关心别人，为别人的利益献身。

自主——能独立地做出决定的能力。

创造性——产生新思想及革命性的设计。

情绪健康——能够克制焦虑的情绪，有效阻止坏脾气的产生；思绪平静，内心感觉安全。

健康——生命存在的条件，没有疾病和痛苦，身体总体条件良好。

诚实——公正或正直的行为，忠诚、高尚的品质或行为。

正义——无偏见，公平、正直；遵从真理、事实和理性；公平地对待他人。

知识——为了满足好奇心、运用知识或满足求知欲而寻求真理、信息，或原则。

爱——建立在钦佩、仁慈基础上的感情。温暖的依恋、热情、献身；无私奉献，忠诚地接纳他人，谋求他人的益处。

忠诚——效忠于个人、团体、组织或党。

道德——相信并遵守道德标准。

身体外观——关心自己的容貌。

愉悦——是一种惬意的感觉，是伴随着对美好事物的期待和对伟大愿望的拥有而产生的。愉悦不在表面上的高兴，而更在于内心的满足和喜悦。

权力——拥有支配权、权威或对他人的影响。

认可——由于他们的反应而感到自己很重要、很有价值；得到特别的关注。

宗教信仰——与神的交流，服从神，代表神行动。

技能——乐于有效使用知识、完成工作的能力；具有专门技术。

财富——拥有大量的物质财富；富足。

智慧——具有洞察内在品质和关系的能力；洞察力，智慧、判断力。

价值观澄清的七个步骤：

对你所选择的一些价值观中的各项：

1. 你是否是自主地选择了这项价值（也就是说没有任何人和任何方面把它强加给你）？

解释 _____

2. 它是你从众多的价值观中挑选出来的吗？

解释 _____

3. 它是你在思考了所做选择的结果或后果后被挑选出来的吗？

解释 _____

它是一个让你如何珍视的价值观：

4. 你是否为你的选择的这一价值而感到骄傲（珍视、爱护）？

解释 _____

5. 你是否愿意公开地向其他人声明你的选择（也就是说，在别人面前公开地为它辩护）？

解释 _____

你能按照如下方式践行你的价值观吗？

6. 你是否能做一些与你选择的价值观有关的事情？

解释 _____

7. 你的行为模式是否能与你的价值观保持一致？

解释 _____

三、学生价值观分析案例

小王同学对个人价值观的探索很感兴趣，进行了价值观购买的操作。以下是他所填写的在价值观购买中的花费，见表2-21。

表2-21 小王同学在价值观购买中的花费表

项目	花费金额	价值观
8	20 000	自主
18	4000	公平
21	20 000	成就
23	4000	智慧
24	4000	诚实
25	4000	自主
28	8000	爱
33	16 000	知识

从表中我们可以看出，他在自主和成就两个价值观上，花费了最多的钱；知识次之。他在单个项目上花了最多钱的三个项目，见表2-22。

表2-22 小王同学单个项目上花了最多钱的三个项目

序号	项目号码	价值观
1	8	自主
2	21	自主
3	33	知识

从单个价值观来看，他在表 2-23 中所填的三种互相组合的项目上花了最多的钱。

表 2-23 小王同学花了最多钱的三种互相结合的项目

序号	价值观	花费金额
1	自主	24 000
2	成就	20 000
3	知识	16 000

小王同学通过进行价值观购买，对自己的价值观有了深入了解，并在此基础上初步确定了自己的择业方向，他打算继续坚定自己当初的梦想，希望毕业后回到家乡去，一方面为家乡的医疗卫生事业贡献自己的一点力量，另一方面也可以使自己所学到的知识更好更全面地应用于实际，同时自身在专业上也能取得更好的成就。课后，他还完成了"职业生涯规划档案"中价值观部分的其余内容。

相关解答

1. 我想做我自己喜欢的事，并且我坚信朝着自己的目标努力，我会不断前进。可是我的父母坚持认为我应该从事更有"钱"途的工作。我究竟选择向前走还是向"钱"走？

他人的价值观会对我们造成影响，之所以会这样，其实这同样是自己的一种选择。也就是说，面对他人的价值观，我们其实可以选择不同的态度和回应——我们可以抗拒、可以顺从、可以不予理睬、可以了解并判断它是否适合自己。那么对于父母的意见，我们为什么常常感到难以违抗却又不心甘情愿呢？其实，这背后隐藏着我们的另一项重要的价值观：就是想与父母有一个良好的关系，想要被他们认可和喜爱。如果认识到这一点，那我们就可以把这个困境看作是两种价值观之间的冲突：一方面，我们想要做自己喜欢的事情；另一方面，我们想得到父母的赞许。那么，你就可以考虑：如果我必须要在两者之间做出选择，哪一样对我更重要呢？事实上，妥协和放弃也是一种能力。现实生活中经常出现"鱼与熊掌不能兼得"的情况。如果父母的赞许对你而言更重要，那么起码在你按照他们的意愿生活的时候，你可以不必怨天尤人，而能够接受说"这是我的价值选择"。此外，我们还可以思考一下目标和手段的问题：得到父母的赞许，是否就一定意味着要听从他们的建议呢？与他们心平气和地沟通交流，是否也有可能帮助双方消除分歧，维护一个良好的关系呢？

2. 新学期开始了，大四毕业生们也到了求职的最后冲刺阶段，随着学校对基层就业观念的引导和大学生就业观念的不断理性化，不少毕业生将就业目标城市移向烟台、石家庄等二线城市，但与此同时，他们内心也非常矛盾：虽然二线城市就业机会多，人才容易脱颖而出，但二线城市的软硬件配套措施尚不完善，社会机遇也不同于一线中心城市，不利于自身价值的实现，这使得不少学生犹豫矛盾，不知道最终该做出什么样的选择。

大学毕业生在就业选择上的犹豫源于他们内心就业价值观的偏差。在某种程度上，大学生仍然没有转变传统的就业观念，依然保持过去的"精英"思想，不愿意到平凡岗位去"低就"，正是他们这种固守的就业观念造成了某种程度上的"就业难"。我国的高等教育已经从"精英教育"向"大众教育"转变，虽然大学生随着年龄和知识的增长，其自我意识、自我认知和自我评价能力也在不断增强，但是还不完全成熟。他们往往不能正视择业过程中的不合理现象，不能正确地评价自己的优势和不足。有的大学生只看到自身的长处，自以为是，趾高气扬，一直以为自己是社会精英，在择业过程中，期望值过高，不切实际地追求超出本身能力的职业岗位；有的学生对自己缺乏信心，不积极参与双向选择，而是听之任之。这些认识上的偏差，使得大学生在毕业求职中茫然不知所措。因此只有转变就业观念，对自己有正确的评价和认识，才能在择业过程中选择到更有利于自身发展的去向。

课后作业

1. 完成价值观句子完形评估练习，明确自己的价值观。
2. 完成《职业生涯规划档案》中的价值观部分。

相关链接

1. http：//www.beisen.careersky.org 中的职业价值观测评
2. 曲振国.大学生就业指导与职业生涯规划.北京：清华大学出版社，2008

第五节　自我探索操作技能训练

唯有找到自我，才能免于不幸。

——马休·亚诺特

操作与训练

小王同学是某医学院校药学专业毕业的学生，到医院药剂科参加工作刚刚一年。在近半年的时间里，她总是觉得倦怠，工作提不起精神。尤其是近两个月，她对工作没有一点热情，在生活中也觉得没有自己特别喜欢和感兴趣的事情。平时除了上班，很少与其他人交往。她一度怀疑自己有心理问题，本来计划去看心理医生，恰在这时，通过他人点拨，才知道了自己的问题不是心理问题，而是职业问题。

带着职业困惑，她接受了职业规划师的指导。在得到指导后，王同学对她自身有了以前从未有过的认识，也找到了自己职业困惑的根源。从王同学接受职业咨询的整个过程来看，解决职业困惑的关键，是职业规划师引导她进行了深入、全方位的自我探索，即对自己的职业兴趣、性格特点、职业价值观以及擅长的职业技能等进行了全面、系统的分析。通过自我探索，王同学真正明白了自己最需要什么、能做什么，对自己的职业进行了重新的认识，从而顺利地摆脱了职业迷茫，重新有了人生的目标和职业定位。

在现实生活中，有不少像王同学一样的人，他们饱受职业困惑的煎熬，但自己却没有能力、思路和方法解决职业困惑问题。在大学校园内，也有很多与王同学类似的学生，他们对自己将来的就业择业所知甚少，不知从何做起，如何准备。这些人有着共同的特点，就是不知道如何做才能真正地了解自己和认识自己。

怎样才能真正了解自己，认识自己，为择业就业做好充足准备，并摆脱职业困扰呢？

运用自我探索的技术和方法,从职业兴趣、性格特点、职业价值观以及职业技能等方面进行全方位的自我探索和分析,从而寻找解决职业生涯问题的线索,发现自己性格、兴趣、技能、价值观的结合点,寻找解决问题的途径。下面提供一些学生进行自我探索的技术和方法。

一、生命线

(一)训练目标

此训练的目的是让学生对自己的人生有所展望和安排,以增加人生的目的性和规划性,为创造理想人生打下基础。

(二)训练方法

请学生每人准备好一张洁白的纸,一支鲜艳的笔和一支暗淡的笔(比如一支红笔和一支黑笔),用字迹颜色区分心情。

(三)训练实施

将纸横放,从中部画一条长长的横线,加上个箭头在末端。在原点处标上 0,在箭头处标上你为自己预计的寿数。然后在白纸的顶端写上 ×××(你的名字)的生命线。这条线标示了你一生的时限,是你脚步的蓝图。

现在请根据你规划的生命长度,找到你目前所在的那个点,标出来。比如说你现在 18岁,就标出 18 岁的那个点。在这点的左边,代表着过去的岁月,右边,代表着未来。把过去对你有着重大影响的事件用笔标出来。比如你 7 岁上学了,就找到和 7 岁对应的位置,填写上学这件事。注意如果你觉得是快乐的事,你就用鲜艳的笔来写,并要写在生命线的上方,如果你觉得快乐非凡,你就把这件事的位置写得更高些。例如:17 岁高考失利……你痛苦非凡,就继续在生命线的相应下方很深的陷落处留下记载。依次操作,你就用不同颜色的笔和不同位置的高低,记录了你今天之前的生命历程。

然后我们来到未来,把你一生想干的事,都标出来,并尽量把时间注明。视它们带给你的快乐和期待的程度,标在不同的高度。当然,也请把一些可能遇到的困难——用黑笔把大方略勾勒出来。这样我们的生命线才称得上完整。

看看是线上面的事件多,还是线下面的事件多?如果大部分都在线以下的,是否可以考虑调整一下自己看世界的眼光?

当你把生命线画完后,请把注意力集中在此时此刻。以前的事已经发生过了,哪怕是再可怕的事,也已经过去。你不可能改变它,能够改变的是我们看待它的角度。一个人的成熟度,就在于这个人治愈自己创伤的程度。过去是重要的,但它再重要,也没有你此刻重要。

好好规划你的未来,让它合理而现实,然后根据限期去实现它。请好好保管你的蓝图,时常看看。生命线不是掌握在别人手里,它只有一个主人,就是你自己。无论你的生命线是长是短,每一笔都由你来涂画。

二、兴趣岛

(一)训练目标

通过简单易行的测试帮助学生探索自己的性格特质,了解个人性格特质与职业要求的性格特质相匹配对个人求职就业发展的重要性。

（二）训练方法

由老师带领全班同学共同进行测试，其间给予一定的指导和讲解。

（三）训练实施

在苍茫的大海上，我们是一群游客，由于轮船搁浅，我们必须上岛，对于未来是否有求救的船只过来，我们知道这种可能性是零，因此可能要一生待在这些岛屿上，那么你会选择在哪一个岛屿靠岸？

A 岛：美丽浪漫的岛屿，岛上充满了美术馆、音乐馆、弥漫着浓厚的艺术文化气息。同时，当地的原住居民还保留了传统的舞蹈、音乐与绘画，许多文艺界的朋友都喜欢来这里找寻灵感。

I 岛：深思冥想的岛屿，岛上人迹较少，建筑物多僻处一隅，平畴绿野，适合夜观星象。岛上有多处天文馆、博物馆，以及科学图书馆等。岛上居民喜好沉思、追求真知，喜欢和来自各地的哲学家、科学家、心理学家等交换心得。

C 岛：现代井然的岛屿，岛上建筑十分现代化，是进步的都市形态，以完善的户政管理、地政管理、金融管理见长。岛民个性冷静保守，处事有条不紊，善于组织规划。

R 岛：自然原始的岛屿，岛上保留有热带的原始植物林相、自然生态保育很好，也有相当规模的动物园、植物园、水族馆。岛上居民以手工见长，自己种植花果蔬菜、修缮房屋、打造器物、制作工具。

S 岛：温暖友善的岛屿，岛上居民个性温和、十分友善、乐于助人，社区均自成一个密切互动的服务网络，人们多互助合作，重视教育，弦歌不辍，充满人文气息。

E 岛：显赫富庶的岛屿，岛上的居民热情豪爽，善于企业经营和贸易。岛上的经济高度发展，处处是高级饭店、俱乐部、高尔夫球场。来往者多是企业家、经理人、政治家、律师等，衣香鬓影，夜夜笙歌。

你必须在 15 秒内回答以下问题：

1. 如果你必须在其中的一个岛上生活一辈子，成为这里岛民的一员．你第一会选择哪个岛？

2. 你第二会选择哪个岛？

3. 你第三会选择哪个岛？

4. 你打死都不愿意选择哪个岛？

选好之后，依次记下 4 个问题的答案。（注意：六个岛屿代表六种典型的职业生涯兴趣类型；第一题表示主要兴趣，第二、三题表示辅助兴趣。）

测试分析：

六个岛事实上分别代表了 6 六种霍兰德职业类型，它们的描述以及矛盾关系如下：A 岛——艺术型 VS C 岛——常规型；E 岛——企业型 VS I 岛——研究型；R 岛——实用型 VS S 岛——社会型。问题 1 的答案体现了你最显著的职业性格特征、最喜欢的活动类型以及最喜欢（很可能是最适合）的大致职业范围，反之，问题 4 的答案则是你最不喜欢的活动等。具体内容如下：

A 岛——艺术型（artistic）

总体特征：属于理想主义者，具有独创的思维方式和丰富的想象力，直觉强烈，感情丰富。

喜欢活动：喜欢创造和自我表达类型的活动，如音乐、美术、写作、戏剧。

喜欢职业：总体来讲，喜欢"非精细管理的创意"类和创造类的工作。如：音乐家、作曲家、乐队指挥、美术家、漫画家、作家、诗人、舞蹈家、演员、戏剧导演、广告设计师、室内装潢设计师。

C 岛——常规型（conventional）

总体特征：追求秩序感，自我抑制，顺从，防卫心理强，追求实际，回避创造性活动。

喜欢活动：喜欢固定的、有秩序的活动，如组织和处理数据等。愿意在一个大的机构中处于从属地位，并希望确切知道工作的要求和标准。

喜欢职业：总体来讲，喜欢有清楚的规范和要求的、按部就班、精打细算、追求效率的工作。如：税务专家、会计师、银行出纳、行政助理、秘书、档案文书、计算机操作员。

E 岛——企业型（enterprising）

总体特征：为人乐观，喜欢冒险，行事冲动，对自己充满自信，精力旺盛，喜好发表意见和见解。

喜欢活动：喜欢领导和影响别人，或为达到个人或组织的目的而说服别人，成就一番事业。

喜欢职业：总体来讲，喜欢那种需要运用领导能力、人际能力、说服能力来达成组织目标的职业。如：商业管理者、市场或销售经理、营销人员、采购员、投资商、电视制片人、保险代理、政治运动领袖、公关人员、律师。

I 岛——研究型（investigative）

总体特征：自主独立，好奇心强烈，敏感，并且慎重，重视分析与内省，爱好抽象推理等智力活动。

喜欢活动：喜欢独立的活动，比如独自去探索、研究、理解、思考那些需要严谨分析的抽象问题，独自处理一些信息、观点及理论。

喜欢职业：总体来讲，喜欢以观察、学习、探索、分析、评估或解决问题为主要内容的工作。如：实验室工作人员、物理学家、化学家、生物学家、工程师、程序设计员、社会学家。

R 岛——实用型（realistic）

总体特征：个性平和稳重，看重物质，追求实际效果，喜欢实际动手进行操作实践。

喜欢活动：愿意从事事务性活动，如户外劳作或操作机器，而不喜欢待在办公室里。

喜欢职业：总体来讲，喜欢与户外、动植物、实物、工具、机器打交道的工作内容。如：农业、林业、渔业、野外生活管理业、制造业、机械业、技术贸易业、特种工程师、军事工作。

S 岛——社会型（social）

总体特征：洞察力强，乐于助人，善于合作，重视友谊，热情关心他人的幸福，有强烈的社会责任感，总是关心自己的工作能对他人及社会做多大贡献。

喜欢活动：喜欢与别人合作的活动，帮助别人解决困难。

喜欢职业：总体来讲，喜欢帮助、支持、教导类工作．如：牧师、心理咨询员、社会工作者、教师、辅导员、医护人员、其他服务性行业人员。

为了更进一步分析，将问题1、2、3的答案依次排列，对照下面的表格，找出与自己的答案最接近的兴趣组合排列，即找到了可能会使自己真正感兴趣的职业。问题4的答案将作为排除某些组合时所用的参考标准。（表2-24）

表2-24 职业索引——职业兴趣代码与职业对照表

兴趣组合	职业名称	职业类别	领域	职位层级
ACI	图书馆管理员	管理员	教育	技术员工
AER	艺术指导	艺术指导	戏剧表演	艺术指导
	设计师（服装/平面/室内）	设计师	艺术设计	设计师
	平面设计师			
	室内设计师			
AES	广告经理	经理	市场营销	管理人员
	表演歌手	歌手	戏剧表演	歌手
	作曲家	艺术家		艺术家
	演员	演员		演员
	制片人	制片人		制片人
	导演	导演		高级技术员工
	广告文案	广告人员	市场营销	广告人员
	漫画家	艺术家	艺术设计	艺术家
AIE	新闻记者	记者	媒体	记者
AIS	技术性作家	作家	媒体	作家
ARE	陈列设计师	设计师	艺术设计	设计师
	专业摄影师	摄影师	戏剧表演	摄影师
	摄影师		媒体	
ARI	画家	艺术家	艺术设计	艺术家
	场景设计师	设计师	戏剧表演	设计师
	科学摄影师	摄影师	媒体	摄影师
ARS	产品设计师	设计师	艺术设计	设计师
	素描画家	艺术家		艺术家
ASE	广播电视播音员	播音员	媒体	播音员
	音乐指挥	艺术家	戏剧表演	艺术家
	编辑	编辑	媒体	编辑

续表

兴趣组合	职业名称	职业类别	领域	职位层级
ASI	艺术教师	大学教师	教育	教师
	语言教师			
	翻译	翻译	媒体	翻译
ASR	舞蹈演员	演员	戏剧表演	演员
CEI	预算分析师	顾问	财务	顾问
	审计师		咨询	
	精算师	精算师	保险	顾问
	会计	会计	财务	员工
CRE	仓库管理员	管理员	物流	员工
	机场控制中心主管	主管	交通运输	管理人员
CRI	工程测量人员	测量人员	建筑工程	技术人员
	建筑监理	监理		管理人员
CRS	邮递员	邮递员	邮电服务	员工
	电话总机接线员	接线员	行政后勤	
CSR	设备工程师	工程师	制造加工	技术人员
EAS	公关顾问	顾问	咨询	顾问
ECR	经理（物流/仓储）	经理	物流	管理人员
	生产经理		制造加工	
	HR主管（福利/培训/招聘）	经理	人力资源	
	旅游代理人	代理人	旅游休闲	代理人
	保险销售员	销售员	保险	销售人员
EIC	工业工程师	工程师	制造加工	技术员工
EIS	保险理赔人员	保险人员	保险	普通员工
ERC	生产线线长	主管	制造加工	基层管理人员
	建筑项目经理	经理	建筑工程	管理人员
	司机管理员	主管	交通运输	基层管理人员
	维修主管		客户服务	管理人员
ERI	销售工程师	工程师	市场营销	技术员工
ERS	教练	教练	体育	教练
	产品演示人员	销售员	市场营销	销售人员
	精密设备销售人员			
ESA	经纪人	经纪人	个人服务	经纪人

续表

兴趣组合	职业名称	职业类别	领域	职位层级
ESC	HR 经理	经理	人力资源	管理人员
	HR 主管（福利/培训/招聘）			
	旅游代理人	代理人	旅游休闲	代理人
	保险销售员	销售员	保险	销售人员
ESI	法官	法官	法律	法官
ESR	警察	警察	社会安全	警察
	医疗设备销售员	销售员	市场营销	销售人员
	零售人员			
	政府官员	官员	政府	管理人员
	首席执行官	执行官	管理运营	高层管理人员
	经理（销售/市场/客户服务）	经理	市场营销	管理人员
	经理（行政）		行政后勤	
	经理（财务）		财务	销售人员
	会务人员	会务人员	行政后勤	员工
	电话销售员	销售员	市场营销	销售人员
ICA	数学家	科学家	科学研究	科学家
ICE	HR 顾问	顾问	管理	顾问
	财务分析师		财务	
ICR	技术支持工程师	工程师	IT 技术/设计	技术员工
	统计学家	科学家	科学研究	科学家
	系统分析师	顾问	IT 技术/设计	顾问
	工业工程技术人员	技术员	制造加工	技术员工
	药剂师	医务人员	医疗	医务人员
IEC	管理顾问	顾问	咨询	顾问
	计算机安全工程师	工程师	IT 技术/设计	技术员工
IES	营养专家	顾问	服务	顾问
IRA	材料工程师	工程师	材料科学	高级技术员工
	生物工程师		生命科学	
IRC	计算机程序员	工程师	IT 技术/设计	技术员工
	IT 实施工程师			
	计算机安全专家	顾问		顾问
	化学工程师	工程师	能源/化工	技术员工
	电子工程师		电子电器	

续表

兴趣组合	职业名称	职业类别	领域	职位层级
IRE	网络工程师	工程师	IT 技术 / 设计	技术员工
IRS	外科医生	医生	医疗	高级医务人员
	牙医			
ISA	临床助理	医生助理	医疗	技术员工
	生命科学教师	大学教师	教育	教师
	保健教师	教师		
RAC	建筑制图员	技术人员	建筑工程	基层员工
	玻璃雕刻师	工艺员工	艺术设计	技术员工
	装订员	操作人员	印刷 / 包装	基层员工
RAI	建筑师	工程师	建筑工程	高级技术员工
	音响师	操作人员	媒体 / 娱乐	
RCE	制版员	操作人员	印刷包装	基层员工
	食品加工工人		食品	
	通讯设备安装人员	技术员	信息通讯	技术员工
	商业设备安装人员			

三、技能分类训练

（一）训练目标

1. 识别你在广义上可迁移技能的熟练程度。

2. 识别你在这些技能上的动机水平，即你对使用这些技能的兴趣。

3. 识别对你的职业发展和进步有用的技能。

4. 识别你想要在将来强调或者弱化的技能。

5. 去勾画一个建立在你的技能基础上的工作满意度的蓝图，看看还有什么因素是完成你的蓝图所需要进行的。

6. 把你通过技能分类学到的东西运用到你的职业方向中去。

（二）训练方法

技能分类是一个快速识别技能的途径。具体而言，把几十种技能按不同的栏目分类。分类是根据你对技能使用的熟练程度和喜爱程度两个维度进行的。熟练程度是根据你的经验和知识背景去判断的，喜爱程度则要根据你的直觉做出判断。

（三）训练实施

将下列 49 项技能进行分类，分别填入表 2-25。

表 2-25　技能分类表

	非常熟悉	可以胜任	不胜任
非常愿意使用			
比较愿意使用			
愿意使用			
最好不使用			
很不愿意使用			

团队合作——易于和他人合作完成任务

想象——对已有的材料进行新的组织，创造出新形象

推进——加速生产和服务，解决问题使流程顺畅

执行——根据制度或计划采取行动

直觉——运用洞察和远见的能力

概念化——从问题、现象中提炼出相关的观点

授权——将任务分配给他人，使他人拥有相当的自主权和行动权以利于高效工作

机械技能——装配、调试、修理和使用机械

决策——对重要、复杂的事件做决定

编辑、校对——组织、整理、审定书面材料，检查其中的词汇、句法使用和体裁是否正确，并改正以利出版

观察——按科学的方法细察数据、人或事所表现的现象和动向

预算——更经济、更有效使用金钱或其他资源的计划

销售——使客户确信个人、公司、产品或服务的价值，增加销售金额

谈判——为保障权利和利益，通过协商达到意见一致

发明——产生新观点，提出创新方案，获得新颖成果

质询——在交流中通过质疑和询问获得关注的信息

引导变革——施加影响改变现状，并运用决断力或领导力引导新的方向

应对模糊情景——能自知、有效地应对缺乏清晰性、结构性和确定性的问题

计算机技能——利用软件，如 Microsoft Word、Excel 和 PowerPoint 等，推进、完成任务和项目

计划、组织——确定项目目标、制订计划并推进

设计——对程序、产品或环境进行构建与创新

评价——对可行性或质量进行测量、评估和鉴定

适应变化——轻松且快速地适应工作任务与环境的变化

写作——撰写报告、信件、文章、广告、故事或教育资料

咨询——通过指导、建议或训练他人，促进其个人成长

临场发挥——在无准备的情况下有效地进行思考、演说或行动

督导——对他人的工作进行监督和指导

调停——管理冲突、和解分歧

持续记录——通过日志、流水账、比较或表格等方法保持信息的更新

处理数字——使用计算、推理、组织等方法解决数字、数量相关的问题

创意——通过思考、构想、遐想和头脑风暴的方法产生新的想法

教导、培训——对学生、员工或顾客进行说明、解释和指导

归类——对人、事或资料进行分组、归类或组织

归纳总结——整合概念和信息，形成系统的整体

监控——追踪和控制人或事的发展趋势

客户服务——有效解决顾客提出的问题、应对顾客投诉，最终使顾客满意

收集信息——通过书面、搜索引擎或互联网收集、组织信息和数据

制定战略——为成功达到目标制订有效的计划或长期战略

娱乐、表演——为他人进行演唱、舞蹈、演奏等表演或在大众面前阐述观点和演讲

绘画——素描、绘制插图和油画、拍摄照片等

指导——为新手提供教导、训练或咨询

估计——对价值或成本进行评定

多任务管理——协调多个并发任务，使之有效地被执行

事务管理——协调事件，做好后勤安排

公关——保持个人或团队间的良好联系

激励——使他人充满动力、积极投入，做好最佳表现

情绪管理——善于管理自己的情绪，如用倾诉的方法；同时善于倾听、接纳别人；可以控制愤怒，保持冷静，有适时地幽默感

时间管理——确定任务的优先顺序，做好安排，保证任务的及时完成

分析——用合乎逻辑的方法分析和解决问题

问题思考：

（1）浏览一下在"非常熟练"这一栏目里面，有哪些你比较强的领域显现出来了？

（2）看看在"可以胜任"这个栏目中，有哪些技能是你想要加强，以便能够进入理想职业中去的？

（3）看看被你列入"不胜任"这个栏目里面的技能，如果想要进入到理想职业领域中去，有没有需要提高的？

（4）在你熟练运用的技能和愿意使用的技能之间，有什么样的关系？

（5）至今为止，你的工作是否提供了机会让你去使用你最擅长，并且喜欢使用的技能？

（6）对你来说，在工作中你乐意使用的技能，有多重要？

（7）你对技能的感受对你的职业进步很重要。哪些是你愿意在将来的职业生涯中强调的技能？

（8）你对技能的感受对你的职业进步很重要。哪些技能是你在将来的职业生涯中试图弱化的？

（9）描述一份理想的工作：头衔是什么？和你喜欢的技能相关的任务是什么？根据你的直觉和兴趣回答。

（10）有哪些技能因素阻止了你实现理想中的工作？

（11）完成下面的句子：

我对自己新的了解是_____

然后，我准备做_____

四、生活方式拍卖场

（一）训练目标

此游戏帮助学生了解自己的价值观和它对职业选择的影响，让学生更了解自己的价值取向；别人的价值观对自己的影响；自己的价值观和兴趣是否配合。

（二）训练方法

1. 老师在此活动中扮演拍卖官，学生则作为参加者。在活动中，学生进入了一个虚拟世界，你们的梦想都可以用钱买回来。学生必须从拍卖表中选出你们自己想要的梦想，并在紧张刺激的拍卖过程中尽量争取你们希望买到的项目。

2. 每位学生可有 2000 元钱作为投标用，但你们不一定要全数用清。每个项目的底价是 100 元，每次叫价也是以 100 元为单位。

3. 学生首先在拍卖表上选出你们希望得到的项目，并定下投标价。总投标价预算不可多于 2000 元。拍卖开始后，可视情况用低于或高于你所定下的价钱竞投，但总开支一定不可以多于 2000 元。

4. 在拍卖的过程中，学生需记录自己及其他人的拍卖价，以便讨论时用。

5. 拍卖官（老师）在进行拍卖时，不需要依据拍卖项目的次序出售项目，最好是把拍卖项目随意拿出来拍卖，使学生不能预计各项目将于何时出现。

6. 若时间许可，可于每个项目卖出后，给学生数秒时间，让他们重新分配投标价钱。

7. 学生虽未能购入所有你们想得到的梦想，但你们最初设定的选择是反映你们价值观的一个重要指标。

8. 整个拍卖活动结束后，老师与学生讨论分享。

（三）训练实施

请在表 2-26 内填上你愿意为每个项目付出的最高价钱，你所投得的项目的价钱及其他项目的售价。

表 2-26　生活方式拍卖表

项目	建议的投标价 （自己）	实际的投标价 （自己）	成交价 （别人）
1. 500 000 元基金			
2. 富有挑战性的生命			
3. 365 天环游世界			
4. 从没有苦闷的一刻			
5. 长寿与健康			

续表

项目	建议的投标价（自己）	实际的投标价（自己）	成交价（别人）
6. 美酒佳肴任君选			
7. 健康体魄			
8. 理想职业			
9. 青春常驻			
10. 家佣服务			
11. 无忧信用卡			
12. 图书馆			
13. 运动比赛或节目入场券			
14. 私人岛屿			
15. 自由自在			
16. 理想住宅			
17. 事业有成			
18. 打理自己的生意			
19. 免费音乐会或话剧或电影			
20. 没有歧视的世界			
21. 大名鼎鼎			
22. 友谊万岁			
23. 艺术界的天之骄子			
24. 改善环境			
25. 学术成就			
26. 受重视的助人者			
27. 永恒的爱			
28. 自信心			
29. 完美的婚姻			
30. 健美的体型			
31. 模范父母			
32. 自知之明			
33. 改善别人的生活			

拍卖项目及其附注解释：

1. 500，000 元基金　你 23 岁生日时，将可得到一个价值 500，000 元的基金，你每年可提取基金的 7% 作为利息收入。

2. 富有挑战性的生命　你将会生活在大自然的环境，它给你的挑战，你都可以迎刃而解。你会感受到这种挑战的乐趣。

3. 365 天环游世界　你可在一年内环游世界，不用负担任何开支。你可选择任何你喜欢的地方，做自己想做的事。

4. 从没有苦闷的一刻　你将会是一个活力充沛的人，没有忧心苦闷的一刻。你身边的人都会羡慕你的活力。

5. 长寿与健康　你将没有疾病的烦恼，并可活到超过 100 岁。

6. 佳肴美酒任君选　你将可随时得到任何你想吃想喝的东西，并可与家人亲友一起享用。你也可以自由选择进餐的地点。

7. 健康体魄　你将会是一个自律地做运动的人，并且享受运动所带来的刺激和活力。

8. 理想职业　你将有一份梦寐以求的职业。你可设定工作的性质、薪金、晋升机会、跟什么人共事和工作地点等。

9. 青春常驻　你可选择任何一个岁数，并停留在那个年龄。

10. 家佣服务　你将享有一生的家佣服务，包括洗熨、做饭、家居清洁等。

11. 无忧信用卡　你将拥有一张终身、没有签账期限的信用卡。你可在任何百货公司、商店购买你喜欢的东西，所有开支都有人为你付清，但你买的东西只可自用或是给家人用，不能转让给别人。

12. 图书馆　你将拥有你想选取的任何书籍，并可随时加添。

13. 运动比赛或节目入场券　你和一个朋友可随意选择观看任何运动比赛或节目。

14. 私人岛屿　你将可以独自拥有一个世外桃源式的小岛，岛上备有一切生活所需。

15. 自由自在　你可随时随地做自己喜欢的事，不受任何打扰。

16. 理想住宅　你将拥有一个专人特别为你及家人而设计的豪宅，该豪宅坐落的地点也由你选择。

17. 事业有成　你将具备各种优秀的条件，令你事业有成。

18. 打理自己的生意　你将会接收一个差劲但仍有商机的生意，你将作出勇敢果断的决定，使生意逆转过来，有利可图。

19. 免费音乐会或话剧或电影　你将终身拥有免费观赏音乐会或话剧或电影的权利。

20. 没有歧视的世界　你将举办一项活动，这活动可使世界不再存有歧视。

21. 大名鼎鼎　你将会被公认为一个有成就的人，并会被后世所景仰。

22. 友谊万岁　你将会有一小撮很忠实及亲密的朋友，你们可以坦诚相对，并彼此珍惜这份友谊。

23. 艺术界的天之骄子　你将拥有至高的艺术天分，艺术界都给予你至高的推崇。

24. 改善环境　你将参与一个青年活动，致力改善地球的环境。

25. 学术成就　你将会因在校内有出众的学术表现而获至高荣誉，并可有一笔奖学金。

26. 受重视的助人者　你将有能力、资源及影响力去帮助别人，你极为受人爱戴和钦佩。

27. 永恒的爱　你和你的伴侣将拥有永恒的爱，你们的互信与爱使双方都感到生命的真谛。

28. 自信心　你将会在年轻时已可感受到自我实现的感觉，并可通过持续的学习和发展继续成长。

29. 完美的婚姻　你将拥有完美和谐的婚姻生活。

30. 健美的体型　你将拥有美丽的体型，永远没有肥胖的烦恼，也不用担心要以做运动来保持身形。

31. 模范父母　作为一个父亲或者母亲，你完全明白孩子的需要，他们乐于和你讨论他们的问题和困难。你的孩子都健康、快乐，与你享受很美好的时光。

32. 自知之明　你将非常了解自己的感觉和感受，这能力也可帮助你更了解你身边的人。

33. 改善别人的生活　你将有能力及机会去改善不及你幸运的人的生活质素。

讨论时使用：

1. 500，000 元基金——财富；

2. 富有挑战性的生命——冒险、挑战；

3. 365 天环游世界——自由、悠闲；

4. 从没有苦闷的一刻——有活力的生命；

5. 长寿与健康——健康、长寿；

6. 佳肴美酒任君选——奢华的生活；

7. 健康体魄——健康；

8. 理想职业——事业满足感；

9. 青春常驻——青春；

10. 家佣服务——舒适的生活；

11. 无忧信用卡——财富；

12. 图书馆——知识、智慧；

13. 运动比赛或节目入场券——运动；

14. 私人岛屿——财富、奢华的生活；

15. 自由自在——自由；

16. 理想住宅——财富、奢华的生活；

17. 事业有成——事业满足感；

18. 打理自己的生意——事业成就感、冒险；

19. 免费音乐会或话剧或电影——艺术；

20. 没有歧视的世界——社会使命感；

21. 大名鼎鼎——名气；

22. 友谊万岁——友谊；

23. 艺术界的天之骄子——艺术成就；

24. 改善环境——关心环境；

25. 学术成就——学术成就；

26. 受重视的助人者——社会使命感、帮助别人；

27. 永恒的爱——亲密关系；

28. 自信心——成功感；

29. 完美的婚姻——家庭；

30. 健美的体型——外表；

31. 模范父母——家庭；

32. 自知之明——内心世界；

33. 改善别人的生活——帮助别人。

五、职业锚测评

锚，是使船只停泊定位用的铁质器具。职业锚（career anchor）又称职业系留点。职业锚，就是人们选择和发展自己的职业时所围绕的中心，是指当一个人不得不做出选择的时候，他无论如何都不会放弃的职业中的那种至关重要的东西或价值观。这个至关重要的东西涵盖兴趣、职业倾向、价值观、志向等，是一个非常抽象的概念，可以理解为在一个人人生发展、生涯发展过程中渐渐发现的自己非常看重的无法割舍的那个东西。职业锚的概念是由美国施恩教授提出，并在 20 世纪 90 年代将职业锚确定为八种类型：①技术／职能型；②管理型；③自主／独立型；④安全／稳定型；⑤创业型；⑥服务型；⑦挑战型；⑧生活型。在全球职业生涯规划的实施中，职业锚测评系统占据着非常重要的战略地位。

职业锚测评的具体操作：

下面给出了 40 个问题，根据你的实际情况，从"1~6"中选择一个数字，数字越大，表示这种描述越符合你的情况。例如，"我梦想成为公司的总裁"，你可做出如下选择：

选"1"代表这种描述完全不符合你的想法；

选"2"或选"3"代表你偶尔（或者有时）这么想；

选"4"或选"5"代表你经常（或者频繁）这么想；

选"6"代表这种描述完全符合你的日常想法。

确定最符合你自身情况的选项

1. 从不　　2. 偶尔　　3. 有时　　4. 经常　　5. 频繁　　6. 总是

1. 我希望做我擅长的工作，这样我的内行建议可以不断被采纳。

2. 当我整合并管理其他人的工作时，我非常有成就感。

3. 我希望我的工作能让我用自己的方式，按自己的计划去开展。

4. 对我而言，安定与稳定比自由和自主更重要。

5. 我一直在寻找可以让我创立自己事业（公司）的创意点子。

6. 我认为只有对社会做出真正贡献的职业才算是成功的职业。

7. 在工作中，我希望去解决那些有挑战性的问题，并且胜出。

8. 我宁愿离开公司，也不愿从事需要个人和家庭做出一定牺牲的工作。

9. 将我的技术和专业水平发展到一个更具有竞争力的层次是成功职业的必要条件。

10. 我希望能够管理一个大公司（组织），我的决策将会影响许多人。

11. 如果职业允许自由地决定自己的工作内容、计划、过程时，我会非常满意。

12. 如果工作的结果使我丧失了自己在组织中的安全稳定感，我宁愿离开这个工作岗位。

13. 对我而言，创办自己的公司比在其他的公司中争取一个高的管理位置更有意义。

14. 我的职业满足来自于我可以用自己的才能去为他人提供服务。

15. 我认为职业的成就感来自于克服自己面临的非常有挑战性的困难。

16. 我希望我的职业能够兼顾个人，家庭和工作的需要。

17. 对我而言，在我喜欢的专业领域内作资深专家比总经理更具有吸引力。

18. 只有在我成为公司的总经理后，我才认为我的职业人生是成功的。

19. 成功的职业应该允许我有完全的自主与自由。

20. 我愿意在能给我安全感、稳定感的公司中工作。

21. 当通过自己的努力或想法完成工作时，我的工作成就感最强。

22. 对我而言，利用自己的才能使这个世界变得更适合生活或居住，比争取一个高的管理职位更重要。

23. 当我解决了看上去不可能解决的问题，或者在必输无疑的竞赛中胜出，我会非常有成就感。

24. 我认为只有很好地平衡了个人、家庭、职业三者的关系，生活才能算是成功的。

25. 我宁愿离开公司，也不愿频繁接受那些不属于我专业领域的工作。

26. 对我而言，作一个全面管理者比在我喜欢的专业领域内作资深专家更有吸引力。

27. 对我而言，用我自己的方式不受约束地完成工作，比安全、稳定更加重要。

28. 只有当我的收入和工作有保障时，我才会对工作感到满意。

29. 在我职业生涯中，如果我能成功地创造或实现完全属于自己的产品或点子，我会感到非常成功。

30. 我希望从事对人类和社会真正有贡献的工作。

31. 我希望工作中有很多机会，可以不断挑战我解决问题的能力（或竞争力）。

32. 能很好地平衡个人生活与工作，比达到一个管理职位更重要。

33. 如果在工作中能经常用到我特别的技巧和才能，我会感到特别满意。

34. 我宁愿离开公司，也不愿意接受让我离开全面管理的工作。

35. 我宁愿离开公司，不愿意接受约束我自由和自主控制权的工作。

36. 我希望有一份让我有安全感和稳定感的工作。

37. 我梦想着创造属于自己的事业。

38. 如果工作限制了我为他人提供帮助和服务，我宁愿离开公司。

39. 去解决那些几乎无法解决的难题，比获得一个高的管理职位更有意义。

40. 我一直在寻找一份能最小化个人和家庭之间冲突的工作。

计分方法：

将每一题的分数填入下面的空白表格（表 2-27）中，然后按照"列"进行分数累加得到一个总分，将每列总分除以五得到每列的平均分，填入表格。记住：在计算平均分和总分前，不要忘记将最符合你日常想法的三项，额外加上四分。

表 2-27　计分表

类型	TF	GM	AU	SE	EC	SV	CH	LS
加分项	1.	2.	3.	4.	5.	6.	7.	8.
	9.	10.	11.	12.	13.	14.	15.	16.
	17.	18.	19.	20.	21.	22.	23.	24.
	25.	26.	27.	28.	29.	30.	31.	32.
	33.	34.	35.	36.	37.	38.	39.	40.
总分								
平均分								

职业锚类型的解析：

TF 型：技术 / 职能型职业锚（technical/functional）

如果你的职业锚是技术 / 职能型，你始终不肯放弃的是在专业领域中展示自己的技能，并不断把自己的技术发展到更高层次的机会。你希望通过施展自己的技能以获取别人认可，并乐于接受来自于专业领域的挑战，你可能愿意成为技术 / 职能领域的管理者，但管理本身不能给你带来乐趣，你极力避免全面管理的职位，因为这意味着你可能会脱离自己擅长的专业领域。

GM 型：管理型职业锚（general/managerial）

如果你的职业锚是管理型，你始终不肯放弃的是升迁到组织中更高的管理职位，这样你能够整合其他人的工作，并对组织中某项工作的绩效承担责任。你希望为最终的结果承担责任，并把组织的成功看作是自己的工作。如果你目前在技术 / 职能部门工作，你会将此看成积累经验的必需过程，你的目标是尽快得到一个全面管理的职位，因为你对技术 / 职能部门的管理不感兴趣。

AU 型：自主 / 独立型职业锚（autonomy/independence）

如果你的职业锚是自主 / 独立型的，你始终不肯放弃的是按照自己的方式工作和生活，你希望留存在能够提供足够的灵活性，并由自己来决定何时及如何工作的组织中。如果你无法忍受任何程度上的公司的约束，就会去寻找一些有足够自由的职业，如教育、咨询等。你宁可放弃升职加薪的机会，也不愿意丧失自己的独立自主性。为了能有最大程度的自主和独立，你可能创立自己的公司，但你的创业动机是与后面叙述的创业家的动机是不同的。

SE 型：安全 / 稳定型（security/stability）

如果你的职业锚是安全 / 稳定型的，你始终不肯放弃的是稳定的或终身雇佣的职位。你希望有成功的感觉，这样你才可以放松下来。你关注财务安全（如养老金和退休金方案）和就业安全。你对组织忠诚，对雇主言听计从，希望以此换取终身雇佣的承诺。虽然你可以到达更高的职位，但你对工作的内容和在组织内的等级地位并不关心。任何人（包括自主 / 独立型）都有安全和稳定的需要，在财务负担加重或面临退休时，这种需要会更加明显。安全 / 稳定型职业锚的人总是关注安全和稳定问题，并把自我认知建立在如何管理安全与稳定上。

EC 型：创造 / 创业职业锚（entrepreneurial/creativity）

如果你的职业锚是创造 / 创业型的，你始终不肯放弃的是凭借自己的能力和冒险愿望，扫除障碍，创立属于自己的公司或组织。你希望向世界证明你有能力创建一家企业，现在你可能在某一组织中为别人工作，但同时你会学习并评估未来的机会，一旦你认为时机成熟，就会尽快开始自己的创业历程。你希望自己的企业有非常高的现金收入，以证明你的能力。

SV 型：服务型职业锚（service）

如果你的职业锚是服务型的，你始终不肯放弃的是做一些有价值的事情，比如：让世界更适合人类居住、解决环境问题、增进人与人之间的和谐、帮助他人、增强人们的安全感、用新产品治疗疾病等。你宁愿离开原来的组织，也不会放弃对这些工作机会的追求。同样，你也会拒绝任何使你离开这些工作的调动和升迁。

CH 型：挑战型职业锚（challenge）

如果你的职业锚是挑战型的，你始终不肯放弃的是去解决看上去无法解决的问题、战胜强硬的对手或克服面临的困难。对你而言，职业的意义在于允许你战胜不可能的事情。有的人在需要高智商的职业中发现这种纯粹的挑战，例如仅仅对高难度、不可能实现的设计感兴趣的工程师。有些人发现处理多层次的、复杂的情况是一种挑战，例如战略咨询师仅对面临破产、资源消耗尽的客户感兴趣。还有一些人将人际竞争看成是挑战，例如职业运动员，或将销售定义为非赢即输的销售人员。新奇、多变和困难是挑战的决定因素，如果一件事情非常容易，它马上会变得令人厌倦。

LS 型：生活型职业锚（life）

如果你的职业锚是生活型的，你始终不肯放弃的是平衡并整合个人的、家庭的和职业的需要。你希望生活中的各个部分能够协调统一向前发展，因此你希望职业有足够的弹性允许你来实现这种整合。你可能不得不放弃职业中的某些方面（例如晋升带来跨地区调动，可能打乱你的生活）。你与众不同的地方在于过自己的生活，包括居住在什么地方、如何处理家庭事务及在某一组织内如何发挥自己。

实践指导

小李是某医学院校护理专业大学一年级学生，她除了每天上课之外，经常去图书馆、在宿舍上网、参加社团、班级举行的活动。她认为学校环境不错，但觉得不是她想象的大学氛围。对于自己的职业生涯规划不明确，不知道自己未来的职业目标该怎样确定。

首先对她进行兴趣岛测试，结果是 SIA。查询霍兰德职业索引——职业兴趣代码与其相应的职业对照表，对应的职业有：社会学家、心理咨询、学校心理学家、政治科学家、大学或学院的系主任、大学或学院的教育学教师、大学农业教师、大学工程和建筑课程的教师、大学数学、医学、物理、社会科学和生命科学的教师、研究生助教、成人教育教师。她看了这些职业后，明确表示不喜欢理科这个领域的工作。她比较喜欢的职业有心理咨询师、学校心理学家，法律。

其次对小李同学的职业技能利用了分类卡进行测试，结果见表 2-28。

表 2-28 职业技能的测试结果

	非常熟悉	可以胜任	不胜任
非常愿意使用	观察、咨询、书面信息获取	团队合作、激励、分析	娱乐、表演
比较愿意使用	指导、教导、培训、授权、持续记录	临场发挥、想象、督导、时间管理、评价、归纳总结、归类	谈判、销售、估价、测评、公关
愿意使用	在线收集信息、直觉、情绪处理、客户服务、计划、组织	核对、编辑、写作、执行、推进、决策、多任务管理、调停、事务管理	概念化、创意、设计
最好不使用	质询	适应变化、引导变革	计算机技能、发明、应对模糊情景、绘画
很不愿意使用		监控	机械使用、处理数字、预算

　　由于小李是大学一年级学生，专业技能还无法得知，因此着重看看她的可迁移技能。从这个工作单中，我们可以清晰地看到李同学非常愿意使用且非常熟悉的技能是观察、咨询、书面信息获取。从这点看，小李同学想从事心理咨询行业还是有一定的优势的，只是还需要加强心理咨询专业技能，如攻读心理咨询专业硕士，甚至是博士。这是小李同学的优势，那她的弱势是什么呢？我们可以看到最好不使用且不胜任的技能有计算机技能。因为进行心理咨询，一定要利用计算机进行工作，如心理量表的使用，很多是咨询者在网上进行测试。还有心理咨询师还要利用计算机进行量表的编写工作，这些工作都离不开计算机的使用。因此李同学要想从事心理咨询工作必须加强计算机技能的学习。

　　接下来考察了小李同学的职业价值观，结果见表 2-29。

表 2-29 职业价值观的测试结果

总是重视	常常重视	有时重视	很少重视	从不重视
友谊	个人成长	知识性	有趣幽默	多样性
帮助他人	工作生活平衡性	实用性	归属感	专业地位
精神信仰	交际	有益社会	艺术创造性	督导
家庭	团队	时间自由	创造性	身体挑战
认可	人身安全	保障	创造性表达	刺激性
合作	独立工作	工作的精神性	快速学习	冒险
诚实和正直	发挥专长	身份	前沿领域工作	
	影响他人	权力	快节奏	
	社交	利润获得	环保	
	独立性	高收入	竞争	
		稳定居所	结构或可预见性	
		稳定性	审美	

续表

总是重视	常常重视	有时重视	很少重视	从不重视
		决策	传统	
		工作节奏平缓		
		挑战难题		
		压力下工作		

从小李同学的"总是重视"栏中可以看到，友谊、帮助他人、精神信仰、家庭、认可、合作、诚实和正直。

从前面的测试分析，我们得出了关于小李同学职业可选方向，一是从事心理健康咨询；二是从事小学英文教师。

通过对探索自我的实际操作，小李同学确立了自己的职业目标，并为之制订了具体的职业生涯规划。

相关链接

1. http：//www.jobtest.com.cn 大学生就业测评网
2. 洪向阳 .10 天谋出好前途——职业规划实操手册 . 上海：上海大学出版社，2014

第三章

认识医学职业世界

第一节 医学职业世界的宏观现状

规划职业生涯并非在真空中进行，每个人的兴趣、性格、能力、生活背景都会影响生涯的决策过程和结果，而不同的职业世界也会对生涯的规划起到很大的影响。因此，在本章中通过对产业、行业、专业的学习，帮助学生了解医学职业世界的现状，同时带领大家通过具体的职业探索方法，来完成自我定位、职业环境认识、职业探索等生涯教学内容的活动设计。

迷 惘 与 疑 惑

小杨同学从小在电影电视剧中知道医生这个职业救死扶伤，帮助有困难的人，就非常地佩服和欣赏。于是他在报考大学的时候，选择的都是医学院校临床医学专业。但是事与愿违，由于自己的分数最终被调剂到了公共事业管理专业。小杨对公共事业管理专业不是很了解，也不清楚这个专业毕业之后究竟能够做什么，非常苦恼。就想能不能回高中复读，但是一想到自己的家庭经济条件以及自己高三复习时的煎熬，就退缩了。他看着手中的大学录取通知书，在去不去大学报到之间感到十分焦虑。

理 论 解 析

一、医疗卫生行业概述

根据《国民经济行业分类》（GB/T 4754—2011），我国的产业划分是：第一产业是指农、林、牧、渔业（不含农、林、牧、渔服务业）。第二产业是指采矿业（不含开采辅助活动），制造业（不含金属制品、机械和设备修理业），电力、热力、燃气及水生产和供应业，建筑业。第三产业即服务业，是指除第一产业、第二产业以外的其他行业。其中医疗卫生行业在第三产业中属于提高科学文化水平和居民素质服务这一门类。

中国的医疗卫生行业中包含医疗机构和公共卫生机构。医疗机构，是指依法定程序设立的从事疾病诊断、治疗活动的卫生机构的总称。公共卫生机构指一切能够促进健康，预防疾病，保护健康的机构。包括各级卫生行政机构、疾病控制机构，卫生监督机构、慢性病防治机构、公共卫生研究机构等。这两大机构是医学生专业对口就业的重要组成部分。

根据国家原卫计委网站2017年12月29日对外发布的数据显示：截至2017年10月底，全国医疗卫生机构数达98.9万个。与2016年10月底比较，全国医疗卫生机构减少1151个，其中：医院增加1387个，基层医疗卫生机构增加4964个，专业公共卫生机构减少7178个。截至2017年10月底，医院3.0万个，其中：公立医院12200个，民营医院17771个。与2016年10月底比较，公立医院减少586个，民营医院增加1973个。基层医疗卫生机构93.4万个，其中：社区卫生服务中心（站）3.4万个，乡镇卫生院3.7万个，村卫生室63.7万个，诊所（医务室）21.0万个。与2016年10月底比较，诊所增加，社区卫生服务中心（站）、乡镇卫生院和村卫生室减少。专业公共卫生机构2.3万个，其中：疾病预防控制中心3485个，卫生监督所（中心）3134个。与2016年10月底比较，疾病预防控制中心与上期持平，卫生监督所（中心）减少2个。计划生育技术服务机构1.1万个，比去年同期减少7187个。其他机构0.3万个。

从公布的数据来看，目前我国的医疗卫生行业的医疗资源分配不均匀，虽然现有的医疗卫生机构是98.9万个，但是医院仅有3.0万个，比例不足3%。近几年来，医学本、专科层次毕业生的就业形势发生了很大变化，医学本、专科层次毕业生想专业对口直接在医院就业的难度日趋加大。医学生整体就业也由过去的"精英就业"转变为"大众化就业"。医学毕业生的总量明显增加，加剧了就业竞争，再加上卫生改革使一些医疗机构受区域卫生规划的影响被撤并，受市场竞争的影响使一些医疗机构在竞争中处于劣势，遭到淘汰。因此，各级医院的发展重点不再是扩大规模而是走内涵发展的道路，靠提高质量，增进效益来促发展，对人才的要求主要以急需的专业人才为主，大量接收应届本、专科毕业生的状况将不存在。

大型医院目前需要硕士、博士的现象已是全国皆然，本科生多为麻醉、影像、检验等专业部分接收，其他学历的除非是特别优秀的，否则不予考虑。以后，学历低、水平差的医生，都将从医疗岗位上淘汰下去。在某市连续几场大规模招聘会上，部级、市级三甲医院均有用人需求，但招聘入门条件均是要求硕士以上学历。在一些校园招聘会中，很多部级、市级医院除了要求高学历外，仅向"护理"等专业的专科生抛出绣球。所以，医学生在医院寻求专业对口岗位呈现相对困难的趋势是一个不争的事实。

医学生就业困难的原因也在于医学类毕业生就业意向太窄，主要面向医疗单位的临床岗位，医学生对专业相关的非临床岗位不容易接受。尽管工作难找或有其他就业机会，比普通四年制本科专业学制长一年的医学毕业生大多数不愿意放弃临床岗位。

事实上我国人口基数大，目前国家老年人口比例逐年上升，标志着患病人口的数量会逐年增多，意味着未来的医疗健康产业的需求量将会增大。2016年底我国居民医疗保健平均支出为1165元，占人均消费总支出的7%，人们对健康越来越重视，所以我国医疗卫生行业的未来发展前景还是乐观的。因此，医学院校面对着用人单位提出的人才需求以及我国医疗资源的不均匀的现状，要加强医学生的就业指导，鼓励医学毕业生到西部和基层就业；引导医学毕业生到部队医院、县级医院、城市社区医疗服务机构和非公有制医院（如民营医院）就业；鼓励医学毕业生依据自身的兴趣和能力到医疗健康产业中与医疗行业相关的如保健康复、健康讲师、产品专员、医药媒体、咨询服务、药品推广、器械营销、新药研发、寿险顾问等非临床岗位就业。学校要广泛建立与这类企业的联系，为学生更充分地就业构筑平台、提供便利。

二、医疗卫生以及相关机构

（一）医疗卫生机构

医疗机构是依法成立的卫生机构，由一系列开展疾病诊断、治疗活动的卫生机构构成。医院、卫生院是我国医疗机构的主要形式，此外，还有疗养院、门诊部、诊所、卫生所（室）以及急救中心等，共同构成了我国的医疗卫生机构。

1. 医院 以向人提供医疗护理服务为主要目的的医疗机构。其服务对象不仅包括患者和伤员，也包括处于特定生理状态的健康人（如孕妇、产妇、新生儿）以及完全健康的人（如来医院进行体格检查或口腔清洁的人）。根据医院的功能、规模以及提供的服务不同可以分为综合医院、中医医院、中西医结合医院、专科医院等。专科医院是指治疗特定疾病或伤害的医院。按不同疾病或伤害，可分为妇产科医院、男科医院、肛肠科医院、耳鼻喉科医院、皮肤科医院、精神病院、肿瘤医院、传染病医院、儿童医院、康复医院等。

国家根据医院功能、设施、技术力量等对医院资质评定指标为医院划分等级，目前确定为三级。

一级医院（病床数在 100 张以内，包括 100 张）是直接为社区提供医疗、预防、康复、保健综合服务的基层医院，是初级卫生保健机构（乡镇级）。其主要功能是直接对人群提供一级预防，在社区管理多发病、常见病、现症病病人并对疑难重症做好正确转诊，协助高层次医院做好中间或院后服务，合理分流病人。

二级医院（病床数在 101 张—500 张之间）是跨几个社区提供医疗卫生服务的地区性医院，是地区性医疗预防的技术中心（县级）。其主要功能是参与指导对高危人群的监测，接受一级转诊，对一级医院进行业务技术指导，并能进行一定程度的教学和科研。

三级医院（病床数在 501 张以上）是跨地区、省、市以及向全国范围提供医疗卫生服务的医院，是具有全面医疗、教学、科研能力的医疗预防技术中心（省市级）。其主要功能是提供专科（包括特殊专科）的医疗服务，解决危重疑难病症，接受二级转诊，对下级医院进行业务技术指导和培训人才；完成培养各种高级医疗专业人才的教学和承担省以上科研项目的任务；参与和指导一、二级预防工作。

2. 妇幼保健院 是医疗和保健相结合的单位，一般分为省级、市级、地市级以及县级等妇幼保健院，主要承担着全省、全市、全县妇幼卫生保健工作和对下一级单位的业务指导和培训工作。一般设有保健部和临床部。保健部一般下设妇保科、儿保科、口腔科、婚检科、健康教育、计划免疫等。临床部一般下设妇科、产科、计划生育、新生儿科等。

3. 社区卫生服务中心（站） 社区卫生服务中心（站）是在政府领导、社区参与、上级卫生机构指导下，以基层卫生机构为主体，全科医师为骨干，合理使用社区资源和适宜技术，以人的健康为中心、家庭为单位、社区为范围、需求为导向，以妇女、儿童、老年人、慢性病人、残疾人等为重点，以解决社区主要卫生问题、满足基本卫生服务需求为目的，融预防、医疗、保健、康复、健康教育等为一体的，有效、经济、方便、综合、连续的基层卫生服务。负责收集社区卫生信息，针对社区主要健康问题实施健康咨询、健康教育以及社区卫生诊断，负责辖区计划免疫管理和免疫接种工作，按照法定传染病登记报告制度，做好疫情登记、报告工作，开展传染病、地方病、寄生虫病的社区防治，了解社区妇女的健康状况，开展妇女、儿童卫生保健服务而设立的非营利性基层医疗卫生服务机构，实行以健康为中心、家庭为单位、社区为半径、需求为导向的服务宗旨。

4. 卫生院　是我国基层的医疗卫生机构之一，根据区域分布分为中心卫生院、乡（镇）卫生院、街道卫生院；其任务是负责所在地区内医疗卫生工作，组织领导群众卫生运动，培训卫生技术人员。并对基层卫生医疗机构进行业务指导和会诊工作。是农村三级医疗网点的重要环节，担负着医疗防疫和保健的重要任务，是直接解决农村看病难、看病贵的重要一关。

5. 疗养院　疗养院是运用疗养因子为基础的，在规定的生活制度下专门为增强体质、疾病疗养、康复疗养和健康疗养而设立在疗养地区的医疗机构。我国的疗养院可以分为综合性疗养院和专科疗养院两大类，综合性疗养院主要包括职工疗养院、部队疗养院、特勤疗养院等。专科疗养院主要指政府或者大型厂矿企业单位创办的职业病疗养院、结核病疗养院等。

6. 门诊部　是以社区居民的医疗需要为导向，根据居民的一般病情有代表性的特殊病况采取具有较强针对性的医师、医技和药物准备，开展一般常见病、多发病的诊疗以及诊断明确的慢性病的实施与治疗。同时开展社区居民的身体健康调查、协助社区管理部门有计划地实施健康保健促进工作。根据服务项目和专业特点分为综合门诊部、专科门诊部、中医门诊部、中西医结合门诊部、民族医门诊部等。

7. 诊所、卫生所、医务室　是最基层的医疗机构，分布最广，面向群众，是我国医疗机构中数量最大的部分，通常能够进行内科、外科、妇科、儿科常见病的诊治和简单的外科疾病治疗。目前国家私营诊所占全国诊所比例为90%以上，也是医学生未来创业的有力平台之一。

8. 急救中心　是向100万人口以上区域提供高水平院前、院内急救服务的医疗机构，并承担相应的高等医学院校教学和科研任务，是国家高层次的医疗机构；是省内或全国急救医疗、教学、科研相结合的技术中心。21世纪现代急救医学中心已发展为集治疗抢救、医疗转诊、技术指导，融合急诊、急救与重症监护等功能于一身的大型急救医疗技术中心和急救医学科学研究中心，可以对急、危、重病人实行一站式无中转急救医疗服务，被喻为现代医学的标志和人类生命健康的守护神。

9. 临床检验中心　是负责所在区域临床检验质量管理、业务技术指导、输血质量管理和控制、检验医学研究和继续医学教育的科研性质单位。例如地处北京的国家临床检验中心承担国家卫生健康委员会委托的全国临床检验质量管理与控制工作，运行全国临床检验室间质量评价计划，建立、应用临床检验参考系统，开展相关科学研究。通过构建、完善和实施临床检验质量管理与控制体系，持续改进临床检验质量，保障医疗卫生工作有效开展。

（二）公共卫生机构

1. 卫生行政机构　我国的卫生行政机构按照行政区域设立。国家级卫生行政机构随着国家的发展以及其工作职责的变化，几经更名，2018年3月13日，十三届全国人大一次会议审议国务院机构改革方案，组建国家卫生健康委员会，不再保留国家卫生和计划生育委员会。

国家卫生健康委员会主要的工作职责是：

（1）负责起草卫生和计划生育、中医药事业发展的法律法规草案，拟订政策规划，制定部门规章、标准和技术规范。负责协调推进医药卫生体制改革和医疗保障，统筹规划卫生和计划生育服务资源配置，指导区域卫生和计划生育规划的编制和实施。

（2）负责制定疾病预防控制规划、国家免疫规划、严重危害人民健康的公共卫生问题的干预措施并组织落实，制定检疫传染病和监测传染病目录、卫生应急和紧急医学救援预案、突发公共卫生事件监测和风险评估计划，组织和指导突发公共卫生事件预防控制和各类突发公共事件的医疗卫生救援，发布法定报告传染病疫情信息、突发公共卫生事件应急处置信息。

（3）负责制定职责范围内的职业卫生、放射卫生、环境卫生、学校卫生、公共场所卫生、饮用水卫生管理规范、标准和政策措施，组织开展相关监测、调查、评估和监督，负责传染病防治监督。组织开展食品安全风险监测、评估，依法制定并公布食品安全标准，负责食品、食品添加剂及相关产品新原料、新品种的安全性审查。

（4）负责组织拟订并实施基层卫生和计划生育服务、妇幼卫生发展规划和政策措施，指导全国基层卫生和计划生育、妇幼卫生服务体系建设，推进基本公共卫生和计划生育服务均等化，完善基层运行新机制和乡村医生管理制度。

（5）负责制定医疗机构和医疗服务全行业管理办法并监督实施。制定医疗机构及其医疗服务、医疗技术、医疗质量、医疗安全以及采供血机构管理的规范、标准并组织实施，会同有关部门制定和实施卫生专业技术人员准入、资格标准，制定和实施卫生专业技术人员执业规则和服务规范，建立医疗服务评价和监督管理体系。

（6）负责组织推进公立医院改革，建立公益性为导向的绩效考核和评价运行机制，建设和谐医患关系，提出医疗服务和药品价格政策的建议。

（7）负责组织制定国家药物政策和国家基本药物制度，组织制定国家基本药物目录，拟订国家基本药物采购、配送、使用的管理制度，会同有关部门提出国家基本药物目录内药品生产的鼓励扶持政策建议，提出国家基本药物价格政策的建议，参与制定药品法典。

（8）负责完善生育政策，组织实施促进出生人口性别平衡的政策措施，组织监测计划生育发展动态，提出发布计划生育安全预警预报信息建议。制定计划生育技术服务管理制度并监督实施。制定优生优育和提高出生人口素质的政策措施并组织实施，推动实施计划生育生殖健康促进计划，降低出生缺陷人口数量。

（9）组织建立计划生育利益导向、计划生育特殊困难家庭扶助和促进计划生育家庭发展等机制。负责协调推进有关部门、群众团体履行计划生育工作相关职责，建立与经济社会发展政策的衔接机制，提出稳定低生育水平政策措施。

（10）制定流动人口计划生育服务管理制度并组织落实，推动建立流动人口卫生和计划生育信息共享和公共服务工作机制。

（11）组织拟订国家卫生和计划生育人才发展规划，指导卫生和计划生育人才队伍建设。加强全科医生等急需紧缺专业人才培养，建立完善住院医师和专科医师规范化培训制度并指导实施。

（12）组织拟订卫生和计划生育科技发展规划，组织实施卫生和计划生育相关科研项目。参与制定医学教育发展规划，协同指导院校医学教育和计划生育教育，组织实施毕业后医学教育和继续医学教育。

（13）指导地方卫生和计划生育工作，完善综合监督执法体系，规范执法行为，监督检查法律法规和政策措施的落实，组织查处重大违法行为。监督落实计划生育一票否决制。

（14）负责卫生和计划生育宣传、健康教育、健康促进和信息化建设等工作，依法组织实施统计调查，参与国家人口基础信息库建设。组织指导国际交流合作与援外工作，开展与港澳台的交流与合作。

（15）指导制定中医药中长期发展规划，并纳入卫生和计划生育事业发展总体规划和战略目标。

（16）负责中央保健对象的医疗保健工作，负责中央部门有关干部医疗管理工作，负责国家重要会议与重大活动的医疗卫生保障工作。

（17）承担全国爱国卫生运动委员会、国务院深化医药卫生体制改革领导小组和国务院防治艾滋病工作委员会的日常工作。

（18）承办国务院交办的其他事项。

2. 疾病控制与预防中心　是由政府设立的实施国家级疾病预防控制与公共卫生技术管理和服务的公益事业单位。我国已建立"中国疾病预防控制中心（China CDC）"，并且在各省、自治区、直辖市设立了相应的分支机构。主要负责：

（1）拟订与疾病预防控制和公共卫生相关的法律、法规、规章、政策、标准和疾病防治规划等提供科学依据，为卫生行政部门提供政策咨询

（2）拟订并实施全国重大疾病预防控制和重点公共卫生服务工作计划和实施方案，并对全国实施情况进行质量检查和效果评价。

（3）指导建立国家公共卫生监测系统，对影响人群生活、学习、工作等生存环境质量及生命质量的危险因素，进行营养食品、劳动、环境、放射、学校卫生等公共卫生学监测。

（4）对传染病、地方病、寄生虫病、慢性非传染性疾病、职业病、公害病、食源性疾病、学生常见病、老年卫生、精神卫生、口腔卫生、伤害、中毒等重大疾病发生、发展和分布的规律进行流行病学监测，并提出预防控制对策。

（5）参与和指导地方处理重大疫情、突发公共卫生事件，建立国家重大疾病、中毒、卫生污染、救灾防病等重大公共卫生问题的应急反应系统。配合并参与国际组织对重大国际突发公共卫生事件的调查处理；参与开展疫苗研究，开展疫苗应用效果评价和免疫规划策略研究，并对全国免疫策略的实施进行技术指导与评价。

（6）研究开发并推广先进的检测、检验方法，建立质量控制体系，促进全国公共卫生检验工作规范化，提供有关技术仲裁服务，受国家卫生健康委员会认定，开展健康相关产品的卫生质量检测、检验，安全性评价和危险性分析。

（7）建立和完善国家级疾病预防控制和公共卫生信息网络，负责国内外疾病预防控制及相关信息搜集、分析和预测预报，为疾病预防控制决策提供科学依据；组织实施全国性重大疾病和公共卫生专题调查，为国家国民经济与社会发展规划公共卫生战略的制定提供科学依据。

（8）开展对影响国家社会经济发展和国民健康的重大疾病和公共卫生问题防治策略与措施的研究与评价，推广成熟的技术与方案。

（9）组织实施国家级健康教育与健康促进项目，指导、参与和建立国家级社区卫生服务示范项目，探讨社区卫生服务的工作机制，推广成熟的技术与经验。

（10）负责农村改水、改厕工作技术指导，研究农村事业发展中与饮用水卫生相关的问题，为有关部门做好饮用水开发利用和管理提供依据。

（11）组织和承担与疾病预防控制和公共卫生工作相关科学研究，开发和推广先进技术。

3. 卫生监督机构　我国的卫生监督机构按照行政区域设立。国家综合监督局是国家卫生健康委员会承担行政管理职责的事业单位，也是国家卫生行政许可对外的统一窗口。各省（自治区、直辖市）、地市级设立相应的卫生监督部门。目前，国家综合监督局承办 6 项行政许可工作，分别是：

（1）新资源食品受理、评审；进口无食品安全国家标准食品受理、评审。

（2）消毒剂、消毒器械受理、评审；涉及饮用水卫生安全产品受理、评审。

（3）化学品毒性鉴定、放射防护设施和含放射性产品检测机构资质认定的受理、评审。

（4）食品添加剂新品种受理。同时还协助国家卫生健康委员会拟定卫生行政许可的相关法规及工作程序。

（5）负责国家级卫生监督信息平台运行与管理，并进行全国卫生监督信息的收集、整理、汇总分析；负责制定卫生监督执法检验技术规范。承担国家计量认证卫生评审组工作，负责拟定国家级和省级卫生检验机构资质认定工作计划并组织评审工作。

（6）协助国家卫生健康委员会承担卫生监督员培训及相关管理工作；协助国家卫生健康委员会开展卫生标准审查、卫生标准制修订及卫生标准宣贯工作。

三、其他相关行业

随着中国经济日新月异地大跨步发展，越来越多的行业和岗位都需要复合型的人才，广大的毕业生在求职的时候，也应该打破固有思维，寻找"跨界"岗位。比如在保险业、出版业、医药企业等行业都能依靠自身的医学背景，结合自身的兴趣、性格等特点谋求到一份称心的岗位。

（一）保险业

随着人们对健康越来越重视，很多人除了购买社保外，还会购置商业保险，而商业保险分财产保险、人寿保险和健康保险等险种。其中人寿保险和健康保险根据投保人的数量分类，可分为个人健康险和团体健康险。保险根据投保时间的长短，可以分为短期健康险和长期健康险。投保时间长短还与投保人的数量结合构成团体短期险和团体长期险，同样与个人结合可构成个人短期险和个人长期险等。根据损失种类分类，可分为医疗费用保险、失能收入损失保险和长期护理保险。按照保险责任可以分为疾病保险、医疗保险、失能保险。根据给付方式不同可以分为费用型保险、津贴型保险、提供服务型产品。

随着中国生活水平的提升和老龄化的加剧，健康保险和养老保险的市场需求不断扩大，保险业参与养老产业和健康产业方面的积极性很高，中国人寿、新华人寿、泰康人寿等大型保险公司已经先行先试，分别在北京、广东、武汉等地投资建立了养老产业基地。前不久，保监会又启动了"以房养老保险"试点，养老保险和健康保险的服务形式和手段都在增多。那么在各种保险险种推出之前，尤其是涉及健康产业方面和养老产业方面的时候，保险公司需要有医学背景的人来进行专业科学的设计。

（二）出版业

根据 2017 年中国出版业行业市场供需状况分析表明中国 2016 年的图书出版业的市场规模不断扩大，涨幅明显。图书市场进一步细化，按图书类型分，我国的图书市场可以分为教育类图书、大众类图书和专业类图书。其中教育图书出版是我国图书出版业的主要部分，主要产品包括教材教辅类、培训类图书及工具书等，其中课本为最为主要的产品。根据新闻出版广电总局统计，2016 年，我国课本出版总印数占全国图书总印数的 36.26%，印张占 33.78%，定价总金额占 22.46%。

数字出版是指利用数字技术进行内容编辑加工，并通过网络传播数字内容产品的一种新型出版方式，其主要特征为内容生产数字化、管理过程数字化、产品形态数字化和传播渠道网络化。近年来，随着数字技术在出版业的广泛使用，数字出版在出版业的地位逐步上升，成为出版业的新兴业态。目前数字出版产品形态主要包括电子图书、数字报纸、数字期刊、网络原创文学、网络教育出版物、网络地图、数字音乐、网络动漫、网络游戏、数据库出版物、手机出版物（手机报纸、手机期刊、手机小说、手机游戏）等。数字出版作为新兴产业类别，产业规模增长强劲。其增长速度与增长贡献在新闻出版各产业类别中继续位居第一，已成为拉动产业增长"三驾马车"之首。数字出版增长速度在新闻出版各产业类别中继续名列前茅，总体经济规模超过出版物发行跃居行业第二。

目前人民卫生出版社、各个医学院校出版社、医学学术类杂志社（如中华医学会主办的学术杂志 100 余种）、医学相关报社（健康报）、其他综合类以及教育类出版社都需要有医学背景和文字功底的人才。在数字出版领域，需要大量有医学专业背景，同时有计算机操作能力的复合型人才。

（三）医药企业

是专门从事药品生产、经营活动以及提供相关服务的企业。医药企业具有产品技术含量要求高，研发投入高、周期长、高风险高收益，社会效益与经济效益并重，生产经营活动过程法律以及规范多等特点。目前医药行业出现国际上超大规模的跨国制药公司资本购并，扩大经营范围高潮迭起，医药高新技术领域竞争激烈等趋势，简而言之一个医药企业的生存有待于自身技术研发实力和市场的把控能力。

2017 年 8 月 4 日，由国家食品药品监督管理总局南方医药经济研究所指导，米内网承办的《2017 年中国医药市场发展蓝皮书》新闻发布会在广州举行。《蓝皮书》显示，2016 年，我国药品终端市场销售额为 14975 亿元，同比增长为 8.3%，2017 年上半年为 8037 亿元，同比增长 7.8%。米内网将我国药品终端分为三大终端六大市场。第一终端为公立医院终端，2016 年药品销售额达 10240 亿元，包括城市公立医院和县级公立医院两个市场，其用药规模分别为 7675 亿元和 2565 亿元。第二终端为零售药店终端，2016 年药品销售额为 3375 亿元，包括实体药店和网上药店两个市场，其用药规模分别为 3327 亿元和 48 亿元。第三终端为公立基层医疗终端，2016 年药品销售额为 1360 亿元，包括城市社区卫生服务中心和乡镇卫生院两个市场，其用药规模分别为 501 亿元和 859 亿元。三大终端六大市场中不含民营医院、村卫生室以及私人诊所。

从统计的数据表明，我国目前第三终端即公立基层医疗终端药品尽管销售额比较小，却是三大终端中增速最快的，其市场份额已由 2011 年的 6.6% 上升至 2016 年的 9.1%。随着公立医院改革的深化和分级诊疗制度的推进，公立基层医疗终端市场份额有望持续走高。其中，城市社区卫生中心（站）的市场用药规模相对较小，但正逐渐受到企业的重视，近几年的市场销售额增长率明显快于城市公立医院。另一方面，乡镇卫生院受益于新医改政策，其药品销售额近年增幅较快，6年复合增长率达到16.1%，亦远高于城市公立医院的药品销售额增速。

2017年初国务院公布取消对互联网药品交易服务资格B证、C证的审批，意味着合法的药品流通企业都可以自由开展互联网药品的B2B、B2C业务，网上药店市场销售基数小，增速快，6年复合增长率达到84.9%。截至2016年底，CFDA批准的互联网药品交易服务资格证书共计867张，医药电商发展将越来越兴盛。

随着新医改配套措施的贯彻落实和市场竞争的加剧，医药行业毛利受到挤压，单纯的药品销售已经无法满足企业对盈利的需求，传统的商业购销模式面临巨大挑战。为在激烈的医药市场竞争中求得生存和发展，医药零售企业纷纷选择新的经营模式，大型医药零售企业将多元化经营作为首选策略，把产品线从疾病治疗拓展到疾病预防、保健养生、护肤美容等"大健康"领域。围绕"大健康"产业开展多元化经营为今后零售企业的发展提供广阔的市场空间。另外，在营销模式上，"大健康药店"将不局限于促销与买赠，而是跨出店面到整个商圈去培养消费群体，并利用大数据分析消费者行为，培育忠诚顾客。

当前，商务部已经把开展"多元化服务"作为推动药店转型升级发展的方向之一。首先是开展健康管理服务，主要包括中医医疗保健、健康咨询管理等多样化健康服务；二是开展健康养老服务，提高为社区老年人提供日常护理、慢性病管理、康复、健康教育和咨询、中医保健等服务的能力；三是开展中医药医疗保健服务，充分发挥中医医疗预防保健特色优势，鼓励零售药店提供中医坐堂诊疗服务，并宣传普及中医药养生保健知识，推广科学有效的中医药养生、保健服务。这些行业发展的新趋势，无疑为广大医学生提供了更多就业空间和就业机会。

实践指导

【案例】

小邵今年23岁，2017年某医科大学护理学专业毕业生。她2013年高考被心仪的学校录取之后，十分开心，却在进入学校之后，面对着新鲜的环境、陌生的专业和一下子多出来的大把自主时间顿感茫然和无措。大学4年时光结束了，她以优异的成绩考入了南方某所著名医科大学内科护理学方向研究生，同时作为"优秀毕业生"代表在毕业典礼上发言讲话。大家都在惊叹小邵这位当初高考成绩只比录取分数线多1分的女生是如何逆袭成一名品学兼优，能力全面的优秀大学生。大家都惊讶于她的成长发展速度，却很少有人知道小邵的成功秘诀——职业生涯规划。

小邵一进入大学，颇有前瞻意识的她面对茫然，便开始考虑应该怎样去解决自己的问题和困惑。幸运的是大一的时候，她通过上职业生涯规划课，接触到了"职业生涯规划"的概念，她在课堂上认真听讲和进行各种职业测评，很好地掌握了自己的性格、兴趣、能力和价值观以及适合从事的职业方向。她结合自身特点明确了自己未来要当一名护理学的高校教师，目标确立后，她积极参加学校组织的各种小讲课、科普教育比赛等活动并取得优异成绩，为自己的未来梦想夯实基础。当她从专业课老师那里了解到想成为一名护理学的专业教师，就必须得考上研究生。为此在大三的时候她就开始着手准备复习。因为小邵之前意识到职业生涯规划的重要性，为了在考研的时候能更加明确报考方向和学校，她又一次找到了职业生涯规划课的老师寻求帮助。

针对小邵的情况，老师依据她的兴趣特点和价值观为她做了一个更加细致的人与未来职位匹配的测评分析，又帮助她了解了护理专业各个职场领域的特点以及对人才的要求都有哪些，小邵同学又结合自己对所学专业知识的喜爱程度，进一步明确了自己报考研究生的方向为内科护理学。通过向老师进一步咨询，又使小邵坚定自己未来职场发展地域是在祖国的南方。然后老师建议她积极地去进行南方各大医学院校内科护理学考研信息的搜集，将目标学校的范围进一步聚焦，明确自己复习的方向和进行知识储备。同时可以提前与要报考专业的导师和考研成功的师哥师姐进行交流，请他们提供一些考前咨询。

要了解一个职业最好的方法就是实践，只有将自己置身其中，才能真正了解这个职业。小邵接受了职业规划老师的建议，利用假期时间到自己意向性要报考的几个学校进行了实地考察，也有幸地与几位导师进行了面对面的交流。回校之后，她更加信心满满，她带着目标去学习，带着目标去临床实践。当其他同学在游戏玩耍的时候，她却在图书馆的角落里认真地看书做题。当临近毕业时，大部分同学才开始进行考研备战，仓促又低效。当大家看见小邵同学以优异成绩被录取的时候，都羡慕不已。小邵感慨地说道："机遇总是留给那些有准备的人，那么如何做准备，就需要科学有效地规划才可以，只有你自己清楚地知道自己想成为怎样的自己，才会有今天的成绩。"

相关解答

社会上普遍认为"学医"的学生专业性强，就业方向窄，毕业只能到医院工作，事实是这样的么？

根据科锐国际的调查：作为国计民生的重要行业医疗健康行业仍在稳步成长中，中国已成为仅次于美国的全球第二大医药市场，且仍保持每年10%以上的增速。创新跨界将会是2018年的主题。医疗智能化、信息化、使得医药人才与高科技、互联网行业产生跨界；资本更多地投向医药健康，使得医药人才与金融人才产生跨界；地产、零售、保险等行业进军医药行业，使得医药人才与其他行业产生跨界；医疗消费化、医美、消费级基因检测需要更多具有消费洞察力的人才。所以未来医药人才的流动不仅在行业内而是在全社会双向流动。目前已经出现了不同企业性质之间的人才流动和区域流动。随着国内企业的发展，外企人才对于国内企业接受度增高。外企在国内开拓新业务模式，如投资并购、合作推广、数字营销等，一改此前只愿招聘外企人才的模式，接纳了很多国内优秀企业人才。

同时国家二三线城市就业机会增加。以往高级专业人才和创新人才多集中在一线城市。今年各地政府均增加了项目和人才吸引的力度，通过好的机制使得更多优秀项目、越来越多高端人才落户二三线城市。行业整体薪酬保持7%左右增长，在创新和跨界领域增长最快。行业内变换工作往往会获得10%~30%不等的薪资涨幅，而由大公司向创业公司和跨行业转型则往往涨幅更高。

目前行业中制药业保持稳定增长，尤其是创新药物和高质量药物，中国新药研发正在迎来黄金时代；医疗器械的创新能力不断增强，关键技术不断取得突破，特别是高端医疗器械的创新研发进程将进一步加快；医疗服务需求旺盛，与医疗行业相配套的医疗信息化等产业相应增长。跨行业进入者众多，医药行业的人才需求从数量上到质量上都到达了一个前所未有的高度。

（1）制药和医疗器械市场保持健康增长。新药研发投入加大、仿制药一致性评价、新药审评提速、药品招标和两票制的实施，导致相关人才缺口的扩大。

人才缺口：研发总监、注册总监、投资并购总监、营销副总裁、准入策略总监、国际营销和合作总监、非医药行业公司的医疗健康事业部负责人等。

人才来源：同类公司、基金、海外医药公司、医药咨询公司。

（2）医疗服务人才。目前的医疗服务能力明显不能满足不同层次人群的多样化需求。人们健康意识提高、人口老龄化、国家鼓励非公立医疗机构以及金融、地产行业进入医疗服务，导致医疗服务相关人才需求激增。

人才缺口：医疗事业部负责人、运营副总、医务总监、护理总监、高级医生。

人才来源：非公立和公立医疗机构、海外医疗服务机构、酒店等高端服务性行业。

（3）医疗信息化和互联网医疗。随着"互联网＋"和物联网的快速发展，医疗健康行业为了提高服务能力和管理效率纷纷拥抱 IT 技术和互联网。互联网行业也盯上了医疗健康这块数万亿的蛋糕。

人才缺口：营销副总、研发总监、大数据人才。

人才来源：医药公司、医疗信息化公司、移动医疗和互联网医疗公司、互联网公司。

（4）个体化医疗相关公司。基因测序的效率提高和成本降低对于药物研发、疾病治疗和预防起到了越来越重要的作用。靶向药物的研发在国内外均取得明显进展。华大基因和贝瑞基因在 2017 年的上市更加鼓励了资本在个体化医疗的投入。行业急缺在基因诊断、精准医疗、通过大数据进行诊疗方法开发的专业人士和市场推广人士。

人才缺口：医学总监、营销总监、数据分析。

人才来源：医药和医疗器械公司、医院、互联网公司。

所以根据上述调查可以发现，医学职业世界从来就不缺少一个满足你当下需求的岗位。作为一名医学大学生，要不忘初心，充分结合自身优势、扎实掌握专业基础、广泛详实地了解未来的职业世界，拓宽自己的求职眼界和思路，不好高骛远，扎实地走好职场中的每一个关键步骤，最终才会实现人生的华丽转身。

课后作业

请同学结合自我认知和自身所学专业的特点，探索出自己未来可以适合就业发展的 5 个相关行业领域，并一一列举出适合的原因。

相关链接

1. http：//www.nhfpc.gov.cn/zhuz/jgzn/lmtt.shtml

2. http：//www.nhfpc.gov.cn/mohwsbwstjxxzx/s7967/201712/cb133528a46d4e98af757e6a657bdb9c.shtml《2017 年 10 月底全国医疗卫生机构数》

3. http：//www.zjjxw.gov.cn/art/2017/8/22/art_1086725_9739222.html《2017 年中国医药市场发展蓝皮书》发布

第二节 医学职业世界的微观现状

迷惘与疑惑

小蒋同学出生在一个单亲家庭，由于幼年的时候父亲过世，他和母亲相依为命。为了让自己的母亲未来的生活能够更幸福，他一直都在努力学习，并以优异的成绩考取了某医科大学临床医学专业学习。大学最后一年，很多同学都在准备考研的时候，他为了能够减轻家里的经济负担选择了先就业。但是自己临床医学本科层次想留在大城市工作且进入自己理想的科室比较困难；而回到家乡当地的医院，虽然能进入理想的科室，但是待遇却差强人意。在选择就业去向时，他彷徨了。

理论解析

一、医学职业地位分析

医学生若要实现自己的理想，除了要了解自己的性格、能力、兴趣及价值观外，更要知道整个社会环境的状况及医学职业方面的要求。对此医学生有必要对将来可能从事的职业进行一定的分析，学会如何去认识一项职业，将有助于对职业世界有更深刻的体会，从而更好地进行职业选择和定位。

医学职业地位分析可以从社会功能、社会报酬、职业环境三个方面来进行。所谓职业的社会功能，指的是职业对社会的贡献，如承担的责任、对国家各方面发展的意义等。社会作用大的职业对从业者的要求高，社会地位也高。所谓职业的社会报酬，指的是社会在政治、经济、文化等方面赋予任职者的各种权利、福利、待遇、机会、工作主动性等。所谓职业环境，指的是与职业活动相关的条件，如技术装备、劳动强度、安全系数、卫生条件等。从社会角度来说，医学职业有其特殊性和重要性，由于它是关乎生命健康的行业，因此医学职业社会功能的重要性不言而喻，一直以来，医学职业都是受人尊重和享有重要社会地位的职业之一。

二、部分现代医学职业的分析

（一）临床医学工作

1. **职业定义** 临床医学是研究疾病的病因、诊断、治疗和预后，提高临床治疗水平，促进人体健康的科学，而临床医生，就是从事专门临床医疗工作的人员，包括内科、外科、妇产科、儿科、神经科等具体临床科室的工作。

2. **职业等级** 分别为住院医师（初级）、主治医师（中级）、副主任医师（副高级）、主任医师（高级）。

3. **职业素质** 要求从业人员具有很强的观察能力、理解能力、学习能力、思维判断能力、表达能力和动手能力；做事情认真细致，有很强的自我控制能力、平衡能力和人际交往能力；对计算机能力要求一般。

4. **职业要求** 要求掌握系统解剖学、组织学与胚胎学、医学微生物学、医学免疫学、生物化学、生理学、病理学、药理学、诊断学、内科学、外科学、妇产科学、儿科学、中医学、神经病学、预防医学等学科知识，具有良好的临床实习经验。

（二）护理工作

1. 职业素质 要求从业人员具备良好职业素质和现代护理理念，系统地掌握护理学的基础理论、基本知识和基本技能，具有创新精神、独立解决问题和自我发展的能力，具有护理科研、护理管理和护理教育的基本能力，能在各类医疗卫生、保健机构从事临床护理工作。

2. 职业要求 要求系统掌握系统解剖学、生理学、病理生理学、健康评估、护理学基础、内科护理学、外科护理学、妇产科护理学、儿科护理学、护理伦理学、护理心理学、护理管理学、护理教育学、护理研究学、社区护理学、精神科护理学等专业理论，具有丰富全面的临床护理实践经历。

（三）口腔医学工作

1. 职业素质 要求从业人员具有良好职业素质与能力、掌握科学方法，能够在上级口腔医师的指导与监督下，从事安全有效的口腔常见病、多发病的诊疗、修复和预防工作的工作，要求具有较好的观察能力、动手能力等。

2. 职业要求 要求系统掌握医用物理学、生物化学、口腔解剖生理学、口腔组织病理学、牙体牙髓病学、牙周病学、儿童口腔医学、预防口腔医学、口腔黏膜病学、口腔颌面外科学、口腔修复学、口腔正畸学等理论，有临床口腔工作的实习经历。

（四）影像工作

1. 职业素质 要求从业人员具有良好职业素质与能力、能够在上级影像医师的指导与监督下，从事安全有效的医学影像诊断、介入治疗和医学成像技术等方面医疗实践工作，要求具有较强的动手操作能力和观察分析能力。

2. 职业要求 要求系统掌握医用物理学、电子学、计算机基础与应用、系统解剖学、断层解剖学、生理学、诊断学、内科学、外科学、影像诊断学、超声诊断学、放射治疗学、核医学等理论知识，有临床影像科室的实习经历。

（五）麻醉工作

1. 职业素质 要求从业人员具有良好职业素质与能力、掌握科学方法，能够在上级麻醉医师的指导与监督下，从事安全有效的临床麻醉、急救和复苏、危重症治疗及疼痛治疗等方面医疗实践工作，要求具有较强的动手能力、观察力、分析力和判断力。

2. 职业要求 要求系统掌握系统解剖学、生理学、药理学、内科学、外科学、临床麻醉学、危重病医学、疼痛诊疗学、麻醉解剖学、麻醉生理学、麻醉药理学、麻醉设备学等理论知识，有临床麻醉实习经历。

（六）药学工作

1. 职业素质 具备以化学、生物学、基础医学为基础，比较系统地掌握药学各分支学科的基础理论、基本知识、基本技能，具有良好的科学素养、比较宽泛的专业知识和较强的专业适应性，能够在药品的研发、生产、流通领域中从事工作，要求具有较好的沟通能力、分析能力和动手能力。

2. 职业要求 要求系统掌握有机化学、物理化学、药学生物化学、分析化学、药物化学、天然药物化学、药用植物与生药学、药剂学、药理学、药物分析、临床药理学、药事管理学、内科学基础等专业理论，具有药学实验室基本技能和药厂的实习经历。

（七）预防医学工作

1. 职业素质　要求从业人员掌握预防医学的基本理论与基本方法、能在疾病控制、卫生监督等机构从事卫生工作，要求具有较强的动手操作能力、分析能力、观察力和沟通能力。

2. 职业要求　系统掌握生物化学、医学微生物学、医学免疫学、生理学、病理学、诊断学、内科学、卫生统计学、流行病学、环境卫生学、营养与食品卫生学、职业卫生与职业医学、儿童少年卫生学、卫生管理学等理论知识，有疾控中心或卫生监督机构实习和实践的经历。

（八）康复治疗工作

1. 职业素质　熟悉人体解剖学知识，了解各器官功能位。熟练掌握各种康复技术，应用现代康复仪器，并能明确仪器的作用机制，可能对人体造成的伤害；具有高度的责任心、良好的职业道德、足够的耐心及体力，较强的综合分析能力、敏锐的洞察力。

2. 职业要求　学习掌握物理疗法、作业疗法、言语疗法、心理疗法、康复工程和中国传统医学疗法等来帮助患者制订科学有效的康复治疗方案，帮助病患者进行功能恢复等相关治疗。注意观察病情、治疗效果及反应以及负责提供康复理疗咨询服务。

（九）医学信息工作

1. 职业素质　具备网络信息的伦理道德意识和在信息领域中自觉遵守法律法规的思想观念和行为准则，具备利用大量的信息工具及主要信息源使问题得到解答的技术和技能，以及对信息的加工处理和应用的素养。

2. 职业要求　医学信息是一门涉及医学实践、教育、科研中信息加工和信息交流的学科，需要学习掌握医学、计算机学、人工智能、决策学、统计学和信息管理学。具备在电子病历、医院信息系统、决策支持系统、影像信息技术、远程医疗与互联网以及数据标准等领域工作的能力。

（十）精神医学与心理卫生工作

1. 职业素质　具有正确的世界观、人生观和良好的思想道德素质以及健全的人格。热爱并乐意从事精神医学与心理卫生工作，有较强的事业心和工作责任感，有奉献精神和协作精神，有开拓进取和创新意识。具备较强的沟通能力、逻辑分析能力和判断力。

2. 职业要求　系统学习掌握临床医学、心理学、行为医学、精神医学、精神病学等主干课程。掌握基础医学、临床医学、临床心理学及精神病的基本理论和诊疗技能，具有一般医疗技能和处理常见的心理障碍、行为障碍、精神疾病及相关疑难急重症的能力。

相关解答

专业对口就业是很多医学大学生的首选，但是许多医学大学生进入大学之后，面对着医学领域的各个学科感觉无从下手，不知该如何进行学习，是还要像以往学习那样进行"死记硬背"么？

希波克拉底曾经说过医术是一切技术中最美和最高尚的。选择医学可能是偶然，但你一旦选择了，就必须用一生的忠诚和热情去对待它——"如果爱，请深爱"。

医学需要学生首先要用心来学习，其次要刻苦钻研掌握适合自己的学习方法，再者就是要多去临床参加实践。因为医学领域的各个专业和以往所学习的语、数、外等学科相同点不多，它是以人体解剖、生理、病理、药理为基础，以治疗预防人类生理疾病和提高人体生理机体健康为目的系统科学，它不仅仅学习很多机制，同时它也要接触很多"有形"的知识，比如显微镜下病毒的分类、解剖学中内脏骨骼的形态等，所以仅仅靠单纯的死记硬背，往往效果事倍功半。

他山之石可以攻玉，如何掌握复杂的医学体系，培养自身的临床诊疗思维能力，原协和医科大学八年制舒畅同学的《1分钟医学速记：协和医学博士的漫画笔记》相信一定会给广大医学生进行专业学习提供帮助，这本书记录了舒畅同学在校期间如何通过图文并茂的方式记住各类拗口的专业术语以及难懂的各个机制。虽然不是一本专业大部头的书籍，但是深受很多人的喜欢，医学专业的学生觉得它很实用，非医学专业的学生觉得通过这本笔记能够了解自己的身体，从中可以看出来这种学习方法既有专业性，又通俗易懂具备一定的科普性，让人耳目一新，印象深刻。

课后作业

通过自己所学专业的特点，按照下列的问题，探索出自己未来将要从事的专业领域。

1. 在报考大学之前，你是如何理解自己所学专业的？
2. 进入大学之后，你所了解到的专业是什么样的专业？
3. 你的专业具体学习哪些内容？
4. 你的专业的就业出路都有哪些？
5. 你的专业要求的通用素质是什么？
6. 你的专业领域的一流人才都有谁？
7. 你的专业的相关专业是什么？
8. 你的专业的学习资源有哪些？
9. 你的专业未来十年的发展趋势怎么样？
10. 你能不能采访几个专业领域的成功人士？
11. 如果你想采访专业的资深专家，你想通过怎样的方式与他取得联系？

相关链接

http：//edu.163.com/15/0126/07/AGSA7LVL00293HC7.html

第三节　探索医学职业世界的方法

迷惘与疑惑

小赵是护理学专业的学生，她性格开朗活泼，颜值高、气质好、学习成绩优异，还是学院文艺部的部长。毕业时，她不仅通过自己的努力获得了进入三甲医院从事护理工作的机会，同时，她也通过了某航空公司空乘人员的考核。去医院从事自己熟悉的本专业，还是到航空公司成为空姐实现自己周游世界的梦想？小赵迷惘了。

（理论解析）

一、生涯人物访谈

生涯人物访谈是指学生对自己感兴趣的岗位从业人员进行采访的一种探索性的非正式评估的职业活动。是大学生身处校园了解职场世界的一个行之有效的方法。

学生在进行正式访谈前，需要做以下准备工作：

1. 选定访谈对象　通过多种途径如家人、同学、老师等人的介绍和引荐；也可以通过互联网查找等形式获得自己想拜访的生涯人物。对于高校的大学生来说，访谈的人物最好是选择 1~3 位工作时间在 3~5 年的职业人物进行访谈，这样访谈得到的信息有利于大学生毕业之后能够迅速地适应职场环境的变化。如果大学生想进一步了解岗位整个发展脉络的话，也可以进一步采访工作年限超过 5 年或者 10 年的行业资深人士。

2. 访谈时间地点安排　在联系访谈对象时，要礼貌地做好自我介绍和本次访谈的目的。每次的访谈时间最好安排在 30 分钟左右，并能遵守时间安排不迟到，地点的安排要尽量方便访谈对象。

3. 访谈的形式　访谈的形式最好是当面访谈，如果访谈对象不方便进行当面访谈，也可以采取电话或者网上进行交流。

4. 访谈的内容　访谈前要了解访谈对象的背景资料，同时准备好访谈的问题提纲并将提纲告知给访谈对象，以便于对方能够做好充足的准备。访谈内容要和对方沟通能否进行录音录像等相关事宜。

5. 访谈提纲的准备　提纲的准备可以围绕着工作性质、任务或内容；工作环境、就业地点；所需教育、培训或经验；所需个人的资格、技巧和能力；收入或者薪资范围、福利；工作时间和生活形态；相关职业和就业机会；组织文化和规范；未来展望等几个方面提出自己想要探索的问题。

二、职场调研

对医学高等院校毕业生而言，在毕业之际能有一份学有所用的满意工作，或从事医院临床工作，或从事医药营销行业，或其他与医学有关的行业，只要各得其所，各有所为，就算实现了自己的人生价值。而如何能够找到一份实现自己价值的工作，则需要从入大学开始，就了解自己专业可能的就业方向和确定自己的未来发展目标。

（一）形成自己预期的职业库

对于医学生来说，从入大学开始，就应该对自己专业将来可能的就业方向，自己可能从事的工作有所了解，建立自己的预期职业库。

认真审视自我，根据自身的需要、个性、能力、兴趣及市场需求规划职业生涯并付诸实践就显得尤为重要。因为医科毕业生要准备当一名医生，在专业上有所发展，不可能像其他综合性大学的毕业生那样可以先就业，后择业，而必须在校期间完成知业、择业这个过程，然后再就业、立业。否则一旦选错职业方向或准备不足错失良机，南辕北辙，重新回头要付出很大的代价。另外，以所学的专业为支点，选择、构建相关的职业和知识结构不乏是明智之举，更有利于自身价值的实现。在大学期间，尽量找机会和已毕业的学长联系，了解本专业的就业去向；多向专业老师请教，了解本专业的发展方向，拓展对于专业的了解以及明确未来的发展方向，都会起到关键的作用。因此，在大学校园里学习时，就要做个有心人，为自己将来可能的工作方向，建立属于自己的职业库，并和老师、学长建立长期有效的联系。

【案例】

医学检验专业的小郑，通过学习分享交流会认识了高自己两届的学长王哥，王哥在大学毕业后通过了公务员考试，小郑和王哥一直保持联系。小郑即将毕业时，王哥告诉他自己单位还要招考公务员，让他提前准备，在学长的指导下，小郑也顺利考取了出入境检验检疫局的公务员，实现了自己预期的职业目标。

（二）探索医学职业新方向

随着医药事业的发展和根据我国卫生工作的实际情况，医学生的就业必须改变以往集中在大中城市和发达地区的趋势，寻求新的就业方向，而且随着医疗改革的进行，医学职业的分类更加专业化，就业方向也更加多样化。目前，医学生就业的方式与形式发生了很大的变化，由原来单一的进医院从事临床工作，逐渐演化为社区医生、保健医生、营养师、药剂师甚至专业的医药营销人员。

从目前社会发展的角度来看，现在的医学生有更多的就业渠道和发展方向，也可以通过更多的途径解决自己的就业问题，找到适合自己发展和成长的新就业方向：

1. 面向农村、中小城市的卫生医疗机构就业　国家的发展趋势是力争各地区经济发展的平衡，支持广大农村的城镇化，快速发展的经济必然会促进对卫生的需求。加之长期以来医学毕业生主要在公有制县级以上卫生医疗机构就业，而这些机构现在接纳的毕业生主要是在研究生层面上。因此，医学本科生应该清晰地看到严峻的就业形势，而随着国家医疗体制改革的进行，国家对县、乡级医疗机构投入的加大，为广大医学生提供了更多的发展空间。

2. 面向大中城市的社区医疗服务机构的就业　发达地区的人群对医疗的需求不仅是停留在有病治病的层面上，更多地考虑到身心健康、保健、生存质量和就医的方便程度和环境上，社区护理、家庭病房、卫生保健等现代化的医疗服务形式必将进入每个小区和家庭。为此，各大中城市建立了许多社区医疗服务机构并给予很大程度的政策上的支持，这些机构对医学毕业生将有很大的需求。

3. 面向医疗保障部门和卫生执法监督部门的就业　经济的发展必然会带来社会各个领域的变革，卫生事业更是首当其冲。国家对医疗保险、农村合作医疗等政策的推出执行以及加强医疗卫生中各项事业的细化管理、法律监督等都需要一支懂医疗、会管理的队伍。

4. 面向医学研究和相关领域就业　随着社会的发展，医学领域在不断地扩大，涉及的方面越来越多，这其中有相当一部分是新兴的领域，如医学法律、医学伦理学、医疗设备学和药品的营销等。传统的领域需要不断地深化研究，新兴的领域需要不断地丰富，医学生应分析好这些领域的形式，开阔视野，寻求机会。

5. 面向民营医院及民营医药企业等非公有制医疗机构就业　随着社会经济的快速发展，民营医院和医药企业雨后春笋般地出现在国内的各大城市里，一些民营医院和医药企业因其创新的管理和经营模式，也赢得了广泛的市场，这些民营单位往往在接收医学毕业生时，机制更加灵活，也为大学毕业生就业开拓了就业新途径。

6. 自主创业 与其四处找工作碰壁，不如自己创业，寻求自己的发展空间，现代社会是知识经济时代，大学生拥有先进的知识和思想，国家有相关的政策扶植，靠自己的打拼也会有一片广阔的天地。

（三）其他探索方法

如何更好地了解医学职业世界，找寻医学就业方向？这需要我们大学生能更多地把握到各医院和各部门实习的机会，在实习过程中了解职业对自身的要求以及自己如何才能达到职业需要，并且可以利用寒暑假社会实践的机会，走出校园到不同的医疗机构体验实际的工作，在工作中长才干，锻炼自己，同时也更多地了解职业世界。在校园里，多和老师、学长沟通，了解本专业的就业去向和发展前景，为自己确定初步的奋斗目标，制订自己人生的发展规划，为以后的求职择业找准方向。医学生还可以通过互联网、就业杂志、职业中心等来寻找自己的就业方向。

【练习 3-1】

工 作 探 索

1. 哪一个通讯录现在对你最有用？你要了解什么信息？这些通讯录在哪里可以找到？

2. 哪 3 本行业杂志与你感兴趣的职业领域有关？在哪里可以找到？

3. 这些杂志反映出哪些与职业有关的趋势？

4. 在互联网上寻找专业的就业机会，至少找到 5 条信息。

5. 通过什么途径可以了解自己专业的就业方向？如何获得专业就业信息？

实践指导

【案例1】

崔同学，一名药品经营与管理专业的大专生，他和以前的高中同学交流自己的专业，同学们认为他所学的专业就是"卖药"的，和超市的售货员没有什么大的区别，小崔同学听同学们这样评价自己的专业很苦恼，对于未来自己专业的前景和发展困惑不已，不清楚自己将来何去何从。为此他寻求就业指导老师的帮助，就业指导老师建议他做一次生涯人物访谈活动，并为他联系了本校中药学专业的一名已经毕业工作4年的师兄作为访谈人物。崔同学积极地与师兄取得了联系，按照老师的指点提前做好各项准备，顺利地完成了人生第一次生涯人物访谈。

生涯人物访谈记录

访谈时间：2015年5月3日

访谈方式：面对面

被访谈人：李先生，大学本科学历中药学专业，现任山东潍坊某医药公司旗下市场部主任

访谈内容：

问题1：您是如何找到现在的工作？

答：我是大学毕业后通过自己的师哥介绍进入这家企业的，通过企业的数月实习，又通过自己之后的不断努力，从销售一步一步干到目前的部门主管。

问题2：您认为具有什么样的精神品质、性格和能力对工作来说是重要的？

答：我是2011年毕业的学生，通过这几年的工作积累，我发现人要想做成一件事情，必须要找准方向持之以恒做下去。对于职场新人来说，经验可以在日后工作中一点点积累。只要自己能够在岗位上努力踏实地做下去，有了体验和经历，就会有更大的发展。做销售工作，需要对市场有敏锐的观察力，因为我们国家的医药行业竞争很激烈，如果做不好，那么很快就会被淘汰。只有抢先摸准医学发展的动向以及医疗市场的脉搏，知道目前临床治疗上都需要什么药品，什么样的药品能够使老百姓的身体更健康等，才能离成功越来越近。

问题3：药品销售这项工作所需要的个人品质、性格和能力同别的工作要求的有什么不同？

答：首先是有与人沟通的能力，销售岗位需要这种能力越强越好，因为在销售的时候，大多数都是面对面地与顾客交流，如果沟通不好的话，会影响你的销售业绩，有时候甚至会引发矛盾，遭到投诉，工作不保。其次需要你要有耐心和韧劲，这些既是所有工作顺利进行的前提，也是销售这份工作的成功因素。像我现在所处的岗位，还需要善于发现、分析解决问题，并能够将其总结归纳。把每一个店面在销售中的问题，归纳汇总，制成文字材料经典案例，在日后给所有的销售讲课的时候教授给她们怎样解决处理这些问题。因为需要给销售人员进行培训，所以我自己还需要勇气，不能怯场。当然这些的底气都来源于自己日积月累的经验，如果我不是从基层销售一点一点干到主管，就会与销售员们有距离。所以基层的锻炼尤为关键。

问题4：您平常在工作方面每天都干些什么？

答：在办公室中处理各个经销商的问题与销售业绩统计。根据最新的市场销售信息反馈，判断消费者的需求，定期组织进行市场调研、收集市场信息、分析市场动向、特点和发展趋势，从而确定销售策略，建立销售目标，制订销售计划。当然这些都只是日常的行政工作方面，其他时间要多参加一些医疗系统的培训，了解目前临床新药特药的研发趋势，以及他们的治病机制。所以医药销售可不是单纯卖药那么简单，而是要对老百姓的生命健康负责任的，把价格不贵、疗效好的药品推荐给他们，这是我们医药销售人员的一个使命和责任。

问题5：男女工作者在这份工作上机会均等吗？

答：现在的工作基本是男女平等了。工作嘛，都是有能者居之。只要自己有这个实力，去勇敢拼搏，你就能够争取到自己想要的。

问题6：您觉得现在实现您的人生价值了么？家庭对您的工作满意么？

答：我只能说已经完成自己人生的阶段性目标，目前通过自己的努力已经成立了自己的家庭，物质上有房有车，但是我自己的人生价值是为这个社会和国家的医药卫生事业做点力所能及的事情，目前还没有完全实现这一点，所以我还要继续努力。家庭对我的工作也很满意，我们公司休假是和国家颁布的放假一致，这使我有充足的时间来陪伴我的家人。

问题7：您对我们大学生有什么建议吗？

答：上大学期间在学业上，一定要珍惜时间，把自己的专业知识尽全力学好、学精。无论什么专业，只要它存在就有它存在的价值，所以不要浑浑噩噩地度过大学时光。在生活中，要吃苦耐劳，敢于参与实践，要知道实践出真知，你只有自己亲自去做了才会有自己的体会，这是任何人和书本不能教授给你的东西。

活动感受：

社会的复杂多样，变幻莫测，是在书本、网络和学校里无法感受和洞悉的。没有亲身的经历，就无法清楚地了解当今就业形势的真实状况，就只能让自己与职场世界存在着距离。

这次的生涯人物访谈对我的帮助很大。①首先要充分认识自己，定位自己将来从事什么岗位合适，必须要制订一个科学的职业生涯规划；②积极争取各种与专业相关的学习和实践的机会；③积累个人良好的信誉，做到言必行，行必果；④要注意资源的积累，尤其是你将来要从事的这个行业的相关人员，要积极联系请教他们，他们也会给你提供一些发展的机会；⑤要多聆听吸取前辈和周围朋友以及家人的建议，要对自己的发展负责。

机会留给有准备的人，所以我们在大学就应该为我们进入大社会提前做好充分的准备。我们从现在起就要积极关注专业和职业的发展动态，学习好专业知识，积攒社会经验，扩宽自己的人脉，为自己未来的发展道路夯实基础。

【案例2】

王同学是一名中药学专业的 2017 届毕业生，和其他既要考研又要找工作的同学不大一样，他的目标很明确——就是要找工作。但是另一个问题来了，自己到底要找什么样的工作呢？他自认从来都没有什么主见，于是想听听寝室同学的意见。一天晚上，大家正好都在寝室，王同学就把自己的心事说了出来。寝室同学听完困扰他的心事后，纷纷为他出谋划策，小张说："小王，你去药厂工作吧，那赚钱可多了，现在有钱才是硬道理。你知道吗，咱们上届的师兄就在 XXX 药厂工作，就是一个普通工人，年薪和咱们学校教授工资差不多。现在特别缺少蓝领。"同学小李发表了不同看法："嗯，小张说得虽然对，不过也就咱们师兄那个分厂效益好，他们别的分厂还有开不出来工资的呢。其实，我觉得你还真不如去做销售，听说咱们专业的一个师姐在 XXX 公司都做到地区销售经理了，你去找找她，没准能成，据说薪水很高的。"听小李这么一说，王同学真有些动心了，想想那么高的工资，应该很快就可以在城市买套住房了，到时候可以把还在家里务农的爸爸妈妈接到城里来住，真是不错的选择。正在他幻想美好的未来时，同学小赵说话了："小王，你甭听他们瞎胡扯，真正想稳定还得到医院药局，去工厂当工人你这辈子还想出人头地啊！万一赶上个效益不好的，可能连自己都养活不了，就算现在效益特别好，也难保不出事啊！做销售也没啥意思，成天像个隐形人一样，出门比谁都早，回家比谁都晚，工资还得和经济效益挂钩，你做得好还行，做不好就会被开回家，这种工作太不稳定了。"听小赵这么一说，王同学刚才憧憬的美好景象立刻消失了，取而代之的是更多的迷茫与彷徨。

焦虑的王同学来到了就业指导中心寻求帮助，他把自己的情况和老师谈了之后，老师为他指出了需要解决的两个重要问题：一是缺乏对自己的了解，不了解自己的兴趣、爱好、价值观等，不能清楚地认识到自己最需要从工作中得到什么（例如，金钱、荣誉等）。二是缺乏对相关职业的认知，不能清楚地了解到这些职业的现状及未来的发展方向。

通过就业指导中心老师的指点，王同学才意识到自己的问题所在，很后悔当初没有好好上职业生涯规划课，现在真正面临就业时才知道它的重要性。为了帮助他了解自己，建立信心，就业指导中心的老师对他进行了多次辅导，通过职业测试、成就故事等轻松愉快的方式使王同学逐渐了解自己，使他认识到自己是一个什么样的人，具有什么样的性格，什么样的兴趣，什么样的价值观等。随着时间的推移，小王对自己的了解也越来越透彻，慢慢地重拾了面对就业难题的信心和勇气。在顺利地解决了第一个问题之后，小王在老师的帮助下来到了一家药厂的生产车间进行毕业实习，三个月后，小王发现自己真的很不喜欢这种周而复始的工作，于是便和药厂领导申请，调到了销售部门继续实习。在销售部门实习期间，小王发现医药销售行业也不太适合自己，从小在农村长大的他一身质朴，怎样也做不到八面玲珑。就在他为是否留在销售岗位上继续实习而矛盾时，小王家里的县医院刚好来到学校招聘实习学生，小王听到消息后也报了名，因为他家就在县里，医院很快就接收了他，并把他分配到医院的药局实习。在接下来的半年中，小王渐渐地意识到这才是自己喜欢的工作，认真地为每位患者服务，帮助有困难的人，使他收获了无数的欣慰和喜悦，他的内心也得到了前所未有的满足。通过一年实习，小王清楚地认识了自己曾经为之矛盾的三个职业，也找到了自己喜欢从事的职业。在毕业典礼上，小王高兴地对老师说："我已经被我们县医院正式录用了，感谢老师对我的指导和帮助，有了这一年的经历，相信我以后做什么事情都会充满信心的。"

相关解答

1. 目前用人单位对高学历者的青睐日益明显，毕业时是否一定要考研？

面对用人单位日益抬高的"门槛"，我们该何去何从，是"考研"继续深造？还是"就业"参加工作？难道毕业时一定要考取研究生吗？我们的回答是否定的，这里我们想用本单元所学的内容简单地为同学们剖析一下。首先我们来看几则招聘信息：

2016 年内蒙古医科大学附属医院招聘 50 名合同制护士要求中没有体现学历要求，但是要求护士具有护士资格证书。

2017 年华北医疗健康产业有限公司（国企）公开招聘工作人员公告显示招聘医院管理、人力资源管理、计算机信息技术、项目管理人员的学历本科以上，附加三年工作经验的条件。

2018 年在河南省省立医院康复医学部招聘 50 名医务人员公告中显示各种康复医师需要硕士及以上学历，康复治疗师需要专科及以上学历，康复工程需要专科及以上学历。

2018 年吉林省人民医院招聘编外聘用制人员岗位及资格条件中显示凡是应聘医生岗位是需要具备研究生学历以及具有执业资格的要求。其他岗位本科以上学历即可。

结合上面这些信息，我们来进行一下总结。目前国家的各大医院在医生岗位上的学历要求普遍还是高的，基本上是硕士以上学历，有一些学科带头人的岗位会要求是博士学历，同时一些医院会要求应聘人员具备几年的临床经验。临床岗位的护理人员学历要求一般都在专科以上，规模大一些的医院要求是本科以上学历，如果在科研岗位的会要求是硕士以上学历，同时对护士更多要求的是要有护士资格证书。医院的医疗技术岗位目前的学历层次要求是专科以上学历，规模大一些的医院要求是本科以上学历，也附加有一定年限的临床经验。和医疗相关的健康企业在用人方面对学历层面的要求是基于岗位的需求来设定的。

所以从对职业认知角度来看，不同的岗位对工作人员的要求是不同的。这就要求现在还处在学习阶段的同学进行职业生涯规划时，要深入、清楚地了解自己以后将要从事的职业，确定目标岗位，明确目标岗位对自己的要求，进而正确地制定自己的规划，而这个规划即是"考研"或"就业"的指向。举个例子进一步说明一下，同样是医学影像技术专业的两个本科毕业生，一个毕业生希望进入医院工作，而另一个则希望进入科研院所工作，很显然他们选择了不同的目标岗位，第一个学生在本科毕业时就可以直接到医院工作了，而第二个学生则需要在研究生毕业后才有可能进入科研院所。

所以我们说毕业时不是必须报考研究生，不同的目标岗位决定了不同的规划路线，不同的规划路线决定了我们是否要报考研究生。

2. 我们可以通过什么方法了解自己感兴趣的职业？

前文中已经提到过这个问题，所以我们在这里只是将文中内容作一归纳总结，给大家提供些实用的方法和途径。了解一个职业的方法主要有以下四种：阅读书籍、互联网搜索、参观和访谈、实习实践。下面我们分别说说这几种方法：

（1）阅读书籍：同我们学习和认识其他事物一样，书籍是我们了解一个职业的重要工具，通过查阅相关的书籍，我们可以了解到一个职业属于哪一类，还可以了解到每一种职业的名称、职责、工作环境和工作内容以及工作对相关人员的要求等。《中华人民共和国职业分类大典》就是一部非常好的工具书。但是通过阅读书籍了解职业是有弊端的，就是对于职业的发展和更新的内容比较慢，往往了解到的信息都是比较陈旧的。

（2）互联网搜索：随着信息化时代的到来，网络上的职业信息越来越多，有招聘者发布的需求计划、应聘条件、工资待遇，也有应聘者发布的个人简历、求职意向、预期薪金，还有很多服务性内容，例如：就业政策、人才培训、人才测评、就业新闻、就业指导等。如何在这些纷繁复杂的内容中找到你想要的信息呢？搜索引擎就为我们提供了一个快捷的方式，通过输入查询内容的关键词，我们可以很快得到想要查找的相关信息。虽然网络上有比书籍更快更丰富的内容，但是通过网络了解一个职业也是有弊端的，例如：你查询后获得的信息量过大不利于筛选，又或是找到虚假的信息。

（3）参观和访谈：对工作环境的参观和对业内人士的访谈也是了解一个职业的很好方式。通过对工作环境的参观，可以使你在感官上最直接地认识这项工作，了解工作的性质、工作的内容，并可以现场和工作人员交流，进一步丰富自己对该职业的认识。这一方式尤其适合于现在没有什么工作经验、对工作世界感到陌生的在校同学。通过对业内资深人士的访谈，你可以得到很多适时的、丰富的资料，同时也可以检验以前自己通过其他方式所获取的信息是否准确，还能够了解到他们对于从事的工作有什么样的感受。这些宝贵的信息是在书籍和网络上很难找到的。

（4）实习实践：比参观和访谈更直接有效地了解一个职业的方法就是——实习实践。只有自己身处其中，才能实际了解到具体行业的酸甜苦辣，品味个中滋味。对于现在还处在学习阶段的同学，最充裕的实践时间就是假期，充分利用假期做好社会实践不单单是一项假期功课，更是了解一个职业，增加自己工作经验的一个重要方法。

课后作业

1. 生涯人物访谈　请同学们自由组合成小组，选择一个在职的对象，对他/她进行采访，了解他/她的实际工作情况，并将采访内容形成书面报告（表3-1）。问题可以从三方面设计：职业咨询、生涯经验、人生感悟，具体问题举例如下：

（1）当初在选择学校及专业时，您是如何做决定的？
（2）您为什么会选择您现在的这项职业？您是否从事过其他职业？
（3）您的职位是什么？工作的主要职责是什么？
（4）您能列举工作中所要用的器具吗？
（5）通常您的一天都是怎么度过的？
（6）开始这个工作需要多少年有关的工作经验？
（7）工作中需要哪一方面的才能、必备知识、必备技巧、必备能力？
（8）您对自己现在的薪酬福利满意吗？
（9）您在工作上最有成就感的一件事是什么？它对您的影响是怎样的？
（10）您觉得您的职业前景如何？
（11）如果我们想进入您的行业，您能给我们一些意见吗？
……

表 3-1 生涯人物访谈报告

访谈人物		从事职业	
访谈时间		访谈地点	
职业咨询方面			
生涯经验方面			
访谈心得与反思			

2. 职业信息分析　请同学为自己未来的职业探索进行信息搜集，使用下面的表格罗列出自己已经掌握和了解的信息以及进一步需要探索的信息并进行整理分类（表3-2）。

表3-2　"我的职业信息分析表"

目标职位	掌握的情况	自身的优势	自身劣势	需进一步了解的信息
理想单位1				
理想单位2				
较心仪1				
较心仪2				
备选1				
备选2				
其他1				
其他2				

相关链接

1. 国家职业分类大典和职业资格工作委员会.中华人民共和国职业分类大典.北京：中国劳动社会保障出版社，2017
2. 普通高等院校"十二五"精品规划教材职业生涯规划课题组.大学生职业生涯规划与素质能力提升.北京：现代教育出版社，2013
3. 唐闻捷，王占岳.医学生职业生涯规划与发展.杭州：浙江大学出版社，2013

第四节　医学职业探索操作技能训练

理论解析

生涯幻游是自我认知的一种评估方法，通过生涯幻游来唤醒来询者内心真正的需要和努力的方向，从而激发自身内在动力去实现。它是依据生命历程理论进行的个人职业生涯探索的一种活动。所谓生命历程，简单地说就是在特定时代背景下，个人在生命跨度中所扮演的社会期望的全部角色与事件的轨迹。生命历程理论是马托斯和埃尔德等美国学者提出的。他们将生命历程界定为个体在一生中不断扮演的社会规定的角色和事件，这些角色与事件的顺序是按年龄层排列的。因此，对个体发展的研究不能局限于人生的某一阶段，也不应仅在封闭的生命周期内探讨，而应在整个生命跨度中进行全面研究。生涯环游活动的使用方法是在安静的室内，用轻音乐作辅助，规划师帮助来询者先进行放松，然后利用指示语进行引导，引导来访者乘坐未来世界最先进的时光隧道机，到未来世界去旅行，具体地想象自己五年或者十年后的模样，未来生涯的光景。

家族职业树是社会认知职业理论（SCCT）框架背景下的一种评估方法。社会认知职业理论认为个体的职业行为会受到个体所身处环境的影响，尤其家庭是一个人成长的重要环境基础，个体对职业的最初认知也往往是通过和家人的沟通交流获取的，所以家人或家族中重要他人对职业的态度往往会对个体的职业行为的选择有着直接的促进或阻碍作用。通过绘制家族职业树的活动，可以进一步梳理个体职业认知，为未来职业选择进行科学合理规划奠定基础。

操 作 与 训 练

一、生涯幻游

（一）训练目标

生涯幻游（career magic tour）是结合音乐欣赏，透过幻游的画面，带领参与者去他想象中的未来空间。在所规定的特殊情景中驰骋自己的想象，对其一生或某一天、某件事做出一个理想预期的过程。幻想技术的应用分为三步：放松、幻游和经验分享。幻游之后，写下这一天或某一事件的细节，并进行互相讨论，重点放在这些内容与生涯目标一致和不一致的部分上。协助参与者由活动探索自己未来希望的生活形态，并且共同讨论实现梦想的具体步骤。

（二）训练方法

指导语：找个人给你读下面这段幻想。必须读得缓慢而温柔，最好放上温柔的音乐，在标注需要停顿的地方要有停顿。

"好，现在请你尽可能放松。在你的位子躺下或调整为你觉得最舒服的姿势，现在，闭上眼睛，尽可能放松自己（停顿），调整你的呼吸，呼气（停顿）、吸气（停顿）、呼气（停顿）、吸气（停顿）。好，保持这样平稳的呼吸，接下来，放松身体每一部分肌肉，放松（停顿）、放松（停顿）、放松（停顿）。

想象一下现在你已经乘坐上时空穿梭机，目的地是五年后的某一天。正好是清晨你刚醒来，是睡到自然醒还是被闹钟吵醒的，现在是几点钟？你在哪？观察下四周什么样子的，你看到什么？闻到什么？听到了什么（停顿）。起床后的第一件事情做什么？（停顿）洗漱完你正在考虑要穿什么衣服去上班，你最后决定穿什么衣服？（停顿）想象下你正站在镜子前面装扮自己！当你想到今天的工作时你的感觉怎样？是平静、激动、厌倦还是害怕？（停顿）你现在正在吃早饭，有人和你一起吃吗？还是你一个人吃？（停顿）现在你准备去上班，出门后回头看看你住的房子，它是什么样子的。（停顿）

好，现在出发。你用什么交通工具去单位？有人和你一起吗？如果有的话是谁呢？当你走时注意周围的一切。（停顿）单位有多远？（停顿）到达单位了，想象一下单位是什么样子的？它在哪里？看起来怎么样？（停顿）现在你走进工作的地方，那儿都有些什么人，多少人跟你一起工作，他们在做什么，单位的人都是怎么称呼你的？（停顿）你的办公室是什么样子的？接下来你要做什么？（停顿）想象下你一上午的工作都做了些什么？你是用你的思想在工作还是做一些简单的事务性工作。你跟别人一起工作？还是你主要是独自工作？是在户外还是室内工作？（停顿）

现在上午的工作结束了，你该吃午饭了，你去哪里吃饭？跟谁一起吃饭？你们谈些什么？（停顿）现在回到工作中来，下午的工作与上午的工作有什么不同吗？（停顿）你一天的工作结束了，这一天让你感觉到满足还是沮丧？为什么？（停顿）今天你还想去别的地方吗（停顿）？在这一天当中，你还想做的是什么（停顿）？

现在，你回家了，有人欢迎你吗（停顿）？回家的感觉怎样（停顿）？你如何与家人分享这一天所做的事（停顿）？你准备去睡了。回想这一天，你感觉如何（停顿）？你希望明天也是如此吗（停顿）？你对这种生活感觉究竟如何（停顿）？过一会儿，我将要求你回到现在。好了，你回来了……看看周围的一切，欢迎你旅游归来。喜欢你幻游的生活吗？喜欢的话可以分享你的经历。"

如果参与者不想分享幻游的生活可以花些时间思考，考虑下列问题：

1. 我五年后典型的一天描述

（1）我五年后从事的工作的描述

1）工作是_____。

2）工作内容是_____。

3）工作的场所在_____。

4）工作的场所周围的环境_____。

5）工作的场所周边的人群_____。

（2）我五年后的生活形态的描述

1）婚姻状况　□已婚　□未婚　□其他____。

2）家中成员有子女____人；是否与父母同住？□是　□否　□其他____。

3）居住的场所在_____。

4）居住的场所周围环境_____。

5）居住的场所周围的人群_____。

2. 请说明下列问题

（1）我在进行幻游过程中，印象最深刻的画面是_____。

（2）我在进行幻游后，对比与现在环境最大的不同点是_____。

（3）我在进行幻游后，最深的感受是_____。

3. 我在进行幻游后，觉得未来的生涯发展会是怎样的？

（1）我认为我未来会从事_____职业。

（2）我认为我的未来会与幻游过程相关吗？

□是　□不是　□其他

二、家族职业树

（一）训练目标

家族职业树通过对家族中成员所从事的职业类别、职业性质、成员对自身所从事职业的评价、成员对学生所学习的专业或者未来将选择的职业的评价等内容进行调查，从而帮助学生了解家人对你的职业期待以及自身的自我期许究竟与家族职业有哪些关联。

（二）训练方法

指导语：请按照表 3-3 格式将你所有家人及亲戚的职业逐一填满，并绘制家族职业树（图 3-1）。

表 3-3　家庭职业调查表

编号	称谓	从事职业	职业性质	对自身职业评价	对学生的专业 / 未来职业的评价
1	祖父				
2	祖母				
3	外祖父				
4	外祖母				
5	爸爸				
6	妈妈				
7	叔叔				
……	……	……	……		

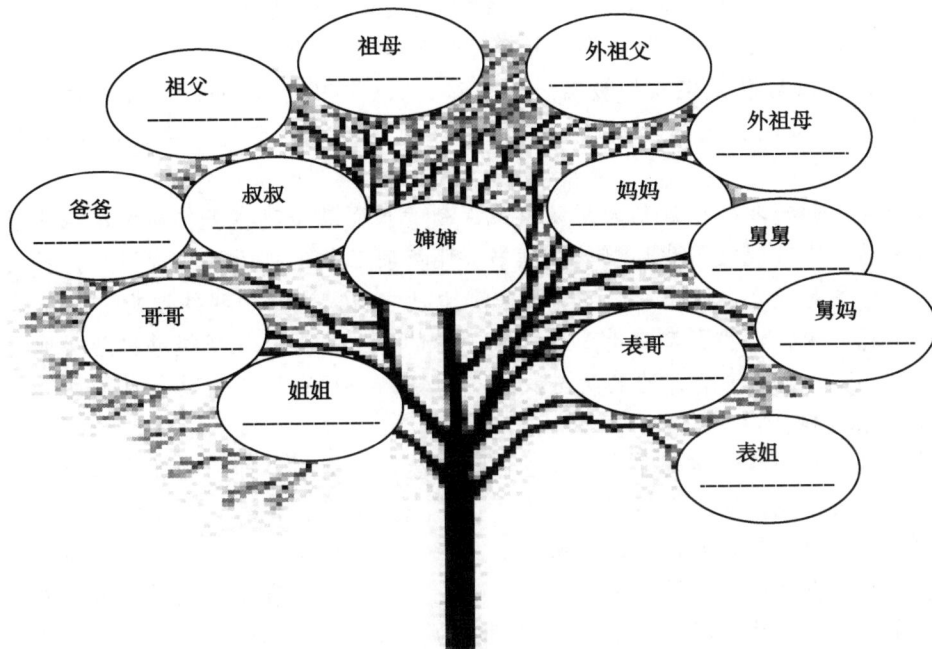

图 3-1　家族树

实践指导

1. 生涯幻游

小王，女，现为某医科大学临床医学专业硕士研究生毕业生，在 2015 年的暑假中，她体验了一次职业生涯幻游，记录如下：

五年后的今天的清晨，我被 6 点的闹钟准时叫醒，想想昨天一天的紧张工作，现在还觉得精神疲惫。积极地鼓励了自己一番，今天仍然是作为外科医生的自己可以大显身手的一天。翻身下床，刚刚走出房间，就看到同住的两个同事已经在厨房忙着塞早饭，还好我的咖啡已经被友好地摆在了桌子上，香气扑鼻。开始洗漱，并画好淡妆，穿起最舒适并适合在白大褂下打底的 T 恤衫，塞几口点心和咖啡，在室友兼同事的催促下冲出家门。走出大门，太阳已从我所住的高层公寓后面探出脑袋，空气清新，生活美妙。

我们三人各自开出自己的小车，依次开往去工作单位的大路上。我的医院在一个适合急诊的中心区，交通便利，设施齐全，是理想的综合就诊医院。到达我的科室，换好工作服，领导已经开始安排交接工作。同事们相互友好并认真地陈述当日的工作情况和计划要求，接着大家便分头开始忙碌起来。我将要接手新的患者以及照看其他老患者。诊断，开药，巡查，甚至是上手术台，忙得不亦乐乎。

紧张的一上午结束了，同事们相约换班去医院的医生餐厅吃饭。大家谈谈工作，谈谈生活，发发牢骚，吃得很愉快。下午又是紧张的工作，一直忙碌到太阳西下。还好今天不用值夜班，交班之后就准备回家了。今天我又从前辈们那里学到了很多知识和经验，且没有发生不愉快的事情，有些患者已经痊愈出院了，真是不错的一天。现在最想做的就是回家休息，好好睡一觉。

和我的室友兼同事相约回家，在回家的路上买了好吃的外卖。到了家，三个人围坐在电视前，边聊边吃，忘却了劳累。正餐过后又塞了一小桶冰激凌，很香甜，很开心。夜渐渐深了，洗漱后躺回柔软的被窝。回想这一天，充实又顺畅，这就是我最理想的医务工作情况，以及最自在的生活状态。我想只要我踏实地前进下去，我的未来会愈加美好。

回到现在，回想我的生涯幻游，印象最深刻的画面就是我在工作岗位忙碌的场景，让我觉得很激动。比较现在，我还要继续读书，距离我工作的那天还比较遥远，我很希望我理想的工作场景对我来说并不是梦，我要更努力地学习，去实现我的理想。

感谢生涯幻游，让我更清楚地看到了我梦想的职业生涯，让我能够更踏实地迈好我的脚步，一步一步，总有一天，我会走进我现在的梦，会对五年前即现在的我微笑。

2. 家族职业树

小冯，男，某医科大学药学专业本科大四学生，面对自己即将毕业不知道该如何选择适合自己的领域发展，他在大四实习之前体验了一次家族职业树，记录如下：

我的祖父和祖母都是农民，膝下有我的父亲和姑姑两个孩子，姑姑念到高中后就辍学在家务农，姑父也是一个农民，他俩有一个女儿是我表姐，表姐后来通过考学成为了一名护士，现在县医院工作。我的父亲通过高考成为一名师范学院的学生，后来毕业分配留在了我们县高中当一名化学老师。

我的外祖父是我们县政府的一名工作人员，祖母是县里一家企业的技术员，他们俩就有我妈妈一个女儿，我的妈妈和我的父亲是一个大学的同学，但是学的是数学专业，现在我们县一所初中当数学老师。

通过这样的梳理，我发现我们家族的职业主要有农民、教育工作者、政府工作人员、企业人员、医疗工作者。对于乡下务农，家族的成员普遍都不是太认可，并且认为我是一个男孩子要光宗耀祖，一定得考大学，不是说好男儿志在四方么。

我的父亲和母亲是教师，工作很稳定，还有寒暑假，并且由于他们的专业，我从小理科就学习得很好，所以考大学的时候就一直想要报考和化学或者数学相关的专业，但是我自己不想当老师，觉得当老师虽然像家族人说的工作稳定，社会地位高，工资待遇尚可，但是每天和人打交道，还得备课讲课，不是我喜欢的。外祖父是政府职员，工作虽然社会地位高、但是经济效益一般，特别操心，总加班，也总与人打交道。姐姐的工作是医务工作者，休息少、累心累力，关键是她的专业也是与人打交道不是我喜欢的。外祖母在企业担任技术员工作，我觉得挺好，经济效益不错，每天把自己分内工作做好，也不用和很多人打交道也不是很操心，这一点是我最喜欢的。虽然我自己不喜欢与人打交道，但是也希望自己能够为大家做点什么，自己所学习的专业也能间接为人类提供服务和帮助，因为看姐姐和父母还有外祖父虽然工作很累，但是能得到大家的认可和肯定，也是挺幸福的一件事情，这也是我为什么选择药学专业的原因，既能满足我自己的兴趣又能获得为人服务的满足感。

通过梳理家族职业树，我想明白了我喜欢自己所学习的专业，但是我不喜欢做与人交往的工作，那么毕业之后我肯定不会留在医院或者学校这样的单位。我喜欢去企业做一名像外祖母那样的技术人员，以我目前的学历是难以胜任的，所以我接下来需要做的就是进一步提高自己的学历和科研能力，也就是说我实习结束之后应该考研究生，然后再去医药企业进行面试。这个家族职业树有意思，通过梳理自己家里人的职业，就可以明晰自己未来的选择方向，真心不错。

课后作业

1. 生涯幻游　生涯幻游活动结束后，请同学把幻游中印象最深刻的画面画下来，作画时间为三分钟，不与其他同学讨论。画完后，班级分成若干小组，每个小组的同学在组内把画依次传给右手边的人，收到画的同学在十秒内为这张画增添一些东西，然后再传给右手边的人，直到自己的画传回自己的手中。拿回自己的画后，同学们可以互相分享自己对被修改后的画的感受，并为其打分，分值为 1 至 10 分。打分后，同学们选出了最感兴趣的几幅画，这些画的主人们与大家分享画中的故事。从不同的画中可以看出大家的侧重点不同，有的是家庭，有的是生活，有的是直接与职业相关的。

分享完画后，大家需要回答两个问题，并把答案写在纸上。

问题：

（1）未来一份什么样的职业会让你在五年（或十年）后过上你想要过的生活？

（2）目前你对你未来的职业目标做的最有意义的三件事是什么？

2. 家族职业树　通过对家族职业的调查制作出自己的家族职业树，或者参照下面的图表格式（表 3-4）进行梳理。然后思考回答问题。

表 3-4　×××家庭职业谱

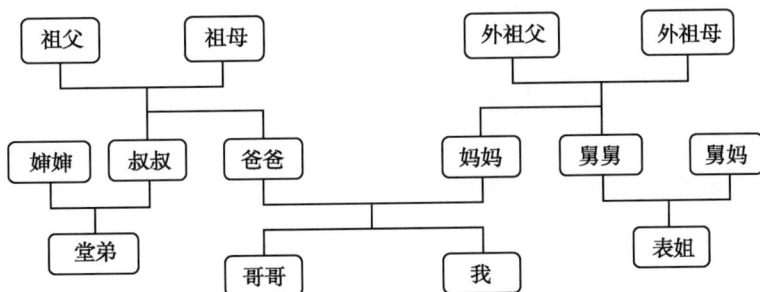

问题：

（1）你家族中的成员从事最多的职业是什么？你想要从事这种职业么？为什么？

（2）家族中的各位成员如何形容自身的职业？平时他们会提到哪些职业？他（她）怎么说的？他们的哪些想法对我的影响深刻，都是什么？（请按照家族成员——说明）

（3）家族中对彼此的职业感到满意或者羡慕的是什么？例如："堂弟是医院的医生，不仅收入高，社会地位也高……"

家族彼此羡慕的职业是：_____

对他们的想法我觉得：_____

（4）家人对各个职业的评价往往表现了他们自身的好恶，例如："千万不要当艺术家，可能连一天三顿饭都没有着落。""当医生好，不仅收入高，社会地位又高"等。

我的家人最常提到有关职业的事是：_____

对我的影响是：_____

未来哪些职业是我绝不考虑的：_____

哪些职业是我有考虑的：_____

选择职业时，我还重视哪些条件：_____

（5）你为什么会选择现在就读的专业？

（6）你现在的专业和你想从事的职业之间有什么样的联系？

相关链接

1. 曲振国.大学生职业生涯规划与就业创业指导教程.西安：西安交通大学出版社，2015

2. http：//study.ccln.gov.cn/fenke/shehuixue/shxkdt/shyjzs/341200.shtml

第四章

认识医学生职业决策 ◀

我们的决定，决定了我们。

——萨特

第一节　职业决策概述

迷惘与疑惑

1. 小李同学上大学后就感到迷茫，身边的同学似乎都有了学习目标和职业方向，可他还不知道自己是选择考研还是就业，迟迟做不出选择。

2. 小孙同学就读于某医学院校医学检验技术专业，临近毕业，他决定先工作，考研的事情过几年再考虑，可是他对于选择进医院还是考公务员拿不定主意。

实际上，这两名同学的情况在医学院校大学生中很常见，因为大多数学生在选择医学专业的时候，并不一定了解医学职业，有些人可能也不喜欢医学职业。进入大学专业学习后，尤其是临近毕业时，不能明确自己职业发展方向，不知道自己最终职业目标是什么，就成了很常见的现象。这时候就需要用科学的方法和手段帮助自己尽早尽快做出职业决策。

理论解析

一、职业决策的基本概念

职业决策是一个复杂的、多维度的概念，《教育大辞典》中是这样定义职业决策的，是指人们根据自身特点和社会需要做出合理的职业方向抉择的过程。

职业决策的常见内容一般包含以下几个方面：选择何种行业；选择行业中的哪一种工作；选择适用的策略，以获得某一特定的工作；从数个工作机会中选择其一；选择工作地点；选择工作的取向；选择生涯目标或系列的升迁目标。

对医学生来讲，职业决策不仅存在于职业生涯规划中，也存在于求职中。在职业生涯规划中，职业决策是前导部分，需要确定生涯的发展目标和方案，发展目标和方案直接决定着职业生涯规划是否成功；在求职过程中，需要我们确定求职方向、求职层次、求职方法等问题，它决定着我们的求职过程能否顺利完成。如果想要进行正确的职业决策，就需要认真地剖析和认识自己，充分了解自己的性格、兴趣和特长，知道自己一生中要获得什么，自己要成为什么样的人，了解职业决策的影响因素和决策过程中要注意的问题等。

二、职业决策八种类型

在职业规划决策过程中，决策者的决策风格对决策结果影响很大，不同的决策风格做出的决策结果是不一样的，常见的决策者有以下几个类型（表4-1）。

表4-1　决策者类型

决定类型	说明	行为特征	好处
冲动型	决策过程基于冲动，决策者选择第一个遇上的方案，立即做出反应，不再考虑其他的选择	先做了再说，以后再考虑后果，这种行为可能是因为对困难的逃避	不必花时间找数据，能快速做出决策
宿命型	决策者知道需要做决定，但自己不愿做决定，把决定的权力交给命运或别人，认为做什么选择都是一样的	船到桥头自然直，认为一切都是命运的安排	不必自己决策，减少冲突
顺从型	自己想做决策，但无法坚持己见，常会听从于权威者的安排，或者跟随大众的选择	我听你的，如果你说好，我就照做；或者是从众心理	维持表面和谐
拖延型	知道需要及时做出决定，但经常迟迟不做决定，或者到最后一刻才做决策	"寒号鸟"类型，惯于拖延，不着急，总想明天再说	延长做决定的时间
直觉型	根据感觉而非思考来做决策，只考虑自己想要的，不在乎外在的因素	嗯，感觉还不错，就这么决定了，说不出具体理由	比较简单省事
麻痹型	害怕做决策的结果，也不愿负责，选择麻痹自己来逃避做决策	我知道该怎么做，可是我办不到	可以暂时不做决定
犹豫型	选择的项目太多，无法从中做出取舍，经常处于挣扎的状态，下不了决心	绝不能轻易决定！万一选错了，那就惨了，害怕做出错误决定，追求完美	搜集充分完整资料
计划型	做决策时会倾听自己内在的声音，也会考虑外在环境的要求，以做出适当且明智的决策	一切操之在我。我是命运的主宰，是自己的主人	主动积极，面对问题，解决问题

三、职业决策困难

职业决策困难是指个体在进行职业选择过程中可能遇到的各种困难，例如缺乏准备、缺少各种招聘信息、缺少决策所需知识、对自身了解不足等。

职业决策困难在整个决策过程中均有体现：包括职业决策意识的困难、决策开始阶段的困难、决策过程中的困难、职业决策的执行困难等。通过职业决策困难分类表（表4-2），同学们可以发现自己的决策困难集中表现在哪个阶段。

表 4-2　职业决策困难分类表

困难类别		判断条目
生涯决策意识的困难	A	未觉察到做决定的需求
	B	不知道做决定的过程
	C	知道要做决定，但逃避承担决定的责任
收集信息的困难	A	不充分，不一致的信息
	B	因过量的信息而感到的困惑
	C	不知道如何收集资料，如：在何处收集，如何组织，如何评估等
	D	因信息与个人的自我概念不一致而不愿意接受信息的有效性
产生、评估、选择替代方案的困难	A	由于面临多重生涯选项而难以做决定
	B	由于个人的条件限制，如健康、能力等，而无法产生足够的生涯选项
	C	由于害怕失败，害怕承诺或投入行动等焦虑感，而无法做决定
	D	受人际影响，冲突、情境、资源、健康等局限个人的选择
	E	由于不知道评估的标准：价值、兴趣、性格、能力、资源、健康等
计划执行中的困难	A	不知道形成计划的必要步骤
	B	不知道在未来的计划中需要完成哪些事情
	C	不愿意或无能力获得必要的信息以形成计划

同学们通过这个表格查找自己决策困难的表现方面之后，可以进一步去寻找解决这些困难的方法。

相关解答

如何克服自己的职业决策困难？

我们要认识到在大学阶段出现职业决策困难是正常现象，我们完全可以通过理论学习和实践来克服。首先我们要了解自己属于哪种职业决策困难类型，明确自己在职业决策过程中的行为特征。其次我们要在决策前准备好所需的信息，最后我们要能熟练运用职业决策理论和方法来进行科学的决策。做出决策后，我们既要坚持执行决策，也要能适当地进行决策的调整。

课后作业

测测你的决策风格

第一部分：圈出与你平时的感觉或活动最接近的答案。每个项目无对错之分。

1. 我更重视：a. 人们的感觉；b. 人们的权利。

2. 我常常和_____合得来：a. 富于想象力的人；b. 现实的人。

3. 我更乐于被别人称为：a. 真情实感的人；b. 一贯理性的人。

4. 和别人共同做事时，对我最有吸引力的是：
a. 按照被人接受的方式活动；b. 自己发明一种新方法活动。

5. 最令我烦恼的是：a. 别出心裁的理论；b. 那些不喜欢理论的人。

6. 把某人称为_____，是对他更高的赞扬：a. 有想象力的人；b. 按部就班的人。

7. 我常常让：a. 我的心统领我的脑；b. 我的脑统领我的心。

8. 我认为更糟糕的错误是：a. 表现出过度的关怀；b. 缺乏同情心。

9. 如果我是教师，我宁可教：a. 理论性的课程；b. 事实性的课程。

第二部分：下面每组配对词中哪个对你更有吸引力？圈出或画勾。

10. a. 同情；b. 远见。

11. a. 公正；b. 仁慈。

12. a. 生产；b. 设计。

13. a. 谦和；b. 坚定。

14. a. 随和的；b. 挑剔的。

15. a. 文字的；b. 图形的。

16. a. 想象的；b. 实事求是的。

测量计分：在下面测量统计表（表4-3）中写出你的每一个反应，然后利用赋分栏汇总你的得分。例如，如果你对第一个问题的答案是a，那么你的得分就是感情栏1a对应的分值（0分）。把每一栏的得分加起来后，就是你在每个因素上的实际得分。

测量分值说明：如果你的直觉型得分大于等于感知型，则定为直觉型；若感知型得分大于直觉型，则定为感知型；若感情型得分大于思考型定为感情型；若思考型得分大于感情型则定为思考型。

直觉性得分较高说明你是以一种整体的眼光看待这个世界，较富有创造力；感知型得分较高说明你比较现实，用事实来看待世界；感情型得分较高意味着你的决策多半是基于感情因素；思考型得分较高表明你具有很强的逻辑思维能力，决策建立在缜密的分析基础之上。

表 4-3 测量分值统计表

感知型	得分	直觉型	得分	思考型	得分	感情型	得分
2b	1	2a	2	1b	1	1a	0
4a	1	4b	1	3b	2	3a	1
5a	1	5b	1	7b	1	7a	1
6b	1	6a	0	8a	0	8b	1
9b	2	9a	2	10b	2	10a	1
12a	1	12b	0	11a	2	11b	1
15a	1	15b	1	13b	1	13a	1

续表

感知型	得分	直觉型	得分	思考型	得分	感情型	得分
16b	2	16a	0	14b	0	14a	1
最高分	（10）		（7）		（9）		（7）

相关链接

1. http：//www.newjobs.com.cn/ 中国国家人才网
2. http：//www.chrm.gov.cn/ 中国人力资源市场网
3. http：//www.ncss.org.cn/ 全国大学生就业服务立体化平台
4. http：//www.chinajob.gov.cn/ 中国就业网

第二节　职业决策理论与方法

理论解析

一、职业决策理论

（一）人职匹配理论

人职匹配理论又称特质因素理论，是波士顿大学弗兰克.帕森斯在 1909 年在其所著《职业选择》一书中提出的职业决策模型，也是最早的职业决策理论之一。他认为每个人都有自己独特的人格特征，所以每个人都有其相适应的职业类型。

人职匹配理论主要强调职业决策中的个人特质与职业的要求匹配，没有从整体上对职业决策进行研究，很少考虑家庭、社会环境、经济形势、就业状况等制约因素，对心理、社会、经济因素缺乏思考。

后来，人们开始综合考虑心理、社会、经济等因素，更加关注职业生涯决策的整个过程，承认职业生涯决策过程的非理性成分。这些理论所描述的职业决策模型，可以分为两种基本类型，即理性选择模型和非理性选择模型。理性模型把明智的决策者看作是一个"客观的科学家"，是系统的、独立的和理智的，确保个体获得最终目标的最大化，强调个体决策。非理性模型则认为决策过程充满了模糊性和不确定性，强调决策过程中环境因素的作用，把对个体有意义的环境因素考虑在内。

（二）生涯决策过程理论

泰德曼（Tiedeman）结合萨柏与金斯伯格的生涯发展观点，提出整个决策过程是由预期、实施与调整这两个阶段和七个步骤不断循环进行而组合成的。

1. 确定目标阶段　个人在进行职业决策时，首先是要确定职业目标，如何确定职业目标呢？可以按以下四个步骤进行：

（1）试探：根据自己所学的专业及个人的兴趣、爱好及职业理想，考虑不同选择方向及可能目标。

（2）具体化：列出所有可能目标对于自己来说存在的优点与不足，经过对各种选择方向或目标优缺点的斟酌，明确什么是自己最想要的、什么是阻碍自己目标实现的最大困难。

（3）选择：选定一个能解除目前困扰的目标。

（4）明确化：对最终选择的目标再审视，看是不是自己最想要的，是不是可以通过努力实现的，发现问题，及时调整准备要行动的目标。

2. 实施与调整阶段　将选择的方案付诸于行动，落实于现实生活，然后评估其结果，并根据个人对结果的满意程度，对方案做调整或改变。具体的实施分为三个步骤：

（1）入门：开始执行自己的选择，也是新经验的开始，在新环境中，争取获得他人的接纳。

（2）转化：调整步伐与心态，专心致志，肯定在新环境中的角色，全力以赴。

（3）整合：个人的信念与集体的信念达到平衡与妥协。

（三）认知信息加工过程理论

该理论吸收了认知行为干预、决策制定策略等方法，提出了认知信息加工金字塔和CASVE循环这两个核心观点。

1. 认知信息加工金字塔（图4-1）　该理论把生涯发展与咨询的过程视为学习信息加工能力的过程。理论的提出者按照信息加工的特性构建了一个信息加工金字塔。位于塔底的领域是知识的领域，包括自我知识和职业知识。中间领域是决策领域，包括了沟通－分析－综合－评估－执行五个阶段。最上层的领域是执行领域，也称为元认知，元认知是一个人所具有的关于自己思维活动和学习活动的知识及其实施的控制，是任何调节认知过程的认知活动，即是任何以认知过程与结果为对象的知识。包括自我言语、自我觉察、控制与监督。

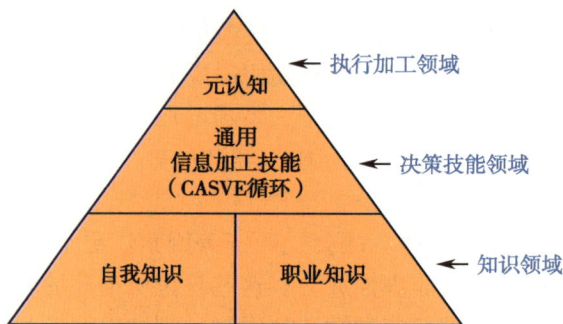

图4-1　认知信息加工金字塔

2. CASVE循环　CASVE循环（图4-2）包括五个阶段：沟通、分析、综合、评估和执行，CASVE就是这五个词的英文单词首字母。它可以在整个职业生涯问题解决和决策制定过程中为你提供指导。

（1）沟通（communication）：在这个阶段，我们收到了关于职业理想与现实之间存在差距的信息。这些信息可能通过内部或外部交流途径传达给我们。内容沟通包括情绪信号，例如不满、厌烦、焦虑和失望，还有身体信号，如昏昏欲睡、头痛、胃部疾病等。外部沟通包括父母对你的职业规划的询问，同事、朋友对你的职业评价，或者是杂志上关于你的专业正在逐渐过时的文章。

这是意识到自己需要做出选择的阶段，在这个阶段，我们通过各种感官和思考充分接触问题，找出差距。

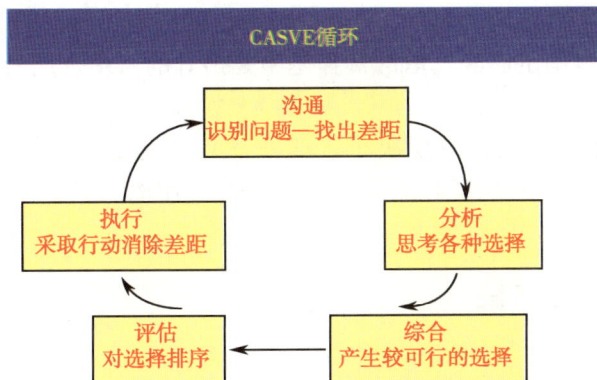

图 4-2　CASVE 循环图

（2）分析（analysis）：在这个阶段，我们需要花时间去思考、观察、研究，从而更充分了解差距，了解自己有效地做出反应的能力。好的生涯决策者会阻止冲动行事来减小在沟通阶段所体验的压力或痛苦，因为他们知道，这是无效的，甚至可能令问题恶化。他们弄清楚要解决这个问题我需要了解自己的哪些方面，了解环境的哪些方面，需要做些什么才能解决问题，为什么我有这样的感受，家庭会怎么看待我的选择等问题。

这是了解我自己和我的各种选择的阶段。在这一阶段，生涯问题解决者通常会改善自我知识，不断了解职业世界和家庭需要。简单说，在分析阶段，生涯决策者应尽可能了解造成在第一阶段发现的差距的原因。

分析阶段还需要把各种因素和相关知识联系起来，例如，把自我知识和职业选择联系起来；把家庭和个人生活的需要融入到职业选择中。

（3）综合（synthesis）：主要是综合和加工上一阶段提供的信息，从而制订消除差距的行动方案。其核心任务是，确定我可以做什么来解决问题。

这是一个扩大并缩小选择清单的过程。首先，尽可能多地找到消除差距的方法，发散地思考每一种办法，甚至采用"头脑风暴"进行创造性思维。然后，缩小有效方法的数量，通常缩减到 3 至 5 个选项，因为这是我们头脑中最有效的记忆和工作容量就是这个数目。

（4）评估（valuate）：评估阶段将选择一个职业、工作或大学专业。

它的第一步是评估每一种选择对生涯决策者和他人的影响。例如，如果选择了服兵役，这一选择将会给自己、伴侣、父母、孩子等重要他人带来什么影响？每一种选择都要从对自己和对他人的代价和益处两方面进行评价，并综合物质上和精神上因素。

第二步就是对综合阶段得出的选项进行排序，能够最好地消除差距的选项排在第一位，次好的排在第二位，依此类推。此时，职业规划决策者会选出一个最佳选项，并且做出承诺去实施这一选择。

（5）执行（execution）：这是实施选择的阶段，把思考转换为行动。很多人都觉得在执行阶段制订行动计划是令人兴奋的和有价值的，因为他们终于可以开始采取积极行动去解决问题了。

（6）沟通再循环：CASVE 循环是一个不断重复的过程，在执行阶段之后，生涯决策者又回到沟通阶段，以确定已经选取的选择是不是最好的，是否能最有效地消除理想与现实间的差距。

CASVE 决策技术，无论是对解决个人职业规划问题，还是解决团体问题都非常有用，用系统的方法思考这五个步骤，能够提供一个有用的工具，使你成为一个更有效率的人。

二、常用职业决策方法

（一）职业决策平衡单

生涯决策平衡单（decision weighing list）是生涯决策中经常使用的方法，主要将重大事件的决策思考方向集中到四个主题上：自我物质方面的得失；他人物质方面的得失；自我赞许与否（自我精神方面的得失）；社会赞许与否（他人精神方面的得失）。决策平衡单经常被应用于问题解决模式中，用以协助使用者系统地分析每一个可能的选项，判断分别执行各选项的利弊得失，然后依据其在利弊得失上的加权计分排定各个选项的优先顺序，以执行最优先或偏好的选项。

1. 操作步骤

（1）列出可能的生涯选项：咨询者首先需在平衡单中列出有待深入评量的三至五个潜在的生涯选项。

（2）判断各个生涯选项的利弊得失：平衡单中提供咨询者思考的重要得失。咨询者可依据重要的得失方面，逐一检视各个生涯选项，并以"+5"至"-5"的十一点量表（+5，+4，+3，+2，+1，0，-1，-2，-3，-4，-5）来衡量各个生涯选项。

（3）各项考虑因素的加权计分：咨询者在各个方面的利弊得失之间，会因身处不同情境而有不同的考量。因此，在详细列出各项考虑层面之后，须再进行加权计分。即对当时个人而言，重要的考虑因素可乘以一至五倍（×1~×5），依次递减。

（4）计算出各个生涯选项的得分：咨询者须逐一计算各个生涯选项在"得"（正分）与"失"（负分）的加权计分与累加结果，并计算各个生涯选项的总分。

（5）排定各个生涯选项的优先顺序：依据各生涯选项在总分上的高低，排定优先次序，生涯选项的优先次序即可作为咨询者职业生涯决策的依据。

2. 平衡单中的得失

（1）自我物质方面的得失：经济收入；工作的难易程度；工作的兴趣程度；对健康的影响；升迁机会；工作的稳定、安全；从事个人兴趣的时间（休闲时间）；其他（如社会生活的限制或机会、对婚姻状况的要求、工作上接触的人群类型等）。

（2）他人物质方面的得失：家庭经济收入；家庭社会地位；与家人相处的时间；其他（如家庭可享有的福利）。

（3）自我赞许（精神）得失：成就感；自我实现的程度；兴趣的满足；挑战性；社会声望的提高；达成长远生活目标的机会。

（4）他人赞许（精神）的得失：父母；朋友；配偶；同事；社区邻里；其他（如社会、政治、或宗教团体）。

生涯决策平衡单具体格式如下表（表 4-4）

表 4-4　生涯决策平衡单

选择项目　　　　加权分数　考虑因素		重要性的权重 1-5	选择一：		选择二：		选择三：	
			分数 -5-+5	小计	分数 -5-+5	小计	分数 -5-+5	小计
个人物质方面的得失	1. 收入方面							
	2. 健康情况							
	3. 工作时间							
	4. 休闲生活							
	5. 未来发展							
他人物质方面的得失	1. 家庭收入							
	2. 家庭地位							
	3. 与家人相处时间							
	4. 其他							
个人精神方面的得失	1. 成就感							
	2. 挑战性							
	3. 兴趣的满足							
	4. 社会认可度							
	5. 其他							
他人精神方面的得失	1. 父母的自豪感							
	2. 配偶的感受							
	3. 老师同学等的认可							
	4. 其他							
合计								

（二）SWOT 决策分析法

SWOT 分析法又称为态势分析法，它是由美国旧金山大学的教授于 20 世纪 80 年代初提出来的，是一种能够客观而准确地分析和研究一个企业现实情况的方法，后来 SWOT 以其很好的分析模式被广泛用于个体的自我分析和决策之中。

SWOT 分析法把个人在职业决策中涉及的优势、劣势、机会和风险四个方面结合起来进行分析，帮助个体进行职业决策。S 代表 strength（优势），W 代表 weakness（劣势），O 代表 opportunity（机会），T 代表 threat（威胁），其中 S、W 是内部因素，O、T 是外部因素。优势和劣势是对职业发展所需个人内部因素的评估，通过评估，努力改正或改变影响自己职业发展的劣势，尽最大可能地发挥自己的优势；机会和威胁则是对职业发展所处外部环境因素的评估，通过评估，可以尽最大可能利用职业发展的机会，规避职业环境中潜在的威胁。通过这种方法，个人能够综合自身的优势和劣势，认清周围的职业环境和前景，做出最佳决策。下面是一个简单的职业目标决策的 SWOT 分析模型（表4-5）。

表 4-5 SWOT 分析示例

内部个人因素	你的优势优点（strength）： 你可以控制并可以利用的内在积极因素。 我最优秀的品质？ 我的能力体现？ 我的专业知识是什么？ 我具有哪些工作经验？ 最成功的方面是什么？ ……	你的弱势缺点（weakness）： 你可以控制并努力改善的内在消极因素。 我的性格有什么弱点？ 经验或者经历上还有哪些缺陷？ 我的专业知识掌握情况怎样？ 最失败的是什么？ ……
外在环境因素	发展机会（opportunity）： 你不可控制，但可以利用的外部积极因素。 国家政策的调整和行业发展趋势； 社会环境对我的发展目标的支持； 地理位置优越、专业发展带来的机会； 就业机会增加； ……	阻碍威胁（threat）： 你不可以控制但可以弱化的外部消极因素。 国家产业政策调整对行业发展的影响； 行业周期发展带来的就业机会减少； 名校同专业毕业生的竞争； 同专业的大学生带来的竞争； ……
你自己的真实的卖点：		
总体鉴定：（评估你制定的职业发展目标）		

表 4-5 列出的内容并不是全部，它们只是用来激发你的思考，你还可以想出更多，因为没有人比你更了解自己。那么，把你所想到的都填入下面表格中（表 4-6），也许在填写的过程中，你对自己和环境会有新的发现。

表 4-6 SWOT 分析模型

内部个人因素	你的优势优点（strength）：	你的弱势缺点（weakness）：
外在环境因素	发展机会（opportunity）：	阻碍威胁（threat）：
你自己的真实的卖点：		
总体鉴定：（评估你制定的职业发展目标）		

填完表 4-6，你的工作并没有结束，SWOT 法则的完整运用还需要针对每一项列出的优势、劣势、机会和威胁想出相应的应对策略。在这里花费一些时间是值得的，因为这里的思考将会直接减少你浪费在痛苦选择上的时间。

进行 SWOT 分析需要注意，对自己的优势和劣势要有客观的认识，不要过分夸大自己的优势，也不要过于自卑，把自己看得一无是处，应全面客观。同时，要区分自己的现状和前景。

（三）"5W 法"

"5W 法"是一种科学的工作分析方法，它不仅适用于职业生涯规划，也可以作为职业生涯决策的简易方法。通过"5 次为什么"的探讨（实际使用时不限于 5 次），引导医学生对职业决策各个层面的问题进行探寻，进而发现根本问题，寻求解决方法。

【案例】

小王同学，即将大学毕业。在美国留学后定居的姐姐，建议他也出国留学并为他联系好了学校。他在"出国与留下"之间难以选择，经老师建议使用"5W"方法对自己进行了职业决策分析。经过整理的各组答案如下：

1. 我是谁？（Who am I）

是某知名医科大学一名即将毕业的临床医学专业学生，学习能力强，学习成绩很好，多次获得国家奖学金。愿意从事临床工作，想做一个对社会有贡献的人。

按目前就业市场情况，毕业后能在自己理想的居住城市找到一份医生的工作。

父母是三线城市的初中老师，即将退休，他们都有丰厚的退休金能保证衣食无忧。但是他们身体都不是很好，需要常回去看望他们，以后要接他们到自己的城市来生活。

自己对物质生活水平要求不高，医生这个职业能给自己一个相对体面的生活。已经有了女朋友，准备工作稳定后就结婚。

个人身心健康，性格较外向，好奇心较强，学习能力不错。

2. 我想做什么？（What will I do）

想做一名出色的临床医生，也想攻读研究生，进一步提高学历；和妻子共同住在属于自己的舒适的住房里；在父母有生之年能够多尽一点孝心，可能的话把他们接到身边来住。

3. 我能做什么？（What can I do）

熟练掌握专业知识和技能，具有较好的人际沟通能力，能依靠自己的能力找到一份医生的职业。

4. 环境支持我做什么？（What does the situation allow me to do）

按照目前意向就业单位的情况，工作后能逐步做到专业职务的晋升，但是原始学历相对较低，可能会影响到晋升的速度和在行业中的知名度。好在该单位鼓励在职学习进修。

出国留学会较快解决学历的问题，并获得很好的学习经历，有利于将来的专业发展。出国的这几年不能方便照顾父母，也不能和女朋友在一起，不符合自己的意愿。而且自己没有留学后在国外定居的意向，将来回国后还需要重新找工作。

5. 我的职业与生活规划是什么？（What is the plan of my career and life）

选择毕业后直接就业，工作后继续努力，争取在本专业做得更好；同时争取读在职研究生，圆自己提高学历的梦想；工作稳定后和女朋友结婚，有一定积蓄后买房子，买车；利用假期常回家看看父母，等他们退休后就接到身边。

最终职业决策和结果

经过分析，他最后放弃出国，并决定毕业后直接工作。结果工作三年后，他成为该医院最年轻有为的心内科医生，得到医院领导重视并批准他攻读在职研究生；也贷款买了房子、车子，和女朋友结了婚；父母退休后卖掉了老家的房子，在姐姐的帮助下在他家附近也买了房子，这样更方便他去照顾父母。可以说他的职业决策是成功的，愿望基本都实现了。

（四）决策方格法（卡萨模式）

1. 列出你最向往的生涯发展目标 2~3 个。

2. 根据你个人的情况，从你的个人价值满足程度、兴趣一致程度、专长的施展空间等方面，一一评估每个职业目标的回报等级：优、良、中、差。

3. 再根据职业发展机会情况，从职业发展机会中对能力、经验要求、学习限制、发展前景等方面，评估每个职业目标的机会。

4. 根据你对回报和机会的评估结果，在职业目标决策方格中找到相应位置，并将职业目标填写入"决策方格"之中。

5. 将每个职业目标的回报与机会的得分相乘，乘积最大的目标，就是最适合你的职业目标。

【案例】

小李同学，女，21 岁，某医科大学医学文秘专业大三学生。她乐观、外向、健谈、热情、喜欢结识新朋友，人缘好，比较敏感，对人和事通常都有细致的洞察力。喜欢独立做决定，很有责任感，擅长写作，学业成绩优秀，多次获得奖学金。最大的生活梦想就是周游世界；最大的职业梦想是成为白领精英。

她做过一些测评，如 MBTI 的人格类型是 ESFJ，霍兰德职业兴趣与能力倾向量表的结果是社会型，价值观量表中显示她看中的是职业中的社会交往。

因此，她想从事跟人打交道的工作，最好能运用自己的写作特长，经过考虑后，她觉得教师、行政秘书和人力资源专员这三种工作都可以作为自己的考虑。小李的决策方格（表 4-7）如下。

表 4-7　决策方格

优（4 分）		人力资源专员		
良（3 分）				行政文秘
中（2 分）			教师	
差（1 分）				
	（回报）差（1 分）	中（2 分）	良（3 分）	优（4 分）（机会）

小李的三种职业目标决策结果：（其中：差 =1 分，中 =2 分，良 =3 分，优 =4 分）

人力资源专员 =2×4=8 分；教师 =3×2=6 分；行政文秘 =4×3=12 分

因此小李同学的职业目标确定为医院的行政文秘一职

三、职业决策目标设立与行动计划

确定目标是职业决策的第一步，有了目标，决策就有了明确的目的，制订达到该目标的各种方案才能成为可能，否则决策就成了"无的放矢"。职业决策的第一步就是确立一个可行的职业目标。

（一）目标的重要性

目标（aim）就是你要实现的目的。在职业生涯发展过程中，职业目标从长期来讲，就是要达到的某种职业和生活状态；从短期方面讲就是自己应该从事哪种职业，自己适合的职业发展方向。职业生涯规划就是围绕着未来的职业和生活状态这个圆心，立足于职业发展方向循序渐进地将目标具体化并实现它。

在成功的终极方程式中，任何一个环节很重要，其中明确的目标尤为重要。职业生涯规划有四个步骤：第一步是认识自我，发现自己的能力倾向、兴趣爱好、气质性格特点、身体状况等个人特征，第二步是找到适合自己的职业，第三步是在自己职业的道路上制定长期、中期、短期的明确目标，第四步是不断地实践、调整和完善自己的目标。生涯目标的设定是职业生涯规划的核心。一个人的事业成败，很大程度上取决于有无正确适当的目标。

目标的设定是在继生涯路线选择后，对人生目标做出的抉择。通常职业生涯的人生目标、长期目标、中期目标与短期目标的确定，分别与人生规划、长期规划、中期规划和短期规划相对应。一般来讲，我们首先要根据个人的专业、性格、气质和价值观以及社会的发展趋势确定自己的人生目标和长期目标，然后再把人生目标和长期目标进行分化，根据个人的经历和所处的组织环境制定相应的中期目标和短期目标。

（二）目标设定的 SMART 原则

制定目标有一个"黄金准则"——SMART 原则。SMART 是英文 5 个单词的第一个字母的汇总。好的目标应该能够符合 SMART 原则。

1. S（specific）——明确性　所谓明确就是要用具体的语言清楚地说明要达成的行为标准。要做到这一点，要回答以下 6 个"W"：Who——谁参与；What——要完成什么；Where——确定一个地点；When——确定一个时间期限；Which——确立必要条件和限制；Why——明确原因，实现此目标的目的或好处。例如：你确定个目标——好好学习！这不是一个具体目标。你可以确定为"每天去图书馆，至少看书 2 小时"。

2. M（measurable）——衡量性　衡量性就是指目标应该是明确的，而不是模糊的。应该有一组明确的数据，作为衡量是否达成目标的依据。

确保你的目标可衡量，你可以问自己：我怎么知道自己是否达到目标？是多少？有的东西不好量化，也要尽量找出个量化的标准。比如想做一名好的医学专业研究生，那么目标可制定为：2009 年，我的目标是发表一篇 SCI 论文。

3. A（attainable）——可接受性　当设定的目标对你有很重大的意义时，你会尽最大的努力去完成。作为大学本科学生，你认为我顺利毕业就可以了，在中国大学生批量生产的大环境下，这个目标太容易实现，也意味着你很可能在人生最该拼搏的时期浪费了四年时光。当然，还要顾及到可实现的问题，如果你的目标是在学术造诣上超越爱因斯坦，那么基本上没有实现的可能，跟没有目标是一样的。

4. R（realistic）——实际性　设定的目标要有现实性，要和你的实际情况相关联；设定的目标最好是你愿意干，并且能够干好的。目标的挑战性和现实性并不矛盾。有时候一个高一点的目标比太低的目标实现的可能性更大。因为有挑战性的目标让你有压力，更有助于发挥潜能。

5. T（timed）——时限性　目标特性的时限性就是指目标是有时间限制的。例如，某人将在 2009 年 5 月 31 日之前完成某事，5 月 31 日就是一个确定的时间限制。没有时间限制，很可能让目标无法实现。很多在校学生做事没有时间概念，上课经常迟到，不按老师要求时间完成任务，而且养成了习惯。总觉得自己每天也很忙，却没有压力和做事的紧迫感，处于"明日复明日"的一种态度，结果一事无成。所以订立目标一定要有时间限制，一定要形成良好的习惯，做到今日事今日毕。

相关解答

如何选择职业决策方法？

职业决策是一个复杂的认知过程，需要考察自我和环境等多方面的过程，不同决策方法考察的目的不同，我们在决策过程中要根据需要综合使用各种职业决策方法。

课后作业

尝试使用不同的职业决策方法进行自我分析。

相关链接

1. http：//jn.ethrss.cn/ 教育培训网
2. http：//www.cpta.com.cn/ 中国人事考试网

第三节 医学生职业决策操作技能训练

理论解析

一、我的生涯规划档案（career planning archives）

（一）描述自己

1. 你的霍兰德类型 根据"霍兰德职业兴趣类型"表和职业兴趣测试报告中对六种类型的描述，列出最能描述你自己的语句。

写出"霍兰德类型"表中符合你自身情况的描述。

_____

_____

_____

2. 你的 MBTI 偏好类型 根据"MBTI 维度解释"表（表 2-6~ 表 2-9）和"MBTI 16 种性格类型及其特征"表（表 2-10）中对 MBTI 类型的描述，列出最能描述你自己语句。

_____

_____

_____

注意：你所考虑的职业至少应当在一定程度上允许你表达自己的兴趣和个性。

（二）职业清单

1. 你的霍兰德类型建议你考虑的职业 根据你的兴趣探索结果，列出与你的霍兰德类型相对应（或近似）的职业，并标出每种职业的霍兰德代码（表 4-8）。

表 4-8 标有职业和霍兰德代码的清单

职业	霍兰德代码（3 个字母）
1	
2	
3	
4	
5	
6	
7	
8	

注意：同时请参考你所学的其他兴趣练习。请思考：什么样的职业令你感兴趣？

_____

_____

2. 你的 MBTI 类型所建议的职业   根据你的 MBTI 类型偏好，从相关测试或资料中所列出的职业中挑选出你感兴趣的职业

（1）_____

（2）_____

（3）_____

（4）_____

（5）_____

（6）_____

（7）_____

（8）_____

注意：这些工作有什么共通之处吗？请根据自己的 MBTI 类型思考，什么样的职业能使你感到满意？

_____

_____

_____

_____

（三）将你的清单上的职业进行分类和进一步探索

对于你在前面所列出的每一个职业进行分类，并把它填在相应的横线上。比如，若"医生"这个职业在你的兴趣列表和 MBTI 列表中都会出现，就将它列在第一类中。在第四类中，列出那些你特别感兴趣但在前面未曾出现过的职业。

第一类：很有可能

在兴趣和个性探索中都曾出现过的职业

_____   _____   _____

_____   _____   _____

注意：你的职业探索最好首先集中在这些职业上。了解这些职业的要求和工作环境等细节。根据目前你对自己的兴趣和个性的了解，考虑一下你将会如何从事这份工作。

第二类：比较有可能

在兴趣或个性探索中曾出现过一次的职业

_____ _____ _____

_____ _____ _____

注意：这些职业也有比较大的可能性，供你进行下一步的探索。

第三类：有些可能

根据你的兴趣和个性探索，符合你一方面的情况却与你另一方面的情况有冲突的职业。

_____ _____ _____

_____ _____ _____

注意：考虑一下，如果你从事这些职业，会出现什么情况？是否会有矛盾冲突？如何解决？

第四类：其他职业

在兴趣和个性探索中都未曾出现且与之没有共同点的，但你感兴趣的职业

_____ _____ _____

_____ _____ _____

注意：这些职业的可能性通常不是很大。问问自己：为什么会对它感兴趣？是出于什么样的动机？想想你的目标和信念是否与这些工作匹配。

（四）你的价值观

你最重要的五项价值观，并请具体说明他们的含义。

1. _____

2. _____

3. _____

4. _____

5. _____

（五）你的技能

找出你最擅长并愿意在未来的职业中运用的技能。

1. 你最重要的五项自我管理技能（形容词）

① _____

② _____

③ _____

④ _____

⑤ _____

2. 你最重要的五项可迁移技能（动词）

① _____

② _____

③ _____

④_____

⑤_____

3. 你最重要的五项专业技能（名词）

①_____

②_____

③_____

④_____

⑤_____

（六）继续探索的职业清单

重阅你在前面所列出的所有技能，根据你对自我的了解，结合你的价值观和技能，在下面空白处列出那些你想继续探索的职业（可能是上面曾出现过的，也可以是未曾出现但符合上面共同特点的职业）。

_____　　_____　　_____

_____　　_____　　_____

注意：在选择你想继续探索的职业时，请不要在未对它有任何了解前就轻易地将它排除。在这张清单上，你需要有足够的职业供你自己探索，但也要有一定的目标。也就是说，最好不要少于 5 个，不多于 10 个。将你的精力集中在下面的这些职业上。

作为职业探索的一部分，下一步我打算：

□收集、研究与特定领域的职业有关的书面信息

□采访有关人士，对我感兴趣的职业领域有进一步的了解

□从职业咨询老师或其他老师那里寻求更多的个人帮助

□通过选修课程来检验自己对某一相关职业领域的兴趣

□通过参加社团活动来检验自己对某一相关职业领域的兴趣

□通过业余兼职，实习或做志愿者等方式来检验自己对某一相关职业领域的兴趣

（七）目标设立与行动计划

设立目标并拟定行动计划的过程实际上就是"栽培"自己的过程。你可以根据自己的职业兴趣和职业技能，来拟定你的近期、中期、长期生涯目标。通常在机构中所担负的决策责任愈轻，要求工作者的兴趣和能力的偏向性愈加明显；在机构中所担负的决策责任愈重，则愈要求工作者应具备多元化的兴趣和能力。

例如，独立作业的机械工程师，仅需具备操作、维修或研发机械的兴趣和能力；团队工作的机械工程师，则在机械能力之外，还需具备与人相处的兴趣和沟通协调的能力；而管理阶层的机械工程师，则更应有领导统筹的能力和商业经营的兴趣。

想想看，在未来的生涯旅程中，你会如何来"栽培"自己呢？

1. 3~5 年后，我的短期目标是：

＊主要的工作内容：

* 它吸引我的特点是：

* 我在个性上可以尝试的改变是：

* 我可以培养的生涯兴趣是：

* 我尚须培养的能力是：

* 我必须具备的其他条件是：

* 我的短期计划（含教育进修或训练）：

2. 6~10 年后，我的中期目标是：
* 主要的工作内容：

* 它吸引我的特点是：

* 我在个性上可以尝试的改变是：

* 我可以培养的生涯兴趣是：

* 我尚须培养的能力是：

* 我必须具备的其他条件是：

* 我的中期计划（含教育进修或训练）：

3. 10~20 年后，我的长期目标是：
* 主要的工作内容：

* 它吸引我的特点是：

* 我在个性上可以尝试的改变是：

* 我可以培养的生涯兴趣是：

* 我尚须培养的能力是：

＊我必须具备的其他条件是：

＊我的长期计划（含教育进修或训练）：

（八）个人简历（表 4-9）

表 4-9　个人简历

姓名		性别		
出生年月		民族		
籍贯		政治面貌		
户口所在地		身高		
学制		学历		
所在学校		专业名称		
专业类别		医学能力		
技能 / 水平		语言水平		
自我评价 / 兴趣爱好				
工作经验				
个人荣誉				
求职意向				
希望职位：				

（九）求职档案内容清单
要求列出求职时间、求职岗位及求职结果。

（十）面试笔记
要求对面试过程、职业经历、专家咨询及目前现状逐一记录。

【练习】
考量我的兴趣，我较适合选择哪些职业？
考量我的能力，我较适合选择哪些职业？

考量我的个性，我较适合选择哪些职业？

考量未来出路，我较适合选择哪些职业？

整体而言，我较适合选择哪些职业？

【练习】（表4–10）

表4–10　关于职业的登记表

我适合的职业
所属系及相关专业（至少列出三个）
兴趣代码
性向能力
重视的学科
大学所修的课程内容
未来工作领域

【练习】（表4–11）

表4–11　生涯周学习单（study list）

9月1日–9月7日　姓名：

起止时间	预定从事的工作项目或休闲活动	实行结果

我这周完成的工作项目共有几项？

我这周从事的休闲活动共有几项？

我完成预定的生活计划后，心里的感受〈请用一句话表达出来〉。

我这周当中，哪些表现得到赞美？

我这周当中，哪些行为还要再求改进？

朋友评价：○ 表现优良 ○ 中规中矩 ○ 还可以更好

自我评价：○ 表现优良 ○ 中规中矩 ○ 还可以更好

实习单位领导评价：○ 表现优良 ○ 中规中矩 ○ 还可以更好

【练习】

结合本书前面内容及自身实际情况完成我的生涯规划档案。

二、职业生涯规划书模板

（一）自我分析

分析自我是为了更好地认识自我、了解自我。要通过科学认知的方法和手段，如借助于职业兴趣测验和性格测验以及周围人对你的评价等，对自己的职业兴趣、气质、性格、能力等进行全面认识，清楚自己的优势与特长、劣势与不足。评估自我时要客观、冷静，不能以点代面，既要看到自己的优点，又要面对自己的缺点。只有这样，才能避免设计中的盲目性，达到设计高度适宜。

自身盘点

1. 个人基本情况　包括姓名、性别、E-mail 地址、宅电、邮编、求职意向、个人特点、教育背景、相关经历（全职、兼职、志愿工作、实习、社区服务等）、课外活动（社团活动）、获得奖励、专业成员资格（会员资格或证书）及其他（外语、电脑等特别的技能）。

2. 自我剖析（图 4-3）

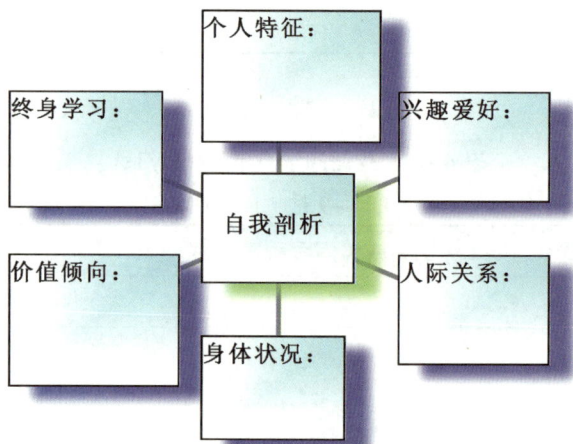

图 4-3　自我剖析图

人际关系

1. 人与人之间的关系　人是一个永恒的话题。朋友，在每个人的一生中都至关重要。朋友，永远是我最大的财富之一；友情，是我人生路上一笔能够让我受益匪浅的储蓄，这储蓄，是患难中的倾囊相助，是错误道路上的逆耳忠言，是跌倒时一把真诚的搀扶，是痛苦时抹去泪水的一缕春风。

（1）小学朋友：

（2）中学朋友：

（3）大学朋友：

朋友是一生的财富，获奖时陪你一起笑，落选时一直在旁边安慰鼓励你，理解关心你，光是那些回忆就已经足够让你满足很久了。

2. 我的性格　无论在哪里，无论与任何人相处，性格决定了人缘关系。是否友善，是否耐心，对朋友有耐心，对朋友真心，为人如何，是自私还是大度等这些都是影响人缘的因素。宽容能赢来更多的朋友。

经过测试，得出我的人际关系图如下（图4-4）：符合项打"√"。

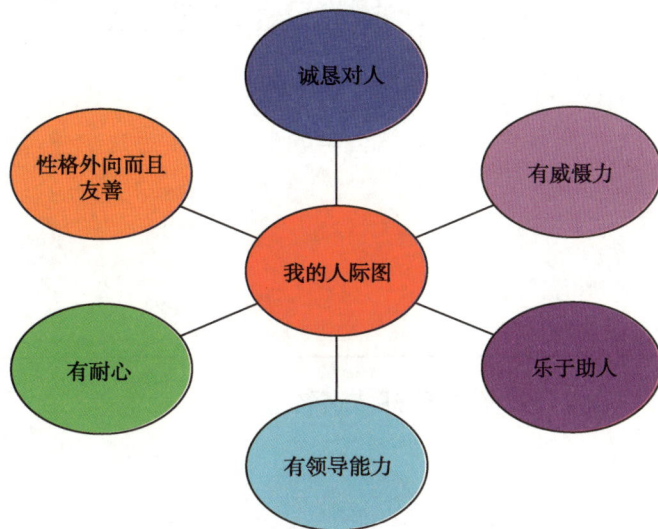

图4-4　人际关系图

3. 在学校的生活

自我分析总结：

（二）测评分析

科学地认识自己，是为了进一步认清自己属于何种类型的社会人，初步确定个人今后更适宜从事的工作岗位究竟是什么。通过职业人格、职业兴趣、职业价值观、职业能力的测评，能对自己有一个清晰、客观、全面的认识，从而拓宽自己的思路和择业范围，进行科学、有效的职业生涯规划，并为此制订有效的行动计划（表4-12、表4-13）。

表4-12　在校期间掌握的技能与经验

专　业	职业对性格的要求	改进措施

表4-13　职业能力分析表

	强	较强	一般	较弱	弱
语文能力					
数学能力					
外语能力					
表达能力					
交往与合作能力					
自我控制能力					

续表

	强	较强	一般	较弱	弱
适应变化能力					
自省能力					
抗挫折能力					
审美能力					
收集和处理信息能力					
执行任务能力					
创新能力					

我的个人风格图（图4-5），符合项打"√"。

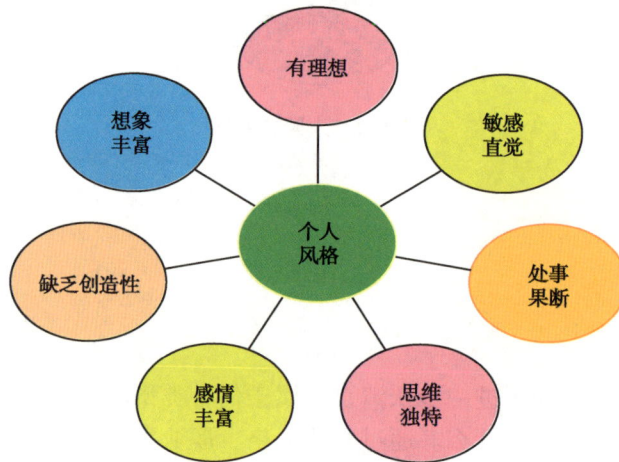

图 4-5　我的个人风格图

我的近期职业目标

我根据自己的兴趣爱好，制订了我的近期职业目标：

设计目标总原则：符合划"√"

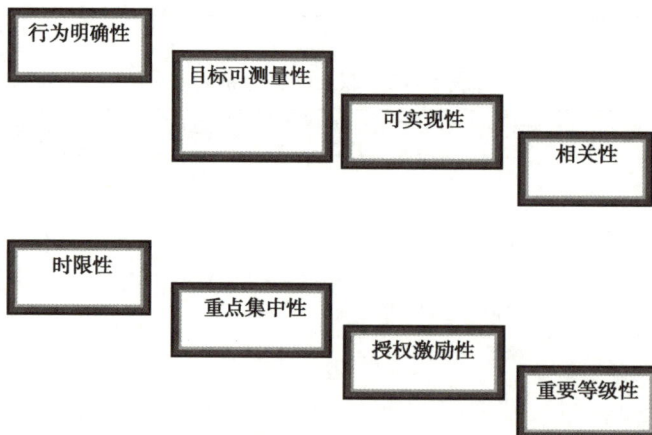

行为明确性

目标可测量性

可实现性

相关性

时限性

重点集中性

授权激励性

重要等级性

（三）社会需求

1. 认清形势，明确自身不足　在适当的期望值与良好的择业心态、过硬的专业知识技能、适当的自信、好的人品（诚心、虚心、礼貌）、计算机与英语水平、好的简历、良好的语言表达与沟通能力等方面，通过学习和比较，自己应该明确有哪些弱势与不足，意识到与社会期待的差距，从而坚定努力前进的方向。

2. 提高素质，适应社会需求　当前，大学生进行的职业训练较少，即使是职业测评，也只是在 20 世纪 80 年代末才出现，直到 90 年代末才有少部分人开始运用它为自己职业设计做参考。职业训练包括职业技能的培训，对自我职业的适应性考核、职业意向的科学测定等。目前，高校组织大学生参与的暑期"三下乡"活动、大学生"青年志愿者"活动、大学生毕业实习工作、大学生校园创业活动等都是职业训练很好的形式。除此之外，高校还可以邀请毕业生成功校友回校与大学生座谈，邀请校外知名人士来校与大学生交流，鼓励有条件的大学生利用假期到父母或亲戚单位实习，鼓励大学生从事社会兼职工作，组织学生开展模拟性的职业实践活动，开展职业意向测评，开展职业兴趣分析测评等。大学生应主动积极地参加有益的职业训练，更早更多地了解职业，掌握职业技能，正确地引导自己的职业。

3. 相互学习，营造良好氛围　本着学习和提高的愿望，根据自身的弱势参加各种兴趣小组，应避免强制参与、积极性不高的问题。各小组组长以大家的需求为根本出发点，活动内容与形式做到量体裁衣、精益求精，激发同学们的主动性与创造性。组长与组员互促互动，相得益彰，为大家营造自由开放、轻松活泼的学习环境。

职业必须具备的能力（图 4-6）。

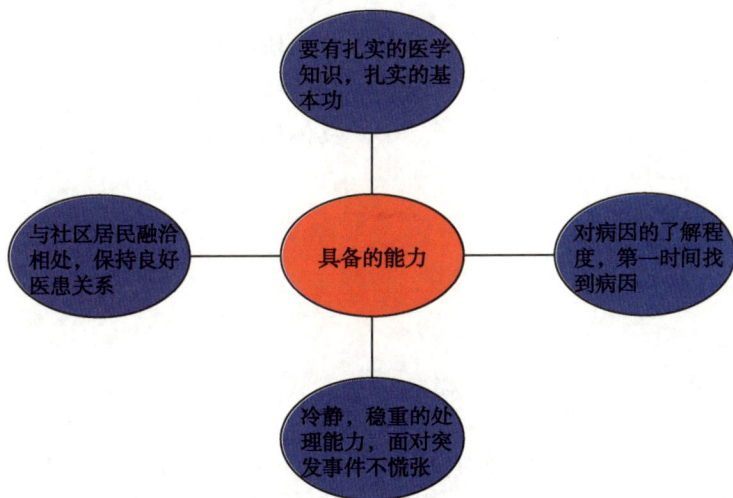

图 4-6　职业必备的能力

大学一年级——预热阶段。要初步了解，特别是自己希望从事的职业与自己所学专业对口的职业，提高人际沟通能力。可与师兄师姐进行交流，尤其是大四的毕业生，询问就业情况，增强交流技巧。

大学二年级——确立目标阶段。可以初步考虑毕业以后是继续学习深造还是直接就业，了解相关应有的活动，并以提高自身素质为主。打算毕业后直接就业的同学，可以通过参加学生会和社团组织锻炼自己的各种能力，还可以开始尝试与自己未来职业有关或本专业相关的兼职社会实践活动，提高自己的责任感，主动性和受挫能力。注意增强外语口语能力和计算机能力，通过英语和计算机的相关证书考试，并有选择性地辅修其他专业的知识来充实自己。

考虑要考研究生的同学应着重专业课和外语的学习和钻研，把主要精力放在学业上，同时也应注意自身综合素质的提高。

大学三年级——自我和环境评估并形成行动计划阶段。要对自身的优势和劣势进行客观科学的分析，查漏补缺，继续全面地提升自己。在对自身和环境作出合理评估后，选择就业的同学应有意识地增加与社会接触的机会，开展多种形式的社会实践活动，为自己的就业打下坚实的基础。与此同时，留意各种行业的信息，并在确立目标方面形成初步的打算和计划。选择考研的同学此时应根据自己的性格，兴趣和学业专长确定自己所要报考的学科。从这一年的暑假开始便要着手考研的复习和准备。

大学四年级——职业选择与实践阶段。准备就业的同学要再次检验自己的职业目标是否明确，前三年的准备是否充分。然后积极参加招聘活动，在实践中检验自己的积累和准备是否充分。

最后在同学和老师的帮助下进行预习和模拟面试，并积极了解就业指导中心提供的用人单位信息，强化求职技巧。准备考研的同学，此时复习已接近尾声，应着重于有关考研信息的收集和整理分析。可以通过各种途径，如向自己报考专业相同的在读研究生及该学科专家教授咨询有关应试技巧，本学科发展前沿信息等，向报考学校招生办公室了解有关招生信息，积极联系报考导师等。

执行方案之一

大学四年　　　　　1. 大学一、二年　　具体执行方案：

具体执行方案：　　2. 大学三年　　　　具体执行方案：

　　　　　　　　　3. 大学四年　　　　具体执行方案：

执行方案之二

短期目标：

中期目标：

长期目标：

总结分析

（四）调整策略

结束语

计划固然好，但更重要的在于其具体实践并取得成效。正如每个人都有自己的梦想，但没有实际行动的构想就只是妄想而已。任何目标，只说不做到头来都会是一场空。但是我们还必须承认现实生活存在众多不断变化的因素，定出的目标、计划随时都可能受到各方面因素的影响。计划是死的，人是活的。在遇到突发因素时，我们要保持清醒的头脑，冷静地处理突发情况，能解决的尽量解决，不能解决的也要使危害降低到最小。根据实际情况，把握准方向，及时做出调整。同时也要有一定心理准备，防止临时抱佛脚的发生。

相信只要自己不懈努力，未来一定会更加美好！"种瓜得瓜，种豆得豆"，只有付出了才会有收获。"宝剑锋从磨砺出，梅花香自苦寒来"，努力按照计划来约束自己，才能无愧于父母的养育之恩，才能无愧于自己的十余年寒窗苦读。

【练习】

结合自身实际情况完成《我的职业生涯规划书》。

三、职业生涯规范书范文

如何进行自我职业规划？

当你为自己设计职业规划时，你正在用有条理的头脑为自己要达到的目标规定一个时间计划表，即为自己的人生设置里程碑。职业生涯规划一旦设定，它将时时提醒你已经取得了哪些成绩以及你的进展如何。

第一步：分析你的需求

你也许会问：这一步怎么做呢？不妨试试这种方法。开动脑筋，写下来 10 条未来 5 年你认为自己应做的事情，要确切，但不要有限制和顾虑哪些是自己做不到的。

第二步：SWOT（优势/劣势/机遇/挑战）分析

分析完你的需求，试着分析自己性格、所处环境的优势和劣势，以及一生中可能会有哪些机遇，职业生涯中可能有哪些威胁？这是要求你试着去理解并回答自己这个问题：我在哪儿？

第三步：长期和短期的目标

根据你认定的需求，自己的优势、劣势、可能的机遇来勾画自己长期和短期的目标。例如，如果你分析自己的需求是想成为护理管理人员，有很好的社会地位，则你可选的职业道路会明晰起来。你可以选择成为护理部主任，这要求你的优势包括丰富的管理知识和经验，优秀的护理技能和交流沟通技能。在这个长期目标的基础上，你可以制定自己短期目标来一步步实现。

第四步：阻碍

确切地说，写下阻碍你达到目标的自己的缺点，所处环境中的劣势。这些缺点一定是和你的目标有联系的，而并不是分析自己所有的缺点。他们可能是你的素质方面、知识方面、能力方面、创造力方面、财力方面或是行为习惯方面的不足。当你发现自己不足的时刻，就下决心改正它，这能使你不断进步。

第五步：提升计划

现在写下你要克服这些不足所需的行动计划。要明确，要有期限。你可能会需要掌握某些新的技能，提高某些目前的技能，或学习新的知识。

第六步：寻求帮助

能分析出自己行为习惯中的缺点并不难，但要去改变它们却很难。相信你的父母、老师、朋友、上级主管、职业咨询顾问都可以帮助你。有外力的协助和监督会帮你更有效地完成这一步骤。

第七步：分析自己的角色

制订一个明确的实施计划：一定要明确根据计划你要做什么。那么现在你已经有了一个初步的职业规划方案。如果你目前已在一个公司工作，对你来说进一步的提升非常重要，你要做的则是进行角色分析。反思一下这个公司对你的要求和期望是什么。做出哪种贡献可以使你在公司中脱颖而出？大部分人在长期的工作中趋于麻木，对自己的角色不清晰。但是，就像任何产品在市场中要有其特色的定位和卖点一样，你也要做些事情，一些相关的、有意义和影响但又不落俗套的事情，让这个公司知道你的存在，认可你的价值和成绩。成功的人士会不断对照单位的投入来评估自己的产出价值，并保持自己的贡献在单位的要求之上。

[范文一]

护理专业职业生涯规划书

前言

在今天这个人才竞争的时代，职业生涯规划开始成为在人才争夺战中的另一重要利器。对各家医院而言，如何体现医院"以人为本"的人才理念，关注员工的人才理念，关注员工的持续成长，职业生涯规划是一种有效的手段；而对于每个医护工作者而言，职业生命是有限的，如果不进行有效的规划，势必会造成生命和时间的浪费。尤其是作为当代的医学生，若是带着一脸茫然，踏入这个拥挤的社会，怎能对得起我们的医学誓言，又怎能承担得起治病救人的重任。因此，我试着为自己拟定一份职业生涯规划，将自己的未来好好地设计一下，有了目标才有动力。

自我评价

我是一个当代本科护理学生，家里对我最大的希望是成为有用之才。平时喜欢外出散步、聊天，还有上网；喜欢看小说、散文，尤其爱看杂志类的书籍。平时与人友好相处，群众基础较好，亲人、朋友、教师关爱，做事认真、投入，但缺乏毅力、恒心，不爱运动。有时学习是"三天打鱼，两天晒网"，有时多愁善感，没有成大器的气质和个性，而且有时自信不足，常常害怕别人在背后做评论。

所幸的是，虽然恒心不够，但凭借那份积极向上的热情鞭策自己，久而久之，自信就会慢慢培养起来。充分利用一直关心支持我的亲人、朋友的优势，真心向同学、老师、朋友请教，及时指出自身存在的各种不足并制订出相应计划以针对改正。经常锻炼，增强体质，为今后所从事的护理事业打好身体基础。

职业环境分析

当今社会，医院都是以科技为先导、以人才为基础、以疗效为根本、以服务求生存。医院聚集一批医学的精英人才，医院中有护理组织发展战略、护理人力资源需求、护理队伍的群体结构、护理人员的升迁政策等。作为新世纪的护理人员，要求有扎实的知识基础和熟练精湛的操作技能，要有严肃认真的工作态度，有积极向上、吃苦耐劳的工作精神。

未来人生职业规划目标与行动计划

根据自己所学专业，在未来应该会向护理事业发展。围绕这方面，本人特对未来十年作初步规划如下：

1. 短期目标（未来 2~3 年）　学业有成期：充分利用校园环境及条件优势，认真学好专业知识，培养学习、工作、生活能力，全面提高个人综合素质，为就业做好准备。

2. 中期目标（未来 3~5 年）　熟悉适应期：利用 3 年左右的时间，经过不断的尝试努力，初步找到合适自身发展的工作环境、岗位。

分目标如下：

（1）学历、知识结构：提升自身学历层次，专业技能熟练。英语四、六级争取考好，开始接触和熟悉工作环境。

（2）个人发展、人际关系：在这一期间，主要做好职业生涯的基础工作，加强沟通，虚心求教。

（3）生活习惯、兴趣爱好：适当交际的环境下，尽量形成比较有规律的良好个人习惯，并参加健身运动，如跑步、打羽毛球等。

3. 长期目标（未来 5~10 年）　在自己的工作岗位上，踏踏实实地贡献自己的力量。顺利实现从诊所到大中型医院的过渡，争取在医院里成为一名业务过硬的护士。

调整与评估

现实是未知多变的，定出的目标计划随时都可能遭遇问题，要求有清醒的头脑。其实每一个人都有理想、信念、追求、抱负；若要获得成功，必须拿出勇气，付出努力、拼搏、奋斗。成功，不相信眼泪；成功，不相信颓废；成功不相信幻影，未来，要靠自己去打拼。

[范文二]

药学专业职业生涯规划书

前言

一位智者这样说过：一个不能靠自己的能力改变命运的人，是不幸的，也是可怜的，因为这些人没有把命运掌握在自己的手中，反而成为命运的奴隶。生命就像一张白纸，等待着我们去描绘，去谱写。我唯一的愿望是通过自己的不断求知和进取，帮助人们从病痛之中摆脱出来。

只有付出，才能有收获。大学生身处信息世界，人才竞争日益激烈，作为一名药学专业大学生，我不由得考虑起自己的未来。

自我盘点

1. 业余爱好大盘点　业余爱好：读书、听音乐、文体运动、登山等有挑战的活动；喜欢的文学作品《红楼梦》《战争与和平》《老人与海》《平凡的世界》；喜欢的歌曲《爱拼才会赢》。

2. 优势盘点　学习成绩优秀，班级群众基础好，父母、亲人、班主任、任课老师关爱，动手能力较强。

3. 劣势盘点　目前的手头经济状况较为窘迫，做事不能够坚持，遇事无主见。

4. 优点盘点　做事仔细认真、踏实，友善待人，做事锲而不舍，勤于思考，考虑问题全面。

5. 缺点盘点　性格偏内向，交际能力较差，胆小，思想上属保守派，缺乏自信心和冒险精神。

6. 解决自我劣势和缺点的措施　内向并非全是缺点，使我少一份张扬，多一点内敛；可加强与他人的交流沟通，积极参加各种场合各项有益的活动，使自己多一份自信、激扬，少一份沉默、怯场；充分利用一直关心支持我的庞大的亲友团的优势，真心向同学、老师、朋友请教，及时指出自身存在的各种不足并制订出相应计划加以针对改正；加强锻炼，增强体质，提高体育成绩，以弥补身高不足而带来的负面影响；积极争取条件，参加校内外的各项勤工俭学活动，以解决短期内的生活费问题并增强自身的社会工作阅历，为以后创造更多的精神财富和物质财富打下坚实基础。

环境与职业分析

1. 家庭环境分析　我是一名来自农村的学生，自小在农村长大，祖辈都是农民。母亲在家务农，常年有病，父亲一年前不幸去世，祖父母现已年过八旬，体弱多病，我有两个姐姐，均初中毕业后就外出打工，无一技之长，赚钱艰难。经济方面，整个家庭只能勉强过日子。但家人在一起很和谐很开心。"人穷志不穷"，我把家庭困难转化成奋斗的动力，我有坚定的信念也有能力去拼搏，去改变命运。而且家里一直非常支持我学医，甚至本科后继续深造，我也相信我一定能够学好。

2. 学校环境分析　我就读的医学院校虽不能和国家名牌大学相比，但是这里有很多好老师，也有浓厚的学习气氛。值得一提的是近几年，学校的发展十分迅速，考研成绩一年一台阶，尤其是今年，不少同学考上国家名牌医科大学的研究生，我打算以此学校为跳板去国家名牌大学上研究生，这一点我觉得很现实。我相信我们学校的学生不一定比其他院校学生差，我相信我校的学子也能够考上理想学校深造。

3. 社会环境分析　虽说医学是恒星职业，永远不会过时，但我不能因此而放纵自己。应本着医学生一贯的勤奋踏实的学习态度，学到过硬的理论知识和实践能力。将来从事医学事业必须有过硬的知识和能力才行，将来的社会是有知识和有能力人的天下。

4. 职业环境分析　随着大学的扩招，现在中国的大学生越来越多，因此就业形式越来越严峻，现在甚至出现了"大学生毕业就是失业"的现象，今年又遇上"金融危机"，此现象更加严重。但是我相信一点"就业率再低也有找到工作的，就业率再高也有找不到工作的"，将来只有那些实力派才好找工作，因此现在必须努力成为实力派。

未来人生职业规划

根据自己的兴趣和所学专业，在未来应该会向医学和英语两方面发展。围绕这两个方面，本人特对未来作初步规划如下：

1. 短期目标（未来 2~3 年）　学业有成期：认真学好各科专业知识，逐步培养自己学习、工作和生活能力，全面提高个人综合素质，为就业做好准备。

2. 中期目标（未来 3~5 年）　熟悉适应期：经过自己不断的努力，初步找到合适自身发展的工作环境、岗位。

3. 长期目标（未来 5~10 年）　事业上升期：在单位努力工作，虚心求教，向上级学习请教，不断拼搏创新，作出一点成绩，工作步步高升。

具体步骤如下：

（1）××××年—××××年：通过努力学习取得职业医师资格证书，获取到一定的临床经验。

（2）××××年—××××年：在单位勤奋努力，虚心学习，取得助理医师及主治医师，并且在国内外的主要期刊上发表数篇学术论文。

（3）××××年以后：通过学习进修取得主任医师，并且发表一些相关的学术论文，争取获得博士学位。

差距及努力方向

差距：

1. 医学基础知识不扎实，英语基础较差，距目标还有一定的距离。

2. 做事情的反应不够敏捷，对于动手能力的训练还有待提高。

3. 对于技术比较生疏，缺乏创新能力，适应能力较差。

努力方向：利用今后的在校时间，为自己补充所需的知识和技能。包括参与社会团体活动、广泛阅读相关书籍、选修、旁听相关课程、报考技能资格证书。

结束语

其实，每个人心中都有一座山峰，雕刻着理想，信念，追求，抱负。每个人心中都有一片森林，承载着收获，芬芳，失意，磨砺。但是，无论眼底闪过多少刀光剑影，只要没有付诸行动，那么，一切都只是镜中花，水中月，可望而不可即。一个人，若要获得成功，必须得拿出勇气，付出努力，拼搏，奋斗。

成功，不相信眼泪；成功，不相信颓废；成功，不相信幻影。成功，只垂青有充分磨砺充分付出的人。未来，掌握在自己手中。未来，只能掌握在自己手中。所有的退却都有借口，而所有的挑战，没有理由，只有信念，必胜的信念！挑战自我！永不言败！

实践指导

1. 小宇是一位护理专业大三的学生，在网上搜索工作的时候，经常看到很多测试题，比如"你有长远的眼光吗""你适合做管理吗"。一次，一个号称权威的职业兴趣测评让他动了心，他花了几个小时，终于把测评做完了。测评结果只有短短的几句话："你是一个天生的管理人才，适合担任管理工作。"小宇很兴奋，因为他自己确实很喜欢这些工作，于是他充满热情、满面春风地踏上了求职之路。可是，三个月过去后，我看到的却是一个满脸无奈的小宇。我问他："你都找了哪些工作？"小宇说："都是医务管理的工作，可是十次面试，一个找我上班的公司都没有！"抱着探明究竟的态度，我请小宇又做了一次职业兴趣测评。出乎意料，小宇最高的分数是 R（现实型），远远高出第二位的 E（管理）。测试的最终结果表明小宇最喜欢的其实是技术类的工作；在明白了自己的特质后，他调整了就业方向，在 1 个月内找到了一份口腔诊所的技术工作。

职业测评（occupation evaluation）软件通常需要专业人员经过长期（1~3 年）的研究和反复试验才能完成。而通常见到的网络职业测评只是一些爱好者自行制作和开发的玩具，并不具备用来指导职业生涯的功能。在大多数人不能辨别它是否有效的情况下，这些"玩具"造成的破坏非常惊人。所以，在选择职业测评时，需要谨慎地考虑该测评工具的各个方面：

（1）职业测评的效度：这个测评软件（工具）的测试结果是否是有效的？一般而言，0.6 以上的效度是可以接受的；在开发商对测评的描述中通常包含了对效度的介绍。

（2）开发商：开发商是什么背景？有没有专业的人员和能力专注于开发职业测评软件？

（3）职业测评的信度：测评是否稳定？是否保证不受环境和其他因素的干扰？一般而言，信度以 0.8 以上较为理想。

（4）什么类型的测评：测评包含自比和对比常模两种方式。自比，是将受试者自身的特质或能力进行对比、排序；对比常模，是将受试者的分数与一个特定人群的分数来比较，确定受试者在同类人群中的位置。每种测评都有特定的使用方法，使用前一定要注意。

（5）适用人群：每个测评都有特定的适用人群，使用前应先确认对你是否适用。

（6）不要过分依赖职业测评工具，仍然要具体问题具体分析，个体差异性很重要。

2. 毕业于某医学高等专科学校护理专业的学生小胡，受聘于一家连锁药店，由于自身的努力，工作出色，很快被提升为该连锁药店的店长，后听其他同学说，美容美体工作室的工作薪水较高，于是决定转行到美容行业工作。一年后，由于美容行业过饱和，待遇下降且发展前景有限，小胡极为后悔当初的转行。

要追随热门的行业是比较困难的，明智的做法是"以不变应万变"，根据兴趣、能力确定自己从事的行业。即使冷门的行业，如果在顶尖的公司做到高的职位，你的薪资、社会地位、成就感等也一样可以得到满足。

其实如果小胡能够比较理智地分析自己的情况，确认自己的目标职业、行业与公司，就不会为了急于改变现状，草率地采取行动，轻易地做出决定。

目标明确的人，在工作中知道自己想要什么，不会为暂时的困境而气馁，不会为眼前的利益而动容。明确的职业目标和自身不懈的努力将帮助一个人走向成功。

相关解答

1. 现在两家医院都录用了我，各有优劣，可我不知该去哪一家好？

首先，从影响个人的职业决策主客体因素进行考虑。对大学生来讲，影响职业决策的因素可分为两个方面：主体因素是主体内部产生的、与自我意识密切关联的影响因素，包括个性、能力、价值取向等，它们往往是左右大学生职业选择的主要因素。客体因素是指职业选择中环境因素的总和，包括职业需求、职业的社会评价、经济利益和家庭环境等，在职业选择时对主体因素起制约和平衡作用。

其次，从个人的职业目标来进行考虑，职业应立足于长远发展，切忌"捡了芝麻、丢了西瓜"。

最后，如果还无法进行选择，可使用职业决策平衡单进行决策。列出到两家医院工作的各种可能的影响因素，通过平衡单进行抉择。

2. 我搞不清楚自己到底要做什么，自己没有主见，不知道该选择考研，还是工作？

首先，要了解两个概念，即外职业生涯和内职业生涯这两个概念。外职业生涯是指从事职业时的工作单位、工作地点、工作时间、工作内容、工作职务、工作环境、工资待遇等因素的组合及其变化过程。外职业生涯的构成因素通常是由别人给予的，也容易被别人收回，外职业生涯发展是以内职业发展为基础的。内职业生涯是指从事一项职业时所具备的知识、观念、心理素质、经验、能力、内心感受等因素的组合及其变化过程。内职业生涯各项因素的取得，可以通过别人的帮助而实现，但主要还是由自己努力追求而得以实现。内职业生涯的各构成因素不因外职业生涯的获得而自动具备，内职业生涯各因素一旦获得，别人便不能收回剥夺，也不因外职业生涯因素的改变而丧失。内职业生涯的发展是外职业生涯发展的前提，内职业生涯发展带动外职业生涯的发展。它在人的职业生涯成功乃至人生成功中具有关键性作用。尤其是在职业生涯早期和中前期，内职业生涯各因素的发展比外职业生涯发展更为重要。例如考研会提升、丰富你的内职业生涯，使之更加符合外职业生涯的要求。只注重外职业生涯而不顾内职业生涯的实际情况，是不可行的。

其次，考虑就业形势和需求。如果本科毕业能有较好的职业去向，不妨先就业，就业之后再根据工作实际实施考研计划。三年后的就业形势不一定会更有利。

最后，可使用职业决策平衡单来进行选择。列出考研和工作的各种可能的影响因素，通过平衡单进行抉择。

课后作业

1. 分析明确个人的职业生涯决策风格和个人的决策影响因素。
2. 完成《职业生涯规划档案》中的目标与行动计划部分。

相关链接

1. http：//www.work.gov.cn 黑龙江省大中专学校毕业生就业服务信息网
2. http：//www.5xue.com 开复学习网（我学网）
3. http：//www.bysh.en 中国毕业生网
4. http：//www.yingjiesheng.eom 应届生求职网
5. http：//www.ncss.org.cn 中国高校毕业生就业服务信息网

第五章

医学生职业生涯规划的管理与调整

管理被人们称为是一门综合艺术——"综合"是因为管理涉及基本原理、自我认知、智慧和领导力。

——德鲁克

知识点

通过本单元的学习让学生认识到职业生涯规划是一个过程，有足够的心理准备进行生涯发展规划的有效管理，愿意在实践中根据自身的发展状态不断调整职业生涯规划，学会使用职业规划档案对职业规划进行管理。

第一节　医学生职业生涯规划的管理

迷惘与疑惑

晓明同学就读于一所知名医科大学的护理学专业，上学伊始就规划了自己的职业生涯：毕业后在省会城市的三甲医院从事临床护理工作，3~5 年成为科室护理骨干，6~8 年成为护士长。

她知道要成为一名护士长既要求专业知识扎实，又要有很好的管理能力。为此在校期间她一直努力学习，熟练掌握了本专业的理论知识和临床操作技能，毕业后她成功应聘到省会一家三甲医院做外科护士。工作后她根据自己的职业生涯规划，决定参加在职学习提高自己的管理能力。但是因为工作太忙，又谈了男朋友，没有时间看书和学习，护理管理一直是自己的弱项。

最近她们科护士长调到其他科室，医院领导决定从护士中选拔一名护士长，主要考察的就是护理管理能力，晓明虽然参加了选拔，但是成绩很差，为此失去了担任护士长的机会。她后悔不已，因为自己没有坚持执行职业生涯规划而与机会擦肩而过。

这位同学的经历也许有一天会发生在我们的身上，"人无远虑，必有近忧"，我们不但要能科学合理地制订生涯规划，更要能坚持执行规划，做好职业生涯规划的管理与调整。

理论解析

一、认识职业生涯的规划管理

（一）职业生涯管理的含义

职业生涯管理理论的奠基人，美国波士顿大学教授帕森斯（Parsons）1908 年 1 月 13 日，创立了"波士顿职业局"，并于 1909 年 5 月出版了《选择职业》。随后，职业生涯管理理论受到前苏联、日本、德国等国家的重视和推崇。20 世纪 60 年代以来，职业生涯管理理论和实践获得蓬勃发展。20 世纪 90 年代中期由欧美国家传入中国，引起社会广泛关注。

职业生涯管理是现代企业人力资源管理的重要内容之一，是企业帮助员工制订职业生涯规划和帮助其职业生涯发展的一系列活动。职业生涯管理应看作是竭力满足管理者、员工、企业三者需要的一个动态过程。在现代企业中，个人最终要对自己的职业发展计划负责，这就需要每个人都清楚地了解自己所掌握的知识、技能、能力、兴趣、价值观等。而且，还必须对职业选择有较深了解，以便制定目标、完善职业计划；管理者则必须鼓励员工对自己的职业生涯负责，在进行个人工作反馈时提供帮助，并提供员工感兴趣的有关组织工作、职业发展机会等信息；企业则必须提供自身的发展目标、政策、计划等，还必须帮助员工做好自我评价、培训、发展等。当个人目标与组织目标有机结合起来时，职业生涯管理就会意义重大。因此，职业生涯管理就是从企业出发的职业生涯规划和职业生涯发展。

职业生涯管理主要包括两种：一是组织职业生涯规划管理（organizational career management），是指由组织实施的、旨在开发员工的潜力、留住员工、使员工能自我实现的一系列管理方法；二是自我职业生涯规划管理（individual career management），是指社会行动者在职业生命周期（从进入劳动力市场到退出劳动力市场）的全程中，由职业发展计划、职业策略、职业进入、职业变动和职业位置等一系列变量构成。

自我职业生涯管理也称个人的职业生涯管理，是以实现个人发展的成就最大化为目的的，通过对个人兴趣、能力和个人发展目标的有效管理实现个人的发展愿望，即在组织环境下，由员工自己主动实施的、用于提升个人竞争力的一系列方法和措施。

在今天这个人才竞争的时代，个人的职业生涯管理越来越重要，大学毕业生求职越来越难，求职成功者的职业生命也是有限的，如果不进行有效地规划，那么，势必会造成生命和时间的浪费。有的人为怀才不遇却不知该如何找寻用武之地而苦恼；有的人为现有工作不称心却不知如何改善而焦急；有的人为工作竭尽全力却无法得到上级赏识而郁闷；有的人为做到一定位置却不知该往何方发展而迷茫。当出现这些种种情况时，大多数人是因为当初对自己将来做什么、能做好什么没有过设想和计划，所以造成了今天的茫然不知所措。

显而易见，大家无论学习或者工作，都应该有个明确的目标，没有切实可行的目标做驱动力，人们是很容易对现状妥协的。而为自己的职业生涯做一份计划，就是根据自身的兴趣、特点，给自己定个目标，并让自己的职业目标与生活目标一致，将自己定位在一个最能发挥自身特长的位置上，追求最佳职业生涯，最大限度地实现自我价值。

美国著名职业研究专家金兹伯格在她的职业发展理论中指出，职业选择是一个动态的过程，不是一次性完成"选择"，而是基于人们的职业观念做出的，而这种观念是在个体成长过程中形成的，它伴随着人的身体和心理一起发展。这个发展过程可以分为几个连续的阶段，每个阶段都有特定的发展任务，如果前一阶段的任务没有很好地完成，就会影响后一阶段的职业发展任务，导致择业发生障碍。从这个意义上讲，大学生职业生涯规划管理应贯穿于大学学习生活的始终，并根据不同阶段的目标，制订具体方案，循序渐进。

【案例】

小楚的职业生涯规划（一）

小楚是一个大胆有创意，认真负责，乐于助人的女孩。喜欢尝试与挑战，看重自我价值。她从自己的优缺点及兴趣爱好出发，对于医生这一职业有着很浓厚的兴趣，并且比较适合这一职业。而通过职业测试也进一步说明，小楚在医学领域有着自己的独到之处。专业为临床医学，能在最大程度上学习医学知识，强化医学技能。综合所有因素，小楚的职业决策是：当一名医术精明，经验丰富，素质高，道德高，人人信赖的好医生。为此，她对自己进行了如下的自我规划：

职业目标：外科医生

短期计划：

1. 大一英语通过四级，大二通过六级考试。

2. 顺利通过研究生入学英语考试。

3. 大一下学期计算机通过二级考试。

4. 参加1项大学生立项课题工作，学习科研思路和科研动手能力。

5. 在校期间认真学习专业知识、技能，各课学习成绩在80分以上，绝不能有挂科。

6. 制订研究生入学考试复习计划，并落实到位。

7. 利用假期打工，获得实践经验。

8. 大三到医院见习时一定要认真，努力学习如何当一名合格的医生，并不断提高自己的临床知识和积累临床经验。

9. 大五实习期间认真向医生学习，重点加强临床技能操作。

中期计划：

1. 能够完成研究生三年的学业，努力争取以优异的成绩毕业。

2. 注重培养自己的研究能力与思辨能力。

3. 更进一步提高自己的面试能力与人际沟通能力。

4. 学习时注重将临床技能与专业知识进行紧密结合。

5. 抓紧时间与机会，更好地适应社会环境与工作节奏。

6. 提高与他人合作的能力，锻炼自己的组织能力。

长期计划：

1. 顺利通过主治医师考试，并在医院内受到医院聘用为主治医师。

2. 选择进修点，不断进行知识的扩充与巩固。

3. 顺利被聘用为主治医师五年后，能够顺利通过副主任医师考试，并能顺利获得医院的聘用。

4. 顺利通过主任医师考试，并能够获得医院的聘用。

5. 不断学习，及时更新医学知识，关注最新的医疗技术以及观点。

6. 做到术有专攻，能在一定专科领域取得成绩的关键是要求自己在本领域精益求精，不断进取。

（二）医学生职业生涯管理的特点

1. 医学生职业生涯管理具有一定的引导性　医学生职业生涯管理是医学生结合自己的价值观、自身能力、条件、兴趣等为自己设计的职业发展、援助计划，以个体的价值实现和增值为目的，谋求个人现在和将来的持续发展，职业管理带有一定的引导性和功利性，能够帮助医学生完成自我定位，克服完成实现过程中遇到的困难挫折。医学生职业管理应该贯穿于整个大学生涯阶段。不过，由于大学生并未进入职场，其职业生涯管理大多是在理论指导下进行设计和管理的，所以具有理论性强，但可行性较差的特点，尤其需要在走进职场后不断来调整。

2. 医学生职业生涯管理过程应注重与实践相结合　前面提到，由于医学生并未真正进入职场，只是部分地了解自己，而对组织环境、组织文化知之甚少，所以难免偏颇。医学生职业生涯管理着眼于医学生实现职业计划，即力求满足医学生职业发展需要。因此，要实行有效的职业生涯管理，必须了解在实现职业目标过程中会在哪些方面碰到问题，如何解决这些问题？漫长职业生涯是否可以分为有明显特征的若干阶段？每个阶段的典型矛盾和困难是什么？如何加以解决和克服？在掌握这些知识后，才可能制订可行性强的生涯管理计划。而对职业过程和组织文化的了解来源于真实的职场体验，所以，医学生在进行了自我了解和初步的职业生涯管理设计之后，就要有目标地去体验职业和职场，即实习或实践，而实践本身也是医学生职业生涯管理的一个重要内容。

【案例】

刚满 30 岁的卢远读了 5 年的临床医学，性格开朗，善于交际，毕业后在医院做了 3 年的内科医生，生活相对稳定，但卢远觉得收入低，同时医院的圈子太封闭，想象一下自己一辈子就这样待在医院，好像现在就看到了 50 岁的自己，一辈子就这样？——不甘心。于是辞职，依靠在医院当过医生的经历，选择了去企业做销售。现在在一家全球 500 强的企业做药品的销售，收入还令人满意。

3. 职业生涯管理形式多样、涉及面广　其中既包括针对医学生个人的，如各类培训、咨询、讲座以及大学生自发的扩充技能、提高学历的学习等；同时也包括对各类组织文化如企业使命、企业倡导的价值观、相应的人事政策和措施等的了解；还包括医学生个人有针对性的"软实力"的提升，比如沟通能力、团队合作能力等必要的能力。职业生涯管理同时涉及执业活动的各个方面，复杂而庞大。因此，在医学生还未进入职场，就要建立一套系统的、有效的职业生涯管理是有相当难度的。

（三）实施个人职业生涯管理的意义

职业生涯管理对个人和所在的组织都具有相当的意义。我们着重了解实施职业生涯管理对个人的意义。对个人而言，参与职业生涯管理的重要性体现在三个方面：

1. 利于提升医学生对工作环境及工作困难的掌控能力　职业计划和职业管理既能使个人了解自身长处和短处，养成对环境和工作目标进行分析的习惯，又可以使个人合理计划、分配时间和精力完成任务、提高技能。这都有利于强化把握环境和困难的控制能力。

2. 利于处理医学生过好职业生活，处理好职业生活和生活其他部分的关系　良好的职业计划和职业生涯管理可以帮助个人从更高的角度看待工作中的各种问题和选择，将各分离事件结合联系，服务于职业目标，使职业生活更加充实和富有成效。更能考虑职业生活同个人追求、家庭目标等其他生活目标的平衡，避免顾此失彼，两面为难的困境。

3. 可以实现自我价值的不断提升和超越　工作的最初目的可能仅仅是找一份养家糊口的差事，进而追求的可能是财富、地位和名望。职业计划和职业管理对职业目标的多次提炼可以使工作目的超越财富和地位之上，追求更高层次自我实现的成功。

二、如何进行职业生涯的规划管理

"生命无法再来一次，但生涯是可以改造的。"这是国际知名的营销训练专家汤姆·霍普金斯（Tom Hopkins）的观点。他认为每个人都有追求更好生活的权利与能力，而生涯管理则是改造生涯的一种不可或缺的手段。

职业生涯规划管理需要一系列精心设计的流程才能迈上可控之路，其程序是：

（一）职业生涯诊断

职业生涯要做到理想与实际相结合，而职业生涯诊断能够帮助个人真正了解自己，并且进一步评估内外环境的优势、限制，在"衡外情，量己力"的情形下，设计出合理且可行的生涯发展方向。只有把自身因素和社会条件做最大程度的契合，才能在现实中趋利避害，使职业生涯规划更具实际意义。

1. 诊断的内容

（1）自我分析（表 5-1）

表 5-1　自我分析

1. 个人部分	健康情形	身体是否有病痛？是否有不良的生活习惯？是否有影响健康的活动？生活是否正常？有没有养生之道？
	自我充实	是否有专长？经常阅读和收集资料吗？是否正在培养其他技能？
	休闲管理	是否有固定的休闲活动？有助于身心和工作吗？是否有休闲计划？
2. 事业部分	财富所得	薪资多少？有储蓄吗？有动产、有价证券吗？有不动产吗？价值多少？有外快吗？
	社会阶层	现在的职位是什么？还有升迁的机会吗？是否有升迁的准备呢？内外在的人际关系如何？
	自我实现	喜欢现在的工作吗？理由是什么？有完成人生理想的准备吗？
3. 家庭部分	生活品质	居家环境如何？有没有计划换房子？家庭的布置和设备如何？有心灵或精神文化生活吗？小孩、夫妻、父母有学习计划吗？
	家庭关系	夫妻和谐吗？是否拥有共同的发展目标？是否有共同或个别的创业计划？父母子女与父母、与公婆、与姑叔、与岳家的关系如何？是否常与家人相处、沟通、活动、旅游？
	家人健康	家里有小孩吗？小孩多大？健康吗？需要托人照顾吗？配偶的健康如何？家里有老人吗？有需要你照顾的家人吗？

（2）环境分析（表5-2）

表 5-2　环境分析

1. 友伴条件	朋友要多量化、多样化、且有能力	
2. 行业条件	注意社会当前及未来需要的行业	
3. 企业条件	公司有改革计划吗？公司需要什么人才？	
4. 地区条件	视行业和企业而定	
5. 社会	注意政治、法律、经济、社会与文化、教育等条件，该社会的特性及潜在的市场条件	

（3）关键成就因素分析（表5-3）

表 5-3　关键成就因素分析

1. 人脉	家族关系、姻亲关系、同事（同学）关系、社会关系	沟通与自我推销
2. 金脉	薪资所得、有价证券、基金、外币、定期存款、财产（动产、不动产）、信用（与为人和职位有关）	储蓄、理财有方、夫妻合作、努力工作提高自己的能力条件及职位
3. 知脉	知识力、技术力、资讯力、企划力、预测（洞察）力、敏锐力	做好时间管理、安排学习计划、上课、听讲座、进修、组织内轮调、多做事、反复练习、经常做笔记、做模拟计划

（4）关键问题分析（表5-4）

表 5-4　关键问题分析

1. 问题发生的领域	是家庭问题、自我问题还是工作问题；或是其中两者或三者的共同作用？
2. 问题的难度	是否学习新技能？是否需要全神贯注？是否需要个人改变态度与价值观？
3. 自己与组织的相互配合情况	自己是否做出贡献，是否学会在组织内部适合自己的职业领域中发挥专长，和其他组织人员的团结协作，组织对自己的职业生涯设计和自己制定的职业生涯规划是否冲突等

2. 诊断的方法

（1）诊断方法体系（表5-5）

表 5-5　诊断方法体系

方式	评价者	评价内容	评价标准
自我评价	本人	1. 自己的才能是否充分施展 2. 对自己在企业发展、社会进步中所做的贡献是否满意 3. 对自己的职称、职务、工资待遇等方面的变化是否满意 4. 对处理职业生涯发展与其他人生活动的关系的结果是否满意	根据个人的价值观念、个人的知识、水平、能力

续表

方式	评价者	评价内容	评价标准
家庭评价	父母、配偶、子女等家庭成员	1. 是否能够理解和肯定 2. 是否能够给予支持和帮助	根据家庭文化
企业评价	上级、平级、下级	1. 是否有下级、平级同事的赞赏 2. 是否有上级的肯定和表彰 3. 是否有职称、职务的晋升或相同职务责权利范围的扩大 4. 是否有工资待遇的提高	根据企业文化及其总体经营结果
社会评价	社会舆论社会组织	1. 是否有社会舆论的支持和好评 2. 是否有社会组织的承认和奖励	根据社会文化

（2）常用的六种诊断工具

这六种诊断工具（表5-6）的关键之处就在于所用的方法是归纳式的而非演绎式的。诊断过程是从具体到一般，而不是从一般到具体。

表5-6 诊断工具

自我访谈记录	给每人发一份提纲，其中有11道问及他们个人情况的问题，要他们提供有关个人生活（有关人、地点、事件）、经历过的转折以及对未来的设想，并让他们在小组中互相讨论。这篇自传摘要体裁的文件将成为随后的自我分析所依据的主要材料
斯特朗-坎贝尔个人兴趣调查问卷	这份包含有325项的问卷填答后，就能据此确定他们对职业，专业领域，交往的人物类型等的喜恶倾向，为每人跟各种不同职业中成功人物的兴趣进行比较提供依据
奥尔波特-弗农-林赛价值观问卷	此问卷中列有多种相互矛盾的价值观，每人需对之做出45种选择，从而测定这些参加者对多种不同的关于理论、经济、美学、社会、政治及宗教价值观接受和同意的相对强度
24小时活动日记	参加者要把一个工作日及一个非工作日全天的活动如实而无遗漏地记下来，用来对照其他来源所获同类信息是否一致或相反
"重要人物"访谈记录	每位参加者要对自己的配偶、朋友、亲戚、同事或其他重要人物中的两个人，就自己的情况提出一些问题，看看这些旁观者对自己的看法。这两次访谈过程需要录音
生活方式描述	每位参加者都要用文字、照片、图或他们选择任何其他手段，把自己的生活方式描绘一番

（二）确定职业生涯发展目标和成功标准

1. 确定职业发展周期 每个人的职业发展都需要经过几个阶段，个人需要依据职业发展周期调整个人的知识水平和职业偏好。

尽管从原则上可以把个人的职业发展周期（表5-7）分为五个阶段：成长阶段、探索阶段、确立阶段、维持阶段和下降阶段，但是并不是每个人的职业发展周期都是一样的，每个人都会有自己的特点。

表 5-7　职业发展周期

1. 成长阶段	成长阶段大体上可以界定在从一个人出生到 14 岁这一年龄段上。在这一阶段，个人通过对家庭成员、朋友以及老师的认同以及与他们之间的相互作用，逐渐建立起了自我的概念。在这一阶段的一开始，角色扮演是极为重要的，在这一时期，儿童将尝试各种不同的行为方式，而这使得他们形成了人们如何对不同的行为做出反应的印象，并且帮助他们建立起一个独特的自我概念或个性。到这一阶段结束的时候，进入青春期的青少年（在这个时候已经形成了对他们的兴趣和能力的某些基本看法）就开始对各种可选择的职业进行带有某种现实性的思考了
2. 探索阶段	探索阶段大约发生于一个人的 15 岁~24 岁之间的这一年龄段上。在这一时期中，个人将认真地探索各种可能的职业选择。他们试图将自己的职业选择与他们对职业的了解以及通过学校教育、休闲活动和工作等途径中所获得的个人兴趣和能力匹配起来。在这一阶段的开始时期，他们往往做出一些带有试验性质的较为宽泛的职业选择。然而，随着个人对所选择职业以及对自我的进一步了解，他们的这种最初选择往往会被重新界定。到了这一阶段结束的时候，一个看上去比较恰当的职业就已经被选定，他们也已经做好了开始工作的准备
3. 确立阶段	确立阶段大约发生在一个人的 24 岁~44 岁之间这一年龄段上，它是大多数人工作生命周期中的核心部分。有些时候，个人在这期间（通常是希望在这一阶段的早期）能够找到合适的职业并随之全力以赴地投入到有助于自己在此职业中取得永久发展的各种活动之中。人们通常愿意（尤其是在专业领域）早早地就将自己锁定在某一已经选定的职业上。然而，在大多数情况下，在这一阶段人们仍然在不断地尝试与自己最初的职业选择所不同的各种能力和理想
4. 维持阶段	到了 45 岁~65 岁这一年龄段上，许多人就很简单地进入了维持阶段。在这一职业的后期阶段，人们一般都已经在自己的工作领域中为自己创立了一席之地，因而他们的大多数精力主要就放在保有这一位置上了
5. 下降阶段	当退休临近的时候，人们就不得不面临职业生涯中的下降阶段。在这一阶段上，许多人都不得不面临这样一种前景：接受权力和责任减少的现实，学会接受一种新角色，学会成为年轻人的良师益友。再接下去，就是几乎每个人都不可避免地要面对的退休，这时，人们所面临选择就是如何去打发原来用在工作上的时间

2. 确定职业生涯发展目标 – 职业性向　决定个人选择何种职业有六种基本的"人格性向"（实际上每个人不是只包含有一种职业性向，而是可能几种职业性向的混合），这种性向越相似，则一个人在选择职业时面临的内在冲突和犹豫就越少。（表 5-8）

表 5-8　职业性向

1. 实际性向	具有这种性向的人会被吸引从事那些包含着体力活动并且需要一定技巧、力量和协调的职业，如森林工人、运动员
2. 调研性向	具有这种性向的人会被吸引从事那些包含着较多认知活动的职业，而不是主要以感知活动为主的职业，如生物学家和大学教授
3. 社会性向	具有这种性向的人会被吸引从事那些包含着大量人际交往活动的职业，而不是那些有大量智力活动或体力活动的职业，如心理医生和外交人员
4. 常规性向	具有这种性向的人会被吸引从事那些包含着大量结构性和规则性的职业，如会计和银行职员

续表

| 5. 企业性向 | 具有这种性向的人会被吸引从事那些包含着大量以影响他人为目的语言活动的职业，如管理人员、律师 |
| 6. 艺术性向 | 具有这种性向的人会被吸引从事那些包含着大量自我表现、艺术创造、情感表达和个性化的职业，如艺术家、广告创意人员 |

3. 确定职业生涯的成功标准 – 职业锚（具体内容详见本书第二章"认识自我"）

（三）确定职业生涯发展策略

确定职业生涯发展策略应把握四条原则：择己所爱，择己所能，择世所需和择己所利。

1. 职业生涯发展途径

（1）组织内部发展：内部发展基本上有三个方向（图5-1）：①纵向发展，即员工职务等级由低级到高级的提升。②横向发展，指在同一层次不同职务之间的调动，如由部门经理调到办公室任主任。此种横向发展可以发现员工的最佳发挥点，同时又可以使员工自

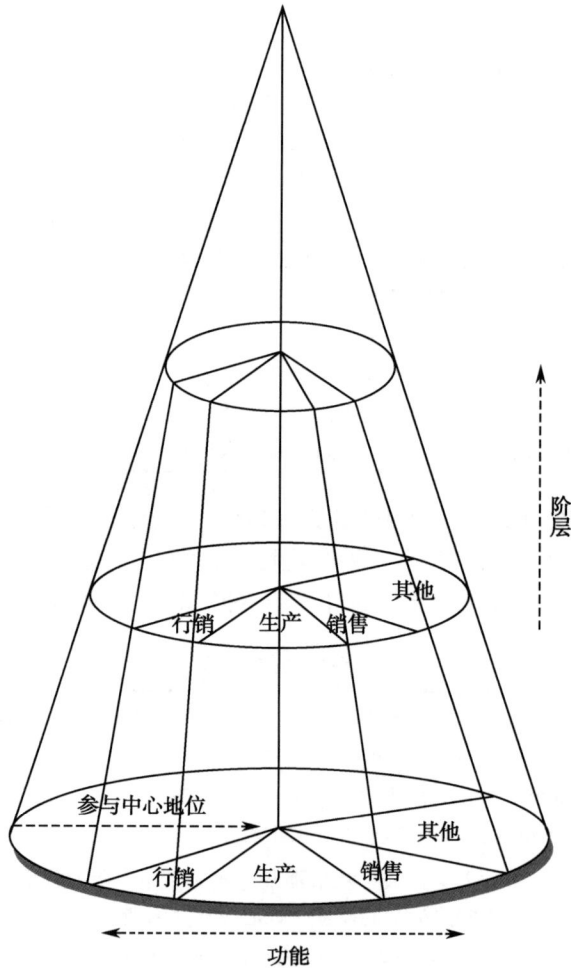

图 5-1　组织内部发展的三个方向

己积累各个方面的经验，为以后的发展创造更加有利的条件。③向核心方向发展，虽然职务没有晋升，但是却担负了更多的责任，有了更多的机会参加单位的各种决策活动。以上这几种发展都意味着个人发展的机会，也会不同程度地满足员工的发展需求。然而内部发展应注意以下七条原则：①始终追随胜利者工作。②对公司要忠诚，但如果过度的忠诚会危害你的前途，也不妨考虑"骑驴找马"，另找明主。③能够调和公司整体的利益与员工个人的需求；懂得毅然去做可能不受同事欢迎的决策。④如果上述这种决策使某些人受到伤害，要与受害者沟通你的理由。⑤延揽优秀的人才来弥补你在专业知识及技术上的不足。⑥了解其他高级主管的优点及缺点。⑦力求发挥所长，使公司获益。

（2）组织外部发展

1）外部发展的时机（表5-9）

表5-9 外部发展的时机

1. 如果你在一家公司太早就晋升至高阶，欲更上一层楼，则需等待很久的时间时……
2. 由于你最近的成功表现，使你的身价大幅提高时……
3. 如果你觉得你在现职上并未获得充分的重视时……
4. 如果你的公司在竞争中落后，而你又无力促使公司迎头赶上时……
5. 如果公司的改组或变动使你的前程计划受到阻碍时……
6. 如果你有更高的眼界与新的理想时……

2）外部发展需要的判定工具——职业满意问卷（表5-10）

表5-10 职业满意问卷

1. 你工作时看表吗？
A. 不断地看（1分）B. 不忙的时候看（3分）C. 不看（5分）
2. 到了星期一早晨：
A. 你愿意回到单位去（5分）B. 你渴望摔伤腿而住进医院（1分）C. 开始觉得勉强，过一会就想回到单位去上班（3分）
3. 一天快结束时，你感觉如何？
A. 疲惫不堪，全身不舒服（3分）B. 为能维持生活而感到高兴（1分）C. 有时感到累，但通常很满足（5分）
4. 对自己的工作忧虑吗？
A. 偶尔（5分）B. 从来没有（3分）C. 经常（1分）
5. 你认为你的工作：
A. 对你来说是大材小用（1分）B. 使你很难胜任（3分）C. 从没想过要做这份工作（5分）
6. 你对自己的工作：
A. 不讨厌（5分）B. 感兴趣，但有困难（3分）C. 厌烦（1分）
7. 你用多少时间打电话或做些与工作无关的事？
A. 很少一点时间（5分）B. 在个人生活遇到麻烦时用一些（3分）C. 很多时间（1分）
8. 你想换个职业吗？
A. 不太想（5分）B. 不想，但想在本职业中找个好位置（3分）C. 想（1分）
9. 你觉得：
A. 你总是很有能力（5分）B. 你有时很有才能（3分）C. 你总是没有能力（1分）
10. 你认为你自己：
A. 喜欢并尊重同事（5分）B. 不喜欢同事（3分）C. 和你的同事比差不多（1分）

11. 哪种情况同你最相符？

A. 不想再钻研有关工作的知识（1分）　B. 开始工作时很喜欢学习（3分）　C. 愿再学点有关工作的知识（5分）

12. 你具有哪些个性特点？你认为工作需要什么？（两问每重叠一项计5分，不重叠计2分）

A. 专心　B. 幽默　C. 体力好　D. 思维敏捷　E. 好创新　F. 镇定　G. 记忆力好　H. 有魅力

13. 你最赞成以下哪种说法？

A. 工作即赚钱谋生（1分）　B. 主要为赚钱，如有条件希望能做令人满意的工作（3分）　C. 工作即生活（5分）

14. 工作加班吗？

A. 如果付加班费，就加班（3分）　B. 从不加班（1分）　C. 经常加班，没有加班费也如此（5分）

15. 除假日或病假，你是否缺勤？

A. 一点也没有（5分）　B. 仅仅几天（3分）　C. 经常缺（1分）

16. 你对自己的工作：

A. 劲头十足（5分）　B. 没有劲头（1分）　C. 一般化（3分）

17. 你认为你的同事们：

A. 喜欢你（5分）　B. 不喜欢你（1分）　C. 一般化（3分）

18. 关于工作上的事，你：

A. 只与同事谈论（3分）　B. 同家里人和朋友谈（5分）　C. 尽量少谈或不谈（1分）

19. 你经常患小病或说不清的病吗？

A. 难得患一次（5分）　B. 不经常患（3分）　C. 经常患（1分）

20. 目前的工作你是怎样选择的？

A. 父母或老师帮忙决定的（3分）　B. 你唯一能找到的（1分）　C. 当时觉得很合适（5分）

21. 当家庭与工作矛盾时，哪方取胜？

A. 家庭一方（1分）　B. 工作一方（5分）　C. 根据具体情况而定（3分）

22. 如果少付三分之一工资，你还愿做这份工作吗？

A. 愿意（5分）B. 内心愿意，但负担不了家庭，只好作罢（3分）　C. 不愿意（1分）

23. 如果你被迫离开工作，你最想念什么？

A. 钱（1分）　B. 工作本身（5分）　C. 工作单位（3分）

24. 你会为了消遣一天而请一天事假吗？

A. 会（1分）　B. 不会（5分）　C. 如果工作不忙，可能会（3分）

25. 你觉得自己在工作中不受赏识吗？

A. 偶尔觉得（3分）　B. 经常觉得（1分）　C. 很少觉得（5分）

26. 你最不喜欢你职业的哪方面？

A. 时间太死板（3分）　B. 乏味（1分）　C. 不能按自己的想法做（5分）

27. 你爱人认为你把个人生活与工作分开吗？

A. 严格分开（1分）　B. 时常分开，但也有不分开之处（3分）　C. 完全没分开（5分）

28. 你建议自己的孩子将来做你的职业吗？

A. 是的，如果他有能力并且合适（5分）　B. 警告他不要做（1分）　C. 随孩子的便（3分）

29. 如果你有了一大笔钱，你会怎样？

A. 辞职，再也不干工作了（1分）　B. 找一个你一直想找的职业（3分）　C. 继续做现在的工作（5分）

测试结果倾向：

30~40分：极不满意自己的职业。毫无疑问，没有必要再干下去。如果你还年轻，应立即鼓足勇气去寻找令你满意的工作。

41~56 分：不满意自己的职业。有可能你选错了职业，也有可能自己估计太高，因而产生失落感，工作的热情总是调动不起来。

57~99 分：比较满意自己的职业。觉得工作环境挺好，同事也不错，有被提拔的机会，但你不一定喜欢艰苦的领导职务。

100~124 分：非常满意自己的职业。工作对你十分重要，对工作有高度的责任感。你是工作中的成功者和愉快者。

125 分以上：你的职业已使你产生了变态心理。工作成了一切生活的需要，除此之外，你认为世界上任何事物都不复存在了。要警惕！

2. 职业生涯发展所需角色转换（表 5-11）

表 5-11　角色七阶段

	角色	主要任务	重大心理议题
阶段一	学生	发展及发现个人的价值、兴趣和能力，拟定明智的教育策略；经由讨论、观察及工作经验，找出可能的职业选择	接受个人抉择的责任
阶段二	应征者	学习如何找工作，如何磋商一场就业面试；如何评估关于一个工作和一个组织的咨询；拟定实际且有效的工作抉择	果断地将自己呈现给别人；忍受不确定性
阶段三	储备人员	学习组织的诀窍；协助别人；遵循命令；获得认可	依赖他人；面对现实及组织真相所带来的震撼，克服不安全感
阶段四	同事	成为一个独立的贡献者；在组织中找到一个单人专家的位置	根据新的自我知识和在组织内的发展潜能重新评估原始的生涯目标；独立；接受个人成败的责任；建立平衡的生活形态
阶段五	指导者	训练/指导他人；介入组织的其他单位；管理小组专项计划	为别人承担责任；从被人的成就中获得满足；如果不是位居管理的角色，则接受现有的专业角色，并从横向发展中发现机会
阶段六	资助者	分析复杂的问题，影响组织的方向；处理组织的机密；发展新的想法；赞助别人具创意的专案计划；管理权力和责任	接触对自我和所有权的主要关切，变得比较关切组织的利益；管理对高压力水准的个人情绪反应；平衡工作和家庭；对退休生活的规划
阶段七	退休者	适应生活标准和生活形态的变化；找出表达个人天分和兴趣的新方法	在个人过去的生涯成就中找到满足的同时，也对个人发展的新途径保持开放的态度

3. 职业生涯所需的能力转换

（1）管理能力

1）管理能力的结构（表 5-12）

表 5-12　管理能力的结构

第一级	在执行管理工作时，直接需要的能力	目标设定力 计划力/组织力 统治力	经由时间的过程可以学习到的领域
第二级	支持第一级的能力	战略思考力 创造力/洞察力 协调力 解决问题的能力	
第三级	要培养第一二级能力所必要的知识、技能	与管理有关的知识和方法，有关本公司、本部门的知识等。	OFFJT 所需要的领域
第四级	管理人员必备的人格特性	积极性、感情的安定性 自发性、责任感等	经由 OJT-OFFJT 可能改变的领域
		行动力、持续性等	很难改变的领域

2）不同人员需要的管理能力（表 5-13）

表 5-13　不同人员需要的管理能力

顺位	初级管理人员	中级管理人员	高级管理人员
1	业务知识/技能	领导统御力	领导统御力
2	统御力	企划力	先见性
3	积极性（行动力）	业务知识、技能	谈判力
4	谈判力	谈判力	领导魅力
5	企划力	先见性	企划力
6	指导培养部属力	判断力	决断力
7	创造力	创造力	创造力
8	理解、判断力	积极性	管理知识、能力
9	管理、实践能力	对外调整力	组织革新力
10	发掘、解决问题能力	领导魅力	判断力

3）管理人员能力的评价（表 5-14）

表 5-14　管理人员能力的评价

能力分类	能力要求	个人能力程度	得分
分析能力	有能力对一个形势或工作的组成因素进行论证，并能分析出其中的连接关系。	1. 较差 2. 一般 3. 良好	
综合能力	有能力将不同的组成部分综合在一起，并对其优势成分进行论证说明。	1. 较差 2. 一般 3. 良好	

能力分类	能力要求	个人能力程度	得分
预测能力	有前瞻能力，有远见，并有能力制定战略性计划，组织先行工作。	1. 较差 2. 一般 3. 良好	
决策能力	有根据不全面的信息分析、评价、选择并做出最终的决策和承担风险的能力。	1. 较差 2. 一般 3. 良好	
规划能力	有能力对所定目标进行论证说明，确定重点，制订行动计划，最终达到目的。	1. 较差 2. 一般 3. 良好	
领导能力	有能力确定目标，让人接受一种观点、一个方案，或一项行动计划。进行组织落实，确定检验标准及范围，并有能力对工作进行追踪。	1. 较差 2. 一般 3. 良好	
组织能力	有能力设计一个组织机构，制定目标、工作方法和相关制度，并组织实施。	1. 较差 2. 一般 3. 良好	
落实能力	具有正确传达上级指示、核定行动计划、制订具体的落实方案的能力。	1. 较差 2. 一般 3. 良好	
先行活动能力	有能力明确制定工作目标，并有能力创造实现工作目标的各种条件。	1. 较差 2. 一般 3. 良好	
授权能力	有能力将一项具体的任务授权给另一位同事或下属完成。	1. 较差 2. 一般 3. 良好	
参与能力	有能力参与到相关工作中去。	1. 较差 2. 一般 3. 良好	
沟通能力	有能力说明自己的意见，观察别人的反应，倾听别人的意见，对其意见进行整理，做好协调统一工作。	1. 较差 2. 一般 3. 良好	
适应能力	在变化的形势中，面对不同的对手，仍能把握住方向，创造巨大的效益。	1. 较差 2. 一般 3. 良好	
谈判能力	身处冲突的形势环境中，有能力论证自己的意见，分析对方的观点，并找到协调的方法。	1. 较差 2. 一般 3. 良好	
坚持能力	尽管存在着困难和障碍，但有能力落实一项长期的计划。	1. 较差 2. 一般 3. 良好	

续表

能力分类	能力要求	个人能力程度	得分
责任能力	全身心地投入落实所定目标的工作中,以独立的意识面对形势,具有行使权利、独立管理自己工作范围的能力。	1. 较差 2. 一般 3. 良好	
创新能力	有能力结合实际想象出新的解决问题的办法。	1. 较差 2. 一般 3. 良好	
检验能力	有能力对工作结果进行评价,检验其是否与预期需达到的目标的要求相符,并具有传达评价、更正或弥补工作结果与目标之间差距的能力。	1. 较差 2. 一般 3. 良好	
伦理能力	有自觉地按照正确的伦理观念,处理企业内外部各方面利益关系的能力。	1. 较差 2. 一般 3. 良好	
情绪控制能力	了解自己和他人的情绪,有能力控制自己和他人的不良或极端的情绪。	1. 较差 2. 一般 3. 良好	
激励能力	有在挫折或平凡中使自己和他人保持积极性的能力。	1. 较差 2. 一般 3. 良好	
学习能力	有根据工作要求主动向书本、向他人、向自己学习的能力。	1. 较差 2. 一般 3. 良好	

个人总分

（2）专业能力

1）专业能力的结构（图 5-2）

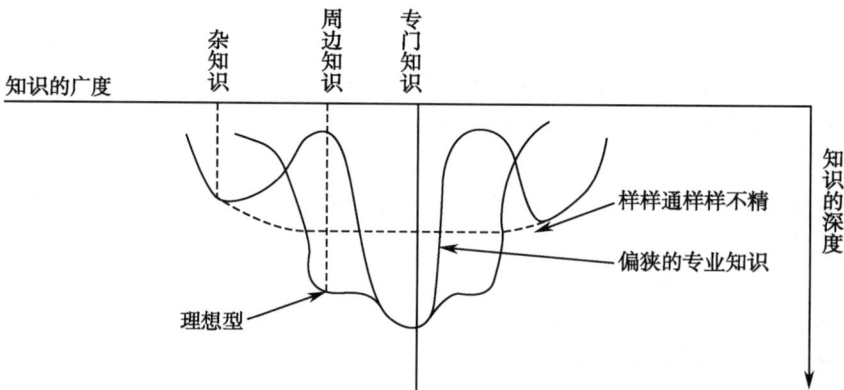

图 5-2　专业能力结构

2）专业能力的开发方法（图 5-3）

开发方法	使用比例
	100
	（435）
1. 自我启发	46.0
2. 企业内教育	11.0
3. 企业外教育	13.6
4. 同一部门内工作轮调	4.1
5. 不同部门内工作轮调	8.0
6. 派训关系企业	2.1
7. 多种研究开发专题的经验	43.9
8. 高度研究开发专题的经验	54.9
9. 参与某个专案小组	40.5
10. 参与公司外的专家交流	40.7
11. 参与公司外的专家共同研究	29.9
12. 其他	0.5

图 5-3　专业能力开发方法

（四）职业生涯实施管理

1. 职业生涯发展方案　确定了职业生涯发展策略之后，行动成为关键。职业生涯发展方案（表 5-15）通过准备一套周密的行动计划，并辅以考核措施以确保预期实现。考虑到影响职业生涯规划的因素很多，对职业生涯设计的评估与修订也很必要。

表 5-15　职业生涯发展方案

1. 分析基准	1）我的人生价值是什么？
	2）环境是否有利于我的成长？
	3）成长最大的障碍在哪里？
	4）我现有的技能和条件有哪些？
2. 目标与标准	1）我处于职业生涯哪一阶段，这一阶段特点为何？
	2）可行的生涯方向是什么，为什么这个目标对我而言是最可能的目标？
	3）如何判断自己的成功？
3. 生涯策略	1）职业生涯发展内部路线与外部路线为何？
	2）如何进行相应的角色转换？
	3）如何进行相应的能力转换？
	4）对我而言还有什么不能解决的问题呢？
4. 生涯行动计划	1）执行计划是否做到从长期计划 – 年度计划 – 月计划 – 周计划 – 日计划的分解？
	2）我将分别在何时进行上述每一行动计划？
	3）有哪些人将会 / 应当加入此一行动计划？
5. 生涯考核	1）什么你做得好？什么做得不好？
	2）你还需要什么？是需要学习，需要扩大权力？需要增加经验？
	3）怎样应用你的培训成果？你拥有什么资源？
	4）你现在应该停止做什么？开始做什么？培训和准备的时间如何安排？
6. 生涯修正	1）职业的重新选择
	2）职业生涯路线的重新选择
	3）人生目标的修正
	4）实施措施与计划的变更等

2. 职业生涯发展文件（personal performance development file，PPDF）　就是个人职业

发展档案，它是一种极为有效的职业生涯匹配人力资源开发的方法。PPDF 的主要目的是对员工工作经历的一种连续性的参考。PPDF 的主要内容包括个人情况、现在的行为、未来的发展。

（1）PPDF 的使用指南（表 5-16）

表 5-16　PPDF 的使用指南

1. PPDF 的主要目的	PPDF 是对员工工作经历的一种连续性的参考。它的设计使员工和他的主管领导，对该员工所取得的成就，以及员工将来想做些什么有一个系统的了解。它既指出员工现时的目标，也指出员工将来的目标及可能达到的目标。它标示出，你如果要达到这些目标，在某一阶段你应具有什么样的能力、技术及其他条件等。同时，它还帮助你在实施行动时进行认真思考，看你是否非常明确这些目标，以及你应具备的能力和条件
2. 怎样使用 PPDF	PPDF 是两本完整的手册。当你希望去达到某一个目标时，它为你提供了一个非常灵活的档案。将 PPDF 的所有项目都填好后，交给你的直接领导一本，员工自己留下一本。领导会找你，你要告诉他你想在什么时间内，以什么方式来达到你的目标。他会同你一起研究，分析其中的每一项，给你指出哪一个目标你设计得太远，应该再近一点儿；哪一个目标设计得太近，可以将它往远处推一推。他也可能告诉你，在什么时候应该和电大、夜大等业余培训单位联系，他也可能会亲自为你设计一个更适合于你的方案。总之，不管怎样，你将单独地和你相信的领导一同探讨你该如何发展、奋斗

（2）PPDF 的主要内容

PPDF 的主要内容（表 5-17）包括个人情况、现在的行为、未来的发展。

表 5-17　PPDF 的主要内容

1. 个人情况	A. 个人简历	包括个人的生日、出生地、部门、职务、现住址等
	B. 文化教育	初中以上的校名、地点、入学时间、主修专题、课题等。所修课程是否拿到学历，在学校负责过何种社会活动等
	C. 学历情况	填入所有的学历、取得的时间、考试时间、课题以及分数等
	D. 曾接受过的培训	曾受过何种与工作有关的培训（如在校、业余还是在职培训）、课题、形式、开始时间等
	E. 工作经历	按顺序填写你以前工作过的单位名称、工种、工作地点等
	F. 有成果的工作经历	写上你认为以前有成绩的工作是哪些，不要写现在的
	G. 以前的行为管理论述	写出你对工作进行的评价，以及关于行为管理的事情
	H. 评估小结	对档案里所列的情况进行自我评估
2. 现在的行为	A. 现时工作情况	应填写你现在的工作岗位、岗位职责等
	B. 现时行为管理文档	写上你现在的行为管理文档记录，可以在这里加一些注释
	C. 现时目标行为计划	设计一个目标，同时列出和此目标有关的专业、经历等。这个目标是有时限的，要考虑到成本、时间、质量和数量的记录。如果有什么问题，可以立刻同你的上司探讨解决

续表

3. 未来的发展	A. 职业目标	在今后的 3~5 年里，你准备在单位里做到什么位置
	B. 所需要的能力、知识	为了达到你的目标，你认为应该拥有哪些新的技术、技巧、能力和经验等
	C. 发展行动计划	为了获得这些能力、知识等，你准备采用哪些方法和实际行动。其中哪一种是最好、最有效的，谁对执行这些行动负责，什么时间能完成
	D. 发展行动日志	此处填写发展行动计划的具体活动安排，所选用的培训方法。如听课、自学、所需日期、开始的时间、取得的成果等

（五）职业生涯发展的技巧（二十则）

1. 在职业生涯发展的道路上，重要的不是你现在所处的位置，而是迈出下一步的方向。

2. 职业生涯开发与管理 只要开始，永远不晚；只要进步，总有空间。

3. 职业生涯的每一次质跃发展都是以学习新知识、建立新观念为前提条件的。

4. 在职业生涯早期，对自己能力锻炼最大的工作是最好的工作；在职业生涯中期，挣钱最多的工作是最好的工作；在职业生涯后期，实现人生价值最大的工作是最好的工作。

5. 在职业生涯发展的进程中，什么时候你的工作热情、努力程度不为工资待遇不高、不为上级评价不公而减少，从那时起你就开始为自己打工了。

6. 千万不要把你的主要精力放在帮助你的上级改正缺点错误上，用同样的时间和精力，你能从他身上学到的优点，一定多于能帮他改正的缺点。

7. 确定你的职业锚之日，就是你的职业转变为你的事业之时。

8. 在职业生涯发展的道路上没有空白点；每一种环境、每一项工作都是一种锻炼，每一个困难、每一次失败都是一次机会。

9. 在职业生涯发展的道路上，只要不放弃目标，每一次挫折、每一次失败都是有价值的。

10. 在职业生涯初期，我们可能做的是自己不喜欢而且不想从事一生的工作。要分清：喜欢不喜欢这份工作是一件事，应该不应该做好这份工作、是否有能力做好这份工作是另一件事。切记：职业生涯发展是从做好本职工作开始的。当你还没有能力做好一件工作时，就没有资格说不喜欢。

11. 成功的人和不成功的人就差一点点 成功的人可以无数次修改方法，但绝不轻易放弃目标；不成功的人总改目标，就是不改方法。

12. 职业生涯没有目标不行，目标太多不行，目标总变也不行。对目标的处理方法是：选择、明确、分解、组合，加上时间坐标。目标分解是在现实处境与美好愿望的实现之间建立可拾级而上的阶梯，目标组合是找出不同目标之间互为因果、相互促进的内在联系。

13. 求知是自我实现的前提，求美是自我实现的过程。

14. 只有暂时没有找到解决方法的困难，没有解决不了的困难。

15. 自我实现让人兴奋，天人合一使人平静。

16. 企业不仅是挣钱谋生的场所，更是学习进步、实现人生价值的舞台。

17. 内职业生涯发展是外职业生涯发展的前提，内职业生涯发展带动外职业生涯的发展。

18. 外职业生涯的因素通常由别人决定、给予，也容易被别人否定、剥夺；内职业生涯的因素主要靠自己探索、获得，并且不随外职业生涯的因素改变而丧失。

19. 外职业生涯略超前时有动力，超前较多时有压力，超前太大时有毁灭力；内职业生涯略超前时很舒心，超前较多时很烦心，超前太大时要变心。

20. 正确的角色定位需要理智，及时的角色转换需要智慧。

相关解答

大学生的职业生涯管理中有哪些常见问题？

第一，缺乏对职业生涯规划的科学认识。

第二，自我认知不清，定位不准。

第三，很多大学生不重视第一份工作，初期选择处于混沌状态。

第四，很多大学生不知道如何判断一个工作机会是不是好。

第五，大学生的职业心态欠佳。

课后作业

完成一份职业生涯管理规划。

相关链接

1. http：//www.chrm.gov.cn/ 中国人力资源市场网

2. 尼可拉斯·劳尔. 天才也怕入错行. 姜飞月，译. 长春：吉林人民出版社，2000

第二节　医学生职业生涯规划的评估调整

谁也不能随随便便成功，它来自彻底的自我管理和毅力。

——《哈佛大学图书馆馆训》

迷惘与疑惑

小李是某高职学校医药营销专业的毕业生，在校期间他就对自己的职业生涯路线进行了规划：毕业后 5 年，争取进入 500 强医药公司工作，从营销助理做起，苦练专业和沟通技能；工作 3~5 年，努力工作，成为骨干员工，得到领导认可；工作 6~10 年，成为营销高层。毕业后，小李按规划应聘到一家 500 强医药公司工作，担任营销助理。工作 6 年来，他热情积极，踏实肯干，几乎年年都被评为优秀员工。在这种 500 强的医药公司中，国际沟通交流机会极多，营销部总监、行政总管都是外国人。小李深知，要想往上发展，学好英语很重要，可英语恰恰是他的"软肋"。小李一直计划参加在职培训，一方面提升学历，使自己成为"用得上、有技能、会管理"的专业人才；另一方面提高自己的英语水平，提高自己的竞争力。但他总觉得工作太忙没时间，想等以后时间充裕的时候再学。最近，营销部副主管跳槽了，总监要提拔一人担任这一职位，小李是最被大家看好的，他自己也很期待，可是最后的人选却不是他。要强的小李很不服气，找总监讨说法，总监的一句话点醒了他："你虽然技术和沟通能力等各方面都不错，但是英语水平还得提高，而且学历也得提升。"小李想到自己束之高阁的学习计划，后悔不已，自己离梦想已经很近了，可是却因为准备不足、与机会擦肩而过。

上述案例告诉我们，要想职业生涯规划能够实现，必须要对其进行管理，也就是在认识自己，分析环境状况的基础上，根据实际需要对规划进行调整和修正，争取最大的发展机会去实现自己的职业生涯目标。

理论解析

一、职业生涯规划的评估调整

对于医学生而言，进行职业生涯评估的目的是让自己时刻保持最佳状态，在通向最终目标的职业生涯大道上跨越障碍，走得直，走得快，走得稳，谋求可持续的发展。因而进行职业生涯评估不妨循着优势和差距两条主线来进行。

世事多变，世界每天、每时都在发生变化。远到社会经济结构的发展、科学技术的飞跃、政治形势的突变、国家政策的调整、法律制度的调整；近到所在企业组织的制度调整、领导人更换、产品方向调整；乃至个人家庭、健康、能力水平的变化，无不能够影响到个人职业生涯的发展，那些意外发生的变化常常令我们束手无策，并直接影响到我们个人职业生涯规划的执行过程和结果。人生不能重来，先前计划得不完整、对自我和环境认识得不全面、未能坚持计划、策略方案的失误、没能调动起全部力量，所有这些失误都可能导致预期目标的流产。这就要求我们自觉地总结经验和教训，不断修正策略，甚至必要时修正目标。而在职业生涯规划过程中，经常进行再评估很容易使我们发现改善的途径。我们所要进行的再评估主要包括：第一，确定准确的位置，判断实际行为效果与期望值的偏差；第二，探究导致失败结果的根本原因；第三，采取及时、适当的纠正措施；第四，调整策略，改变行动。

有些问题，必须在探索途中才能找到答案，如：你最想从事的是什么职业？你真的适合做这个职业吗？你能如期完成这个职业给予的既定目标吗？

经常自省是必要的，它可以使我们更好地了解自己，纠正我们既定目标的偏差。进行职业生涯规划，应根据自己的短期规划，在每一个规划阶段进行一次系统全面的评估，如每年或每半年进行一次。在学习工作了一段时间之后，有意识地回顾得失，对前期策略措施的执行效果进行检查和验证，纠正分阶段目标中出现的偏差。

对职业生涯规划的评估可以参照各类短期、中期预定目标和实际结果比照来进行。一般来说，任何形式的评估都可以归结为自我素质和行为对现实环境的适应性判断，分析自己的现值，特别是针对变化的环境，找出偏差所在，做出修正。进行评估的关键在于：

1. 抓住最重要的内容　我们在评估的过程中不必要求面面俱到，只要抓住一两个关键的目标和最主要的策略方案进行追踪。在职业生涯的某一阶段，一年两年内，也可能三年五年内，总有一个最重要的目标，其他目标都是指向这个核心的，你完全可以通过优先排序，重点评估那些可能达到这个核心目标的主要策略执行的效果。

2. 分离出最新的需求　变化了的内外环境，要求我们要善于发掘出最新的趋势和影响。在我们的职业生涯中，总会不断出现新的变化和需求，对于这些新的变化和需求，我们要分析清楚怎样的策略才是最有针对性，最具实效性的。

3. 找到突破方向　我们知道，在某一点上取得突破性的进展，有时候将使整个局面发生意想不到的改变。在进行职业生涯评估时，我们要想一想先前规划中的策略方案，哪一条对于目标的达成是有突破性的影响的？这一目标达到了吗？为什么没达到？如何寻求新的突破？

4. 关注最弱点　管理学中有个著名的木桶理论，即一只桶口不齐的木桶，其容量的大小，不取决于最长的那块木板，而取决于最短的那块木板。在对职业生涯进行反馈评估的过程中，我们当然要肯定自己取得的成绩与长处，但更重要的是要切合变化的环境，发现自己的素质与策略的"短木板"，即自己最不擅长和最欠缺的，然后想办法修正，或者针对自己的弱点和最欠缺的方面，有意识地进行巩固和提高。只有把木桶中的那块短木板换掉，或者接补增长，我们的职业生涯这只桶才能有更大的容量。

【案例】

小楚的职业生涯规划（二）

为了能够早日实现目标成为一名德才兼备的医生，小楚做了如下的职业评估：

1.【评估标准】

（1）职业目标评估　我的最终职业目标：成为一名医术精明，经验丰富的外科医生。

所做的一切都是为了实现这个目标，假如我的终极目标没有实现，那它就不是一个成功的目标选择，需要在调整每一阶段小目标的基础上适时调整最终目标的选择。

（2）职业路径评估　我的职业路径是：毕业取得学位→考取职业医师资格证→考研→三甲医院工作。

路径中的每一步都是让我最终获得成功的关键点，因此，假如这五步中有一步没有完成，那它就不是一条正确的合适的职业路径。

2.【职业调整】

（1）若毕业后也无法在大医院找到工作，我会考虑到低层医院工作。现在高等教育已经进入"大众化"时代，医学毕业生要适时调整就业观和期望值，与社会协调同步发展。面对如此竞争激烈的就业形势，医学生理当从自己的自身环境、能力出发，适当地降低对就业的期望值，从而寻找到适合自己的岗位，降低就业层次，抢先到那些目前经济虽然欠发达，但发展后劲足、有广阔发展空间的城市去施展才华。

（2）若无法从事医生工作，那就到那些与医学专业相近或相邻的新兴行业工作，如保健、康复、美容、医药、家庭护理、计划生育、临终关怀、养老院等。要敢于从事相关职业和一些交叉学科的专业如保险公司的医药核赔师、医药公司的医药代表、专门处理医疗事故的律师；要敢于到那些新办的外资或私营的医院去，为自己提供更多的就业空间，方便自己能够更快地寻找到更好的工作。

在职业生涯中，可以经常回过头来，看看在制定实施策略前所分析发现的劣势点如今是否通过阶段行动的努力而有所改观？如果没有，要分析是什么原因造成的，为什么会行而无效，或是行不通？差距又在哪里？一般来说，你的短木板可能存在于下列方面：第一、观念差距。观念陈旧往往会造成策略的失误，导致行动失效。第二、知识差距。分析一下，究竟是按照实施策略所积累的知识仍然不够，还是学错方向了。第三、能力差距。环境在变化，对人的能力的要求也是在不断变化的。一个时间段你通过种种努力提高了某些能力，但可能在另一个时间段又会出现新的差距。另外，前一阶段是否坚持按计划措施来提高能力了？提高了多少？遇到什么困难？这对以后都是一个重要的启发。第四、心理素质差距。很多时候，我们没有取得预期的进步，并不是规划得不够好，或者措施不够得当，而是心理素质不够。要认识到，一个人职业生涯的发展，首先是心理素质的成长过程。

在进行职业生涯评估之后，要根据评估的结果进行目标和策略方案的修订。修订的内容一般包括：职业的重新选择；职业生涯路线的选择；阶段目标的修正；实施措施与行动计划的变更等。

通过反馈评估和修正，应该达到下列目的：对自己的强项充满自信，即我知道我的强项是什么；对自己的发展机会有一个清楚的了解，即我知道自己什么地方还有待改进；找出关键的有待改进之处，并为这些有待改进之处制订详细的行为改变计划；以合适的方式答复那些给予反馈的人并表示感谢；实施你的行动计划，确保你能取得显著的进步和职业成就。

总之，职业生涯规划是一个持续动态的过程，有效的职业生涯规划需要不断地进行反省，以修正职业生涯目标。反省策略方案是否恰当，是否适应环境的改变，同时它可以作为下一轮规划的参考依据。

二、医学生职业生涯规划成功标准的建立与评价

很多人以为职业生涯成功就是获得地位和财富的满足，于是为了达到这个标准而拼命努力。一旦没有能够在期望的时间内达到这一目标，便灰心地认为自己的职业生涯失败了。其实，这种认识是对成功观的一种偏见。

在有限的生命里，我们往往不能达到所有的目标，但这并不意味着职业生涯的失败。因为每个人的价值观不同，职业需求不同，职业生涯目标各异，对于成功的定义也会有所差别，因此衡量职业生涯成功与否的标准就会不一样。有的人认为，成功意味着拥有一定数量的金钱，也有的人认为，成功意味着拥有较高的地位和声望，而有的人或许将成功定义为抽象的概念，例如和谐的工作环境带来的愉悦感，完成具体的成果带来的成就感，帮助别人带来的满足感等。

每个人都可以，也应该有自己对于职业生涯成功与否的定义。诚然，成功没有统一的标准，但是，每个人都应当有自己明确的成功标准，并时时用这个标准来检验实际的行动。在职业生涯中，有的人追求职务提升，有的人追求工作实质内容

的丰富。职业生涯的成果，只有在内职业、外职业生涯平衡的基础上才有真正的意义。

（一）职业生涯成功方向与职业生涯成功标准的多样性

成功没有统一的标准，在执业生涯的经历过程中，职业生涯成功的方向具有多样性特征，总的来说可以将职业生涯成功的方向分为五种：

1. 进取型　进取型以不断地取得更高的职务为执业生涯成功的标准，视成功为升入组织或职业的最高阶层，特别注重在群体中的地位，追求更高职务，他就是愿意当老总，愿意做决定，愿意说话算数，最不愿意干的事是当副总、任副职。

2. 安全型　追求认可、稳定，视成功为长期的稳定和相应不变的工作认可。安全型的人就算有机会当老总也不干，当不当官不重要，他追求稳定、追求认可，追求上级把他放在心里面，有什么事愿意跟他商量，即使是职务不变化也没关系，这种人就适合做助手，当副手。

3. 自由型　自由型的人追求不被控制，视成功为经历的多样性，希望有工作时间和方法上的自由，最不愿意受控制，甚至上班的时间最好都别固定，这种人不是不好好工作，只是不愿意被控制得那么严格。自由型的人的想法是：你交给我一个任务，说好几天完成、要什么结果，你放心好了，至于我是白天干还是晚上干，是今天干还是明天干，别给我那么多限制。这种人最不喜欢的就是考勤打卡机。

4. 攀登型　得到挑战、刺激、冒险，愿意做创新工作，视成功为螺旋式的不断上升、自我完善。攀登型的人来说最不喜欢干的是年复一年地去做那些重复性的工作，他就愿意干有挑战性与风险性的工作，这种人适合去开发新市场。

5. 平衡型　视成功为家庭、事业、健康等方面的均衡协调发展。对平衡型的人来说，他们追求工作和家庭以及自我事务的平衡，不想因某一方面的事而影响到其他方面。

这五种类型并无好坏之分，关键是哪种类型最适合于你自己。对企业来说，在一个单位当中最好这五种人都有；对个人来说，一个人的职业生涯成功方向在某个年龄阶段是以某一种类型为主，可能过一段时间会有所变化，转为以另一种类型为主了。每个人职业锚的不同，决定了其职业需求类型与职业目标的差异，这也造成了个人在职业生涯成功标准上的多样性。即使对于同一个人，在人生发展的不同阶段，职业生涯成功的意义也可能不同。

（二）职业生涯成功的评价

有的人对职业生涯成功的定义是事业的成功，为了事业可以牺牲健康和家庭；有的人对职业生涯成功的定义是职业生涯成为个人事务和家庭生活保证的基础，即如果能起到基础的保证作用，就视为职业生涯的成功；也有的人认为个人事务、职业生涯、家庭生活的协调发展，才是职业生涯真正的成功。

如何全面评价职业生涯？通常，按照人际关系范围，我们将职业生涯是否成功的评价分为自我评价、家庭评价、组织评价和社会评价四类评价体系（表5-18）。如果一个人能在这四类体系中都得到肯定的评价，则其职业生涯成功无疑。

表 5-18　职业生涯管理成功评价体系

评价方式	评价者	评价内容	评价标准
自我评价	本人	1. 自己的才能是否充分施展 2. 对自己在企业发展、社会进步中所做的贡献是否满意 3. 对自己的职称、职务工资待遇等方面的变化是否满意 4. 对处理职业生涯发展与其他人生活动的关系的结果是否满意	根据个人的价值观念及个人的知识、水平、能力
家庭评价	父母、配偶、子女等家庭成员	1. 是否能够理解和肯定 2. 是否能够给予支持和帮助	根据家庭文化
组织评价	上级、平级、下级	1. 是否有下级、平级同事的赞赏 2. 是否有上级的肯定和表彰 3. 是否有职称、职务的晋升或相同职务责权利范围的扩大 4. 是否有工资待遇的提高	根据组织文化及其总体经营成果
社会评价	社会舆论、社会组织	1. 是否有社会舆论的支持和好评 2. 是否有社会组织的承认和奖励	根据社会文明程度、社会历史进程

（三）职业生涯成功的个人因素

不容否认，一个人职业生涯能否取得成功，需要有来自外部环境的机遇，但最根本的，还是个人素质与努力的结果。

有学者从上世纪美国最成功的几百位名人的终生经验中提炼出 17 条职业成功条件，分别是：积极的心态、确定的目的、多走些路、正确的思考、自我控制、集体心理、应用心理、令人愉快的个性、个人的首创精神、热情、集中注意力、协作精神、总结经验教训、创造性的见识、预算时间和金钱、保持身心健康、应用普遍规律的力量。

根据以往的实践经验，我们知道，想要获取职业成功，个人必须具备的决定性的基本要素或条件是：信心、目标、行动。

1. 信心　要想做一个成功者，首先要一心想成为成功者，明白人生掌握在自己手中的道理，一定要有坚定的意识和信念，这是成功的先决条件。

2. 目标　确定总目标，再确定达到总目标的步步为营的具体目标。人生的意义在于追求并不断达成目标，可以说，人生就是不断打破现状，追求超越。

3. 行动　行动是获取职业成功的关键，因为如果不付诸行动，所谓信心、目标只能是空谈。对于人和人来说，拥有成功的信息和明确的目标，再加之不懈的努力，才有可能走上成功之路。

另外，要想获得职业成功，还要采取一些必要活动，它们是：

第一、积极主动，坚持不懈，保证旺盛激情。成功不是坐等就能等来的，它需要人们付出极大的努力和汗水，需要我们始终充满信心和热情，锲而不舍，积极主动争取成功，更需要脚踏实地采取切实可行的步骤去发现、把握和争取，甚至去创造。

第二、适应形势与环境，不断有所创新。客观形势与环境，是个人职业成功重要的影响和制约因素。面对经济政治形势、政策制度等大环境，个体可能无能为力，这种情况下，就应当适应环境的要求与变化，以自己的想法、新的生活、新的活动作为催化剂，继续个人的职业成长。与此同时，要积极利用自己周围的小环境，争取变不利为有利。

第三、把握机遇，有助于职业成功。在职业人生中，通常会出现几次转折关头或几次大的考验，这正是争取个人职业成功的机遇，我们要善于把握机遇，创造机遇，发现和挖掘机遇。

第四、有超前眼光。要有远见，有预见力，如果比别人早一步行动，就先占了主动。

第五、善于利用时间。任何人的时间都是有限的，要获得成功就要学会时间管理，善于利用一切可以利用的时间。

（四）医学生的个人职业生涯规划活动应贯穿大学阶段全过程

大学阶段是人生成长的重要阶段，四年大学生活的各个分阶段对大学生都有着非常重要的影响。因此，大学生的个人职业生涯规划活动应贯穿其大学阶段全过程，并在不同分阶段进行不同的工作。

大一：这一时期，医学生的主要任务是加深对医学专业的培养目标和就业方向的认识，增强学习专业的自觉性，培养专业学习目标，并初步了解未来从事的职业，为将来制订的职业目标打下基础。由于大多数用人单位对毕业生的需求，一般首先选择的是大学生某专业方面的特长，大学生迈入社会后的贡献，主要依靠运用所学的专业知识来实现。如果职业生涯设计离开了所学专业，无形当中增加了许多"补课"负担，个人的价值就难以实现。因此，医学生所学的专业知识要精深、广博，除了要掌握宽厚的基础知识和精深的专业知识外，还要拓宽专业知识面，掌握或了解与本专业相关、相近的若干专业知识和技术。同时，医学生可以通过学校相关部门提供的职业测评工具，了解个人的能力特点、职业兴趣、职业能力倾向等内容。

大二：这一时期，医学生要开始了解从事各种职业应具备的基本素质，通过参加兼职工作、社会实践活动等锻炼自己的各种能力，最好能在课后长时间从事与自己未来职业或本专业有关的工作，如参与医学科研工作，提高自己的责任感、主动性和受挫能力；同时增强英语口语能力和计算机应用能力，通过英语和计算机的相关证书考试，开始有选择地辅修其他医学专业的知识充实自己，检验自己的知识技能，并根据个人兴趣与能力修订个人的职业生涯规划设计。

大三：由于临近毕业，这一时期，医学生要加强专业学习，慎重决策求职、考研、留学或创业。在准备考研的同时，也要注意提高求职技能，培养独立创新能力。如通过参加学校就业指导中心的素质拓展活动来锻炼自己独立解决问题的能力和创造性，参加和专业有关的暑假实践工作，加强和已毕业的校友联系，积极参加交流求职工作心得体会，学习写简历、求职信，加大了解搜集工作信息的渠道等。

大四：到此时，大部分学生对自己的出路应该都有了规划，这时就可以在学校就业指导部门的帮助下，对前三年的职业准备做一个总结。首先检验已确立的职业目标是否明确，前三年的准备是否已充分；然后，有针对性地接受专项指导，除了学习常规的就业指导课，还要积极参加学校组织的人力资源方面专业人士介绍各行业人才要求的对话活动，接受择业技巧培训，参加招聘活动，在实践中校验自己的积累和准备等。最后，医学生要充分利用学校提供的条件，了解就业指导中心提供的用人单位信息、强化求职技巧、进行模拟面试等训练，并尽可能地在准备较为充分的情况下进行演练。

职业生涯规划是一项长期的系统工程，大学阶段的规划只是一个起步。医学生们要在高等学校就业指导中心的指导下，积极努力，充分利用好校内校外各方资源提升自身职业发展规划的科学性和实效性。

实践指导

某医科大学护理学专业 2012 届学生小李在学习了职业生涯规划管理的相关知识后，修改了自己的职业生涯档案：

性格分析

我的性格特点 MBTI	适合的职业
ISFJ	保健、教学、办公室管理、个人服务

兴趣分析

我的兴趣 HOLLAND	适合的职业
调研型（I）	科学研究人员、教师、工程师、电脑编程人员、医生、系统分析员

能力分析（在每个技能后写明支持事件）

专业知识技能	事件：取得护士资格证	适合的职业
自我管理技能	事件：参加多个社团	卫生保健、教育教学、市场营销
可迁移的技能	事件：取得国家计算机二级证书	
我的价值观		适合的职业
成就、公平、人道主义		医生、法律研究者、特殊教育教师、医学科研人员

与职业相关的长处和短处

长处：	短处：
我性格开朗，认真踏实，喜欢从事研究型的、能够帮助他人的工作。	缺乏恒心，做事有时不能坚持到底。

续表

与职业选择有关的有利外部条件:	与职业选择有关的不利外部条件:
我哥哥是一名工作了五年的临床医生，它能够给我较为专业的指导。	家庭条件一般，不能给我较多的经济支持。

我的生涯行动计划

内容	目标	时间	行动
教育准备	考取硕士研究生	2016 年	准备相关教材
兴趣培养	社会福利和帮助他人	2013 年	到福利院等机构帮忙
能力培养	通过护士资格证考试	2016 年	准备考试用书
人际关系	结交一些医生朋友	2015 年	到医院实习
经济准备	通过打工赚取 1 万 ~2 万元钱	2013~2014 年	到诊所、药店、企业等地打工
休闲生活	主持、唱歌	2012~2015 年	多参加学校社团活动

相关解答

参加工作之后，怎样进行职业生涯管理中的自我探索的调整？

可从以下三方面进行调整：

1. 个人部分

健康状况：身体是否有病痛？是否有不良的生活习惯？是否有影响健康的活动？生活是否正常？

自我充实：是否有专长？经常阅读和收集资料吗？是否正在培养其他技能？

休闲活动：是否有固定的休闲活动？有助于身心和工作吗？是否有休闲计划？

2. 事业部分

财富所得：薪资多少？有储蓄吗？有不动产吗？有外快吗？

社会阶层：现在的职位是什么？还有升迁的机会吗？是否有升迁的准备呢？内、外在的人际关系如何？

自我实现：喜欢现在的工作吗？理由是什么？有完成人生理想的准备吗？

3. 家庭部分

生活品质：居家环境如何？有没有计划换房子？家庭的布置和设备如何？有心灵或精神文化生活吗？

家庭关系：夫妻和谐吗？是否拥有共同的发展目标？是否有共同或个人的创业计划？与子女、老人、公婆等关系如何？是否常与家人相处、沟通、活动、旅游？

家人健康：家里有小孩吗？健康吗？需要托人照顾吗？配偶的健康如何？家里有老人吗？有需要你照顾的家人吗？

要根据以上三个方面的情况适时的调整自己的职业规划，做到动态管理，科学管理。

课后作业

1. 访问事业有成的师哥、师姐，了解他们踏上社会后的体会，以及他们面对困难时采取的态度。访谈后，与同学们进行交流，并据此调整自己的职业生涯规划。

2. 试着评价一下自己的职业生涯规划。

相关链接

1. http：//www.witroad.com/index.asp 慧路网
2. http：//www.51Labour.com 中国劳动咨询网

第六章

医学生就业形势与政策

知识点

本章主要阐述了大学生就业形势和国家促进大学生就业相关政策，指明了当前就业形势的严峻性及挑战性，深入挖掘就业形势现状和医药类单位用人需求，分析了"新医改"政策给医学生就业带来的机遇。更好的帮助医学生认清就业形势，做好接受挑战的准备。针对就业现状，医学生要提升就业能力与素养，掌握提升职业能力的方法，顺利就业。

第一节　医学生就业形势

迷惘与疑惑

22 岁的小张同学，四年前以高分考到了一所医科大学临床专业，今年进入实习期，之前想到临床专业以后就去医院当医生，怎么可能找不到工作呢？其他事情根本没有考虑过，而且没有到毕业的时候想太多有什么用呢？因此他对于就业的事情不太关心，今天听了一节就业指导课，才慢慢感觉到就业的压力，他想到凭自己的能力能到大城市三甲医院去当医生吗？还是去乡镇医院当医生？听说三甲医院要求很高，需要硕士以上学历才可以。当听老师说每年都有几百万的应届毕业生寻找工作时，他内心慌张，自己可以在找工作大军中脱颖而出吗？能不能找到工作？到哪里工作？是否能找到合适自己的工作？很多未知的事情令他迷茫了！他该如何面对就业形势？

小张同学的故事给我们启示，对于大学生而言，进入校门的时候就应该有长远的打算，考虑到就业的形势和压力，对于就业形势应该做好调查和研究，充分分析自己就业的去向与就业形势，在校期间提升就业能力，在就业大潮中找到适合自己的位置。

理论解析

21 世纪，就业形势日趋严峻，大学生毕业人数不断增加。经济危机的冲击，社会需求相对的降低等诸多因素影响了大学生就业。因此就业成为了一项严峻的课题。在现阶段如何认清就业形势，看清就业现状，合理的解读就业情况，成为每一名大学毕业生应该了解的内容。

一、影响大学生就业的因素

（一）高等教育由精英化发展到大众化

高等教育大众化是一个量与质统一的概念，量的增长指的是适龄青年高等学校入学率要达到15%~50%。质的变化包括教育理念的改变、教育功能的扩大、培养目标和教育模式的多样化、课程设置、教学方式与方法、入学条件、管理方式以及高等教育与社会的关系等一系列变化。根据美国学者马丁·特罗的研究，如果以高等教育毛入学率为指标，则可以将高等教育发展历程分为"精英、大众和普及"三个阶段。他认为当高等教育毛入学率达到15%时，高等教育就进入了大众化阶段。

我国从1999年高校扩大招生以来，大学教育从精英化向大众化发展，为我国实现人才强国的国策，为社会和经济的可持续发展提供了人才保证。1998年我国的大学生在校人数只有780万，占同龄人比例为9.8%，不但大大低于发达国家的水平，也低于国际高等教育大众化最低标准15%的水平。从1999年开始高校扩招，高等教育入学人数不断攀升，2002年，我国高等教育毛入学率超过15%，进入国际公认的高等教育大众化发展阶段。2007年，全国各类高等教育在学人数约2700万人，高等教育毛入学率达23%，比1998年提高了13.2个百分点。直到2016年高考毛入学率达42.7%。高校扩招最直接的影响就是使得数百万人享受到了高等教育的机会，公众对高等教育的渴求得到了较大程度的满足，进而促进了人与人之间教育机会的均等，有力地促进了我国人力资源开发水平的提升，推动了我国经济社会的持续快速发展及综合国力和国际竞争力的快速提高。扩招给无数考生和家长带来了希望，也给高校带来了迅速发展的机会。

与此同时，大学生就业也成为人们关注的重要问题。2004年，全国共有高校毕业生280万人。比2003年净增68万人，增幅达32%，加上过去数年未能就业的一部分毕业生沉淀到下一年度参与就业竞争。2004年全国实际需要就业的高校毕业生突破300万人。2011年高校的录取比例在70%以上，在录取率大幅提升的情况下，毕业生就业的数量随之增加。2014年全国高校毕业生人数超过700万，2018年全国高校毕业生预计上升至820万人，再创近10年毕业生人数新高值。就业人数的增加，就业岗位的相对减少，大学生就业问题成为社会关注的焦点之一。大学生就业是社会秩序稳定和经济持续发展的关键所在。因此，大学生就业也必须面对这一转变。从精英化高等教育进入到大众化高等教育，是我国高等教育发展史上的一次重大转变，它既为我国高等学校提供了难得的发展机遇，又提出了严峻的挑战。

（二）大学生就业现状

在毕业生数量大幅增加的前提下，现在大学生就业面临一个前所未有的困境，很多大学生找不到合适工作，或者找不到令自己满意的工作。用人单位的岗位越来越少，但是大学毕业生越来越多。那么我国大学生就业的现状是如何呢？

我国现在的产业发展不平衡，各种人才结构不平衡。现阶段，我国急需技术型人才和高级管理技能型人才，但是大学培养这些人才数量较少，导致人才结构不平衡，用人的岗位找不到合适的人才，不用人的岗位人才济济。我国当前企业求才若渴，高级管理、高级技术人才缺口大，不同区域、不同行业对人才的需求得不到满足。

改革开放以来，我国教育事业也高速发展，大部分学校纷纷扩招，导致本科生研究生泛滥，本科生研究生早已不如以往、含金量大大降低。有些岗位提高招聘的学历要求，明明是本科生可以完成的工作，却因报名人数多，提升报名的门槛。一有大型招聘活动，找工作、换工作的人都会争先恐后地去招聘，招聘现场人满为患，虽然进了招聘会，却连和招聘官交谈的机会都没有，很多人投了简历就如石沉大海。很多的大学毕业生感叹："找到一份合适的工作实在太难了。"

每年毕业的大学生人数逐年增多，但是工作岗位却是不变的，甚至工作岗位有所减少，这就导致这两者之间的供需不平衡矛盾越来越突出。很多人读大学就是为了能找到一份好的或者说满意的工作，但是结果往往达不到期望值。为什么大学生就业问题一直让大家困扰呢？就目前表面形势来看，从经济学的角度来说，就是供过于求。资料表明，从2001年至2017年，全国高校毕业生从114万增加到795万。然而，用人岗位增加的比率却远小于此。

大学生刚刚从校园迈入社会，想法难免幼稚，思想不成熟，对社会怀有很大的期望与幻想，可现实往往很残酷。大学生对自己心中向往的生活太过憧憬，可现实往往打破幻想。不高的薪水让毕业生们大失所望。

很多大学生读书的初衷是为了找到一份好的、满意的工作，刚刚毕业，一踏入社会，就认为自己高人一等，希望找到一份条件较好，薪水高出社会现实水准的工作。从而对相对较低的薪水岗位不屑一顾。刚毕业的大学生实践能力较弱，不能很快适应工作的节奏，造成了眼高手低，用人单位希望有工作经验的员工，上手快，能力强。理论是书本上的，不会把理论应用于社会实践，学得再多也等于无用之才。所以，不管是什么样的大学生，关键是看能不能把理论用于实践。

（三）毕业生就业的结构性矛盾与就业难

由于产业结构升级、区域经济格局调整、教育培训体制改革滞后等因素叠加，导致现阶段结构性就业问题越来越突出。比如，就业市场"招工难"与"就业难"两难现象并存，产业结构与就业结构错配，"硕士博士满街跑，高级技工难寻找"，结构性失业问题突出等。

1. 专业设置和社会需求之间的矛盾 高等教育的扩招能让更多年轻人享受高等教育，这是社会发展趋势。但教育产出需要和社会结构相吻合，与社会需求保持一致。大学专业结构的变化明显滞后于社会需求的变化，大学专业设置无法对社会需求作出反应，就是不正常。一些高校的办学方法和观念落后，没有市场意识，专业设置与市场需求脱节，大学生所学专业不符合市场需求，出现了供需的结构性矛盾。有的高校为了迎合市场，迅速开办一些热门专业，但实际上无论是师资队伍还是教学内容均不完善，导致毕业生专业能力不强。一些完善的专业，不管社会需求多少，招收人数居高不下，造成了过剩的局面。从教育部发布的常规统计数据中可以发现，高校文科专业的就业率与高校内部专业结构之间，相关性非常低。就业率很低的专业没有及时缩招或调整，反而存在继续扩招的现象。大学专业设置与社会需求脱钩，从根本上加剧了大学生就业难。另外，能给人安身立命之技能的初中级职业教育，发展比较欠缺。可见，高等教育产出很多，但"产品"不对路，培养的许多人才在现实中没有市场。这就从客观上影响了大学生的就业状况。

2. 大学生知识结构、专业水平、综合素质和社会需求之间的矛盾 用人单位对于大学生自身的专业水平、综合素质等方面，要求较高。整体看来毕业生的能力素质普遍低于用人岗位需求，且呈现出逐年下降趋势。比如缺乏实践经验，动手能力较弱，工作适应能力不强；自我意识较强，缺乏吃苦耐劳和团队合作精神；心理素质不高，抗压能力差；心高气傲，容易受到利益诱惑，工作稳定性差等问题。用人单位更加注重大学生的实习经历和社会实践经历以及动手能力、积极进取精神、执行力、自我管理能力、责任心、抗压能力、敬业精神、乐观向上、团队合作意识，注重人本质性格特点和心理等方面。往往在这些方面，很多大学生达不到要求。

3. 就业期望值和社会提供岗位之间的矛盾　大学生毕业之后，父母及社会的期望较高，认为大学毕业后就会有稳定收入和体面的工作，对于政府机构、国企、事业单位、外企等招聘热衷，希望到此工作，但是这些就业岗位，门槛较高，需求量较少，需要经过考试，层层面试，要求毕业生自身的综合素质较高，或者学历较高。相对于基层、小城市、偏远地区、民营企业、小公司用人需求量相对大，毕业生却不愿意到此工作。

二、医学院校毕业生就业形势

（一）医学院校的专业设置和规模

全国各医学院开设的专业有所不同，大致上医学类专业分为临床专业和功能辅助专业。前者主要就是临床医学和基础医学，主要包括大专业：内、外、妇、儿，传染医学；小专业：口腔医学、眼视光学、耳鼻喉学；基础医学，主要是搞理论研究服务于临床（生理学，病理学，生物化学，药理学等）。后者包括医学影像学（彩超、X线、CT、MRI）、医学检验学（化验血气、大小便、骨髓细胞）、麻醉学。除此之外还有护理学、药学、中药学、预防医学、检验学、卫生事业管理、生物技术、医学信息、法医学等。

随着社会分工的精细化，在医疗专业设置上也趋于细致化，临床医学、基础医学、药学等专业分类越来越多，方向扩展的多。一些新兴专业悄然开设，医学信息类、生物技术类、医学管理类专业应运而生。互联网时代来临，让医学与计算机专业相融合，医学信息专业在一些医学院校开展，这些新兴专业招生人数相对于医学类较少，但特色较为突出，慢慢被用人市场接受，打开了就业局面。

（二）医药类单位的需求情况

在物质生活丰富的今天，人们对于健康重视程度与日俱增，因此医药类单位的需求整体看来，需求量日趋增加。但在学历、实践操作能力等方面要求高，尤其是大城市的三级甲等医院，临床专业要求研究生以上学历，护理学专业本科以上，私立医院、民营医院和社区医院的需求也较大，门槛相对较低。医药行业人才需求量大，待遇相对较好，对于医药营销类和药品研发类人才是近几年紧俏的专业，供不应求。我国已经步入老年化社会，老年人的医疗和日常护理的需求量较大，疗养院和老年护理中心数量增加，对于医护人员的就业也提供不少岗位。

（三）医学院校毕业生就业情况

医学院校毕业生就业情况根据专业不同呈现就业率差距较大情况。随着高校扩招和新专业开设，医学院校的人数相较以前有增加，毕业生人数稳步上升，近几年的就业率和就业质量总体较高，有些热门专业就业率在90%以上。但一些专业由于学历较低等因素，就业情况不容乐观，比如医学类的专科专业。用人单位对毕业生的学历和其他要求提高，导致医学专业的毕业生就业难度增加。

（四）医学院校毕业生的去向

医学院校毕业生就业范围很广，主要看毕业生个人的意愿。可在临床就业，也是最多医学生选择的方向，但要求学历层次较高，综合素质强。基础就业，随着生物科技的迅猛发展，很多生物科技公司需要医学基础的学生，招聘基础研究的学生越来越多，但这些公司由于新兴产业，没有医生稳定，相对偏爱这里就业的学生较少。行政就业，在医疗事业管理单位工作，卫生局、防疫站等，卫生事业管理类学生在这些地方就业较多，还有在医院从事管理类工作。除此之外，医药公司、医疗器械公司、体检中心、第三方检验中心、其他涉及医学知识的相关公司等对医学生也很青睐。

（五）医改新政策对毕业生就业影响

《中共中央国务院关于深化医药卫生体制改革的意见》（简称"新医改"）。"新医改"提出了"有效减轻居民就医费用负担，切实缓解看病难、看病贵"的近期目标，以及"建立健全覆盖城乡居民的基本医疗卫生制度，为群众提供安全、有效、方便、价廉的医疗卫生服务"的长远目标。新医改的内容及地方相关配套措施对医学生就业产生深远的影响，促进医学生就业、提供了较多的就业岗位。基层医疗保障制度全面覆盖，释放群众就业需求，使就医市场"重心下移"，县级、乡级和村镇卫生院医疗服务网络建设，将推动基层医院的发展，基层就业空间进一步扩大，国家出台了"三支一扶""西部计划"等一系列鼓励医学生去基层就业的政策，引导医学生选择基层就业，合理地解决了就业岗位不足等问题。

三、医学生的就业观

（一）医学院校毕业生就业观存在的问题

随着社会发展，毕业生就业形势不断变化，就业观念也发生着变化，在就业观念上存在一些误区，医学毕业生就业中存在以下问题：

1. 就业倾向大医院大城市及薪资预期较高　有调查表明，毕业生毕业去向首选是东部沿海地区、经济发达城市达36.5%，最主要的原因是东部沿海经济比较发达，收入水平较高；其次为发达中小城市，有30.6%；再次选为小城镇和西部偏远地区；相当一部分毕业生不愿意选择去农村医疗机构工作，待遇明显偏低和业务发展前途受限很可能是其主要原因。其中，53%毕业生认识到去农村医疗机构就业的必要性，却只有32.7%的毕业生选择会去农村医疗机构就业。大城市三甲医院、医疗事业单位、政府机关等是毕业生的偏爱，而乡村卫生院、私人诊所，大部分毕业生在观望，作为次要的选择。

2. 好高骛远，没有认清自身实际　医学院校招生分数线一直居高不下，考上医学院校的学生是学习优秀的学生，因此在就业中想要薪酬高、待遇好、稳定、受人尊重的工作，在就业选择中考虑得较多，抬高自身价值，把就业眼光放得很高。任何人都想有一个高收入的工作，医学生也不例外，在有这个想法的时候也没有考虑到自身的技能水平，能够为社会创造的价值。一味地考虑高薪工作，这就导致了与许多就业机会擦肩而过，这个原因也直接造成了医学生就业形势严峻的情况。

3. 就业规划不明确，行动不积极　大多数毕业生对于自己的职业生涯规划没有明确的认识，在实习前从来没有考虑到毕业之后的未来，真正到了实习毕业期，手足无措或者有等靠思想，找工作成为了父母、老师着急的事情，自身没有认识到就业的紧迫性，靠学校发布就业信息，靠家长寻找就业信息。有的医学生看到招聘学历较高，找不到合适的工作，转而走考研之路，就业的事情延后几年再说。

（二）影响医学院校大学生就业观的因素

1. 社会因素　社会上对于大城市、大医院的认可度高，薪资待遇等偏向于大城市，工作环境、职业发展等方面也优先大城市的医疗单位，就业稳定，工作体面等因素影响着大学生就业观，医学生认为自己在学校付出的 5 年、7 年的学习时间，应该享受到更加优越的工作环境和待遇，因此去大城市、大医院、医疗事业单位成为了就业的首选。

2. 用人单位　许多医院过度关注毕业生的学历，入门级的学历就是研究生，低于硕士研究生的不予考虑，根本没有考虑到自身的实际情况。这就导致了很多基层医院非研究生不招，而真正需要高级人才的单位招聘不到人才，而本应该到基层医院就职的本科、专科医学生没有单位接收。这是引起医学生就业形势严峻的一个原因。

还有部分医院过度追求工作经验。招聘条件都是 3 年以上工作经验、5 年以上工作经验，我们不否认，医生这个岗位工作经验是相当重要的，但是医院忽视了一点，任何一位医生的工作经验都是一步一步培养起来的，当然有很多小医院不具备培养人才的条件，只能招聘有工作经验的医生，这就导致了医学生的就业路越来越窄。这是引起医学生就业形势严峻的另一个来自用人单位的原因。

3. 毕业生本身　部分医学毕业生对就业形势和政策及就业过程不了解。大部分在校学生没有意识到就业人数的递增速度已远远超过工作岗位的增加速度，忽略了解就业形势和政策及就业过程的重要性，而在实际就业供需矛盾面前束手无策。很多毕业生虽然有较扎实的专业知识，但缺乏良好的心理素质、礼仪和法律观念，缺少职业生涯规划，期望和实际现状不符，做事眼高手低，理论知识与实际工作脱节，还存在就业后稳定性差、离职率高等问题。多数大学生缺乏吃苦耐劳精神，薪酬期望值高出社会现实水准，不愿从基层做起，宁愿等待，只选择在发达地区、高薪部门工作，不愿意去偏远地区工作；人际沟通能力差，缺乏团队合作能力等。

（三）树立正确的就业观

1. 了解当前就业政策　医学毕业生应在学习之余，主动学习当前的就业政策及就业过程，调查了解当前的就业形势有哪些变化，根据变化及时调整自身发展方向，从个人素质条件进行重点培养，以符合用人单位的标准；同时根据个人需要和社会需求，扬其长、避其短，做出合理的选择或根据自身能力及兴趣、爱好选择适当的时机进行自主创业。

2. 转变就业观念，调整就业心态　大学生初入社会，一方面不应过分强调个人的职业理想和利益，要把自己的职业理想，提高到较高的境界；另一方面在择业时应充分考虑个人的工作潜能和个性特点，强优势、补短板充分发挥个人的独特作用。

3. 注重自身素质的培养，提高就业竞争能力　毕业生踏上工作岗位，不是学习的结束，而是新学习的开始。尤其在实习期间应迅速地把自己的理论知识转化为实践能力，其他如沟通能力、交流能力、协调能力等在实习期可以得到锻炼。

4. 以低姿态进入就业市场　大学生的初次就业，首先应从社会需求出发，设计自己的择业目标。大学毕业生要充分认识到社会的需要是个人才能得以充分发挥的条件和基础，科学地分析就业形势与自我特征，冷静妥善地处理择业过程中个人与社会、个人与集体、个人与他人的关系。树立"先就业，再择业"的目标。摆正自己的位置，是大学生积极主动就业的基本要求。

实践指导

【案例】

1. 医学院校临床专业的小梅，今年已经大三，好学的她今天听了一节就业指导的课程，当老师讲到就业形势严峻这一节课中，她内心有些慌张，害怕自己找不到工作，毕业成为待业，也怕父母辛辛苦苦花钱攻读她这个大学生，没有能力回报家庭，她非常矛盾，不知道该如何应对紧张的就业形势？

【指导】

应该说该院校的就业指导工作落在了实处，开始就业指导课程就是要让学生们提前做好就业的各项准备工作，好应对每年的就业难题。其实小梅也不用过分担心，目前能做的就是在校期间完善自己的专业能力，为找工作积累更多的资本。到了就业季，分析就业形势，认清自己条件，把握各种机遇，积极主动寻找工作，每个人都会找到属于自己的舞台。

2. 我是一名检验专业本科毕业生，之前报考这个专业主要考虑到避开临床、护理招收人数较多的大专业，选择了人数相对较少的医学专业，但在招聘会上看到很多医院不招收检验专业的学生，有几家招收也只是1名，我该怎么办呢？

【指导】

每年招聘的专业或者需求是有一些差别的，可以先了解上一届毕业生就业情况，如果你很想去医院工作，那么就不能局限于学校的招聘会，应该自己积极主动地了解一些你想去的城市的医院招聘信息，如果没有合适的医院，可以考虑一些医疗检验公司，他们的需求还是比较大的。无论你选择在哪里工作，首先要认识到自己自身条件，也要考虑到整体的就业情况，抱着"先就业，后择业"的思想，锻炼自己的能力，会找到满意的工作。

相关解答

在就业形势严峻的情况下，有些知名医学院校的研究生、本科生都找不到工作，而我一个不出名的医学院校临床专业的专科生更别提了，想到毕业就失业，我很着急，该怎么办呢？

每个人的求职定位不同，结果也不一样，在求职中充分认识到自己的情况，准确定位，积极进取，会找到适合你的工作。在校期间应该扎实学习专业知识，锻炼各方面的能力，提高综合素质，增强竞争力，给自己多增添竞争的砝码，在找工作时，不要把就业目标定得太高，临床专科的学生，可以咨询以往毕业生的就业去向，做好自己的职业定位。比如可以去县级以下的医院，或者去医药公司应聘，在哪里工作都能发挥自己的专长。

课后作业

从今年刚毕业的学生那里了解今年的就业形势，并针对目前形势调整自己的职业生涯规划。

相关链接

曲振国 . 大学生就业指导与职业生涯规划 . 北京：清华大学出版社 .2015

陈兰云，王凯 . 大学生就业指导 . 北京：中国医药科技出版社 .2015

第二节　大学生就业政策

迷惘与疑惑

就读于医科大学影像专业的小董今年毕业，想工作又想考研，自己英语成绩不太好，又怕考不上，又想先工作看看再考研，听说具备某些工作经验考研可以有初试加分，但不知道具体是哪些工作？自己是否符合条件？具体的优惠政策有哪些？

所谓"知己知彼，百战不殆"，了解相关就业政策，对于自己做好下一步的准备是十分必要的。同学们，你们了解国家相关的大学生就业政策吗？

理论解析

一、国家促进大学生就业政策

（一）国家关于促进就业措施

1. 国务院《"十三五"促进就业规划》（以下简称《规划》）对外公布，明确提出"十三五"时期，继续把高校毕业生就业摆在就业工作首位，多方位拓宽就业领域，关于促进大学生就业的措施有哪些？

首先，要切实做好高校毕业生就业工作，拓展高校毕业生就业领域。继续把高校毕业生就业摆在就业工作首位，多方位拓宽就业领域。在产业结构调整中，着力支持科技含量高的智力密集型产业特别是战略性新兴产业、现代服务业以及各类新业态、新模式加快发展，开发更多适合高校毕业生的高质量就业岗位。

其次，要引导和鼓励高校毕业生到基层就业。结合政府购买基层公共管理和社会服务开发岗位，统筹实施基层服务项目，落实学费代偿、资金补贴、税费减免等扶持政策，进一步引导和鼓励高校毕业生到城乡基层、中西部地区、中小微企业就业。健全基层服务保障机制，畅通流动渠道，拓展扎根基层高校毕业生职业发展通道。

再次，要增强高校毕业生就业服务能力。深入实施高校毕业生就业创业促进计划，健全高校毕业生就业创业服务体系，加强就业市场供需衔接和精准帮扶。加大就业见习力度，做好困难毕业生就业帮扶工作。

2. 强化劳动者素质提升能力的具体措施

（1）深入实施高校毕业生就业创业促进计划和技能就业专项行动：鼓励高等院校、职业院校学生在校期间开展创业竞赛、技能竞赛、创业实训等"试创业"实践活动和电子商务培训活动，并按规定将其纳入创业培训政策支持范围。

（2）实施高校毕业生就业创业促进计划：适应高校毕业生就业创业新需要，将就业创业有机融合，建立涵盖学校内外各阶段、求职就业各环节、就业创业全过程的服务体系。

（3）实施高校毕业生基层服务项目：统筹实施大学生村官、农村教师特岗计划、"三支一扶"计划、志愿服务西部计划和农技特岗计划等专门项目，选拔派遣高校毕业生到基层服务。

（4）继续深入实施基础学科拔尖学生培养试验计划：支持高水平研究型大学依托优势基础学科建设国家青年英才培训基地。

（5）推进职业教育与普通教育分类管理：探索建立国家资历框架，引导各级各类职业院校科学定位、办出特色。建设一批高水平的职业院校和骨干专业，加快培育大批具有专业技能与工匠精神的高素质劳动者和人才。

（6）建立全国高校继续教育质量报告制度，强化高校继续教育责任主体意识，加强事中事后监管。

（7）制定实施企业参与职业教育的激励政策、有利于校企人员双向交流的人事管理政策，落实学生实习政策，全面推进现代学徒制试点工作。

（8）实施高技能人才振兴计划和专业技术人才知识更新工程，突出"高精尖缺"导向，大力发展技工教育，培训急需紧缺人才。

（二）国家出台鼓励大学生就业相关政策

1. 鼓励高校毕业生到基层和艰苦地区工作　各级政府要为高校毕业生创造工作条件，主要充实城市社区和农村乡镇基层单位，从事教育、卫生、公安、农技、扶贫和其他社会公益事业。在艰苦地区工作 2 年或 2 年以上者，报考研究生的，应优先予以推荐、录取；报考党政机关和应聘国有企事业单位的，同等条件下，应优先录用。

2. 党政机关录用公务员和国有企事业单位新增专业技术人员和管理人员，应主要面向高校毕业生公开招考或招聘，择优录用。

3. 鼓励各类企事业单位特别是中小企业和民营企事业单位聘用高校毕业生　政府有关部门要为其提供便利条件和相应服务，对企业跨地区聘用的高校毕业生，省会及省会以下城市要认真落实有关政策，取消落户限制。

4. 鼓励高校毕业生自主创业和灵活就业　凡高校毕业生从事个体经营的，除国家限制的行业外，自工商部门批准其经营之日起 1 年内免交登记类和管理类的各项行政事业性收费。有条件的地区由地方政府确定，在现有渠道中为高校毕业生提供创业小额贷款和担保。

5. 为高校毕业生办理户口和人事档案手续提供便利　对毕业离校时未落实工作单位的高校毕业生，本人要求户口和人事档案保留在学校的，按规定保留两年。在此期间，档案管理机构对保管其档案免收服务费用；本人要求将户口转回入学前户籍所在地的，公安机关应当按照户籍管理规定为其办理落户手续，人事、教育部门所属人才交流服务机构负责办理相关手续，人事部门所属人才交流服务机构免费提供人事代理服务。本人落实工作单位后，公安机关按有关规定办理户口迁移手续。

6. 毕业半年以上未能就业并要求就业的高校毕业生，可持学校证明到入学前户籍所在城市或县劳动保障部门办理失业登记　劳动保障部门所属的公共职业介绍机构和街道劳动保障机构应免费为其提供就业服务。对已进行失业登记的高校毕业生，有条件的城市、社区可组织其参加临时性的社会工作、社会公益活动，或到用人单位见习，给予一定报酬。对于因患病等原因短期无法工作并确无生活来源者，由民政部门参照当地城市低保标准，给予临时救助。此项费用由地方财政列支。

7. 鼓励中小企业和民营企事业单位聘用高等职业学校（大专）毕业生，对就业困难的应届高职（大专）毕业生，由劳动保障、人事和教育部门共同实施"高职（大专）毕业生职业资格培训工程"，对需要培训的应届高职（大专）毕业生进行职业技能培训和职业技能鉴定。培训费由教育系统承担，职业技能鉴定费由劳动保障部门适当减免。

二、专升本相关政策

有些学生选择毕业后继续深造，走升本、考研或者出国之路。这也是就业的一种，高校招收研究生的数量逐年攀升，继续学习，为以后的工作提供更好的理论基础，也为就业提升一个学历高度。

（一）专升本的相关内容

专升本考试是大学专科层次学生进入本科层次阶段学习的选拔考试的简称，是中国教育体制大专层次学生升入本科院校的考试制度。

专升本有两大类型：第一大类是普通高等教育专升本（或称统招专升本），考试对象仅限于各省全日制普通高校（统招入学）的专科应届毕业生。个别省份如河北省称之普通高校专接本，广东省称之普通高校专插本，江苏省称之普通高校专转本，其余省份皆称之为普通高校专升本。第二大类是成人继续教育专升本。四种途径：包括自考专升本、成人高考专升本（分业余和函授两种学习方式）、网络教育专升本（远程教育）、广播电视大学专升本。这里主要介绍第一大类。

（二）统招专升本考试方式

统招专升本考试的选拔工作各省份各有不同，现基本上由各省教育厅主持举办，统一考试。个别省份如上海，从2013年起改由各本科院校出卷选拔。各省每年的统招专升本招生计划根据教育部统一下达的普通高等教育分学校分专业招生计划。

招生对象仅限于应届优秀普通全日制专科毕业生。各省市和学校规定不同。某些省市和学校要求英语二级以上（上海为四级）、无不及格记录、在校学习成绩排名等且所报专业必须与所学专业对口，某些省市和学校无此要求，具体情况请参照当年各省的政策。统招专升本只限报考本省本科院校，不允许跨省报考。国家教育部政策法规司规定，普通高校统招专升本为国家统招计划普通全日制学历，本科为第一学历。

统招专升本是全日制普通高等教育性质的本科，指在普通高等学校专科应届毕业生中选择优秀学生升入普通高等学校本科层次进行两年制的深造学习，修完所需学分，毕业时授予普通高等教育本科学历证书，符合条件颁发学位证书，并核发本科就业报到证。统招专升本属于国家计划内统一招录（统招）。

三、考研相关政策

考研，即参加硕士研究生入学考试。考研首先要符合国家标准，其次按照程序：与学校联系、先期准备、报名、初试、调剂、复试、复试调剂、录取等方面依次进行。

硕士研究生入学考试的初试通常于上一年的12月底进行，复试通常于当年的3~5月份进行，具体日期各高等院校自行安排。

（一）报考条件，符合下列条件的，可以报名参加国家组织的全国统一招生考试：

1. 中华人民共和国公民。

2. 拥护中国共产党的领导，愿为社会主义现代化建设服务，品德良好，遵纪守法。

3. 考生的学历必须符合下列条件之一：

（1）国家承认学历的应往届本科毕业生；

（2）具有国家承认的大学本科毕业学历的人员；

（3）获得国家承认的高职高专毕业学历后，经2年或2年以上（从高职高专毕业到报考当年9月1日），达到与大学本科毕业生同等学历，且符合招生单位根据本单位的培养目标对考生提出的具体业务要求的人员；

（4）国家承认学历的本科结业生和成人高校应届本科毕业生，按本科毕业生同等学力身份报考；

（5）已获硕士学位或博士学位的人员，可以再次报考硕士生，但只能报考委托培养或自筹经费的硕士。

自考生和网络教育学生须在报名现场确认截止日期前取得国家承认的大学本科毕业证书方可报考。

在职研究生报考需在报名前征得所在培养单位同意。

4. 年龄一般不超过40周岁，报考委托培养和自筹经费的考生年龄不限。

5. 身体健康状况符合国家和招生单位规定的体检要求。

（二）考研学生享受相关优惠政策

1. 可以享受初试加分政策

（1）大学生志愿服务西部计划；

（2）三支一扶计划；

（3）农村义务教育阶段学校教师特设岗位计划；

（4）赴外汉语教师志愿者等项目服务期满考核合格的考生；

（5）普通高等学校应届毕业生应征入伍服义务兵役退役后的考生（3年内参加全国硕士研究生招生考试，初试成绩加10分，同等条件下优先录取）；

（6）选聘高校毕业生到村任职项目服务期满、考核称职以上的考生（3年内参加全国硕士研究生招生考试，初试总分加10分，同等条件下优先录取，其中报考人文社科类专业研究生的，初试总分加15分）。

2. 可以享受少数民族政策优惠

享受少数民族政策考生：①报考地处二、三区招生单位，且毕业后在国务院公布的民族区域自治地方就业的少数民族普通高校应届本科毕业生考生；②工作单位在民族区域自治地方范围，为原单位定向或委托培养的少数民族在职人员考生。

除了专升本和考研外，有些毕业生选择出国留学、参军、自主创业等，在这里不做过多介绍。

四、新医改政策对医学生就业带来的好处

2009年3月出台了《中共中央国务院关于深化医药卫生体制改革的意见》（简称"新医改"）。所有这些都表明医学类毕业生的就业方向将扩展，就业重心将下移，城市重点补

充社区，农村重点补充乡镇，为医学生就业提供了较多的基层岗位。公共卫生和农村、社区医疗卫生工作比较薄弱，医疗保障制度不健全，为了解决这些问题，在全力建设县级、乡级和村镇医疗卫生事业，为了鼓励更多的医学生到基层的卫生机构工作，国家出台了"三支一扶""西部计划"等一系列鼓励医学生去基层就业的政策。另外，由于人口老龄化、疾病普及化和生态环境变化等问题，人民群众对医疗服务需求增加，从一定程度上也扩大了就业岗位，养老院、私人诊所等提供了不少的医学生就业岗位。

实践指导

某医科大学的信息专业的小周同学，个人对于医学不感兴趣，因为父母给报的专业，他很庆幸没有被医学专业录取，他个人的志向是去机关工作，但是了解到考取公务员是"千军万马过独木桥"，录取率比较低，因此，他转而获取了家乡所在地的一些大学生就业政策后，报考了村官，在某村工作两年后，报考了选调生，因有村官的工作经验，成功考取，现在是区组织部干事。

对于就业政策，每个省份都有一些不同要求，例如报名条件和考试要求，而且每年可能有一些变化，例如招收数量、报考要求等。需要同学们除了提前了解一些情况外，还要根据当年的政策和下发的文件为准。需要注意的是，村官、选调生等要求政治面貌和学生干部工作经验，这些需要同学们在校期间就要学习努力和提升自身就业能力，不是到毕业季就可以一蹴而就的。全面了解就业相关政策，为毕业生提供了多方面的工作机会，不要有"等、靠"的思想，自己必须要努力去搜集与就业相关的信息和政策。

相关解答

我是一名临床专科实习生，看到前几届学生就业不是很理想，去不了大城市的三甲医院，可我就是想去大城市三甲医院当医生，怎么办？

有远大的就业理想是非常好的，确定努力的方向，就有奋斗的动力。但是从你现在的学历情况分析，你去大城市的三甲医院是比较困难的，对于越来越高的招聘标准，许多本科生可能都被拒之门外。如果你把你的就业意愿定在很高的标准上，目前看又不可能实现，那么只能靠提升自己接近你的就业目标。首先，你可以选择报考专升本，本科之后考研、考博。提升学历达到招聘标准。如果暂时不想考本科，也可以先工作，专科工作两年之后再报考研究生。

课后作业

选择一名毕业生，向他了解一些就业政策和就业中需要注意的事项。

相关链接

1. http：//www.eol.cn/html/c/job/ 全国各高校毕业生就业信息网址导航——中国教育在线

2. http：//www.ncss.org.cn/tbch/jyzhbw/content.html 高校毕业生就业政策百问

第三节　医学生就业能力提升

迷惘与疑惑

护理专业的小雪、小红和小路被分配到一家医院实习，在实习的过程中小雪每天最早来到单位做好工作准备，在护理操作实践中，她技术娴熟，能协助医生做好对病人及其家属的咨询和辅导工作。她还经常深入病房和病人交流，向病人和家属解释病症的原因、治疗原则、注意事项并进行饮食生活指导，帮助病人打消疑虑。每天工作结束后，她都要做好清洁卫生及次日工作的预先准备，护理记录也记得整洁而详细。小红的护理操作技能也很熟练，但她只完成带教医生布置的护理工作，除此，对病人和家属的询问极为冷淡，有时甚至不耐烦。与小雪和小红相比，小路的护理操作技能不熟练，还有些毛手毛脚，护理操作时常常打翻器械和药品，护理记录也记得乱七八糟。实习结束了，小雪被医院留用了，而小红和小路却只能黯然地离开。

思考：为什么医院只留用了小雪，而没有留用小红和小路？这个故事给我们什么启示？

理论解析

新时代，中国社会飞速进步与发展对所有高校毕业生的能力素质提出了更高的要求。相较于综合性大学学生，医学生由于其专业特殊性，将会面临更大的就业压力。因此明确医学生就业能力要求，加强医学生就业能力培养，有针对性地进行就业指导工作，是医学生就业与能力提升的重要内容。

一、医学生就业能力的基本要素

（一）什么是医学生的就业能力

就业能力（employ ability），由英国经济学家贝弗里奇（Beveridge）于1909年首先提出。他认为就业能力即"可雇用性"，是指个体获得和保持工作的能力。20世纪80年代后期，美国的一些学者对此概念进行了修订，认为就业能力是一个获得最初就业、维持就业和重新选择、获取新岗位的动态过程，在强调就业者就业能力的同时，加入了就业市场、国家经济政策等宏观方面，更全面地阐释了就业能力的整体概念。2005年，美国教育与就业委员会再次明确就业能力概念。就业能力（employ ability），即"可雇用性"，是指获得和保持工作的能力。包括狭义上理解的找到工作的能力，还包括持续完成工作、实现良好职业生涯发展的能力。

医学生的就业能力，指医学生从事并胜任临床医学工作所应当具备的能力。这种能力不单纯指某一项技能、能力，而是学生多种能力的集合。在内容上，它包括学习能力、实践能力、沟通能力、应变能力和创新能力等。

（二）医学生就业能力的构成

1. 先进医学知识的学习能力　学习能力一般是指人们在正式学习或非正式学习环境下，自我求知、做事、发展的能力。在科学技术飞速发展的今天，医护知识的更新与医疗技术的发展日新月异。医学生仅靠大学时代所学的医学知识和技能无法满足工作的需要，必须树立终身学习理念，紧跟时代发展步伐，了解国内外医疗发展动态，学习先进医学知识，增强医学理论修养，丰富临床经验，不断攀登医疗高峰。具备先进医学知识的学习能力，是医学生自我提升和我国医疗事业发展的必然要求。

【案例】

兰兰是某医科大学护理专业大四学生，被分到一医院进行就业实习，初到实习单位，面对临床护理中新技术和护理工作中出现的各种各样的问题，她发现自己在学校所学的临床护理知识难以应对。于是，兰兰就临床护理中所遇问题认真观察，学习带教老师的处理方案，并及时整理记录，不懂的回家后再查找资料，把问题解决弄懂。对于临床护理工作中的新技术她也积极进行学习，争取快速掌握，兰兰认真学习的态度得到实习单位的高度认可。实习结束，医院留用了兰兰。

据这家医院反馈，现在很多应届毕业生由于刚涉足工作岗位，新技术掌握不足，工作经验欠缺，这些招聘单位都能理解，如果毕业生能够认识不足，积极学习，用人单位还是能够接受的。所以，用人单位更青睐于那些对新知识学习能力强的毕业生。

2. 医护工作的实施操作能力 操作能力即是临床实践能力。所谓临床能力就是完成医疗保健活动所需的特殊能力，通常被定义为知识、技巧和专业行为的综合。临床实践能力直接影响个人工作的质量和效率，是用人单位选拔人才最重要的依据。临床实践能力是工作能力的重要表现形式，一般情况下，具有熟练丰富的临床实践能力的医务工作者工作能力强，反之，则工作能力差。因此，临床实践能力是医学生培养的重点和核心。

知识拓展：

临床实践能力包括：

（1）采集病史，系统查体，运用辅助设备检查能力及对病情提出初步诊断和处置病人的能力。

（2）与患者沟通，取得患者信任的能力。

（3）达到"三基"训练所涉及的基本操作，独立完成正规的操作程序，自主确诊及准确动手的能力。

（4）处理急诊和危重患者的能力。

（5）准确、完整、科学的病历书写能力。

3. 医患的沟通能力 医患沟通，就是医患双方为了治疗患者的疾病，满足患者的健康需求，在诊治疾病过程中进行的一种交流。医患之间的沟通不同于一般的人际沟通，病人就诊时，特别渴望医护人员的关爱、温馨和体贴，因而对医护人员的语言、表情、动作姿态、行为方式更为关注、更加敏感。2500年前医学之父希波克拉底就曾经说过："医生有三大法宝，语言、药物和手术刀。医生的语言就像医生的刀子一样，可以救人也可以伤人，正面的语言和负面的语言有着不同的惊人的效果。"这就要求，医生掌握良好的沟通艺术，运用真诚语言沟通，缓解病人的焦虑，博得病人的信任，积极配合治疗。避免医患沟通不当引发的医患纠纷。

【案例】

一天导医扶着一位面色苍白、大汗淋漓、弯腰捧腹、痛苦呻吟的中年妇女进入诊室，家属介绍，她昨晚在床上辗转反侧彻夜未眠。通过详尽问诊和细致查体，医生初步拟诊右侧尿路结石。肌注一支黄体酮后，就告知患者要喝足了开水去做 B 超和尿常规检查，明确结石的大小和具体位置后，才好作下一步治疗计划。B 超显示，右肾盂见多枚小结石并积水，右中上段输尿管扩张，中段直径 0.9cm，下段显示不清。尿常规见镜下血尿（+++）。医生画了张简单的示意图，告知患者：你患的是右侧尿路结石，并且结石已经在右侧输尿管中段梗阻，致右中上段输尿管扩张、右肾盂积水，长此以往不仅是疼痛问题，你的右肾都可能会报废。治疗有保守排石、碎石、手术取石等几种办法，我打算用保守总攻排石法试一试，但需要你的配合。看了医生画的示意图，并听了他的治疗计划，患者顺从地说："需要我怎么配合，你尽管吩咐。"医生把治疗过程清晰明白地告诉患者，患者言听计从地认真配合治疗，终于排石成功。当她拿着 B 超复查单时，激动地对医生说："谢谢您！保住了我的右肾。"医生说，全靠你自己的积极配合，才保住了你的右肾，以后可别忘记要经常喝开水哦！

可见，沟通是医生帮助患者战胜疾病的法宝。如何用通俗易懂的语言，让患者理解疾病的治疗方法，取得患者全方位的配合，得到最佳的疗效，不仅需要医学生在校期间努力培养，更需要在长期从医实践中不断探索。

知识拓展：

医患沟通须知：

一个根本：对患者诚信、尊重，并富有同情心和耐心。

两个技巧：倾听，认真听取患者或家属主诉；介绍，客观详实地对患者或家属描述病情。

三个掌握：掌握患者病情、治疗情况及检查结果；掌握患者医疗费用使用情况；掌握患者社会心理状况。

四个留意：留意患者的情绪状态；留意患者受教育程度及对沟通的感受；留意患者对病情的认知程度和对交流的期望值；留意自身的情绪反应，学会自我控制。

五个避免：避免强求患者即时接受事实；避免使用易刺激患者情绪的语言和语气；避免过多使用患者不易听懂的专业词汇；避免刻意改变患者的观点；避免压抑患者的情绪。

六种方式：以预防为主的针对性沟通、交换对象沟通、集体沟通、书面沟通、协调统一沟通和实物对照沟通。

4. **快速的应变能力** 应变能力是指自然人或法人在外界事物发生改变时，所做出的反应，可能是本能的，也可能是经过大量思考过程后所做出的决策。应变能力是医学生应当具备的基本能力之一。医护人员常常面临着各种突发重大事件，要分秒必争地挽救病人的生命。孙思邈所云："虽曰病宜速救，要须临事不惑，唯当审谛覃思，不得于性命之上，率尔自逞俊快，邀射名誉，甚不仁矣！"所以，面对变化，要能急速应变，犹豫不决和反应迟缓会错失对病人的最佳抢救机会，给病人和家属造成终生遗憾。医学生作为未来的医者，必须具备快速、及时、正确的反应能力，才能在工作中最大限度地挽救每一个人的生命。

5. **创新的能力** 创新能力是运用已有知识和理论，创造出有价值的新思想、新方法、新理论或新发明的能力。创新是一个国家富强、民族进步的动力，是当今世界的潮流和标志。21 世纪是知识经济时代，国际竞争主要体现在创新人才的竞争，当代医疗卫生事业的发展要求医学生不仅要具有扎实的医学基本知识、基础理论和基本技能，更要具备创新意识和创新能力。缺乏创新意识和创新能力的医学生将难以适应社会经济发展的需求。所以，创新能力是医学生素质构成中的核心，是学生综合素质的外在表现。医学生应该有意识地主动培养动手能力和创新能力，既有利于将来学生自身发展，又可以为国家医疗卫生事业的发展多做贡献。

二、医学生就业能力的培养

（一）医学生就业能力培养的必要性

1. 医学生就业能力培养是适应市场发展的必然要求　市场经济环境下，人才市场遵循着"供需见面，双向选择"的规律，对医学生的择业、就业形成重要影响。就业素质好的学生较易就业，且选择空间较大。而就业素质差的学生则较难就业，可能会待业，甚至一直找不到自己的工作岗位。基于就业市场对医学生就业能力的需求，树立正确的职业理想，培养就业能力。按照市场与职业发展要求，将已有知识合理构建、交叉融合，培养和提高就业能力与素质，为医学生获得理想职业做好积极的准备。

2. 医学生就业能力培养是促进学校发展的必然要求　学校是人才培养的基地，是向市场输送人才的纽带和桥梁。为完成人才与市场的就业端口对接，学校需要掌握人才市场的需求，坚持以生为本，注重就业能力开发，真正做到使无业者有业，使有业者乐业。短期是帮助学生获得就业机会，长期是帮助学生实现全面发展，以满足市场需求，进而促进学校的长期发展。

3. 医学生就业能力培养是优化人才素质的必然要求　大学生就业难是当今社会一个热点、难点问题。究其原因，主要是大学毕业生素质结构与社会需求的不匹配，满足不了社会对人才素质的需求。因此，就业能力培养在关注医学生专业素质塑造的同时，也应注重对社会适应力、沟通组织力、创新创业等非专业素质的锻炼与提高。医学生只有紧跟时代步伐，优化素质结构，才能适应现代社会对人才素质的需求。

（二）医学生就业能力培养的途径

1. 更新就业观念，加强就业意识　就业观念就是有关就业的意识、态度、想法。观念指导行为，有什么样的就业观，就有什么样的就业行为。医学生只有更新就业观念，加强就业意识，把择业和从业过程如实地看成一个进取、创业、开拓的过程和一个适应社会发展要求，掌握自己命运，实现人生价值的过程，则会成功选择自己理想的职业。

知识拓展：

改变就业观的"四要"：

一要，正确认识自我，找准就业定位，树立大众化的就业观。

二要，增强竞争意识，主动投身到毕业生就业市场中去，以积极的态势参与就业竞争。

三要，明确职业定位，端正就业心态，克服"等""靠""要"及"一次就业定终生"等不良观念；正确认识和处理理想与现实、成功与失败、公与私、义与利等择业问题；形成一种主动择业、积极进取、乐观自信、勇于竞争的良好择业态度，迎接人才市场的挑战。

四要，主动适应当前大学生就业形势的要求，积极提高医学生的创业意识和素质，让更多的医学生通过创业实现就业。

2. 加强人文教育，丰富知识结构　医学是集自然科学、社会科学及人文科学于一身的综合科学。因此在医学生求职过程中，用人单位不仅考察其专业能力，还要观测他在应聘过程中展示出的综合素质。可见，合理的知识结构是求职过程中的加分项。因此，加强医学生的人文素养教育，摒弃"重专业""轻人文"的理念。做到基础知识和专业知识、人文知识和科学知识、书本知识和实践知识兼顾并重，建立既博又专、文理兼修的复合型知识结构，以适应社会灵活多变的需要。

3. 加强专业实践，提高工作能力　医学是一门实践性很强的科学，要求从业者不仅要有丰富的理论知识，更要有较强的实践技能，尤其是熟练的实践动手能力。这不仅是医学生就业的核心因素，也是用人单位挑选人才的关键标准。为了顺利实现就业。在校期间医学生要珍惜时间，加强对医学基本理论、基本知识和基本技能的学习，不断拓宽知识面、夯实基本功。更要重视实习，在实习中熟练医学技术技能的实践操作，不断提升工作能力和独立处理问题的能力。

4. 勇于面对挑战，培养决策应变能力　生活中每个人必然会遇到各种各样的问题和困难，在努力去解决问题和克服困难的过程中，人的决策应变能力也会增强。决策应变能力的提升是一个缓慢、渐进的过程。首先，加强心理教育，培养适应心态。加强医学生的心理教育，培养其在各种环境中的适应心态，使自己在认识、情感、人格、社交等方面适应社会变化。其次，不惧失败，增强抗挫折能力。医学生要勇于面对学习、生活、工作中的挫折和失败，增强抗挫折的能力，笑对人生中的一切"变数"。再次，扩大个人的交往范围，加强自身修养。在自己生活的小范围内建立交往，先学会应变各种各样的人和事，才能推而广之，应付各种复杂环境和社会问题。

5. 积极参加校内外活动，提升组织管理能力　每个人的工作中都或多或少需要组织管理才能。因此，组织管理能力的培养是医学生的必备素养。丰富多彩的校园文体活动为医学生提供了锻炼的机会和展示个人魅力的平台，积极参加校内外各种活动不仅能丰富医学生的课余文化生活，使简单枯燥的学习生活不再单调，而且学生在参与活动的过程中使语言表达能力、人际沟通能力、组织管理能力等多种能力得到有效锻炼和提高，以适应社会和用人单位的需要。

实践指导：

【案例】

小李和小张均为某医科大学医学检验专业的毕业生，小李在学校学习期间每学年均获得一、二等奖学金，毕业时小李年级德智体综合评估名列前茅。小李的父母都是工人，亲戚朋友当中也没有人能够为小李推荐工作单位，所以，小李非常关注学校的就业信息网，经常查看上面的招聘启事。在众多信息中她选择了一家较为知名的医院作为自己的应聘对象，认真撰写自荐信和履历表进行投递，最后收到心仪单位的录用通知；小张在校期间学习成绩一般，对什么事情都没有特别的兴趣，也没有突出的优点。面临毕业，他效仿他人写了自荐信和履历表，然后便投出去，但最后也没有收到录用通知。

以上两种情况是我们毕业时可能遇到的，小李为什么能够得到心仪单位的青睐，而小张却一职难求？就业中用人单位重视的因素有哪些，你具备什么？清醒地认识你自己是就业的首要问题。

医学生可以通过 SWOT 模型分析自己内部的优劣势和外部环境的机遇与威胁，对就业现状进行清晰的认识，继而合理规划自己的职业生涯，努力提升就业能力，扬长克短，以实现就业目标。

【案例】

小张同学，某医科大学康复治疗专业学生，使用 SWOT 分析模型对自己进行了就业能力分析，结论见表 6-1。

表 6-1 个人就业能力 SWOT 模型分析

SW 内部因素	优势（strength） 个体可控并可利用的内在积极因素： 良好的教育资源 较好的个人综合素质 较强的人际沟通能力 熟练的专业技能	劣势（weakness） 个体可控并努力改善的内在消极因素： 缺乏专业技能资格或工作经验 缺少临床实践经验 缺少专业的前沿知识
OT 外部因素	机会（opportunity） 个体不可控但能够利用的外部积极因素： 就业渠道和就业机会多 继续教育、进修学习机会多 国家对医务工作者的刚性需求	威胁（threats） 个体不可控且威胁到个体存在的因素： 医学毕业生人数较多，竞争激烈 用人单位门槛高，本科学历缺乏竞争力

首先，优势与劣势分析（SW）。通过优势与劣势分析，小张正确评估自己的强项和弱项，判断自己的就业能力。优势因素主要有良好的教育资源、除专业素养外其他方面也较强，口才好，沟通能力强；劣势因素就是缺乏工作经验，临床实践经验不足，专业的前沿知识及新技能欠缺。

其次，机会与威胁分析（OT）。通过机会与威胁分析，小张对外部就业环境进行评估，了解医学生就业的大环境。从国家角度看对医务工作者有刚性需求，因此就业渠道和机会多。从个人角度看就业后进修学习的机会也多；存在的威胁主要是现今医学毕业生人数较多，竞争较为激烈。用人单位门槛较高，本科学历缺乏竞争力。

最后，做出对策。小张同学通过 SWOT 分析模型，评估自己的长处和短处，找出自己的就业机会和威胁。对自己有了清晰的认知。为了提升自己的就业能力，必须改变自己的劣势，为此怎样去做，坚持多久，什么时间能够完成等，他进行了详细的计划并在大学期间进行逐步实现。

相关解答：

我认为，目前大学生就业面临的竞争，很大程度上不是个人就业能力层面的，而是社会资本层面的，那我还有必要努力提升自己的就业能力吗？

每个人求职就业中有两种资本——人力资本和社会资本，即是个人的就业能力和家庭社会经济条件。在就业的过程中个人资本是内在的、直接的、永久的，社会资本是外在的、间接的、暂时的，因此，人力资本是主要的决定性因素，而社会资本是外在的辅助性因素。它在就业中起到帮助收集、筛选信息的作用，及协助推荐就业的作用，确实对于大学生就业有较大的助力。但这种社会资本并非人皆有之，所以，大学生就业更多靠人力资本，即大学生自己的就业能力。即便大学生具有并借助社会资本达到就业，但这种社会资本的利用是暂时的，还是以人力资本为基础。因为大学生的就业能力不仅指找到工作的能力，还包括持续完成工作、实现良好职业生涯发展的能力。所以大学生必须提升自己的就业能力，它是选择就业、从事并胜任未来工作的决定因素。

课后作业

1. 请同学列出自己具有哪几项就业能力，思考该如何提升自己的就业竞争力。

2. 采访一下你认识的医院医护工作者，看看他们认为医护工作应该具备什么样的就业素养？

相关链接：

1. 李功迎 . 医患行为与医患沟通技巧 . 北京：人民卫生出版社 .2012

2. 王莉，陈岩，吕化周 . 大学生职业发展与就业能力培养 . 武汉：武汉理工大学出版社 .2013

第七章

医学生求职与面试 ◀

机遇只偏爱有准备的头脑。

——王选

知识点

通过本章的学习，了解大学生就业心理问题及心理障碍，做好心理调试与疏导；掌握就业信息的收集方法、渠道，学会有效合理利用招聘信息；了解求职面试的基本程序，掌握求职材料设计制作方法和面试技能；了解医学职业形象，把握医学职业礼仪及求职形象设计，做好求职应聘前的思想、材料、形象准备。

第一节　就业心理常见问题及调适对策

迷惘与疑惑

小王同学，某医科大学护理本科专业毕业生，在校任学生会主席，组织管理能力强，深得老师信任和同学的支持，成绩优异，多次获得校奖学金。她认定自己应该去经济发达地区知名度高、工作环境好、待遇高的顶级三甲级医院，所以从就业开始她就盯着北京上海等地的知名医院，但不是因为英语六级没有通过被拒之门外就是因为笔试成绩不过关。后来接连通过了杭州的两家三甲医院，但又觉得名气不够大或者待遇一般，都拒绝了。过了一段时间，又认为自己不能一辈子在临床做护士，又想去职业院校或相关培训机构应聘教师或讲师职位，但是始终没有太中意的。进入五月份，看着大部分同学都已上交了就业协议，小王心里渐渐不安急躁起来，开始失眠，白天出现焦虑情绪……从小王同学的经历中，你是否联想到自己，你做好了将来求职的心理准备了吗？

理论解析

一、求职过程中的不良心态

（一）期望值过高

我国现行的就业制度是市场导向、政府调控、学校推荐、学生与用人单位双向选择。这不等于完全的自由选择，有些同学认为就业就应该是自由选择，想去哪里就去哪里。他们不知道就业制度的改革要和劳动人事制度、招生制度和户籍制度改革配套进行，而且即使这个过程已经完成了，也不能就是自由选择，还要有优胜劣汰，还要经得起用人单位的选择。目前，我国医药卫生人才急缺，重点是基层的社区医疗单位和乡镇卫生机构。但许多医学生过高地估计自己，看不起基层岗位，向往的是发达地区的高级医疗机构与优厚的待遇。有的同学在择业中面对学校提供的择业信息无一中意，迟迟不作选择，造成信息利用率低；还有的同学择业多变，今天满意的单位明天就不满意了；更有较多的同学认为应聘者多的医院才是好单位，殊不知热门单位意味着竞争更加激烈。期望值太高是很多同学在就业过程中总是不能找到称心如意岗位的问题所在。

（二）攀比心理

在求职过程中毕业生往往以谁去了知名度高、效益高的单位，谁去了大城市或高级医院来作为相互价值的评价标准。尤其是学习成绩稍好一点的同学，更是在心理上有"我不能比别人差""我不能不如人""过去我一切顺利，现在我依然会顺利"的想法。有的甚至认为去乡镇、社区医院"没面子"，而失去很好的基层锻炼机会。殊不知，大凡成名的医学家或领袖人物，都有过与社会最底层大众的密切接触，都是在基层最艰苦环境中磨炼了坚强的意志，为人生成功奠定了坚实基础。因此，医学生在就业求职中不从实际出发，不考虑求职时的各种综合因素，盲目攀比，不仅会延误了时机，影响就业；更重要的是可能会失去人生成功的机遇。

（三）盲从心理

到什么级别的医疗单位工作是好工作？其实很难界定。大医院有发展空间大、专业研究深的优势，但也有人才济济竞争激烈的难处；小医院规模小、患者群少，但却有锻炼机会和发展机遇多的优点；相对来说，公立医院的岗位稳定，外资与民营医院有风险，基层医院人才缺乏有机会。这都要与自身情况相结合来分析，不可随波逐流。而在现实中总有些同学人云亦云，大多数人选择哪里自己就选择哪里；大多数人往哪里挤，自己就往哪里挤。他们认为，大多数人钟情的地区与岗位一定是好工作；大多数人选择的地方一定没错。结果，忽视了自己的特长和优点，失去了适合自身特点的就业求职机会。

（四）实惠心理

"宁要大城市一张床，不要边远地区一套房"，是这些年医学生就业过程中的一种思潮。虽然在客观上沿海城市待遇高，大城市发展机会多，但并不是每一个人，每一个专业都适合在沿海和大城市发展。西部地区、边远地区缺医少药相当严重，是医学生建功立业的地方。医学生求职不仅应该以自己的事业发展和能力发挥为重，更要以国家和百姓的需要为重。

PANIC

我们经常在招聘会上看到，有些同学说不上三句话就问"能给多少钱，工资多少，奖金多少，能不能分配住房"这是一种严重的功利主义思想。要知道用人单位选才首先要看你能为单位做什么，而不是你想得到什么，只讲索取，不讲奉献，往往会适得其反。有些同学眼睛只盯在待遇优厚的单位，错过许多很好的机会。因此，医学生在毕业求职过程中，一定要把主体定性和客体定性结合起来。主体定性就是分析自己到底适合去哪里。而客体定性就是分析适合自己的职业发展前景，动态地把握职业发展方向。而在主体定性中，必须把握一个原则：即专业特长与兴趣性格相匹配原则。因为工作本身是生活的一部分，工作质量的高低决定了生活质量的高低。工作并不是毫无感情的，它对一个人来说决不仅是供吃供喝，实际上它又是一个人生活幸福快乐的隐形伴侣。

（五）不正当竞争心理

当今社会一部分人存在这样一种谬论，认为求职的竞争不是自身素质的竞争，而是关系的竞争，看谁的人际关系硬，看谁的社会背景深。有些人不将立足点放在自身努力上，而是找关系、托门子，甚至不惜一切代价，重礼相送；为了竞争一个岗位打匿名电话，写匿名信，不择手段，使公平、公正、公开的竞争原则受到了损害。医学生是国家特殊领域的专业人才，必须摒弃庸俗的社会观。现实中，部分医学生求职遇到挫折就认为是不正当竞争所致。他们不从自身找原因，只是一味地找理由逃避现实。实际上，人们愿望中的"绝对公平"在现实世界中是不存在的。抱怨于现实无益，只是一种消极对待的方法。我们应该相信一时"不公平"不代表一世不公正，只要我们为机遇做好了充分的准备，就不害怕没有机会。中国有句老话：三十年河东，三十年河西，谁能说今天的挫折不是明天的财富呢？

二、医学生求职应具备的心理准备

（一）竞争的心理准备

随着社会主义市场经济体制的建立，医疗卫生事业单位的用人竞争机制也逐步走向完善，这是市场的本质，也是推动社会进步和医疗卫生事业进步的内在动力。医学生求职前一定要做好竞争的心理准备。既敢于参与又善于参与，人们往往是在竞争的过程中获得了自我成就感，也在竞争中获得了自己的合适位置。竞争是社会运作的一种基本的方式，与世无争在现代社会是不可能的。每个人或者主动或者被动地都要参与到竞争中去。只有在竞争中占上游，或者在竞争中被甩下的区别；没有逃避竞争的可能。竞争本身就是生存的方式。竞争的实质在于促进变化和进取，而竞争的基础则是有意识的准备和良好的心理素质。

（二）合作与宽容的心理准备

医学事业最崇尚团队合作精神，医生最需要仁爱宽厚的胸怀，没有团队合作的精神，重大医学难题将无法攻克，没有仁爱宽厚的胸怀，医生就无法面对因痛苦而焦虑甚至变态的病人。因而医学岗位的应聘求职问题，大多离不开"合作与宽容的话题"。因而医学生做好合作与宽容的心理准备是至关重要的。

从更宽泛的角度讲，人可以自主地活着，但不能自己活着。社会需要合作，社会是在人们之间的合作中发展的。美国科学家、史学家朱克曾做过统计，1901—1975 年，全世界获诺贝尔奖286人，其中185人是和别人合作共同研究的。这说明，人与人之间的合作研究已成为科研的重要方式。但是，合作必须是在宽容的基础上进行，没有宽容就没有合作。一个人人宽容的集体是不能不团结的，一个有矛盾的寝室肯定缺少宽容，宽容让人尊敬、宽容让人亲近、宽容让人欣赏。要宽容他人的错误、宽容他人的缺点、宽容他人的不足，"大肚能容天下难容之事，开口常笑笑天下可笑之人。"一个合作与宽容的社会是美好的社会。

（三）挫折的心理准备

任何人的生活道路都不是一帆风顺的，前进中，既有阳光大道，也有羊肠小道，也就是说遇到挫折是正常的。医学生求职同样如此。能否正确对待挫折，能否忍受挫折，是人心理健康与否的一个重要标志。因此，医学生要努力做到：

1. 正视挫折　大学生活与求职会有其顺利的一面，但也会遇到诸如求职失败、被人嫉妒或压制、经济拮据、发生疾病、家庭不幸等挫折，医学生要客观地看待这些现象。如果遇到，要泰然处之。

2. 战胜或适应挫折　遇到挫折，要冷静分析原因，找出问题症结，充分发挥主观能动性，想办法战胜它。如果主客观差距太大，虽经努力，也无法战胜，就要接受它，适应它，或者另辟蹊径。要鼓励自己，我们没有失败，只是还没有成功。

3. 敢于经受挫折的磨炼　当代大学生基本上是在顺境中长大的，是在"众星捧月"中成长起来的，没有经受过多少挫折，这使得相当一部分医学生承受挫折的能力较差。所以，医学生要多经受挫折的磨炼，利用各种机会到艰苦的地方去，在社会实践中增加受挫折经验，提高抗挫折的能力。

【案例】

小王同学在校时多次当选三好学生和优秀团员，是一个品学兼优的学生。可是到了毕业时却遇到了困难，因为她所学的专业市场需求量极小。偶尔有几个单位招人，还只要男生不要女生。可她并没有气馁，凡是有单位来校，她还是以积极的态度去应聘，可迎来的还是一次次失败的打击。大家都担心小王同学可能会受不了了，可她说，我早就做好了遭受挫折的准备，只要还有最后一次机会，我还是会努力去争取的。小王同学这种执著的精神感动了每一个人，老师和同学都积极为她提供用人信息，向用人单位推荐她，临近毕业前，终于有用人单位决定录用她。

【点评】

面对严峻的就业形势，有相当多的人是在多次应聘之后才找到工作的。应聘是用人单位与求职者相识、相知并聘用的一个过程，在这个过程中，可能会遇到多次波折。经受各种考验是求职者应具备的心理素质之一，本例中的小王是常人眼中绝对的求职困难者，女生，冷门专业，谁都觉得她机会渺茫。可她有知识、有能力，以她的自信和良好的心理素质，执著地在就业市场中闯荡，最终取得成功。

三、常见心理障碍及其调节

心理障碍指一切心理不健康的现象或者倾向，它是心理压力和心理承受力相互作用、使人失去应有的心理平衡的结果。心理障碍表现十分复杂，程度亦有轻重之分。医学生毕业择业是人生的重要抉择，常常引起一些轻度的心理障碍。

（一）心理障碍的表现

1. 焦虑　主要表现为恐惧、不安、忧虑及某些生理反应。引起医学生焦虑的主要原因有：自己的理想是否能够实现；是否能够找到一个适合自己专长且环境优越的单位，好单位让自己去从事医学边缘专业怎么办；自己祈望的用人单位是否能选中自己；屡屡被用人单位拒绝怎么办？自己看中的单位，父母、恋人不同意怎么办等。特别是来自边远地区，或性格内向，或有生理缺陷，或成绩不佳，或是女医学生等表现得更为焦虑。有些毕业生在屡遭挫折之后，甚至产生了恐惧感，一提就业就心理紧张。

求职焦虑心理的一种特殊表现就是焦躁。急着要找单位，急着签约，急着办各种手续。尤其是在规定时间内未落实就业单位的学生，表现得更为焦躁，甚至表现为缺乏自我控制，在对用人单位信息掌握较少或不完全了解用人单位的情况下，就匆匆签约，常有事倍功半甚至事与愿违的事件发生。

【案例】

小刘是医学检验专业应届毕业生。即将离校的他满怀信心地将自己的简历递给一家心仪已久的大医院，没想到等到的却是否定答复。之后，小刘又向多家医院递过简历。在等待中，小刘就像着了魔一样，每天不停地翻看手机并上网不断刷新电子信箱。他现在最怕手机上有未接来电。他常常是知道自己的手机根本没响，可还是忍不住去看，不看心里就特难受。求职带来的紧张让他寝食难安，使他陷入焦虑和恐惧当中。

【点评】

焦虑和恐惧是由心理冲突或挫折而引起的，是一种复杂的情绪反应，主要表现为忧虑、焦急不安、恐慌、烦躁等某些生理反应。小刘在就业时遇到挫折，唯恐自己的理想愿望不能实现，因此思想负担重，紧张焦躁，心神不宁，萎靡不振。案例中的小刘可以通过做一些自己平时喜欢做的事情，或者找朋友家人倾诉，使自己走出焦虑的心理状态。

2. 自卑　自卑是一种缺乏自尊心和自信心的表现，自卑常和怯懦、依赖等心理交织在一起。这种现象多见于自我意识发展不健全的大学生、部分女大学生以及性格内向或有生理缺陷的大学生。主要表现为在择业过程中过低地估价自己，缺乏自信心，缺乏勇气，不敢竞争，甚至悲观失望，精神不振。

【案例】

小王同学是某医学院校护理专业应届毕业生，学习成绩较好，连年取得奖学金，对自己的前途充满了信心，可是，和同学们参加了几次招聘会后，眼看同学们一个个"名花有主"，而她这个品学兼优的学生，不但没有找到合适的单位，有的单位还对她取得的成绩不屑一顾，小王心理非常难过。经过分析，她认为自己家庭条件不好，没有什么社会关系；没有高挑的身材，没有秀美的长相；性格内向，不善言辞等。总之，片面地认为自己除了学习好之外，再也没有什么优势了，她感到对不起含辛茹苦的父母，把后果严重放大，心理产生了严重的失衡，害怕再到就业市场。

【点评】

小王因学习好，起初她对自己的工作和前途满怀信心，但随着求职的失败，理想与现实产生了矛盾，她开始反思，并夸大了自身的不足之处，从而产生了强烈的悲观情绪，进而出现了求职恐惧。其实，小王缺乏全面分析，从开始求职时就是比较盲目的，缺乏对就业形势和用人单位的了解，也缺乏对自己全面客观的认识。从此案可看出，求职障碍的关键不在社会，而是在毕业生自己，毕业生应认清形势，积极进行自我调整，勇敢地面对就业挑战。

3. 怯懦　怯懦是一种胆小、脆弱的性格特征。多见于一些女大学生和性格内向或抑郁气质类型的大学生。表现为在面试的时候语无伦次、张口结舌、支支吾吾、答非所问，从而影响了面试的效果，进而影响就业。

【案例】

小刘性格内向腼腆，从不敢在众人面前大声说话，再加上因求职屡次受挫，产生强烈的自卑感，并转化为一种思维定式，发展到害怕求职，不敢面对招聘者，遇到有单位同意对她面试时，她就小心翼翼，反复地告诫自己和背诵一些书上的警句，结果遇到具体情况时，心慌意乱、声音颤抖、语不成句，更无法使招聘单位满意。

【点评】

求职就业是一个复杂的过程，需要一定的自信心和灵活的思维，要对自己的能力和优势有一个清楚的认识，并要学会正确的表达和展示自己的长处，没有单位喜欢连自己的想法都不能流畅表达的员工，小刘应该加强训练，提高就业本领，建立自信心，敢于去拼搏和争取。相信自己，别人才会相信你。

4. 孤傲　孤傲心理是缺乏客观自我分析和自我评价的表现。主要表现为有些学生对自己估计过高，认为自己学习了很多的知识，各方面条件也不错，哪个用人单位录用了自己是这个单位的荣幸。有时表现出看不起这个单位，瞧不起其他邻近职业的做法。一旦有了这些心理，很容易脱离实际，以幻想代替现实，使自己的职业目标和现实产生了极大的反差，最终可能颗粒无收。

【案例】

小胡同学是临床医学专业的优秀毕业生，在校期间成绩优秀，且担任过学生会和社团联合会干部，颇具领袖气质，在校期间获得过很多荣誉，他觉得自己一定是最受用人单位欢迎的求职者。经过某医院面试考核，终于进入签约阶段。协议书首先由毕业生本人签署应聘意见，小胡在"应聘意见"一栏中写下了以下4条要求：①从事临床工作；②解决户口，提供单身宿舍；③合同年限为3年，3年后视情况再重新签订；④医院不能限制个人发展（例如进修、考研等）。医院鉴于以上条件不能完全答应，将协议书退回。

【点评】

小胡未被上述单位录用，根本原因在于自我观念过强。他太看重自己，不能客观地认识自我，只强调自己的需要，忽视应聘单位的需要，导致应聘单位的反感。尽管他各方面条件都不错，一般单位也不敢聘用这样的毕业生。在校期间的表现只能代表过去，在求职过程中，一定要保持谦虚的态度。

5. 冷漠　冷漠是遇到挫折后的一种消极心理反应，是逃避现实、缺乏斗志的表现。多为受到挫折后，感到无能为力、失去信心、甚至不思进取、情绪低落、情感淡漠、意志麻木、听天由命，冷眼看一切，对任何事情、活动都不感兴趣，无动于衷。

【案例】

小陆同学才不惊人，貌不出众，没有什么优势。在参加了几次招聘会，没有结果，就整天处在一种观望的状态中。他觉得比我优秀的同学都还没有找到工作，我怕什么啊。因此每天无所事事，消极等待。

【点评】

部分大学生觉得自己各方面都一般，在竞争中没有什么优势，特别经历几次失败以后，就放弃了竞争。这种状态导致这些大学生贻误机会，最终一事无成。要尽快变消极为积极，以实际行动改变现状，消极态度是一种逃避，而事实上，就业是每位大学生逃避不了的事情，只有迎难而上，才会在机遇面前获得成功。

6. 问题行为　问题行为是指由于心理问题引起的违背社会行为规范的不良行为。毕业在即，个别大学生由于某些主体需要不能得到满足，或者受到一些挫折，加之平时缺乏应有的品德修养和思维方法，容易产生各种问题行为。经常的表现有：损坏物品、报复、对抗、拒绝交往、过度消费、嗜烟酒乃至自杀倾向等。问题行为的出现，不仅会影响大学生的顺利就业，同时可能使他们违法乱纪，影响自己的前途和发展。

【案例】

2003 年四五月间，浙江大学一位毕业生在考公务员时，通过了笔试和面试，但因身体受限，最终没有被录取。他心理极不平衡恼羞成怒，实施报复，刺死、刺伤招聘人员各一人。

【点评】

在就业形势比较严峻的情况下，求职不顺利是比较正常的事情，但是某些大学生遇到挫折，精神受到刺激，使产生不满情绪，导致神经衰弱或者精神失常，有的甚至做出违纪违法的事情。毕业生应该树立阳光的就业心态，正视挫折，面对现实，正所谓"条条大路通罗马"。只要有信心有能力，就业的道路定会越走越宽阔。

7. 生理化症状（择业综合征）　生理化症状是由于心理压力和生活方式而导致的异常生理反应。毕业前的大学生由于心理应激水平高、心理冲突强度大、挫折体验多，加之一部分大学生性格上本来就不十分健全，因此容易导致头痛、头昏、血压不正常、消化紊乱、背痛、肌肉酸痛、口干、心慌、睡眠障碍等生理化症状。

【案例】

小寒同学每次参加招聘面试就出现身体不适的问题，从前一天晚上开始，她就紧张、失眠。面试的时候，脑子常常一片空白，说话结结巴巴，有时还觉得胃痛、心跳加速、脸涨得通红。面试结束了，她还在紧张得手直发抖。因为长时间过度紧张，最近她有些心动过速，她以为得了心脏病，可是去检查也没查出什么。

【点评】

生理化症状是指由于心理压力和生活方式而导致的异常生理反应。面对上述症状，小寒必须采取自我调节法，如利用前面案例中提到的在面试前一天做模拟练习，让自己进入角色。或者通过各种渠道多掌握情况，知己知彼。面试后可以尝试情绪转移，做一些自己平时喜欢做的事情。

（二）心理调试方法

1. 转化法　有些时候，不良情绪是不易控制的。这时可以采取迂回的办法，把自己的情感和精力转移到其他的活动中去。如学习一种新的技能，参加有兴趣的活动，使自己没有时间和可能沉浸在不良情绪中，以求得心理平衡，保护自己。

2. 宣泄法 因挫折造成焦虑和紧张时，可以去打球、爬山、参加大运动量的活动，宣泄情绪。但是宣泄一定要注意场合、身份、气氛、注意适度，应是无破坏性的。

3. 安慰法（阿Q精神胜利法） 人不可能事事皆顺心，就业中遇到困难和挫折，已尽了主观努力仍无法改变时，可说服自己适当让步，不必苛求，找一个自己可以接受的理由让自己保持内心的安宁，承认并接受现实，以求得解脱。

4. 松弛法 在出现焦虑、恐惧、紧张、心理冲突、入睡困难、血压增加、头痛等身体症状时，可以在有关人员的指导下进行放松练习。通过练习学会在心理上和身体上放松的方法，可以减轻或消除各种不良的身心反应。

5. 沟通法 当你对择业感到茫然时，也可找老师、同学、亲友沟通，说出你的一些想法，让他们谈谈他们的建议和看法。

第二节 就业信息搜集与运用

求职择业不仅取决于学历、能力和心理等诸多因素，而且也取决于就业信息获取与运用。一个人如果掌握了大量信息，他的择业视野就会广阔，就能比较稳妥地掌握自己的命运，争取主动权，不失良机的选择自己的位置。一个人如果视听闭塞、信息失灵，就会盲目的、糊涂地从事某种工作。随着就业制度的改革，择业者越来越清楚地认识到信息是择业的基础，是通往用人单位的桥梁，谁获得信息，就获得主动权；谁失去信息，就失去主动权。可以说，信息是关系到择业成败的重要影响因素。

一、就业信息涵盖内容

就业信息的内容十分广泛，作为初次择业的大学毕业生应主要了解以下三个方面的就业信息：

（一）就业政策

第一，了解国家就业方针、原则和政策。就业政策是毕业生就业的出发点和归宿，是不能违背的。

第二，了解相关的就业法律法规。了解法律法规，依法办事，不仅可以取得合法权益，而且可以捍卫自己的正当权利，减少不必要的损失。作为大学毕业生来说就必须清楚地了解就业法规、法令，学会用法律来保护自己。目前已出台和施行的法律有《中华人民共和国劳动法》《反不正当竞争法》《劳动合同法》等。

第三，地方的用人政策。各地区、各单位根据国家的有关规定，结合本地区的情况，对毕业生的引进、安排、使用、晋升、工资、待遇等制定了一系列更为具体的规定。不少地区为了吸引人才，还制定了许多优惠政策，这是大学毕业生应该了解的。

第四，学校的有关规定。为了调动学生学习的积极性，保证毕业生就业顺利进行，学校一般会根据国家政策要求制定若干补充规定，这也是毕业生应该了解和遵守的。

（二）就业方法

第一、就业体制。毕业生应该清楚毕业生的就业是由地方、学校哪个部门或哪个机构来负责管理指导，这样，当毕业生在求职过程中遇到了困难和问题时，就可以随时向有关的机构咨询。

第二、就业程序。什么时间开始和终止联系单位；签订就业协议必须履行哪些手续；在学校规定的时间内没有同用人单位签订就业协议，户口和档案将转到何处；调整改派的程序和手续等问题，毕业生都要搞清楚。

（三）供求信息

第一，了解国家政治经济建设方针、任务和发展战略，了解产业的分类与结构，以及随社会发展，产业结构的调整和变化趋势；了解职业的分类与结构，以及该职业发展的趋势，使自己总揽全局，更好地把握自己，在国家建设的大背景下找到自己的正确位置。

第二，当年毕业生总的供求形势，即：与自己同时毕业的学生全国有多少，而用人单位的需求有多少，是供大于求，还是求大于供，或者两者基本平衡，哪些专业紧俏，哪些专业供大于求。

第三，本专业培养目标、发展方向、适用范围，对口单位的情况。

第四，同自己专业直接对口或相关的行业、部门和单位的现状和发展趋势。

第五，用人单位的信息。在大学生选择单位时，往往会出现这样一些错误：对用人单位情况不甚了解，又没有一定的对比，于是在择业时带有很大的随意性和盲目性。如只挑选大城市而不问用人单位的性质、业务范围；盯着有"关系"的单位，企图靠"关系"得到提拔和重用；还有的只图单位名称好听就盲目拍板等，这些都是片面的。那么如何避免一些假象，做到对用人单位有个比较客观的评价，关键在于掌握用人单位的信息。

一般来说，毕业生应该掌握以下几个方面的情况：

A. 用人单位的准确全称；

B. 用人单位的隶属关系，它的上级主管部门是谁（指人事管理权限）；

C. 用人单位的联系办法：如人事部门联系人、电话、通信地址、邮政编码等；

D. 用人单位的所有制性质；

E. 用人单位需要的专业、使用意图、具体工作岗位；

F. 用人单位对所需人才的具体要求；

G. 用人单位的规模、发展前景、地理环境、经营范围和种类等；

H. 用人单位的福利待遇（包括工资、福利、奖金、住房等）。

对用人单位信息掌握多一点，求职选择机会就多一点，对招聘单位了解多一点，求职成功希望则会多一点。掌握和了解用人单位的信息量越大，判断准确率越高，反之，则越低。所以说，能否很好地收集、分析和利用用人单位信息，是对一个毕业生大学期间所学知识和能力的一次检验。

二、获取就业信息途径

收集就业信息不能只靠自己到处跑着找单位或发求职信，一般说来这种办法的成功率并不高。要善于利用各种渠道、通过各种途径收集信息。这些渠道和途径主要有：

（一）通过学校就业主管部门获得信息

学校招生就业处的就业信息具有准确、可靠、多样、具体的特点，是毕业生获取就业信息的最直接、最有效、最主要途径。学校收集的信息都会及时传至各院（系），或发布在学校网页的就业信息栏中。学生也可以就有关问题向就业中心进行咨询。

（二）通过各级毕业生就业指导机构获得信息

各级毕业生就业主管部门和人才服务机构，是沟通用人单位和大中专毕业生的桥梁和纽带，是为毕业生提供就业服务的专业机构。毕业生可通过他们组织的定期或不定期的人才交流洽谈会、大中专毕业生供需见面会等活动获取需求信息，这也是获取信息的重要渠道。

（三）通过各级政府主管部门和就业指导机构搜集

这些主管部门主要是国家教育部和省教育厅、人事厅及各市的教育局、人事局。这些部门和就业机构的主要职责就是制定辖区的毕业生就业政策，提供高校毕业生和用人单位的信息，为毕业生就业提供咨询与服务。来自这方面的信息也是真实可信的。

（四）通过社会各级人才市场获得信息

随着社会主义市场经济建设的发展，我国人才市场中介机构也应运而生了，在那里不仅可以了解到许多各类不同的机构和职位，而且还为你提供了一次极好地锻炼面试技能和增强面试中自信心的机会。

（五）通过新闻媒体获得信息

每年大学生毕业就业之际，报刊杂志上一般都会刊登一些关于大学生就业的指导信息，信息从不同侧面和角度反映了当年大学生就业的需求情况。在传媒业高速发展的今天，广播、电视、报刊、杂志等新闻媒体受到了招聘机构和求职者们的共同青睐，如《大学生就业》等每期都刊载有数量不等的招聘信息，除此以外，还辟出"择业指导"和"政策咨询"等专栏，为毕业生就业提供指导。

（六）通过社会关系网获得信息

在寻找就业信息的时候你千万不要忘记了你周围的亲戚、朋友，以及朋友的朋友，也许他们会给你提供一些机会。实际上大多数用人单位更愿意录用经人介绍和推荐进来的求职者，他们认为这样录用进来的人比较可靠，如果你有这种机会最好不要放过。从另一方面来讲，招聘单位每天收到数百封求职信函，而且这些求职信函在内容上并无太大的差别，所述的求职资格和工作能力也都相差无几，谁也不比谁更为突出。那么招聘者面对如此众多的没有多大区别的陌生人，能有什么更好的方法分辨出究竟哪一个更强些，强多少？所以，在求职中，能够让用人单位更多地注意你，就必须想些切实可行的办法。所以，在关键时候找个"关系"帮你推荐一下，也许是最为有效的。当然，关系要靠自己去发掘，途径也应该正当，切不可不择手段。

一般可以为你提供信息的主要有以下几类人：

1. 家长亲友　家长亲友提供的职业信息主要来源于其个人的社会关系，相对固定，也有相当大的局限性。同时，毕业生由家长亲友提供的职业信息的数量和"质量"有很大的个人差异。对有些毕业生来说，家长亲友提供的职业信息是其主要的选择，对有些毕业生而言，则可能只是聊胜于无。

2. 学校的教师或导师　由于本专业的教师，比一般人更了解本专业毕业生适合就业的方向和范围，在与校外的研究所、企业、公司合作开发科研项目和教学活动中，对一些对口单位的人才需求信息了解得比较详细。

3. 自己的校友　校友提供的职业信息的最大特点是比较接近本校、尤其是本专业的毕业生在人才市场上的供求状况及其在具体行业中的实际工作、发展状况，近几年毕业的校友更有着对职业信息的获取、比较、选择、处理的经验和竞争择业的亲身体会，这比一般纯粹的职业信息更有参考利用价值。

（七）通过社会实践或实习过程获得信息

社会实践是大学生自我开发职业信息的重要途径。在社会实践的过程中，通过自己的努力赢得用人单位的好感、信任，取得职业信息甚至直接谋得职业的大学生不乏其人。因此，大学生在各种社会实践活动中，在了解社会，提高思想觉悟，培养社会能力的同时，要做一个收集职业信息的有心人。另外，还有一个很重要的实践环节是毕业实习，实习单位一般比较对口，通过实习可以直接掌握就业信息，如果在实习过程中与用人单位达成就业协议也是一个很好的就业途径。

（八）通过计算机网络获得信息

网络人才交流，最大的优势在于即使求职者身在异地也能获得大量招聘信息及就业机会。网络人才交流，突破了人才信息与招聘信息沟通的种种限制，实现跨越时空界限、打破单向选择的传统人才交流格局。

三、选择适合自己的就业信息策略

毕业生在择业以前，必须要对自己做出一个全面的认识和正确的自我评价，不但要清楚自己想干什么，更要弄明白自己能够干些什么，要清楚自己的兴趣爱好、气质特点、性格特征、基本素质、专业知识、技术能力等，在此基础上，你可以从以下几方面入手来判断一下这条就业信息是否适合你。

（一）专业性

专业知识是毕业生在择业中比其他非专业人员更具竞争力的一个主要因素。专业是否对口，往往是用人单位和毕业生双向选择中的一个共同标准。

（二）兴趣爱好

近几年来，在毕业生择业中专业不对口现象越来越多，如许多计算机专业毕业生去搞经营，汽车专业毕业生去干管理等。放弃专业固然可惜，但兴趣爱好是一个人工作事业取得成功的重要条件。研究表明，对自己所从事的工作有兴趣，就能发挥全部才能的 80%~90%，并能长时间保持高效率而不感到疲劳。不过记住，你在选择你爱好的职业前，应该了解自己的能力，这里讲的能力是专业知识以外，如计算机应用能力、外语能力、动手能力、实践能力、协调能力等。放弃了专业知识后，你面临的将是能力的竞争。

（三）性格特征

性格特征也与职业信息的选择有关。如果你是一个性格内向、好静不好动的人，面对两条就业信息，一个是需要办公室文员，一个是需要营销代表，那前者是你的选择。不同性格的人适合从事不同类型的职业，毕业生应该根据自己的性格特征来选择自己所适宜的就业信息。

另外，你还可以根据个人的要求，如对用人单位性质的要求、对用人单位规模的要求、对地理位置的要求等，在各种就业信息中选择出有利用价值的、适合你自己的信息。

四、有效利用就业信息方法

在已经收集到的大量就业信息中，由于信息来源和获得方式不尽相同，内容必然是杂乱的，有相互矛盾的，也难免有虚假不实的。求职者可结合自身实际情况，对获得的信息进行去粗取精、去伪存真的分析、筛选、整理、鉴别，取其精华，使信息具有准确性、全面性和有效性，更好地为自己择业服务。在进行就业信息的筛选和处理的方法上可把握以下几点：

（一）有针对性地进行比较选择

把那些从"小道"得来或几经转达而未经证实的信息与有根有据的信息区别开来。前者有待于进一步证实；后者则可以作为自己择业的参考依据。当然，在对信息进行比较的过程中，要根据自己的性格、兴趣、特长来分析，看看自己与哪些信息更吻合，哪个单位对自己的发展更有利等。

（二）对有关信息按不同内容进行整理分类

就业信息不仅仅是用人单位的需求信息，它涉及的范围很广，比如，有的是关于就业方针、政策方面的信息，有的是与自己所学专业有关的信息，有的是关于需要人员的素质要求方面的信息，等等。

（三）对所获得的信息进行分析

分析就业信息有三层含义：

一是要识别真假，做可信程度的分析。就业信息是否准确，是择业人员做出决断的关键环节。信息不准，会给择业工作带来决策上的失误。如：海南建省前夕，内地得到海南特区需要大量人才的信息，于是许多大学生纷纷前往，掀起了"百万大军下海南"的高潮。其实这种信息是不准确的。因为海南建设伊始，许多工作还未开展，所需人员无论是从数量上还是从专业上都是有限度的，由于信息不准确、不全面，大部分人乘兴而去，败兴而归。一般来说，学校毕业生就业机构提供的信息可信度比较高，因为用人单位向学校提供的信息都有一定的可信程度。其他渠道得到的信息，因为受时间性或广泛性的影响，还需要进一步核实，才能判断可信程度。

二是要进行效度分析。对信息的可用性进行鉴别，要看这条信息能否为我所用，比如：自己所得到的信息是否是政策允许范围之内的、信息中所反映的对所需生源状况及人的素质要求等。

三是信息的内涵分析。信息的内涵包括用人单位的性质、要求以及限定条件等。

（四）及时反馈

当你收集到一条或更多的信息后，一定要赶快分析处理并及时向信息发出者反馈信息。只有及早准备，尽快出击，才能在人才市场的激烈竞争中争取主动。真可谓"花开堪折直须折，莫待无花空折枝。"就业信息对毕业生来说十分宝贵，当获得准确有效的信息后若能及时进行分析，则有助于在择业中做出正确选择。

1. 要注意信息的广度、效度和信度　广度是指扩大信息渠道，多方面多角度收集信息，增加信息量；效度是指信息的各种要素是否齐备，尤其是时间上的要求及与切身利益相关的要素是否清晰；信度是指信息的可靠性。一般说来，学校、院（系）就业指导部门提供的信息信度较高；家长和亲友提供的信息效度较高，而同学之间就业信息的交流则扩大了信息的广度。

2. 要处理好内因和外因的关系 所谓内因，就是学生选择职业的自主性。作家柳青曾经说过："人生道路虽然漫长，但紧要处常常只有几步，特别是当人年轻的时候。"可以说，选择职业就是人生的紧要处之一，应当由学生自己决断。因为大学毕业生的自我评价、自我分析、自我判断能力已基本形成，完全可以自主择业。所谓外因，这里是指学校、家长、同学的帮助和影响。在分析信息、拟定和选择职业目标时，多听取亲友、老师、同学的意见，可以使决策更加趋于正确和可行。在处理两者关系上，大学毕业生既要防止"固执己见、盲目择业"的倾向，也要克服"人云亦云，依赖他人，缺乏主见"的倾向，力求在广泛征求意见的基础上，自主确定择业目标。

3. 要做到果断、灵活 由于确定决策与实施决策的时间差，客观形势可能发生了变化，甚至变化很大，这就需要大学生果断、灵活决断。在这个阶段，学校老师和同学的帮助作用突出出来，而家长往往鞭长莫及。例如，在一次北京高校毕业生供需见面会上，由于用人单位的需求变化，需要学生当场决断，及时签定协议书。很多同学在负责就业指导老师的帮助下，果断决策，愉快地与用人单位签定了协议。也有不少同学犹豫不决，企盼征求远在他乡的父母意见，结果失去了择业良机。

第三节　医学生求职准备

迷惘与疑惑

什么时候开始准备求职？

小李同学，中国协和医科大学流行病与卫生统计学 2006 届硕士：

我相信大多数毕业求职的学生都和我一样，在学业最后一年才开始准备求职。但在求职期间阅读了大量招聘企业、单位的招聘岗位职责说明时，真后悔在上大学的第一天没有把国际国内最优秀的企业或"最好"的专业对口单位对新职员的要求来好好读一读。只要你关注过这些要求，你就会发现，其实在我们潜意识地去追求的那些自己认为是找工作的资本——高学历、英语能力证书、计算机等级证书等是远远不够的。翻阅世界 500 强企业的职位要求，你会发现，这样一些词出现的频率非常高：出众的沟通和表达能力、良好的团队合作精神和执行能力、优秀的学习能力和潜质、良好的解决问题能力和领导能力、好奇求知，积极热忱、恪守承诺、开放大度……你手上的各类证书和学位证书就能说明你具有以上的资格了吗？不能！那最多说明你具有一定的学习能力，而且还不能说明是主动学习还是被动学习。其他的能力呢？如果没有在上大学时就有意识地去参加一些社团活动和社会实践，去有意培养自己积极的一面，学会与人相处和锻炼自己的沟通能力，那么在你最后准备求职的一年中，你很难用自己编造的经历去蒙过精明的人力资源专家。

从小李同学的故事中，你是否联想到自己，你做好了将来求职的准备了吗？

理论解析

一、医学生求职的思想准备

（一）认清医药卫生行业的就业形势，转变就业观念

医学生的就业求职与其他行业不同，其专业性强、就业面相对较窄是基本特点。尽管世界性的金融危机对医疗卫生行业冲击不是很大，医学生就业形势不如其他行业那么严峻，但从历年高校毕业生人数再次创新高等信息来看，医学生就业的角色定位正在从"精英学子"到"普通员工"转变。这表明医学生就业求职现实越来越不乐观，医学生的就业意识也正从被动就业向主动创业转变；就业单位也从国有医院向民营私立医院转变；就业地点从大城市与发达地区向小城镇、农村与欠发达地区的社区医疗就业转变。这体现了医学生在求职压力下能够主动适应，调整观念，提升能力，为顺利就业做着积极的准备。

几种错误的就业观念及调整思路：

1. 一步到位的就业观念　目前，在医学生中普遍存在一种就业观念，即没有好岗位就先不就业的一次就业的观念，这种思想观念是必须要克服的。医学生一次就业定终身的事，在我国现行市场经济及医疗卫生体制机制改革不断深化的条件下是难以做到的。随着社会对医学人才需求的更新和提高，用人制度的改革和人才市场的建立，人才资源总是在不断的交换和流动中得到优化配置、有效利用，必将使失业和就业成为人一生中经常遇到的事情。

调整思路：在当前获得一个理想职业的时机还不成熟时，应采取"先就业，后择业，再创业"的办法。也就是说，在就业时不要期望太高，可以先选择一个岗位，不断调整自己的知识结构，增加工作经验，然后再凭借自己的努力，通过正当的职业流动，不断提高自己的社会生存能力，逐步实现自我价值。

2. 学历提升是唯一出路　很多医学生在就业难，岗位不够理想的情况下选择考研或专升本。但是受考研与专升本名额的限制，很多同学都与之失之交臂，甚至为了准备考试多年待业在家，累积成往届毕业生，给自己和国家造成新的就业困难。

调整思路：学历提升是医学发展和全民素质提高的需要，考研等学历提高的目的是为了更好地就业。对于研究型的医学生很适合，但实践型的医学生更适合在一线岗位工作，因此医学生要正确评估自己的职业兴趣、学习能力、家庭经济状况等，然后再进行选择，切莫一条路上跑到黑，使自己由应届生成为往届生，影响晋级和就业年限。

3. 出国与创业太难　出国就业与自主创业是医学生另一种就业方式，在国内就业压力大的情况下，劳务与专业技术人员向国外输出也是国家倡导的就业途径。在这个过程中，有些大学生迷茫而退缩，缺少实践创业经验以及要承担相应的担保金和启动资金等，面对困难望而却步，更加重了他们就业难的心理负担。

调整思路：国家支持大学生自主创业，对大学生创业有减免手续、无息贷款等各项优惠政策和资金的支持，各高校也有出国学习与务工的项目，医学生可以根据自身特点，分析自己专业特长，在校学习期间，做好实践准备，选择合适的创业项目或出国务工。

4. 只能在本专业领域内就业　眼界与见识决定了选择的方向，有些医学生受所学的专业限制，只在本领域内竞争，不能走出这个就业圈，形成了大家都朝一个方向拥挤的现象。

调整思路：要树立到西部、基层医疗单位就业的意识、还可以报考各级国家公务员、调整自己的期望值，拓宽就业渠道和就业意向的范围。如可以到部队医院、县级医院、城市社区医疗服务机构和非公有制医院就业。到西部（大学生志愿服务西部计划）和基层就业，同时还可以到医学相关行业如保健康复、健康讲师、产品专员、医药媒体、咨询服务、药品推广、器械营销、新药研发、寿险顾问等非临床岗位就业。不断调整自己的人生坐标，使之与自己的个性、兴趣、知识范围、技术专长相吻合，从而实现自己的人生抱负。

（二）找准自己所长，了解用人单位所需，知己知彼百战不殆

1. 了解自己　德国著名哲学家尼采说过：聪明的人只要能认识自己，便什么也不会失去。医学生在求职前一定要做好必要的"知己"思想准备，就是能够做到正确评价自己，积极探索自己潜在的优势和劣势以及性格、兴趣、特长等。要根据自身特点，做出在医学大背景下的适合自己价值观、人生观、个性和自我发展需求的、最佳相适配的职业选择。

2. 了解他人　医学生求职前做到了解他人是成功推销自己的前提。这包括两层含义：首先医学生要对社会大环境和医疗卫生单位就业现状有充分的了解，包括整体就业形势、社会需求以及自己在整个求职者中所处的位置等。其次，是要了解他人选择的意向、个性特征对自己选择的影响。具体地说，在就业求职过程中，要尽可能多地了解其他求职者的就业观如何、其个性与就业倾向如何，作为自己就业时的参考。另外，还必须考虑到周围的人对自己就业的态度和建议，从中得到一些有益启示，矫正自己的就业思路，减少无谓的失败。

【案例】

费某，2003年毕业于鸡西煤炭医学高等专科学校药物制剂专业。在校期间，任学生会干部，多次被评为"优秀学生标兵"称号，2002年还获得"黑龙江省高等学校三好学生"荣誉称号。择业过程中，面对就业竞争十分激烈的现状，她没有选择通过竞争去药厂、药检所等单位就业，而是理智地分析自己的优势：当过学生干部的经历让她的综合素质和协调能力都有了很大的提高，性格外向，活泼开朗，沟通能力强且专业知识比较扎实。鉴于以上几点，她选择暂时留在实习单位县卫生局做局长助理。工作了一段时间，在积累了一定的工作经验后，她参加了公务员考试，结果顺利考到共青团宁波市北仑区委员会任副书记职务，实现了自己的人生价值。她对校友寄语：在校期间除了专业知识外，特别要加强交流沟通、组织协调、口头表达、文字表达等各方面能力的锻炼，要相信，付出总会有回报。

常某，2004年毕业于哈尔滨医科大学大庆校区全科医学专业。毕业后，积极响应国家支援西部到边远地区去支教的号召，支教期间她尽心尽力，尽职尽责。在社会上呼吁给山区的孩子捐款、捐物、号召社会各界人士向落后地区伸出援助之手，效果显著。2006年被授予"宁夏回族自治区优秀青年志愿者"和"山东省优秀青年志愿者"荣誉称号。2007年12月凤凰卫视《鲁豫有约》栏目对她进行的专题报道。她的事迹感动了很多人，对这样一个有奉献精神、有爱心、有社会责任感的青年，很多大医院、大企业都向她表示，支教结束后，随时愿意接收她。她对校友寄语：找工作一定要把心态放正，坚信只要有能力，就会像金子一样，无论在哪儿都能被重视，都会发挥光和热。

二、医学生求职材料准备

求职应聘材料，是毕业生用来和用人单位取得联系，展示自我、自我推荐最常用的方式，是毕业生就业的基本环节，是获得面试机会的有效途径。让用人单位认识自己、了解自己，必须通过自荐材料，吸引人的自荐材料，能使自己脱颖而出，成功走入下一个竞争环节。因此，精心准备一份理想的应聘材料非常重要。

（一）应聘材料的作用

1. 用于展示自我 在撰写应聘材料过程中，毕业生对自身情况作出全面分析和评价，明确自己的爱好和特长，将自己的个性特征与职业要求有机地结合起来进行职业选择。

2. 用于宣传接洽 通过应聘材料，用人单位不仅可以了解毕业生的个人成长经历，而且能了解毕业生的知识和能力素质，是考虑人职匹配的重要依据。

3. 决定面试或聘用的依据 应聘材料是用人单位决定面试的最基本材料，也是面试后作出取舍和直接聘用的重要依据。

（二）准备应聘材料的原则

1. 简明适用的原则 应聘材料的主要目的是就业，准备材料必须围绕就业这一主题，凡有利于就业的各种资料应加以选择并合理运用。

2. 实事求是的原则 撰写应聘材料过程中，应采取真实客观的态度，将自己真实的知识水平、能力素质等信息反映出来。应聘材料的真实性是一个应聘者的生命线，一旦诚信缺失，便会失去面试和聘用的机会。

3. 注重创新的原则 应聘材料从书面形式到内容的取舍，都可以发挥求职者丰富的想象力和创造性，充分展示自己的个性特征，使自己的应聘材料独具特色，如大多数应聘材料是打印的，如果你用毛笔或钢笔工工整整的书写一份简历，可以向用人单位展示你的文才和书法专长，一旦吸引了用人单位，他们将为你下定进行面试录用的决心。

（三）应聘材料的内容

应聘材料包括学校推荐表、求职信、简历和其他相关附件（证书复印件）等组成的完整材料。

1. 推荐表 毕业生就业推荐表是学校就业指导部门发给毕业生的，直接反映学生在学校期间学习、工作及表现等各方面情况的书面材料，也是学校通过正规途径向用人单位推荐毕业生的书面材料。学校推荐表一般由本人及家庭基本情况、在校期间学习成绩、奖惩情况、鉴定和学校推荐意见等部分组成。学校推荐表放在推荐材料中，可加大应聘材料的可信度和自荐力度，因用人单位认为学校推荐表具有权威性和较高的信任度。

2. 求职信 亦称应聘函或自荐信。它是求职者在应聘职位时所写的一种介绍性、自我推荐的特殊信件。它通过表述求职意向和对自身能力的概述，引起用人单位的兴趣和重视。目前，用人单位在招聘人员时，大都要求求职者先寄送自荐材料，以供筛选。一般来说，打开自荐材料，首先看到的便是求职信，一封好的求职信可以向招聘者展示你的才干和求职资本。由此可见，求职信无论在问题上还是在内容上都必须给阅读者留下好印象。撰写求职信时要求：书写规范、谦恭有礼、情真意切、言简意赅。

（1）求职信格式：主要包括开头、正文、结尾、落款等四个方面内容。

1）开头：求职信的称呼写明收信人的姓名和称谓，写法上往往比一般书信的称呼要正规一些，如：尊敬的××先生、尊敬的××董事长、尊敬的××厂长、尊敬的××经理等。有些求职信，也可以不写姓名，如尊敬的负责同志等，然后，应再写上一句问候性的话语"您好！"。

2）正文：是求职信的中心部分，形式多种多样，一般要求说明本人基本情况和求职信息的来源；说明应聘岗位和能胜任本岗位的各种能力；介绍自己的潜力；表示希望得到面试的机会。开头一般应写明应聘信息的来源，如：尊敬的××先生（或女士）：从学校就业信息网上获悉，贵医院需招聘1名护理本科毕业生，为此，我特向你们申请这一职位……接着要陈述应聘的理由，要言之有据，突出个人最有说服力的部分，说明能力和积累的工作经验等，自信能够胜任护士职位。

3）结尾：结尾应当写好结束语，表明自己的诚意，并对公司表示感谢，可以提醒用人单位希望得到他们的回复或回电而获取面试机会等，也可以用"此致敬礼"之类的通用词。

4）落款：包括署名和日期两部分。直接签上自己的姓名，或写成您的学生×××，日期一般写在署名右下方，最好用阿拉伯数字写，并写上年、月、日。

（2）求职信的写作技巧

1）态度诚恳，摆正位置：用语应委婉、恭敬、自信、诚恳礼貌，忌炫耀、懦弱。

2）富于个性、言之有物：着眼现实，了解用人单位现状，有针对性介绍自己特长和能力，尽量突出自己的优点。

3）言简意赅，字迹工整：求职信文字整洁美观、内容简练完美很容易引起用人单位对求职者的好感。所以，最好用钢笔或毛笔工工整整地书写，这样既给人以亲切之感，同时也向用人单位展示了自己文字和书法的特长。

4）以情动人，以诚感人：语言有情，传递信息，会感动对方，更有助于交流思想；以诚感人，即态度要诚恳、诚实，实事求是，言而有信，不夸大优点，不隐瞒缺点。

（3）求职信的注意事项：篇幅不宜过长，一千字为宜；内容清晰、简练准确、逻辑性强；避免出现错字、用词不当；防止缺乏自信、礼节欠缺等。

【求职信样板】

尊敬的××院长：

　　您好！

　　我是哈尔滨医科大学护理专业的应届本科毕业生。步入医学殿堂，解除病人的痛苦一直是我的梦想，几年来医学基础知识和临床护理知识的学习与实践为我实现梦想打下了坚实基础，我坚定我的职业目标：做一名优秀的临床护士。

　　久闻贵院肾移植手术闻名国内外，一流的护理服务态度和服务质量对促进病人顺利康复发挥了重要作用。对此，我十分仰慕。我一直关注贵单位的信息，今天从学校的招聘专栏中得知贵院的招聘计划，我很愿意到贵院从事护理工作，现把一个真实的我以自荐书的形式推荐给您，请贵院能给我一个展示才华的机会，我将为贵院发展贡献自己的力量。

选择了医学院校，选择了护理事业，我将医学生誓言"健康所系，性命相托"铭刻于心。我抓紧每一天进行专业知识的学习和基本技能的训练，学习成绩优良，获二等奖学金2次。作为医学院的一名学生，我在思想上积极要求进步，乐观向上，积极参加校内外各项活动，有信心、有责任感、吃苦耐劳。

大鹏展翅，骏马飞驰都需要有自己的天地。贵院先进的医疗技术和一流的护理质量使我坚信到贵院工作是我的明智选择，盼望能接到贵单位的答复信，顺祝您工作顺利！

最后，诚祝贵院广纳贤才，再创佳绩！

您的学生：×××

2018 年 6 月 27 日

3. 简历　简历是概括介绍毕业生个人基本情况，并对毕业生的学习成绩、技能、教育程度和求职意向等作一个简单的总结。简历既可以是求职信的附件，又可以是一份独立的文书。写好简历的难处是要用极有限的文字和数字全面地展示自己的综合素质。简历的类型或格式有很多，不管哪一种形式，其目的都是希望把毕业生的基本情况和重要信息直接告诉用人单位，一份完整的简历由以下几个部分组成：

（1）标题：一般为"简历""个人简历"或"求职简历"。

（2）个人基本信息：包括姓名、性别、年龄、民族、籍贯、政治面貌、所学专业、学历、学位、毕业学校、通信地址和联系方式等。写联系方式时，一般可以选择电话、电子邮箱、地址与邮编等。因为大家都非常注重工作效率，所以一般用人单位最常用的也是最习惯于用的就是电话联系和发邮件。

（3）求职目标：这一部分是表明自己要从事的职业和职务与应聘职位相符。

（4）教育经历：主要指大学期间及有关的教育经历，包括在大学期间各种层次的学习，要依次写清楚所就读的学校、院（系）、专业、学习年限、学历等。一般的时间排序是倒序，由高到低，即高学位、高学历先写，目的在于突出你的最高学历。

（5）所修课程及研究成果：专科生及本科生研究成果相对少，所以专科及本科同学可以把专业课程列出来，以说明自己的知识结构，研究生则主要表述研究课题及发表文章等，因为它是胜任应聘职位的具体实力体现。

（6）实践活动和工作经历：这部分内容是整份简历的主体部分。随着社会发展，用人单位对毕业生的综合素质要求不断提高，非常注重毕业生的工作经历。大部分在校学生都没有什么社会工作经历，但在学校所承担的社会工作、组织（参加）活动的情况、参与课题研究情况、假期社会实践活动或短期打工的工作经历足以让用人单位从中透视到你的组织能力、吃苦耐劳与团队协作精神等。

（7）获奖及成绩情况：这方面内容可以显示你专业优势或其他特长的优势。主要包括：获奖学金情况、优秀学生、优秀团员、优秀学生干部、演讲比赛获奖等各种荣誉证书；外语、计算机水平等级考试证书；发表论文或获得证书及教科研成果等。

（8）兴趣爱好与特长：如有其他特殊兴趣、爱好与特长，且与你所求职务有很大的联系，应该在简历中体现，有助于用人单位对你进一步了解。

【个人简历样本】（表7-1）

表7-1　个人简历

姓名	×××	性别	女	出生年月	1982.03	照片
专业	护理	学历	本科	爱好与特长	演讲、篮球	
毕业院校	×× 医科大学		通讯地址	×× 市 ×× 区 ×× 路 1 号（××）		
联系电话	×××		E-mail	×××		
教育经历	1. 2005 年 9 月—2008 年 7 月 × 医科大学护理专业就读 2. 2008 年 7 月—2009 年 5 月 × 医科大学附属医院实习 3. 学过的主要课程：解剖、病理、药理、内科护理学、外科护理学、妇科护理学、五官科护理学、儿科护理学、急救护理学、皮肤病学等课程。 4. 大学期间担任班级学委职务，大二学年开始担任护理学院学生会宣传部长。 5. 实习期间，工作认真，吃苦耐劳，熟练地掌握了各项护理操作技术，能够独立值班，实习时间十个月。					
获奖情况	1. 2005—2006 年获"新生杯"演讲比赛第三名 2. 2006—2007 年获专业奖学金二等奖 3. 2008 年获校级"优秀团员"称号 4. 英语等级考试四级证书 5. 英语等级考试六级证书 6. 国家计算机二级证书 7. 在《黑龙江护理杂志》发表论文一篇并获学校优秀毕业生论文一等奖。 8. 各种获奖证书附后。					
社会实践	1. 2006—2007 年暑假到学校附属医院门诊部见习一个月，了解了门诊护理工作程序，懂得了做护士应具备爱心、耐心和细心，同时增强了与患者沟通的意识和能力。 2. 2006—2007 年寒假到 ×× 市医疗集团总医院急诊科见习 20 天，了解了急症病人和危重病人的抢救程序，熟悉了常用急救药品，明确了做护士需要技术娴熟、思维敏捷、反应迅速。 3. 2007—2008 年暑假到学校附属医院内科见习一个月，学会了皮内注射、肌内注射、静脉注射的方法，强化了无菌观念，掌握了无菌操作技术。					

【案例】

小霍，某医科大学检验专科毕业，入学开始便制定了自己的学业规划，学习刻苦，勤奋努力，积极参加学校的各项活动，大二时便开始制作自己求职简历，为了使自己的简历内容不断丰富，体现出自己的优势和闪光点，他积极参加各项社团活动，坚持疯狂英语协会1年，每天早5~6点，晚8~9点路灯下大声朗读英语，风雨不误，不仅掌握了很好的英语听、说能力，而且顺利通过国家英语四级考试。参加篮球协会，培养篮球特长，刻苦学习，成绩优秀，曾获优秀团员和优秀学生的光荣称号。每取得点滴的进步和荣誉，都写进简历里，为丰富简历自己为自己加油，自己超越自己。在用人单位进校园选聘实习生时，北京某部队医院面试领导组从简历中发现了这位勤奋和有进取心的大学生，并表示如实习期间表现优秀同意聘用。其他很多大医院都向他表示，随时愿意接收他。简历使他充满了自信心，并赢得了就业机会。

三、医学生求职形象准备

无论我们认为从外表衡量人是多么肤浅和愚蠢的观念，但社会上的一切人每时每刻都在根据你的服饰、发型、手势、声调、语言等自我表达方式在判断着你。你也会在意别人关于自己的形象印象。这个印象无时无刻不在影响着你的自尊和自信，也在为你创造着各种各样的可能。

【案例】

在一家跨国公司工作的王东，两年前毕业于北京一所著名高校。那时，他是个追求独特个性，充满抱负和野心的年轻人。他崇拜比尔·盖茨和斯蒂文·乔布斯这两个电脑奇才，追随他们不拘一格的休闲穿衣风格，他相信人的真实才能不在外表，而在大脑。如果一个公司在面试时是以貌取人，那么这个公司也不是他想效力的地方。他不仅穿牛仔、T恤，还穿一双平口黑布鞋，他认为，自己独特而又有文化品味的感觉正反映自己独特创造性的思想和才能。然而，去外企一次次面试，却一次次以失败结束。有一次在他穿着他个性的衣服进入面试的会议室时，看到五六个人都是西服正装。他们看起来不仅精明强干，而且气势压人，他的那种状态如此与众不同，格格不入，巨大的压力和相形见绌的感觉使他没有勇气再进行下去，最终放弃面试的机会。他说："我的自信和轻狂一下子全没了，我明白了一个道理，我不是比尔盖茨，我还不具备张扬自己个性和风采的资本。"

形象是事业发展通往成功的一个重要的游戏规则，得体的形象为你事业成功起到推波助澜的作用，失败的形象也可以破坏和阻挡你事业顺利发展。我们所提倡注重形象的目的不是为了追求外在美，而是为了辅助你快速适应社会，促进事业发展，从进入职场开始，就展示给人们你的力量和成功的潜力。

求职属于一般的社交活动，它的仪表、装束应遵循"TPO"原则。所谓"TPO"原则就是服饰应当符合time（时间）、place（地点）、objector（目的）的要求。求职是一种正式场合，衣着应规整得体，修饰自然有度，给人以朴实整洁、合体大方的感觉，穿着应以稳重为好。特别是医学职业以"精益求精、严谨规范"为职业特点，因此，对医学生求职来说，仪表形象尤为重要。

（一）医学生整体形象设计

医学职业特点要求医学生举止要端庄、稳重，装束要整洁合体、朴素大方，给人以平静之感，使病人产生对医务人员的敬重与信任。用人单位在面试现场同样会对医学生的整体形象进行考察，这就要求医学生应当重视自己的整体形象设计，避免花哨、俏丽、轻浮、怪异、荒诞的形象，在着装、举止、服饰、风度等整体形象上，都表现出与医学职业相适应的特征来。这需要及早设计与准备。

1. 善良真诚的美德品质形象　良好的医学生形象必须要有善良，真诚、奉献等底蕴的映衬。①善良是医学的灵魂，是医者的良知。医学生必须要有善良之心，行善良之事。我们肩负的是治病救人的崇高责任，我们在处理病人及其家属的时候更需要有爱心和同情心，用巴金的话就是做一个寒天送炭，在痛苦中送安慰的人。②真者，精诚之至也。如果诚是指向别人，那真就是指向内在。做人不必刻意地去伪装自己，要用真实的面目与人交往，才值得他人欣赏。作为一个医学生，也只有真实对己，才会阳光，坦荡，乐观，才会有心境的平和。③关爱奉献是医学生必备的美德。现代医学提倡"以病人为中心"，正是古希腊"医学之父"希波克拉底的"要感恩，要为病人谋利益，要对病患无论贫富一视同仁"的核心价值观所在。医学生在大学生活中一定要注重培养有益于职业、有益于终身的医学人文精神。换句话说，医学生只有具备善良，真诚、奉献的品质，才有可能建立一个内外统一的良好医学生形象。

2. 干净整洁的着装仪容形象　一个人的衣着、言谈、举止无不时时刻刻都在折射一个人的底蕴。我们并不反对时尚，但作为一个医学生的风采不在艳丽，而在朴实。医学职业的特殊性更注重的是"严谨""精益求精"，这就要求医学生的着装应以朴实、简洁、大方、给人以信任为佳，杜绝穿着华丽、时髦，让患者感觉你很轻佻、浮躁，而失去基本的信任感。因此，医学生求职应聘更应选择中规中矩的、体现稳重、职业风格的服装。这既是医疗卫生行业求职应聘的基本要求，也是医学生未来职业的必备习惯，只要出现在医疗卫生岗位、出现在患者面前，就应该是稳重、干练、可信的形象。

由于经济条件所限，毕业生很难承受较昂贵的服装，招聘单位完全可以理解，没有人去计较。同学们可以在实习过程中留心观察正规医院的专家、教授、学者是如何穿着的，模仿他们的着装风格，然后再去买风格相同但价格适中的服装。因为人们的着装风格相仿的时候，就会认为彼此有着相似的信仰、价值观、人生态度等，从而会更容易被对方接收。

着装再得体，也必须要保持干净整洁，平整如新。特别是医学生，应该给人以干净、清爽的感觉。如果到处都是油渍、汗渍、污渍，还不如不穿。所以保证衣服清洁是最起码的要求。同时，医学生面试时穿着的服装必须是熨烫过或者是没有褶皱的衣服。如果学校里没有条件熨烫衣服，不妨把衣服用衣架挂起来，只要在存放过程中留意，衣服还是可以保持平整的。

没有异味，洗澡也能增魅力。即使没有过分的修饰，淡雅的皂香也会让人产生清爽干净的好印象。虽然学校的条件也许达不到想什么时候洗澡就什么时候洗那样方便，但是在求职面试之前一定要去浴室好好洗个澡，否则，运动出汗之后产生的怪味一定会让用人单位异常反感。这会影响医学生的形象，所以，建议大家克服万难，一定在面试之前搞好个人卫生，让自己清爽，洁净。

3. 不断进取的严谨求知形象　每名医学生进入医学殿堂之初，都要许下神圣的医学生誓言，志愿投身到医学事业之中，明确锁定了一个信念——要做一名医学生！医学，是一门神圣而又伟大的科学，踏入它庄严的大门时，就应肩负起生命的重托。生命，是严肃而又脆弱的，容不得半点虚假和疏忽，每一项决定，每一次操作，都意味着快乐与痛苦的差别，甚至意味着生存与死亡的抗争，正确的判断和诊断要依靠丰厚的知识底蕴。这一切都要求医学生要具备严谨求知、不懈努力的精神；具备付出辛勤与汗水、刻苦钻研、孜孜不倦、探索医学真谛的坚强意志。只有将梦想付之行动，以汗为圃，以血为园，以毕生精力浇灌生命之花，才能收获秋之硕果。因为医学是一门神秘的永无止境的学科，正所谓"路漫漫其修远兮"，新世纪的医学生应胸怀壮志，以拼搏为桨，以恒心为筏，克服种种困难，驶向医学浩瀚的海洋。

4. 得体文雅的礼貌表达形象　曾经有许多人因为一个小小的举动而使精心营造的交情毁于一旦。深究起来，一定是他们对那些自认为无关紧要的人举止无礼、语言不屑甚至粗鲁的缘故。

语言表达能力和人际沟通能力，是医学生求职准备的一项最基本、最重要的环节，也是不可忽视的一个重要问题。要随时注意加强对自己的言谈、举止的约束与训练。在日常生活中，只要有意识的多说、多写、多沟通、多交往就可以练就较好的表达与沟通能力。训练中，医学生要有意识地确定对方是否了解我们的意图，更重要的是让彼此在同一个观点、同一件事情上取得共识。进行有效沟通，善于表达自己的理解与见解，并赢得他人的理解与支持，这是决定医学生在社会上能否成功的重要因素之一。因此，医学生要注意平时的训练，力争达到口齿清晰，语言流畅，文雅得体，语气平和，语调恰当，音量适中，最好做到语言含蓄、机智、诙谐，切记过多的重复。

在交谈训练时要注意不突然打断对方的说话；不说没有事实依据的大话；要把握重点、条理清楚、有理有据，讲清因果、形象生动，切忌答非所问，努力使自己的语言做到言之有物、言之有理、言之有序；介绍自己要恰当，并要面带微笑，保持自信。脸上带着愉快轻松和真诚的微笑会让更多的人喜欢，因为微笑使人显得和气，而每个人都愿意与和气、快乐的人一起共事。

要学会致谢，无论与何人交往，只要对方做出一点诚意，比如，为你倒水、向你致意、给你耐心的建议等，或对在你求职中给予一臂之力的任何人都要表示你最诚挚的谢意。

要自觉养成守时的习惯，约定好时间，一定按时到场，那种不能按时赴约、拖沓或漫不经心得样子，常常被认为不可信、不可交。有人通过统计客人迟到时间的长短来估计一个人的成功与否：职业高尚、事务繁忙、责任重大的客人一般总能准时赴约，而整天无所事事的闲人却经常会姗姗来迟。

当然，在交往和求职中要注意：语言实在，不要花言巧语；语言通俗，不故作姿态；语言简明，不模糊不清；要谦虚，不要"摆架子"。

（二）求职应聘的仪态礼仪准备

仪态是指人在行为中的姿势和风度。姿势是指身体呈现的样子；风度是指气质方面的表露。人们的感情流露和交往常常借助人体的各种姿态，这就是人们常说的"体态语言"，仪态美是一种外在美，以高雅的气质、迷人的风度为具体表现形式。但它是一个内在修养、思想观点、文化水平的反应，人格有高下之分，行为也有美丑之别。美好优雅的行为常常是高尚人格的写照，很多用人单位都会根据竞聘者的仪态了解和判断其素质和感情。希望大家在求职准备前，掌握标准的仪态姿势，并养成很好的行为习惯。行为养成习惯，习惯形成性格，性格决定命运。

1. 站姿　站立姿势是一个人全部仪态的根本，如果一个人站立姿势不标准，其他姿势便根本谈不上优美典雅。正确的站姿会给人以挺拔笔直、舒展大方、精力充沛、积极向上的印象。

站姿的特点是：端正、挺拔、舒展、俊美。

竞聘时可选用的站姿有以下几种：

（1）女士站姿

第一种：双脚八字步或丁字步，双手虎口相交叠放于脐下三指处，手指伸直但不要外翘，上身正直，头正目平，微收下颌，面带微笑。挺胸收腹，腰直肩平，双臂自然下垂，两腿相靠站直，　肌肉略有收缩感，也可在工作及社交场合中采用这种站姿（图 7-1）。

第二种：双手轻握放在腰际，手指可自然弯曲，在与患者或同事交流时可采用这种站姿（图 7-2）。

图 7-1　女士站姿第一种　　　　　　　　图 7-2　女士站姿第二种

（2）男士站姿

第一种：双腿并拢，两手放在身体两侧，手的中指贴于裤缝。这种站姿适合比较庄重严肃的场合，比如竞聘（图 7-3）。

第二种：双脚平行不超过肩宽，以 20cm 为宜，左手在腹前握住右手手腕或右手握住左手手腕。这种站姿也适合在工作中与患者或同事交流时使用（图 7-4）。

2. 坐姿　坐的姿势称为坐姿，指人在就座以后身体所保持的一种姿势，坐姿是体态美的主要内容之一。学习与训练坐姿时，必须首先明确两点：一是竞聘时，允许自己采用坐姿时，才可以坐下。二是在坐下后，尤其是在重要对象面前坐下时，务必要自觉地采用正确的坐姿。注意要坐在椅子的三分之二处，不可坐满椅子。

坐姿的特点是：安静、雅致、大方、得体。

竞聘时可以选用的坐姿有以下几种：

（1）女士坐姿

第一种：正襟危坐式。身体的重心垂直向下，双腿并拢大腿和小腿成90度角，双手虎口相交轻握放在腿上，挺胸直腰面带微笑（图7-5）。

第二种：双腿斜放式。身体的重心垂直向下，双腿并拢大腿和小腿成90度角，平行斜放于一侧，双手虎口相交轻握放在腿上，挺胸直腰面带微笑（图7-6）。

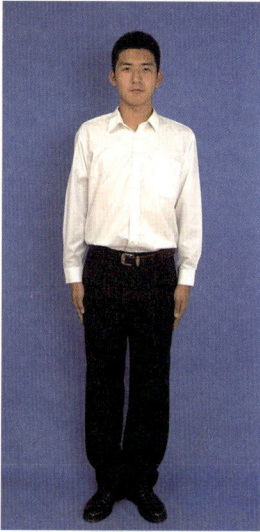

图7-3 男士站姿第一种

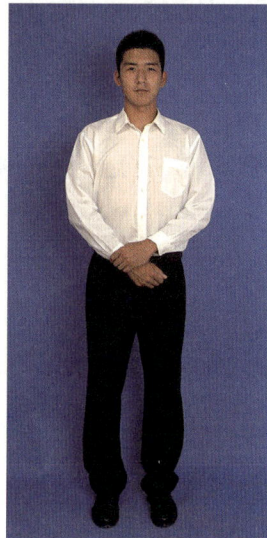

图7-4 男士站姿第二种

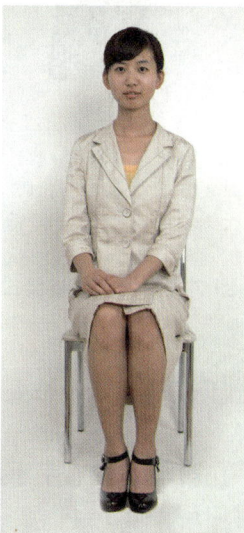

图7-5 女士坐姿第一种

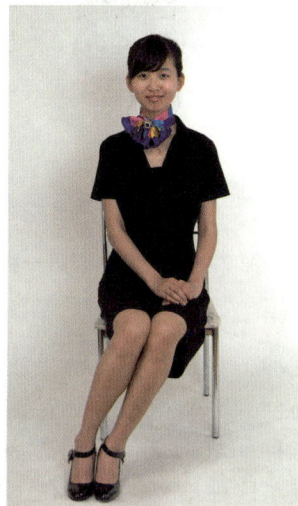

图7-6 女士坐姿第二种

第三种：前伸后屈式。身体的重心垂直向下，双膝并拢左脚前伸右脚后屈或右脚前伸左脚后屈，双手虎口相交轻握放在腿上，更换脚位时手可不必更换，挺胸直腰面带微笑（图7-7）。

（2）男士坐姿第一种：正襟危坐式。这种坐姿是最基本的坐姿，适用于最正规的场合。要求：上身与大腿，大腿与小腿，小腿与地面，都应当成直角。双膝双脚完全并拢（图7-8）。

图7-7　女士坐姿第三种

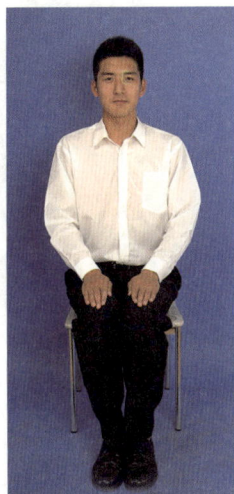

图7-8　男士坐姿第一种

第二种：垂腿开膝式。这种坐姿也较为正规。要求：上身与大腿，大腿与小腿，皆成直角，小腿与地面垂直。双膝分开，但不得超过肩宽（图7-9）。

3. 步姿　一个人在行走时采取的具体姿势也称走姿。以站姿为基础，属于站姿的延续，体现的是运动之美和精神风貌。

男性步姿特点是：协调、稳健、庄重、刚毅。

女性步姿特点是：轻松、敏捷、健美。

基本要领是：双目向前平视，面带微笑微收下颌。上身挺直，头正、挺胸收腹，重心稍向前倾。手臂伸直放松，手指自然弯曲，摆时要以肩关节为轴，上臂带动前臂向前，手臂要摆直线，肘关节略屈，前臂不要向上甩动，向后摆动时，手臂外开不超过30度。前后摆的幅度为30~40厘米。

4. 鞠躬　即弯腰行礼，是人们在生活中对别人表示恭敬的一种礼节。

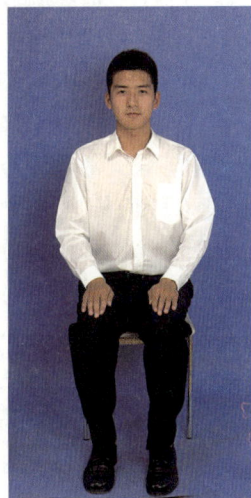

图7-9　男士坐姿第二种

具体要求：身体立正站好，双脚跟并拢脚尖微微打开，头、颈、背成一条直线以腰部为轴，上身随轴心运动向前倾斜，目光随之落在自己身前1~2米处或对方的脚尖上。女士双手虎口相对自然重叠在身前，男士两手伸直放在两腿上，中指贴于裤缝。与别人打招呼时以15度左右为宜，正式场合鞠躬角度约30度左右为宜，表示感谢、歉意时以60~90度为宜（图 7-10）。

图 7-10 标准的鞠躬

5. 蹲姿 拿取、捡拾低处物品时，往往要采用蹲姿。但是很多人不了解正确的蹲姿，随意采用弯上身、翘臀部等不雅的姿态，不仅损毁个人形象，同时也会令上级、同事感到尴尬。

正确做法是：脚稍分开，站在所取物品旁边，把腰部低下，屈膝去拿。可采用高低式蹲姿，它的基本特征是双膝一高一低，下蹲时双脚一前一后，左脚的前脚掌完全着地，右脚脚掌着地，脚跟提起，双手轻握放在左腿上。女士双腿应尽量靠紧，男式双腿可以微分。女士穿裙子时，应注意双腿应靠紧（图 7-11）。

图 7-11 正确的蹲姿

（三）女生面试前礼仪常识

1. 黑发还是彩色发，长发还是短发 工作岗位需要我们提供的是爱岗敬业的精神和训练有素的职业素养而不是美丽，彩色发是时尚的标志，大多数管理严格的医院不允许职工染彩色头发，特别是鲜艳的色彩，给患者不钻研业务，不可信任的感觉，因此，建议医学生不要过分渲染头发的颜色。

对于刚毕业的学生来说，长发还是短发要根据个人的脸型、身材、气质和特点来综合考虑，没有过多的要求，但是，如果你长发飘飘，那建议你在面试的时候一定要将头发进行技术处理，或编、或盘、或挽，让头发服帖，恰到好处。在面试过程中秀发甩来甩去，会被人认为是"搔首弄姿""卖弄风情"。

2. 浓妆还是淡妆 面试前，女性需要略施粉黛，显得更有朝气，更重视对方。女性应该在眉、唇、颊三个部位上进行修饰。面色红润、朝气蓬勃才更显得有亲和力、更加有活力，也更会受到患者和领导的信赖。切忌浓妆艳抹，那不是职业女性尤其是年轻女性应该有的精神面貌，一是与医院崇尚高雅素洁的风格不相符；二是容易让患者更加的注意你的容貌而不是相信你的专业水平；三是作为毕业生，带有朴素学生气质的淡妆既符合自己的身份，也与面试的要求相吻合。香水尽量不用。

3. 指甲油与长指甲　医务人员的职业形象要求，不能留长指甲。因为长指甲不但容易藏污纳垢，给人不卫生的印象，而且不符合医务人员身份，会影响正常的工作操作，应把你的双手洗得干干净净，指甲修剪得整整齐齐，同时去除指甲沟附近的"死皮"，他们是手指不够卫生的产物。同时，也不要用有色指甲油把指甲涂得油光可鉴，最好不染指甲油。作为求职的学生，一切装扮都应当以专业化为原则。

4. 套装成套不成套　女式套装在选配方面较男士西装更为讲究，也更为繁复。男装要求同色配套，而女士套装可以在不同套之间进行搭配，不同颜色之间也可以相互映衬。但总的原则是以深色为宜。不同季节和不同的区域可以适当变通，秋冬季节宜选深色，春夏颜色可稍浅，南方可穿浅色，北方深色更适宜，但不论什么季节和地区，如果只买一套正装，深色套装是最稳妥、保险的。在国际管理中，职业女性的正装是套裙，但是在中国，许多外企女性穿着裤装和短袖上班同样非常专业，而且已经被外企文化所接受，所以准备面试着装时，不必完全拘泥于外国规矩。

5. 裙子的长度与宽度　女性的裙装不要太短、太暴露，开气不能太高，坐着的时候，切记双腿一定要并拢。在生活中要注意观察和尝试，找出适合自己体型和气质的样式。

6. 鞋子如何选择　黑色的皮鞋最为传统，也最保险。样式可选船型的，高跟或半高跟的，牛皮或羊皮的制式皮鞋。鞋子上不要有太多的花式点缀，不要太花哨，鞋跟不能太高，容易崴脚，小心翼翼的步态会影响你的自信。鞋跟也不宜太低，平底皮鞋通常是休闲时穿的，正规场合不合适。如穿中、高统靴子，裙摆下沿应盖住靴口，以保持形体垂直线条的流畅。

7. 饰物如何佩戴　作为在校的学生，自己没有经济来源，最好不要佩戴项链等饰物，否则会给人感觉很不朴实。如果要佩戴，标准是全身的饰物不要超过三种，每种不宜超过两件，否则会使人觉得太沉重，太另类，珠光宝气压倒了你特有的青春气质。特别是在医疗行业里有些饰物是有碍业务的，不能佩戴，比如戒指。还有，彰显女性魅力的饰物佩戴要谨慎，比如胸针、脚链、耳环，当然，耳钉可以考虑。

（四）男生面试前礼仪常识

1. 头发　头发是人体的制高点，因为人们的发型多有不同，因此头发很受关注，男生的头发长度上应该做到前发不覆额，侧发不掩耳，后发不及领。要经常洗头，不能让头发散发出汗味和异味，更不能有头皮屑。目前市场上有很多的洗发水都具有去头皮屑的功能，可以多买来尝试。

2. 五官

（1）胡子：除了具有特殊的宗教信仰与风俗习惯者之外，医学生和医务人员是不宜留胡须的，不留胡须既是为了清洁，也是对交往对象的一种尊重。绝对不可以胡子拉碴地去面试或上班。

（2）鼻毛和耳毛：很多人注意了胡子，却忽视了鼻毛和耳毛，而别人却不好意思提醒，平时应该多注意，尤其是在面试前应该对照镜子，做一做自我的"审视"。

（3）口臭：产生口臭的原因有很多，面试时可以带上口香糖或可令口气清新的喷雾。但是面试即将开始前，一定要将口香糖处理掉，不要嚼着口香糖进入面试现场，给人以高傲和不屑的感觉。还要注意别在面试前吃一些有刺激性异味的食物，如大蒜、大葱、韭菜等。

（4）嘴唇：干净、湿润的嘴唇讲出来的话也会显得自然、流畅，即便是男士，也不要干瘪着嘴唇去面试，干巴巴的嘴唇会给面试官一种仓促匆忙的感觉，因此，在天气干燥的秋冬季节，可以使用润唇膏或婴儿油膏来缓解干裂的嘴唇，让它有一定的润泽感。

3. 饰物的选择　男同学在面试的时候佩戴饰物会影响面试官对你的第一印象，也不符合你所面试岗位的要求，另外，和女生相比，男生不要佩戴胸针、胸章，也不要佩戴自己学校的校徽，显得刻意张扬自己"师出名门"。眼镜是男生的饰物之一，记得要擦拭。如果不能保持清洁，再昂贵、高档的眼镜也会使你失分。手表也是男人的重要装饰，但不建议佩戴卡通表、电子表，显得有些幼稚。

4. 西装的搭配

（1）配色：西装颜色的选择以深色、尤其是深蓝色为好，或是深色有条纹的。

穿西装应该遵循的常规搭配有：

1）三色原则，即全身的色彩不超过三种。

2）三一定律，就是重要场合鞋、腰带、公文包应该一个颜色，首选黑色。

另外还有一点需要特别注意，就是不要等到面试的前一天才去买西装，因为西装是需要精细挑选才会选中合适的，匆忙之中挑选不出得体的西装。还要给自己一个适应的过程，否则，会显得很拘谨、不自然。

（2）衬衣：如果说最保守的西装颜色是深色，最保守的衬衣颜色则是白色。在选衬衣的时候，应该注意领子不要太大，领口、袖口不要太宽，以刚好可以扣上并略有空隙为宜。质地以 30%~40% 的棉，60%~70% 的化纤为好。完全化纤质地的衬衣会显得过于单薄、透明、不够庄重，纯棉衬衣如果熨烫不及时又会显得不够挺括，而且每次洗过之后都需要重新熨烫。衬衫应该是硬领的，领子要干净，挺括。衣领，袖口都洗毛的旧衬衫或一件还没有下过水的新衬衫都不合适，前者显得太拮据，后者太露着意修饰的痕迹。另外，短袖衬衫在正式场合不合适。衬衫下摆要放入裤腰内。内衣、内裤、衬衣等都不能露出。衣扣要扣整齐。

（3）领带：领带必须干净、平整。要打得坚实、端正。在配色方面要选择无图案或规则的几何图案的，格子、条纹、点都可以。面料上首选毛的，尼龙和丝的也可以考虑，但是不宜选蛇皮的和珍珠的。

（4）裤子的长短宽松：裤子除了要与上身西装保持色调一致以外，还应该注意不要太窄，要保留有一定的宽松度，也不要太短，以恰好可以盖住皮鞋的鞋面为好。同时记住不要穿背带裤。另外，运动裤、牛仔裤无论是什么品牌，都不是正装，不适宜在面试的时候穿着。

（5）袜子：袜子的颜色应该与鞋或者裤子同色，感觉上浑然一体。男士不要选择尼龙袜子，因不透气而容易产生异味。

（6）皮鞋：皮鞋的颜色要选黑色。这与白衬衣、深色西装一样属于最稳重、最保险的色调。皮鞋要保持清洁光亮。另外，不要把新皮鞋留到面试那天才穿，因为新皮鞋第一次穿会不很合脚，会影响你的走路姿势和状态，应该给鞋和脚一段磨合期，穿起来舒适、自然。

5. 公文包 简单的公文包是最佳选择。不要用那种非常正式的公文包，那种公文包一般都是老板，经理们使用的，面试的同学使用会显得过于"少年老成"，不符合身份。

6. 其他小物品 西服兜里装太多的东西会使衣袋变形西服走样。只挑选出必须随身携带的零钱和证件，其他的收据、发票、纸片和相片等都可以留在家里或放在公文包里。为避免到时迷路，可考虑先到面试地点去一趟，准备好现金、车票等一切物品，从容按时到达面试地点。

实践指导

1. 要对自己正确评价，准确定位 小陈是一所重点医学院校的毕业生，学的是公共卫生事业管理，竞聘前他详细了解了用人单位的管理岗位人员的基本情况，觉得专业出身，优势明显，完全能够胜任管理岗位，因此申请了管理职位，可是，医院空缺了管理的岗位，让小陈由科员做起，理由是小陈没有工作经历，缺乏管理经验。小陈失望且迷茫，他该怎么做？

【指导】

小陈正确的做法是调整自己的心态，重新审视自己，采取行动弥补自己的不足。不能只看到自己的学历文凭或学习中的一些成就，还要看自己掌握的知识是否是用人单位的需要。千里之行，始于足下，脚踏实地走好迈上社会的第一步，从最基础的工作做起，用实际行动取得别人的认可，才是小陈成为管理人员的最有效出路。

2. 不盲目和别人攀比，端正心态 小宇在班上成绩优秀，一直希望自己能找到很好的工作，本来在年后的招聘会上，已经有一家她很中意的单位看中她，但是，当她听说同班小李找了一家更好的医院，待遇好、发展空间大时，觉得小李平时什么都不如自己，凭什么自己在就业时输给她？于是，她毅然拒绝了那家单位，可后来，她高不成低不就，一直没找到合适的工作。小宇哪里做错了？

【指导】

在就业的过程中，每个人的状况和机遇都不尽相同，仅靠自己的比较和感觉是不客观的。工作没有好坏之分，只要最适合自己，就应该积极争取。看着别人的行动决定自己的工作，是对自己不负责任的做法，要知道适合自己的才是最好的。

3. 不好高骛远，把握时机 小李同学由于综合能力较强，实习期间，就被医院看好，准备留他在实习医院任职，一时间成为同学们羡慕的对象。但是小李却犹豫不决起来。这家医院虽然待遇高，可是还有一家医院条件比这好，还给提供进修的机会，小李开始患得患失犹豫起来，最终丧失了机会，使他陷入深深的苦恼中。

【指导】

毕业生在就业过程中，常常会遇到多种选择的情况，每一种选择都有诱惑，都不舍得放弃。此时会感到束手无策，举棋不定，迟迟不与用人单位签约，或者今天签约明天又毁约，机会会在我们犹豫的过程中流失。在大学不断扩招、高等教育由精英教育向大众教育转化、大学生就业形势不容乐观的今天，每个大学生必须要正确评价自己的才能，转变过分理想化的就业观念，从个人的实际出发，不失时机地抓住就业机会。

4. 认真做好形象设计，符合应聘岗位身份　某家很有实力和社会影响力的医疗机构到某医学院校招聘，毕业生都很珍惜这次难得的机会，摩拳擦掌，跃跃欲试。对形象的重要性略有了解的同学们都在寝室互相切磋，如何设计自己的形象，成功面试。在专业基础基本相同的情况下，A寝室的女同学整体形象好，B寝室的女同学稍逊一等。大家都觉得A寝室的同学成功的希望比较大。可是竞聘结果却出乎人们意料。A寝室的同学全军覆没，B寝室除了一名同学落聘，其余的均成功签约。A寝室的同学愤愤不平："我们都穿着一致的牛仔裤、旅游鞋，黑色风衣，头发专门烫直，长发飘飘，几个人走在街上，回头率老高了，怎么用人单位这么没眼光！"你同意她们的看法吗？

【指导】

行为学家迈克尔·阿盖尔曾做过实验，他本人以不同的装扮出现在同一地点，结果却完全不同：当他身着西装以绅士模样出现时，无论是向他问路还是问时间的陌生人，大多彬彬有礼，这些人颇有教养；而当他扮成无业游民时，接近他的人以流浪汉居多，他们或者来对火或者来借钱。因此我们说形象很重要，形象是给自己的定位，我们干什么首先要打扮得像什么。

可以看出，A寝室的同学很重视这次面试，但是她们给自己的工作形象定位不准确，医务人员的形象应该是端庄稳重、朴素大方即可，尤其是面试的时候，应该穿着正式一点，既体现自己的身份特点，又表现出对用人单位的重视。牛仔裤、旅游鞋、风衣，都是休闲服饰，长发飘飘体现的是女性魅力而不是用人单位需要的职业素质和形象。特别是大家都统一服装，显得既哗众取宠又没有个人风格，受挫是必然的。因此，希望同学们认真设计自己的形象，注意符合应聘岗位和身份。

相关解答

1. 我学历较低，现在本科生、研究生找工作都很难，我更没有信心，感觉压力太大，面对事实我该如何调整心态？

用人单位需要的是合格而且合适的人。对用人单位来说，合格加合适就是优秀．在合适条件下，每个人都可以胜任某一项工作，因而可以认为每一个人都是优秀的。高学历对用人单位来讲意味着高成本，并承担着较高的人才流失的风险。因此，用人单位并不总是一味青睐高学历的人。我们要对就业市场有一个正确了解，要对自己有一个正确评价和准确定位，不盲目攀比，不好高骛远。在大家都蜂拥到大城市大医院的潮流中不随波逐流，树立正确的就业理念，相信找工作不是问题。

2. 怎样才能塑造自己的儒雅端庄形象？

这是一个人人都渴望解决的共性问题。儒雅端庄的形象即是人在社会交往中被接受、受欢迎必不可少的条件，也是尊重自己、尊重别人的体现。大多数人都是通过仪表、仪容、仪态等礼仪知识的学习来塑造自己的形象，这是一种十分有效的方法。理论的学习固然重要，更重要的是要让良好的礼仪规范成为一种行为习惯，这样我们运用起来才会自然、淡定、让人感觉很舒服。另外，我们还强调一点，良好的外部形象只是我们内在的素质的一种外在体现，正所谓，内容决定形式，形式体现内容，"腹有诗书气自华"，也就是说，要塑造儒雅端庄的形象，必须注重提高自身素质和加强内在修养，胸无点墨，无知浅薄，穿着再讲究也不会有气质和风度的。

第四节　医学生求职的笔试与面试

迷惘与疑惑

　　小徐，临床医学研究生，在第九届全国医药卫生人才专场招聘会上连续应聘了十二家医院。在简单的面试考核中，虽然有较为扎实的医学理论知识和技能，但因语言表达不够流畅、心理素质较差、紧张过度而被淘汰。接着又递交了几份简历，经简单的交谈后都没能取得参加笔试的机会。尔后他焦虑地问一家医院的肾内科主任，我学习成绩优秀，而且硕士学习期间的重点是肾病研究方向，贵单位又急聘肾内科医生，为什么不给我一个参加笔试的机会呢？为什么不相信我会在笔试中取得好成绩呢？

理论解析

一、医药卫生单位对毕业生需求的标准

　　医学教育是一种精英教育，医学服务的对象是有生命的人，人的千差万别和疾病的复杂多变，对医学生的培养提出了更高要求，全国不同区域的医药卫生单位对毕业生的要求概括起来有如下一些方面：

（一）职业道德

　　"才者德之资也，德者才之帅也。"据有关调查显示，97.2%的医药企事业单位已经把道德素质、人文修养作为招聘条件之首，即用人单位除了对医学生专业素养和学习成绩的要求外，更看重诚信、责任、忠诚、合作、奉献精神等很多常常为学生所忽略的道德品质和人文精神，恰恰就是这些看似平常的品质，决定着一个医学生在职场中能否成功以及其未来事业所能达到的高度。所以，当代医学生一定要加强医德修养，不仅要学会做事，更要学会做人。

（二）业务知识

　　1. 专业知识　调查显示96%的医药卫生单位要求毕业生成绩达到良好以上，这说明医药卫生单位普遍重视医学生的学识与内涵，特别学历高的医学生，医院更看重医学生的学术价值和专业发展的潜质，扎实的理论功底会使之成为医学生求职的优势和亮点。所以，任何一位医学生都应在学校学习期间加强专业知识的学习，并在实习阶段有意识地进行医学科研能力的锻炼和积累。

　　2. 英语水平　调查显示，87.5%的医药卫生单位要求毕业生的英语水平达到国家六级，90%的医药卫生单位要求毕业生的英语水平达到国家四级。今天英文已经成为我们对外交流的重要桥梁和工具，用人单位普遍重视医学生的英语水平，某些中外合资医院对医学生英语的听、说、写的能力要求较高，要求达到用英语与病人沟通和做交接班报告。某些药业集团随着外贸业务逐渐增多，用人单位在重视听、说、写的能力的同时，越来越注

重药学专业的英语翻译水平。

3. 计算机水平　调查显示，80% 的医药卫生单位要求毕业生具备省级或国家二级计算机证书，95% 的医药卫生单位要求毕业生具有计算机实际操作能力，96.5% 医学生认为计算机证书也是取得面试资格的一个硬指标，而计算机实际操作能力常是应聘中一个重要测试内容。用人单位对计算机水平的重视，一方面是医药卫生单位实现微机化管理的需要，另一方面也是医药卫生事业迅猛发展对整个医学人才提出的迫切要求。

（三）心理素质

调查表明，86.3% 的医药卫生单位愿意接收性格开朗、具备良好心理素质的医学生，85.5% 毕业生认为良好的心理素质在面试和实际工作中占优势。大学生各种能力提高的过程实质是个人心理素质不断完善的过程，各种能力的进一步发展都要以心理素质为先导。医学生面对复杂的病情或危重病人的抢救时，只有具备坚定、果断的心理素质，才能达到抢救工作有条不紊、忙而不乱。

（四）团队合作精神

调查表明，98% 医药卫生单位要求医学生有较强的团队合作精神，因为真正优秀的医学人才，不仅自身业务素质条件要好，更重要的是与团队伙伴合作的默契程度高，以及配合别人共同解决问题的能力强，如一台成功的手术需要医生、麻醉医生、手术室护士配合绝对默契方能成功，出现手术意外时应全力配合抢救。一个人乃至一个民族如果只知道竞争而不善于合作，注定要走向失败。因此医学生要在大学期间就开始重视培养协作精神，它已是现代人才必备的素质。

（五）语言表达能力

调查显示，98% 的医院，100% 的医药公司要求毕业生表达能力较强。表达能力是指运用语言、文字或肢体动作阐明自己的观点、意见或抒发感情的能力。应聘过程中，当你一开口，你的内涵，知识，能力立刻展示在考官们面前，流畅、准确的表达反应出一个人的表达能力和思维能力，透过表达也能看出一个人的人格魅力与知识修养。

（六）人际交往能力

调查显示，89.2% 用人单位认为医学生人际交往能力非常重要，72.6% 毕业生认为人际交往能力对收集就业信息和取得医药专家的推荐信尤为重要。可能很多人认为，医生会看病、会做手术，护士会给病人静脉穿刺、肌内注射就称职了。其实不然，医护工作者面对的首先是"人"，其次才是"病"，不能只见"病"不见"人"。正确、有效地处理、协调好工作中各种人际关系，直接影响工作效率和事业的成功。

（七）自我继续教育能力

调查表明，85.3% 医药卫生用人单位认为自我继续教育能力很重要，因为医学知识需要不断地更新与发展，医者必须具备终身学习的理念和自我提高的能力，否则便不能适应工作的需要。

（八）动手上岗能力

调查显示，92.5% 医药卫生单位要求毕业生具备较强的技术操作能力和动手上岗能力，因此医学生要重视实践环节，要利用假期到医药卫生单位参加与专业相关的社会实践活动，提高技术操作水平，增强动手能力的培养。

【案例】

小于同学，某医科大学的护理专科生，身高1.58米，黑龙江省肇东县生源。在校学习期间一直担任班级团支书职务，学习勤奋，成绩优良，工作认真负责，有较好的语言表达能力和人际交往能力。大二期间利用暑假和寒假时间到学校附属医院见习，动手能力明显增强。大三时温州市一家三甲医院进校园选聘实习生明确提出了要求和标准：浙江省生源，身高1.60米以上，品学兼优；实习任务完成后通过考试择优录用。小于不符合选聘条件，但她以较好的沟通技巧与院长等一行3人进行了多次交流，并且将她的自身情况向用人单位作了很好的诠释，为自己争取实习机会，最后她作为一个有理想、有目标、有发展潜质的大学生被该院录取为实习生，实习期满后，她又以出色的语言表达能力和较强的动手能力被录用为护士。

二、毕业生就业途径与毕业生求职方式

随着我国高校毕业生就业制度改革不断深化，毕业生的就业选择更加自主和宽泛，毕业生就业途径及毕业流向呈现出多层次、多渠道、多方位、多元化的特点。

（一）就业途径

1. 市场就业 随着"市场导向、政府调控、学校推荐、学生和用人单位双向选择"的就业机制的确立，市场就业成为毕业生实现就业的一种主要途径。通过毕业生资源的市场化配置，使毕业生充实到社会需要并能够发挥其作用的岗位上去。目前，通过毕业生就业市场、人才市场、学校等举办的医学生医药卫生人才专场招聘会实现就业，是大学生就业的主渠道。另外，医学生可以主动到各级医疗卫生单位、药业集团、医药公司、生物制药等单位应聘。

2. 考试录用 考试录用是目前医院和医学院校招聘毕业生的一种重要方式，同时也是毕业生就业的一条重要途径。国家机关考录公务员、事业单位选用工作人员和专业人才，一般都采用考试录用的形式。考试包括面试和笔试。面试主要了解应试毕业生的素质特征、能力状况、形象气质等是否满足特定的岗位要求。笔试主要考核毕业生的专业知识掌握水平、理论功底和综合运用知识解决问题的能力，分为专业知识考试、命题写作、综合考试等类型。医学生也可选择参与各级医药卫生管理部门的公务员考试录用，或选择个人有优势的机关或事业单位参加考试。

3. 项目就业 目前党和政府对高校毕业生就业工作的重视程度前所未有，相继出台政策引导和鼓励大学生到农村基层、到城市社区、到西部、到农村、到经济建设最需要的地方建功立业。国家和地方政府都制订并实施了一系列高校毕业生农村基层服务项目，包括："大学生志愿服务西部计划""三支一扶计划""农村义务教育阶段学校教师特设岗位计划""选聘毕业生到村任职工作""村村大学生行动计划"等。每年4~5月医学生可选择到西部或乡镇卫生院从事医疗、护理、检验等工作。

4. 自主创业 自主创业是近年来大学毕业生一种新的就业途径。大学生在毕业后不是向社会"寻求"工作，而是为体现自我价值，减轻社会就业负担，自主创业不仅可以解决自身的就业问题，而且也可以为他人创造就业机会。国家和地方都在积极支持和鼓励大学生自主创业，现已出台了一系列的扶持政策，为毕业生自主创业创造条件。医学生可以

利用所学的临床医学、护理、康复治疗、医学信息管理与医学信息系统等知识，自己或与他人合作创办社区健康服务站、临终关怀医院、亚健康调理中心、全科医疗诊所和医学信息软件开发或医学信息系统维护站等。

5. 灵活就业　灵活就业是指在劳动时间、收入报酬、工作场地、保险福利、劳动关系等方面不同于建立在现代企业制度基础上的传统主流就业方式的各种就业形式的总称。随着社会发展和分工的细化，职业模式日益灵活多样，就业涵盖的领域日趋广泛，包括：临时工、劳务工、小时工、产品直销员、保险推销员、个体经营和合伙经营、中介服务工作者等。这些职业特点是自由度大，限制少，专业水平要求低。若医学类毕业生在未取得"职业准入资格证书"之前，可适当选用。

6. 以就读代就业　本科生报考硕士、硕士报考博士，这种继续在学业上深造的做法，一方面提高了学历层次，提升了毕业生的就业竞争力；另一方面暂时缓解了就业压力和矛盾。一般来说，在高校里学习条件好，选择机会多，复习时间更为充裕，因而直接取得更高学历的可能性更大。因此，医学生可根据自身成绩和家庭条件，选择以就读代就业，是非常可行的方法之一。

7. 出国深造或到合资单位去工作　随着经济全球化进程的加速和中国加入WTO，一方面，众多国外知名企业开始到中国创办企业，抢占市场份额；另一方面，发达国家各高等院校也出台相关招生政策，吸引中国学生，人才竞争日趋激烈并逐步呈现出国际化的新特点。医学生可以选择到国外医学院校继续读书深造，也可选择参与国际医学人才竞争的岗位应聘，或到外资或合资医院及药业集团等单位工作。

（二）求职途径

1. 学校推荐　经过多年探索和实践，高等学校已经逐步建立了比较完备的毕业生就业服务体系，具有无可比拟的桥梁和纽带作用。高校通过与各用人单位联系与沟通，熟悉用人单位对人才需求的标准，可以按照用人单位的需求标准择优推荐适合的毕业生。因而，学校推荐具有针对性强、成功率高、可信度高等特点。所以，学校推荐是毕业生求职的重要途径。

2. 参加招聘会　各地方、高校和有关部门组织的毕业生和人才招聘会是毕业生求职方式中应用最为普遍的形式，毕业生与用人单位直接接触，互相选择。人才招聘会具有招聘单位多、专业范围广、招聘相对集中的特点。人才招聘会的主要功能是为供求双方搭建一个接触平台和提供信息交流机会。医学生可根据职业目标选择性地参加上海医药卫生人才、北京卫生人才、江苏省卫生人才、黑龙江省卫生人才等专场招聘会，或积极参加医学类院校的招聘会等。

3. 网络求职　随着计算机网络与通信技术的发展，网络凭借其方便、快捷、资源共享、数据处理迅速和信息量大等诸多特点，开始在高校毕业生就业过程中发挥出巨大的作用。越来越多的用人单位开始通过网络实现对外发布招聘信息，收集求职简历，完成招聘过程。信息网络使人才交流从有形市场向无形市场延伸，很多专业化的人才招聘网站也应运而生，如http：//www.120rcw.com/new/index.asp中国医药卫生人才网，http：//www.51ylzp.com/index.asp 51医疗招聘网等，通过信息网络提供各种就业信息和就业服务。但是，在网络求职过程中，要警惕网络陷阱现象的发生。

4. 利用实习机会　实习是大学生完成学业的重要组成部分，也是走向工作岗位前的实践阶段。实习单位可以通过毕业生在实习时的优良表现，了解毕业生知识和技能的掌握程度及毕业生的职业素质。毕业生也可以较详细地了解所在实习单位的聘用要求和标准、管理模式及福利待遇等各方面情况，通过相互了解，建立联系，为双方供求、双向选择打下良好基础。毕业生实习成绩优秀也是其他用人单位留用的重要砝码。

5. 他人推荐　这是一种比较常见的求职方式，可以扩大职业选择余地。最直接的办法是借助于朋辈关系、校友关系、学业导师、实习教师等人帮助。医学生在学校和单位实习中，应注重建立较好的人际关系，与学业导师和实习教师保持良好的互信的关系，因为他们都属于专家型人才，通过其自身学术影响可与用人单位的领导或业务骨干保持密切关系，了解本行业不同地域和不同用人单位的就业岗位需求情况，收集的信息和推荐的就业岗位具有针对性、实效性和可靠性好的特点。

【案例】

小王，毕业于某医科大学护理本科，家庭贫困，依靠学校贷款支付学费，生活费主要来源于社会兼职，学习刻苦，成绩优秀，曾获得多次校级奖学金，又有较强的语言表达能力和吃苦耐劳精神。毕业时，医院带教老师给她推荐了一家部队医院工作，但她没有急于上岗，而是正确分析了一下自己的优势和劣势，认为自己思想积极要求进步，学习能力较强，并具有克服困难和挑战自我的勇气，她决定放弃老师的推荐而选择到"三支一扶"项目就业，自觉到基层一线去发挥才干，到艰苦的环境里去锻炼成长，在享受国家学费补偿的同时，在实践中还能运用知识、检验知识、磨炼自己，积累经验，实现自我。

三、面试与面试技巧

面试即当面测试，是用人单位通过当面交流、问答对毕业生进行考核的一种方式。面试是求职者全面展示自身素质、能力、品质的最好时机。面试发挥出色，可以弥补其他条件如学历、专业上的一些不足。在应聘的几个环节中，面试也是难度最大的环节，尤其是对于应届毕业生来说，由于缺乏经验，面试常常成为一个难关。因此，要重视学习面试的基本知识。

（一）面试的类型、程序、准备

1. 面试的类型

（1）按面试的内容与要求分类：

1）问题式面试：由面试官按照事先拟订的提纲对求职者进行发问，其目的在于观察求职者在特殊环境中的表现，考核其知识，判断其分析问题和解决问题的能力，从而获得有关求职者的第一手资料。

2）压力式面试：由面试官有意识地对求职者施加压力，就某一问题或某一事件作一连串发问，详细具体且追根究底，直至无以对答。目的主要观察求职者在特殊压力下的反应、思维敏捷程度及应变能力。

3）随意式面试：面试官与求职者自由地进行交谈，气氛轻松活跃，无拘无束，招聘者与求职者自由发表言论，各抒己见。目的在自然状态中观察应试者的谈吐、举止、知识、能力、气质和风度，对其作全方位的综合素质考察。

4）情景式面试：由面试官事先设定一个情景，提出一个问题或一项计划，请求职者进入角色模拟完成，其目的在于考核其分析问题和解决问题的能力。

5）综合式面试：面试官通过多种方式考察求职者的综合能力和素质，如用外语交流，要求即时作文，或即时表演或演讲，或操作计算机等，了解其外语水平，文字能力，书面及口才表达、计算机应用等各方面的能力。

6）见习式面试：招聘面试官安排求职者在单位的确定岗位上实习一段时间，达到对求职者知识、技能和综合素质的实践考核。

（2）按面试组织形式分类

1）个体面试：即用人单位对求职者单独进行的面试，求职者可面对一个或多个面试官。

2）集体面试：即很多求职者在一起进行的面试。群体面试大多会提问到求职愿望和求职动机。

3）小组面试：由一位代表职位职能的部门主管加一位人事主管组成面试小组，是面试的最终阶段。

2. 面试的基本程序

（1）招聘单位对求职者的申请材料进行审核，确定面试名单。

（2）招聘单位向求职者通知面试事件、地点。面试地点一般按照就地、就近和方便的原则进行安排。通常有两种情况：学校或其附近的场地，招聘单位或其附近场地。通知面试的方式也大致有二：招聘单位先通知学校就业主管部门，由学校通知学生；或招聘单位直接通知学生本人。

（3）求职者准备面试。

（4）正式面试。

3. 面试前准备

（1）计划缜密：明确面试前三要素——时间（When）、地点（Where）、联系人（Who），面试前要熟记面试的时间、地点、联系人及其电话，若地点方位不熟悉，最好前一天先去查看地理位置，做到心中有数，因为多一分准备便少一分失误。

（2）熟悉应聘单位情况，积累行业相关知识：可通过网络和实地考察等方式，对用人单位的性质、地址、业务范围、经营业绩、发展前景，岗位职务及所需的专业知识和技能等有一个全面了解。因为下功夫去了解应聘单位的背景和业务内容，在面试时可迅速地进入角色并能表现出对用人单位的兴趣和向往，得到面试官的肯定。

（3）进行自我认知：要自信地应对面试，首先要对自己有清楚的认识。写出自我介绍稿，时间在1~2分钟，并熟练表达。

首先，重点列出最主要的专长、优势、技能，和几件可以称得上成功的事情，并逐一分析这些成绩。

其次，同一件事情，各人有各人截然不同的思考和处理方法，这取决于每一个人不同的个性。可以通过事件描述，来归纳自己的性格。

最后，"知己知彼，百战不殆"，求职者面试前应对自己的知识、能力、特长、个性、兴趣、爱好、人生目标、择业倾向有清醒的认识，使自己的知识和能力与用人单位工作的要求相符合。参加面试时，通过较正确的自我认知来表达你希望拥有这一工作的愿望。

4. 头脑风暴训练模拟回答提问 对可能遇到的问题应分析后并进行充分的准备，这项准备有助于认清自己真正的想法。面试前对可能被问及的问题进行梳理，在头脑中有相应的储备，有助于应聘时自如应对。同时准备好自己想提的问题，有一些负责招聘的人事主管提出，求职者应当乐意提问题，这样面试官才能知道求职者的水准及想了解的问题。

5. 心理准备 面试主要测试每个人的心理素质和临场表现力。因此，要成功面试，必须树立自信心，保持良好的状态，快乐的心情，不要过多地计较得失。寻找一份理想的工作需要时间和经验的积累，面试前只要保持自信心和健康的心理素质，面试时就能消除不必要的紧张与恐惧。

6. 面试携带物品 面试前还要准备好简历带至现场，因为面试时面试官手上拿着简历，有时仍然会向你要简历，主要原因是要看看你是否有备而来，做事是否细心和周到。另外面试官不慎一时找不到你的简历，若这时你把一份制作好的原版简历送到他面前，他必定会非常高兴，此时你的"面试印象分"便会直线上升。

（二）面试技巧

1. 交谈技巧

（1）把握重点，条理清楚：对面试官的提问，根据不同问题适当分类。对纯信息性的问题应该回答干脆、利落；对阐述性问题，要把握重点，紧扣主题，不得随意发挥。一般情况下回答问题要结论在先，议论在后，先将中心意思表达清楚，然后再做具体叙述。

（2）确认提问，切记答非所问：面试中，如果面试官提出的问题过大，以致不知从何答起，或求职者对问题的意思不明白，可以以"您问的是不是这样一个问题？"的方式将问题复述一遍，确认其内容，或赢得思考时间，才能有的放矢、避免答非所问。

（3）冷静对待，宠辱不惊：面试官中不乏刁钻古怪之人，若提问时故意提出不礼貌或令人难看的问题时，你应沉着冷静，略思考整理思路后，以较好的应变能力和快捷的反应能力及时回答问题。切忌冲动、消极和不理智做法。

（4）坦然面对失误：面试中常会遇到一些不熟悉、曾经熟悉现在忘了或根本不懂的问题或回答某些问题时失误。面临这种情况，回避问题是失策，牵强附会更是拙劣，诚恳坦率地承认自己的不足之处，可能会赢得招聘者的信任和好感。另外，个别失误不会影响整个面试水平的发挥。

2. 发问技巧 面试时若面试官问你有没有问题，你可以适当问一些问题，最好提问面试官的需求以及你如何能满足这些需求上。通过提问的方式进行自我推销是十分有效的。发问应注意以下事项：

（1）提问要围绕用人单位及个人发展情况：如贵院危重病人急救成功率如此之高，说明医院医疗技术综合实力非常强，若有机会成为一名急诊科医生，我会以较强的协作意识和团队精神融入这个集体，为医院的急救医学发展作贡献。这样可表明你是一个有集体观念、以事业为重、有培养潜质的求职者。

（2）把握提问水平：通过提问，面试官可以了解你对事物的认识水平、思想水平、求职目的和表达能力等。所以，提问应结合专业知识或行业发展等问题展开，要务实、具体，避免问一些浅显或过于世俗的问题。

（3）尽量不问工资待遇：通常情况下用人单位都有固定的工资标准，对于应届毕业生，单位不会轻易在工资待遇上破例。所以，面试时不宜过多问这些问题。

3. 谈话技巧

（1）培养良好的语言习惯：面试不仅要表达流畅，用词得当，更要注重谈话方式，如发音清楚、语调得体、音量适中、声音自然、语速适宜等。避免使用口语和语气词等。不抢话题，不插话，不说奉承话，不用极端性言词。

（2）留意对方反应：交谈中很重要的一点是把握谈话的气氛和时机，这就需要随时注意观察对方的反应。如果对方的眼神、表情、语气等显示对你所涉及的某个话题已失去了兴趣，应该尽快找一两句得体的语言将话题收住。

（3）注意聆听态度："听"并非简单地用耳朵就行了，必须用心去理解并积极地做出反应。如果面试官对你说话，你应该正视对方并适时点头示意或适时给予反馈，表示对对方的尊重、诚恳和重视。反之，若你表现出心不在焉的神情或没有积极的应答态度，将会因此而失掉工作机会。

4. 交谈心态

（1）展示真实的自己：面试时要自然地、落落大方地展现自己的实力和性格特征。以平常心态对待面试官提出的问题，可避免紧张情绪，有利于个人职业生涯的发展。

（2）态度要坦诚：招聘者一般都认为做人优于做事，所以，面试时求职者一定要诚实地回答问题，一位企业的人事主管说，以前曾经面试过一个女孩，面试时她说自己有男友，进入公司后又说没有男友。问她原因，她说曾在一些书里看到，如果说有男朋友就会给人稳重、有责任感的印象。实际上这样做非常不好，面试时的欺骗行为是不利于以后发展的。

5. 面试最后关

（1）适时告辞：面试不是闲聊，也不是谈判，从某种意义上讲，面试是陌生人之间的沟通，谈话时间的长短要视面试内容而定。面试官认为该结束面试时，可能会说一些暗示的话语，如我很感激你对我们公司的关注或谢谢你对我们招聘工作的关心，我们一作出决定就会立即通知你；或你的情况我们已经了解等，求职者听了诸如此类的话语之后，就应该主动告辞。

（2）礼貌再见：面试结束时的礼节也是公司考察录用的一个砝码。首先不要在招聘者结束谈话前表现出不安、急欲离去的样子；其次，告辞时应感谢对方花时间同你面谈；最后，如果有秘书或接待员曾接待过你或招待过你的话，也应该向他们致谢告辞。

（三）面试禁忌

1. 忌眼高手低，不切实际　找一份理想职业是每个求职者的愿望，但美好的愿望应根植于自身素质和客观现实之上。审时度势，准确定位是求职成功的关键所在。眼高手低，这山望着那山高是求职之大忌。

2. 忌强调绝对本专业就业　招聘单位所聘岗位和专业很可能与自己所学专业不同，这时你切不可把自己禁锢于必须本专业就业。应增强自信，跨越自我，勇于挑战新岗位，及时调整自我心态，适应新环境新岗位。目前，医学生就业"一次择业定终身"的现象将会发生很大的变化。

3. 忌盲目应试　要分清用人单位的性质和对求职者的要求，做针对性的准备，避免无准备面试，增加成功砝码。

（四）面试结束后的总结

大多数求职者认为，面试结束意味着求职过程告一段落，其实并非如此，还需要做以下工作：

1. 面试结束后，应该对自己在面试时遇到的难题进行回顾，重新思考一下，如果再一次参加面试遇到相同的提问时，该如何更好地回答这些问题？所以，花时间总结经验是非常必要的。

2. 尽量把你参加面试的所有细节记录下来。一定要记住面试官的名字、职位和联系方式，便于以后联系。

3. 面试一周后，你可以给面试官和其他有关人员写一封感谢信或通一次电话。表明无论录用与否的感谢之意。如用人单位已经暗示你可能落选了，最好寄一封短信说明你即使没有应聘成功但也很高兴有面试机会。这样做不仅仅是出于礼貌，而且还能使自己给用人单位留下深刻印象，日后有可能为自己创造出一个潜在的求职机会。

【面试后的感谢信样板】

尊敬的 × × 院长：

您好！感谢您昨天为我的面试花费的时间和精力。我和您谈话觉得很愉快，并且了解到许多关于贵医院的发展史、医疗、护理技术水平和未来发展趋势，使我对贵院前途更加信心百倍。我扎实的专业知识、娴熟的操作技术、较好的沟通能力、吃苦耐劳和较强的团队精神符合贵院的招聘要求，希望有机会投身于医院的发展建设之中。诚祝贵院蓬勃发展！

应聘者：× × ×

× 年 × 月 × 日

四、笔试与笔试的技巧

笔试，是一种与面试对应的测试，是考核应聘者学识水平的重要方法。这种方法可以有效地测量应聘人的基本知识、专业知识、管理知识、综合分析能力和文字表达能力等素质及能力的差异。一般属于事业单位的卫生医疗系统需要参加当地组织的公务员或事业单位考试，所以笔试的内容是必不可少的。在竞争激烈的求职应聘中，很多自主经营的医院也都采取这一方式进行人才筛选。

（一）笔试的类型

和面试相比，笔试是一种相对初级的甄选方式。笔试一般包括或部分包括以下几个方面的内容：一是知识面的考核，主要是一些通用性的基础知识和担任某一职务所要求具备的业务知识。二是智力测试，主要测试毕业生的记忆力、分析观察能力、综合归纳能力、思维反应能力以及对于新知识的学习能力等。三是技能测验，主要是针对受聘者处理问题的速度与质量的测试，检验其对知识和智力运用的程度和能力。四是性格测试，主要是通过一些精心设计的心理测试题或一些开放式的问题来考察求职者的个性特征。

（二）笔试前的准备

1. 思想重视　做好复习是笔试取得好成绩的有力保证，首先，应在思想上重视它，不能马虎麻痹。因为笔试考查面涵盖大学期间的全部课程，涉及理论与实践，是全面检测应聘者的知识与技能的一种方式，"复习"不是可有可无，而是要下功夫搞好。

2. 讲究方法　俗话说：工欲善其事，必先利其器。意思是说无论做什么事，都要事先做好准备。要想取得好成绩，除了平时努力学习，打好基础，提高能力外，复习方法也很关键。

（1）明确方向，制定目标、计划：首先应明确，各种考试的题型无论怎样变化其着眼点都是考察基本知识和基本技能，这就为大家复习指明了方向，在此基础上还应明确复习的范围及目标，这样复习就有针对性、避免盲目性、提高效率。

（2）紧扣课本，构建知识体系：复习时一定要以课本为主，正确处理参考书、复习资料与课本的关系，决不能以参考书和复习资料代替课本，更不能生搬答案，同时还应明确：重视课本不等于复习时对课本知识只是简单重复，而是应对教材上的知识加以概括、提炼和归纳。

（3）适度训练，提升综合能力：在复习中还应通过检测考试，及时地发现知识上存在的漏点和疑点、思维的盲点、能力的空白点，要有的放矢地进行强化训练和变式训练。

（4）要珍惜时间，合理安排时间：把有效时间都利用上，针对不同科目特点，安排不同的复习内容，分配不同科目的复习时间，做到重点突出，全面兼顾，同时要循序渐进，环环落实。只有这样才能有效地搞好复习。

3. 巧用试题　在笔试中要取得较好的成绩，不仅要有扎实的基础知识，熟练的解题技巧，较强的分析、解决问题的能力，还应在考试前逐步调整自己的心态，在考场上达到良好的竞技状态。

同时还要学会并掌握一定的应试技巧：①要统揽全卷，弄清题量、题型及难易题目，以合理地安排答题时间。②要认真审题，仔细析题，依序作答，先易后难。③要准确表达，书写规范。④要讲究技巧，灵活应对。解决较难的问题时，可采取由已知入手，知因索果；还可从结论入手，由果探因，逐步趋向已知的策略。

实践指导

如何制作电子简历？

小姜同学是一所重点医学院校的医学生，精神医学专业，虽然家境困难，但还想争取毕业前考取研究生。在面临金融危机影响，就业形势日趋严峻的情况下，小姜决定边找工作、边考研，最后他选择了一个"两全其美"的办法，那就是在网上求职。他花了几个晚上的时间，精心制作电子简历，针对用人单位的岗位需求不同，制作了具有特色的简历，发出了十几份简历，坚持周三和周五上网查看有无回复信息，他发出的电子简历如石沉大海，杳无音信，小姜失望且迷茫，他该怎么做？

【指导】

随着网络的快速发展，网络几乎在人们的生活和工作中无孔不入，网络弹指之间，信息尽收眼底。电子简历又有节省审核人员时间，提高筛选简历的效率，节约纸张等优点，所以网上求职已逐渐成为大学毕业生重要的求职方式之一。但要获得网上求职成功，必须在撰写电子简历上下功夫，并注意以下问题：①在写电子简历时，最好不要用附件的形式发送简历。虽然以附件形式发送的简历看起来效果更好，但是由于病毒的威胁，越来越多的公司都要求求职者不要用附件发送简历。甚至有些公司把所有带附件的邮件全部删除。在这种情况下，尽管你的简历排版极为精心，却可能根本没有人看。②设计纯文本格式的简历时应注意，设定页边距，使文本的宽度在16厘米左右，这样你的简历在多数情况下看起来都不会换行；尽量用较大字号的字体；如果你一定要使自己的简历看起来与众不同，你可以用一些特殊符号等分隔简历内容；在电子简历中一般不要附有发表的作品或论文，因为电子邮件附件传播病毒的可能性是一直存在的，另外，用人单位一般不会仔细阅读附带的作品。③在申请同一公司的不同职位时，最好能发两封不同的电子简历，因为有些求职网站的数据库软件能自动过滤掉第二封信件。④在你发送电子简历时要错过高峰期，上网高峰一般在中午至午夜，这段时间传递速度非常慢，而且还会出现错误信息，发送信件要错过高峰期。⑤发送简历后，要与用人单位保持联络，即使没有收到邮件回复，最好也要发个电子邮件表示感谢，便于今后联络。

相关解答

1. 小王，某医学院校医药营销本科生，学习努力、勤奋刻苦，成绩优良，但性格内向、孤僻，语言表达能力欠佳，希望找到药业集团或医药公司等办公室内勤岗位，他利用网络收集了许多就业信息，面对大量的就业信息，如何选择适合自己的？小王感到茫然。

网络是一个取之不竭的信息宝库，可轻松、高效地获取就业信息，但网络也是一把双刃剑，也有许多信息陷阱，使毕业生在网上受骗。为获取真实有效的就业信息应掌握以下技巧：

（1）分清主次：互联网内容丰富，在许多求职网站上还有相关的其他信息介绍，最好直接浏览医学类求职网站中的主要信息。

（2）利用"搜索引擎"寻找网站：可以利用百度、新浪、搜狗等网站的搜索功能查找医学相关的网站，收到收藏夹内，以便迅速查询。

（3）及时分类与记录：上网查询到信息后，应立即归类整理有关信息，用Word或写字板记录，把网上求职信息和网站按首优、次优摘录下来，以便定期回访。对填写了简历的网站和用人单位要重点记录。

（4）建立个人主页：为让用人单位全面了解你的情况，最好的办法是建立个人主页，在个人主页中，把你的有关情况都清晰的列出来。制作精美、内容丰富的个人主页，可以充分展示自身的专长优势，吸引用人单位的目光，同时能体现出毕业生的计算机综合应用和处理问题能力。

（5）多开窗口：由于现在使用的Windows都支持多项任务，同时多打开几个浏览器窗口，有助于节省传输时间。

（6）留意首页：一般每个网站都会在首页放上"最新消息"，里面常包含最新的招聘信息和政策信息，应特别关注。

（7）关注标记"New"的信息：在网站上，不少标题旁都标有"New"字样，表示最新更新过。对于首次访问该网站的求职者来说，"New"的意义并不大，但当你下次再访问时，只要留意"New"旁边最近更新的栏目就可以了，这样可以节省时间。

（8）随时下载：有些招聘页面的内容较多，岗位、条件罗列一大堆，担心漏看，最好的办法就是下载网页。可以先建一个名为"应聘"的文件夹，在工具栏"文件"下点出"另存为"，把选中的网页下载到自己硬盘上的"应聘"文件夹目录下，等下线后再仔细看。

（9）办理邮件订阅：对于信赖的网站，如果还提供信息邮件订阅服务，订阅者可以只通过电子邮箱就能得到最新消息，方便又快捷。

（10）留意友情链接网站：求职网站上的"友情链接"栏目里都是有用的信息内容，一般都会有许多相关招聘站点，很值得一看。

2. 如何利用有限的大学时间制作简历使自己脱颖而出？

简历是招聘单位了解求职者的第一个窗口，有时甚至是唯一的途径，是求职者向招聘单位展示自己能力的桥梁。没有吸引人的简历，就没有面试的机会，你的聪明才智就会没有被人发现的可能，利用有限的大学时间制作特色简历会令你脱颖而出。

（1）简单明了：简历，应简单有力。求职者的简历首先是要简单，最好控制在一页纸内，因为用人单位每天会收到百余封简历，平均看简历的时间最多不超过两分钟。所以。简历的重点不在于长，而在于精，在于简单明了。

（2）基本资料齐全：个人信息等基本资料填写齐全，联系方式最好留两个，有一个较固定电话号码为宜。因为许多用人单位保留求职者的简历，作为人力资源储备用，当单位急需用人时会在保留的简历中继续寻找合适的人选，如果联系方式改变，就会错过就业机会。

（3）个人特质描述有针对性：很多毕业生在描述个人特质和专业优势时，内容往往是千篇一律如学习勤奋刻苦、专业成绩优良、精通英语、计算机应用等。简历中个人特质和专业优势尤为重要，首先要对应聘单位的状况与所需人才的特质有所了解，写简历时将单位所需的重点特质放在首要和突出的位置，便于与招聘者引起共鸣。如某三甲医院招聘ICU护士，要求吃苦耐劳、思维敏捷、专业知识扎实、操作技术娴熟……，面对这样的要求，应将自己在学校专业学习和实习中的优势与特长体现出来，重点突出基础护理和临床护理知识考试成绩情况、专业知识竞赛的参与和获奖情况；在 ICU 实习过程中掌握呼吸机、生命体征监测、中心静脉压监测技术等情况。这样的个人特质和专业优势描述很容易令你在众多竞争对手里脱颖而出。

（4）认真细致、表达准确：一份优秀的简历可把主题鲜明的自己表达给用人单位，见简历如见其人。应聘者应做到表达文字正确、条理清晰、专业术语准确等。因为一个错字或者一个行业术语没有表达正确，可能会让你的简历在第一轮就被淘汰出局。因为招聘者看到简历的背后是一个不认真、不细致的人，一旦形成这样的坏印象应聘者是得不到面试机会的。

（5）利用大学有效的时间创造简历：有的大学生到毕业的时候不知道简历怎样写，急需时找来模板编写自己的简历，出现一些具体内容相同的现象如所学课程、证书等，或编造假实践经历的不良现象。现在的用人单位更注重学生实际工作能力和工作经验，从在校园里参与各种社团活动、参加与专业相关的社会实践经历中可以透视出学生的组织能力、沟通能力和团队合作精神等，用人单位在选聘毕业生时会更倾向这方面。因此，大学生在大学期间应该使自己的实践经历丰富起来，要将真实客观的内容写进简历，创造有个性化的特色简历来开启自己的职业大门。

第五节 医疗职场模拟训练

迷惘与疑惑

1. 毕业生小张同学是临床专业的，毕业后想回到家乡的一家三级甲等医院工作，但对于医院的招聘面试程序以及相关要求一无所知，不知道该如何去投递简历以及如何面试，希望能够掌握相关知识，为自己的目标做好充足准备。

2. 小祥同学是临床专业的毕业生，由于本人不是特别喜欢医学，所以大学里面成绩只能算是中等。从大四开始，他就在想应该做医生还是做医药代表，这个问题困扰了他很久。医院的收入一般在社会中等水平，加上工作的稳定，应该是一份不错的职业。是要一份安稳的工作呢还是要去公司闯荡自己的事业？一个工作安稳，一个要四处闯荡，异常辛苦，但是待遇肯定更好。思虑再三，最终准备毕业后到知名外企做一名医药代表，但对于医药企业的面试过程不甚了解，希望能了解这方面的知识并且能有实战的机会。

3. 毕业生小孟同学是学药学专业的，他毕业后想留校任教，对于医学院校的招聘程序及要求不甚了解，希望能够更多掌握相关信息，并有机会进行面试模拟演练，为自己的目标做好充足准备。

理论解析

一、医院求职与面试

（一）医院的人才需求特点

由于医院的各个科室更倾向于招聘具有丰富工作经验的医生，在招聘应届生时主要以招聘护士、药剂师等职位居多，当然有时也会招聘各科室临床医生。要求有良好的职业道德和敬业精神，工作认真，严谨，负责，有独立处理问题能力，亲和力强，有团队合作精神。有良好的人际交往能力和沟通能力，深厚的服务理念，能正确处理好与患者的关系，细心周到，诚实守信，有较强的责任心。

（二）招聘流程

1. 医院通过各个网站发布招聘信息，比如医院网站、各个医学院校的就业网站，人才招聘网站、论坛以及各地区的卫生局网站等。

2. 筛选简历

（1）简历不宜过长。

（2）硬性指标要过硬：比如四六级英语证书、专业背景、学校名声、在校成绩以及综合表现等。

（3）总体印象重要，所学课程次要。

（4）简历表达好，增加录取机会：表达简洁、客观、格式规范、重点突出。

3. 笔试 根据专业特点，组织集中考试进行筛选。

4. 面试 通常是在笔试之后进行，通过与应聘者进行面对面的接触，对应聘者的学识、能力，形象是否符合进行最后鉴别。

5. 体检以及政审。

（三）求职注意事项

1. 准备好求职材料，包括简历、求职信、毕业生就业推荐表、英语四六级证书、计算机等级证书、在校的获奖证书、成绩单等。

2. 认真记下笔试及面试的时间，地点和所要求携带的证件。

3. 根据应聘的职位要求，复习在大学里所学的知识。

4. 了解行业相关技术的最新动态，获取新的术语释义。

5. 浏览医院的网站主页，搜索了解医院的概况。

（四）面试技巧

1. 请你简单介绍一下自己？

主要介绍自己的毕业学校，专业，学习过哪些专业课、成绩如何，英语水平，是否担任过学生干部，获得过哪些奖励，自己的性格特点、兴趣爱好，具备哪些能力和素质。

［教师点评］：这是个开放型问题。要实事求是、充满自信、全面、完整、但又非常简洁的回答。在回答的过程中，招聘单位感兴趣的内容、对从事所应聘职位有益的经历可适当强调、多谈一些。比如从事过什么社会活动、选修过哪些相关课程、有哪些收益等。

2. 你有哪些主要的优点？再说说你的缺点？

［参考回答］：我的专业课知识学得非常好，您可以看一下我的成绩单。我具有较强的为人处世能力，遇事比较冷静、处理事情层次分明、干脆利落，做事认真、稳重、耐心细致。我从小就喜欢看书，知识面较广，我的学习能力、适应能力很强。要从事医务工作，要接触各种各样的人，会经常处理一些紧急事件，我觉得我所具备的以上素质对胜任这样的工作非常重要。俗话说，人无完人，金无足赤，同样在我身上也存在着不足之处，比如社会阅历浅、工作经验少等，只要通过自身不断地发现，改正，并真诚、虚心地向别人请教学习，才能克服缺点，不断完善自己。

［教师点评］：对于问及优点的问题是直接提问，应聘者的回答应当首先强调你适应的或已具有的技能。简明扼要地说出与工作有关、对工作有利的技能和素质。谈谈缺点是个棘手的问题，如照实回答，也许会毁了工作，因为面试者并不是真想知道你具体有哪些缺点，而是试图使你处于不利境地，观察你在类似的环境中将做出什么反应。回答这样的问题应该诚实，使用简洁、正面的介绍去抵消反面的问题，起到正面的效果。优点可以多说几个，但不要过多，缺点只说一个即可。回答技巧是从优点说起，中间加一些小缺点，最后再把问题转回到优点上，突出优点的部分，面试者喜欢聪明的求职者。这个问题在医药企业面试时被问及的概率也很大，应认真准备。

3. 请回答气管切开的适应证和注意事项？

回答略。

［教师点评］：医院的招聘面试多数会问及专业知识，考察应聘者的专业技能，所以应届毕业生的专业知识一定要扎实，起码在去应聘一个职位前要复习一下相关的专业课知识。

4. 觉得该如何解决现在的医患关系紧张问题？

［参考回答］：医患关系中包括三个要素：医生、患者和社会因素。绝大多数医务工

作者还是会从患者的切身利益出发去考虑问题，不可能拿人命当儿戏。对于患者，换位思考一下，应多多尊重医务人员的劳动，增进理解与宽容是最重要的。只有靠医、患、全社会共同的努力，才能缓解日益激化的医患关系紧张问题，保障人民的健康。

［教师点评］：去医院面试前毕业生应准备一些关于医患沟通、医疗纠纷、收红包、医疗市场热点问题等方面内容的回答，做到有备无患。

5. 你是怎样得到我们医院的招聘信息的？你对我们医院了解多少？

回答略。

［教师点评］：如要到民营、私立医院应聘，面试前一定要对其进行充分的了解，可通过网络、媒体、熟人介绍等。在回答此类问题时可以表现出对某单位的仰慕之情，表达出愿意成为其中一员的意愿。但不能过于夸大，以免给人阿谀奉承之嫌。

6. 你是应届毕业生，缺少工作经验，如何能胜任这一工作呢？

［参考回答］：尽管作为一名应届毕业生，可能在工作经验方面有所缺失，但我依然坚信能够胜任这一工作，得出这一结论基于以下几点：一是我的学习能力很强，五年大学生活，我的学习成绩一直名列前茅，我相信我很快就能学会这一岗位所需要的各种技能；二是适应能力强，我曾经利用暑假期间在家乡的几家医院实习过，尽管科室不同，但我都能很快适应，并出色地完成工作任务，所以我相信自己能够很快适应这一岗位的要求；三是我具备了这一岗位所需要的各种基础理论知识，这应该成为今后工作的一个非常有利的条件。最后，我需要说明一点，正因为我是一名应届毕业生，所以我才可能比有经验的人士更加容易接受贵医院的文化和价值观。

［教师点评］：这是很多应届毕业生在求职过程中经常遇到的一道题，其本意并不是担心求职者能否胜任这个岗位，而是要看求职者能否真正认识自身所具有的竞争优势。

二、医药企业求职与面试

（一）医药企业的人才需求特点

医药企业招聘应届毕业生一般都作为医药代表，专业上多数要求药学或医学相关专业。要求具有良好的分析判断能力，沟通协调能力和语言表达能力；具有较强独立工作能力和承压能力；具有良好的人际交往能力。

（二）招聘流程

面试前，要做到有针对性地准备，首先要了解所应聘的公司有哪些面试流程和类型。下面根据医药企业的一般面试流程进行针对性的介绍。

1. 投递简历　医药企业招聘应届毕业生一般采取校园招聘，毕业生可在相关网站上投递电子简历，或者在企业进校园举办宣讲会、招聘会的时候投递简历。也有的是通过熟人介绍，然后有机会投递简历的。

2. 第一轮：小组面试　国际性的医药企业如辉瑞制药、诺和诺德通常在第一轮的海面时采取小组面试的方式。一般来说，群面的问题都是非专业的，主要考察面试者的分析能力、逻辑思维能力、创新能力、解决问题能力以及临场反应等。小组面试同时包括 4~6 个人，这就要求应聘者把握好小组面试的环节，适时向 HR 展示自己。

小组面试流程主要是以下步骤：

（1）介绍姓名、学校、专业。并在一张 A4 纸上写上个人信息，可以让面试官清晰的认识并记住你。

（2）进行随机的分组，每个小组 4~6 个人，然后抽取小组讨论的话题。

（3）小组讨论：20 分钟内对给予的话题进行讨论，并得出小组结论。

（4）每个人就自己或对方意见发表自己的看法，一定要自己争取发言机会。

（5）小组发言总结：小组内推选代表，可以是一个人，也可以是几个人，对小组结论进行总结性的发言介绍。

小组面试主要考察领导力、团队协作能力和语言逻辑能力。面试时的技巧主要有抢做小组计时员、在强势的人面前争取发言权、提反对观点、要注意材料的限定条件和做一个协调者。

3. 第二轮：一对多面试　第一轮小组面试都是企业的 HR，进入第二轮面试就是各个部门负责人的面试了。一般来说，二面一般有两个人，一名是部门负责人，另一名是 HR。部门负责人更多的是从职位的具体要求来考核，HR 主要是做好现场的记录，提供人事部门意见等。

在这种一对多面试中，一般会比较冗长和辛苦。所以建议进入二面的应聘者：当一位面试官向你提问时，应直视此面试官进行答题。面试官可能会尝试一些方式来测试你在压力下处理问题的能力，比如面试官会用比较轻松的方式问一些非常规性的问题，需要对这一类问题做好准备，答题时一定要冷静客观，不要带上个人情绪。

4. 第三轮：一对一面试　进入第三轮也就是终面的阶段，就证明应聘者已经成功通过了前面两轮近乎"残酷"的筛选流程，这时公司选择的范围已经缩小，并把应聘者当做一个有竞争力的候选者。通常这轮面试主要由部门总监级别的主管进行，有时也会有人力资源部门的人员参与。

建议在终面时保持良好的心态，无需紧张，因为进入第三轮面试意味着你已经几乎踏入公司大门，整个面试过程可能就是个相互了解沟通的过程，所以千万不要投其所好，做你自己，让面试官能更了解你。终面的面试题目很广，既可能涉及与职位相关的专业问题，也可能是对个人价值观等问题的讨论。例如：你大学时期最骄傲的一件事情是什么？为什么你想得到这份工作？一对一的"过招"更多的就像是上下级之间的平常沟通。

（三）求职注意事项

1. 一定要遵守面试时间，绝对不能迟到。

2. 要注重仪表，穿着要庄重大方。

3. 要善于"听"　面试开始，一般是面试人员先作公司介绍，让求职者从赶路的紧张状态中松弛下来，给你一个休息和静下来的时间。这时，你要"倾听"，表现出对这个公司这个职位很感兴趣而不能无所谓。尤其是外企的观点是"你不了解我的公司怎会做好工作呢？"

4. 自我介绍时，要着重介绍对方感兴趣的方面，多讲自己的长处，这不是自吹自擂，因为企业特别看重你的"自信"，如果光讲缺点，谁还会用你呢？还要注意根据应聘职位不同而介绍重点不同。

5. 要特别注意"提问题"　一般在面试快完的时候，面试官让你提问题，你千万不能说"NO PROBLEM"。为避免一时想不出，应聘前应准备几个问题，比如问公司发展前景、员工福利情况、对新进员工有没有什么培训项目、公司的晋升机制等，这样体现出了你对公司的忠诚度和对学习的热情以及你的上进心。如果你的回答是"没问题"，只说明你要么没有思维，要么对公司不感兴趣，不想干。报酬问题在第一次面试时一般不要谈，而且大跨国公司一般都有一套薪金制度，不需要你去关心，除非是他问到你希望多少工资时。这时你要了解市场行情，回答时给对方一个余地，比如说希望在"2 千至 5 千"，同时说明，我不在乎你的工资，而在乎你的工作。提问时可问档案存放、住宿问题、社会保险等，你可以从中看出公司对你负不负责任，因为外企中也有些不太正规的小公司。

6. 有好的开始，也要有好的结束　你要注意，面试时公司还约有其他人。他会给每一个人打分（记录）。企业很重视一个人的礼貌，要尊重考官，在回答每个问题之后都说一句"谢谢"，在面试结束时要说："非常感谢您能给我这个面试机会，占用您时间了，希望我能来贵公司工作。"而你不满意该公司，也要友好、客气地讲明并对面试表示感激。因为这将关系到你在外企圈子中的发展，外企有个圈子，一个人名声如果恶了，就会谁也不聘用他。

（四）面试技巧

应届生在开始进入面试时务必记住：

黄金法则：80/20——你要承担起 80% 的谈话，而面试官只会说 20%。

白金法则：你必须试着控制面试的节奏和话题。

钻石法则：对于没有把握的问题，抛回给面试官。

你永远不知道面试官会问哪种类型的问题，但是通过上面介绍的流程，我们大概清楚在每一个阶段可能会涉及的面试题。下面介绍一下应届生通常会被问到的问题：

1. 能否介绍一下你自己？

自我介绍是引导面试官对应聘者进行初步认识的第一个阶段。由于限定的时间大多在 1 分钟内，因此求职者一定要在最短时间内激发起面试官对你的好感，或者至少是兴趣，建议你最多用 20 秒钟介绍自己的姓名、学校、专业，因为这些在简历上都有。其实，企业最想知道的是求职者能否胜任工作，包括：最强的技能、个性中最积极的部分、做过的最成功的事，主要的成绩等，这些都可以和学习无关，也可以和学习有关，但要突出积极的个性和做事的能力，说得合情合理对方才会相信。

2. 考查素质能力的问题（比如你在实习期间的收获？）

此时，不要夸大自己的成绩，谦虚一点。记住要详细说明当时的情况，你在工作中采取了哪些步骤，以及你得到的经验教训等，最后做出总结，通过这次实习，我发现自己在某某方面还需要加强，所以我很注意在大学的最后阶段来弥补这一不足。

3. 你认为自己在学校属于好学生么？

［参考回答］：如果单从学习成绩的角度考虑，那我可能真的算不上好学生，尽管我的学习成绩不算差，但毕竟没有排进班级的前五名。同时，我也认为"好学生"的评价标准应该多元一些，而我的课外活动经历足以弥补学习成绩的缺失，比如我去很多地方实习过，做过很多社会兼职（这里应说出具体的单位），我很喜欢在快节奏和压力下工作，我在学生会组织过 ×× 活动，极大地锻炼了我的团队合作精神和组织能力。

［教师点评］：对于这个问题，求职者应该实事求是，因为面试人员从你的回答中可以很容易得到他想要的结论。比如一个学习成绩较好的求职者会说："是的，我的成绩很好，所有的成绩都很优异。当然，判断一个学生是不是好学生有很多标准，在学

校期间我认为成绩是重要的，其他方面包括思想道德、实践经验、团队精神、沟通能力也都很重要。"学习成绩不是很好的求职者则可能会说："成绩不是判断学生好坏的标准。"

4. 你为什么要放弃做医生的机会改做销售呢？

［参考回答］：虽然当医生工作稳定，收入也说得过去，还是令人羡慕的职业，但是我更喜欢在快节奏和压力下工作，我喜欢挑战和竞争。另外，我学的是药学专业，我觉得正好胜任医药代表这一工作。我上学时做过很多销售类的兼职，在这一过程中培养了我的团队合作精神、很好的沟通能力。

5. 你是应届生，缺乏经验，如何胜任这份工作呢？

［参考回答］：作为一名应届生，可能在工作经验方面有所缺失，但在大学期间我曾利用暑假多次做兼职，积累了一定的社会阅历，可以为我将来的工作提供一些支持；同时，学习能力较强是我最大的优点，我将利用未来的工作时间向同事很好地学习，并在最短时间内适应这份工作，并最终完全胜任。

［教师点评］：应届生求职者应该清楚，既然能够进入到面试环节，说明已经被列入招聘对象了，所以，这道题主要是考察求职者的反应能力和自信心。

6. 新德里郊区有个庄园主，雇了两个小工为他种小麦。其中 A 是一个耕地能手，但不擅长播种；而 B 耕地很不熟练，却是播种的能手。庄园主决定种 10 公亩地的小麦，让他俩各包一半，于是 A 从东头开始耕地，B 从西头开始耕。A 耕地一亩用 20 分钟，B 却用 40 分钟，可是 B 播种的速度比 A 快 3 倍。耕播结束后，庄园主根据他们的工作量给了他俩 100 卢比工钱。请问他俩怎样分才合理呢？

［参考回答］：每人一半，各拿 50 卢比。因为不论每个人干活速度如何，庄园主早就决定他们两人"各包一半"。因此，他们二人的耕地、播种面积都是一样的，工钱当然也应各拿一半。

［教师点评］：此题是测试反应能力的试题。反应能力是一个人大脑接受信息、存储信息、计算信息再到发出指令的过程。因此，从一个人反应的快慢就可以看出其思维水平和相关阅历的程度。

外企面试时会有一些智商测试题来考察应聘者的数学能力、反应能力、创造能力、记忆能力、思维能力和推理能力等。应聘者应提前做些相关准备。

7. 请用英语随便说点什么？

［参考回答］：用英语表达"和你们交谈我感到非常愉快，从你们身上我看到了贵公司制度的严谨，对公司有了一定的了解，我非常喜欢这样的公司。如果公司聘用我，我非常乐意为公司效力！"

8. 你能不能告诉我们，大学期间对你影响最大的事情是什么？

［参考回答］：我有着这样一次失败的经历。那是在大二期间，我组织了一个团队参加"挑战杯"创业设计大赛，由于期间忽视了团队的协调，很多事情都是自己一个人单打独斗，最后在第二轮就被淘汰出局了，而能够顺利晋级的团队都是团队合作比较成功的。通过这件事让我看到了一个人的力量是多么渺小，也使我看到了团队合作的重要性。

［教师点评］：谈起影响重大的事情，很多人都会提到一些成功的经历，但是，这道

题的隐含问题是"通过这件事你学到了什么？"在一般情况下，一个人从一次失败的经历中可能要比一次成功的经历中学到更多的东西。

9. 你刚毕业参加工作，人际关系会对你的工作造成压力吗？

［参考回答］：企业与学校毕竟存在差异，学校里与老师、同学的关系和与同事的关系不同，所以对于像我这样的应届毕业生，开始时可能会存在一定的压力。但是我认为只要我能主动与同事、领导沟通，多向他们请教工作经验，虚心学习，相信过不了多久，我就能够适应这种环境了。

［教师点评］：由于所处的环境发生了巨大变化，因此，人际关系不可避免地会对应届毕业生造成一定的心理压力，这里只要求职者能够实话实说，表明自己积极主动的态度就可以了。

10. 你期望的薪水是多少？

［参考回答］：我认为通过工作获得回报是每个人的权利，但对于我这个应届毕业生来说，回报的形式有很多种，薪酬只是其中之一罢了。我来贵公司应聘最看重两个方面：一是获得了一次绝好的学习机会，我了解到贵公司的管理和内部控制在国内的医药行业中是首屈一指的；二是我应聘的职位拥有广阔的发展空间，同时也符合我的职业生涯发展规划。至于薪酬，我想贵公司一定有一个公平、合理的薪酬体系标准，我只要能够按照这个标准执行就可以了。

［教师点评］：薪酬问题是面试过程中比较核心的问题，也差不多是每次面试人员必问的。一般情况下，求职者如果感觉自身的竞争优势不是特别突出，就尽量不要直接提出此薪酬标准，而是让面试人员给出企业的薪酬标准，如可以以退为进提出反问："只要有发展机会，我愿意接受贵公司的薪酬标准，不知按规定这个岗位的薪酬标准是多少？"

11. 你对加班的看法？

［参考回答］：如果工作需要，我会义不容辞加班，我现在单身，没有任何家庭负担，可以全身心地投入工作。但同时我也会提高工作效率，减少不必要的加班。

［教师点评］：实际上好多公司问这个问题，并不证明一定要加班，只是想测试你是否愿意为公司奉献。

三、医学院校求职与面试

（一）医学院校的人才需求特点

医学院校主要招聘教师、教学管理人员以及行政管理人员等。应聘的应届毕业生要具备做教师的基本素质。大学期间成绩优异、综合素质较高，学生党员、做过学生干部的学生更受青睐。

（二）招聘流程

1. 发布招聘信息　医学院校的招聘信息会发布在学校网站上、BBS 上、所在地区的人事编制信息网站上等。

2. 笔试　医学院校的笔试一般是组织部组织的，主要是行政职业能力测验，政治素质考查等，不涉及专业知识。应届毕业生可参照公务员考试的思路准备。

3. 面试　医学院校的面试主要是专业课试讲，也要回答一些面试官的简单提问。

在试讲过程中，应聘者要遵照教师备课讲课的要求进行，要有导入课程和结束课程的标志性语言，要讲授一个完整的知识点。要有板书，不可以出现错别字，提前应练习黑板字。

4. 体检以及政审。

（三）求职注意事项

1. 按照所应聘学校的要求准备好求职材料：简历、四六级证书、各种奖励证书、成绩单、报名表等。

2. 要穿正式的职业装，女生可化淡妆，注意仪表。

3. 要提前准备好所讲课程的教案，准备好板书。

不论是医院的、医学院校的还是医药企业的求职面试，以下几点是注意事项的共同点：

1. 基本礼仪

（1）提前几分钟到达面试地点，以表示诚意，给面试官以信任感。

（2）进入场合时不要紧张。走路抬头挺胸，面带微笑，如门关着，应先敲门，得到允许后再进去。见面时要主动向面试官问好致意，称呼得体。面试官请你坐下时，应致谢就座，保持轻松自如的坐姿，切忌大大咧咧，左顾右盼，满不在乎的样子。离去时要微笑，起立，道谢，再见。

（3）对面试官的问题逐一回答且简明扼要，对方介绍情况时认真聆听，不要打断面试官的问话或抢问。抢答，给人留下急躁、鲁莽、不礼貌的印象。

（4）整个面试过程保持举止优雅得体，谈吐谦虚谨慎，态度积极热情。眼睛要适时地注意对方，不要东张西望，显得漫不经心，也不要眼皮下垂，显得缺乏自信。

2. 回答问题的技巧

（1）把握重点、简洁明了、条理清楚、有理有据。

（2）讲清原委，避免抽象：面试官提问总是想了解一些应试者的具体情况，切不可简单地仅以"是""否"作答。针对所提问题的不同，有的需要解释原因，有的需要说明程度。

（3）确认提问内容，切忌答非所问：面试中，一定要听清楚问题，搞清楚考官想了解什么，这样才会有的放矢，不致答非所问。

（4）有个人见解，有个人特色：面试官每天要接待应试者若干名，相同的问题要问若干遍，类似的回答也要听若干遍。因此，面试官会有乏味、枯燥之感。只有具有独到的个人见解和个人特色的回答，才会引起对方的兴趣和注意。

（5）知之为知之，不知为不知：面试遇到自己不知、不懂、不会的问题时，诚恳、坦率地承认自己的不足之处，反倒会赢得面试官的信任和好感。

3. 必备素质

（1）过硬的心理素质。

（2）得体的仪容、仪表。

（3）扎实的专业基本素质。

（4）良好的随机应变能力。

（5）突出的人际沟通能力。

实践指导

[活动目标]组织学生分组模拟医院、医药企业和医学院校的招聘面试过程，让学生了解面试的流程，发现在面试中切实应注意的方面、可能遇到的问题以及如何去应对和解决。

[活动说明]将班级学生分组，两个小组间进行面试实战演练；由教师和观摩的学生进行总结评议。每轮面试时间在 20 分钟以内。

[准备事项]桌子和椅子、学生个人简历、个人着装、面试提纲、其他道具。

[活动过程]

1. 分组　通过报数将班级学生随机分组，每个小组 6~8 人。A 组学生扮演单位的招聘人员，B 组学生扮演应聘的应届毕业生。C 组学生观摩并对 A、B 两组的表现进行评议。

2. 准备面试　由指导教师介绍规则以及注意事项。布置面试会场，将招聘者的桌子对着应聘者的椅子，并摆放其他道具。A 组学生分配角色、准备个人着装以及面试提纲，B 组学生准备个人简历以及个人着装。C 组学生准备记录本和笔，做好记录，以便作出评价。

3. 模拟面试　医院和医药企业的面试模拟时，B 组应聘学生可以先进行 1 分钟以内的自我介绍，然后由 A 组招聘者提出 3~5 个问题，应聘者予以回答。医药企业的面试模拟时，也可以模拟小组讨论。

医学院校的面试模拟时，B 组应聘学生进行完自我介绍后，要进行 5 分钟左右的试讲，然后再回答 A 组学生的提问。

4. 总结评议　由 C 组观摩学生对 A、B 两组学生的表现进行评价，分别指出其优缺点以及自己的想法和建议。最后由指导教师进行总结和评价，肯定正确的做法，指出存在的不足。

[医学院校面试模拟]招聘信息：某高等医学院校 ×× 年毕业生需求计划中拟招聘药学专业的一名应届本科毕业生到药学院的药理学教研室从事教学工作。

应聘人员条件：

1. 要求应聘毕业生学习成绩优秀，思想素质好，具备优秀的道德品质，有良好的道德和行为规范，身体健康，政治坚定，技术优良。

2. 来我校应聘的毕业生，外语须达到国家公共外语四级标准。

3. 应聘师资岗位的毕业生要求身高：男，1.70 米以上；女，1.58 米以上。

应聘者需提供身份证、学生证、学习成绩单、外语考试等级证书的原件及复印件，填写报名表。参加学校组织的统一面试。

活动过程：

1. 分组　通过报数将班级学生随机分组，每个小组 6~8 人。A 组学生扮演医学院校的招聘组成员，A 甲扮演该学校主管校长或书记、A 乙扮演人事处处长、A 丙扮演药理学教研室主任，A 丁扮演药学院院长，A 戊扮演秘书，负责会议记录。B 组学生甲扮演应聘的应届毕业生。C 组学生观摩并对 A、B 两组的表现进行评议。

B 甲基本情况：应聘学生。某高等医学院校临床药学专业本科毕业生，成绩优异，系学生会主席，综合素质较高。

2. 准备面试　布置面试会场，准备好讲台、黑板、粉笔等。B组学生准备个人简历、个人着装和试讲教案等。C组学生准备记录本和笔，做好记录，以便作出评价。

3. 模拟面试。

B甲学生敲门，得到允许后进入面试房间，首先进行1分钟以内的自我介绍，简单介绍自己的毕业院校、专业、在校期间的学习成绩和综合表现、获得的各种奖励、有哪些特长爱好等。

接下来，是3~5分钟的课程试讲，试讲内容应该是所应聘的科室的课程。试讲是面试的主要内容，要完整的讲完一个知识点。

最后，是面试官提问。

A丙：你在学校时最喜欢的科目是什么？最不喜欢的科目是什么？

B甲：（回答略）。

[教师点评]　问及你在学校最喜欢的科目一般而言也是你最学有所长、学有所得的科目。如果你觉得这个科目能对你当前应聘的工作产生积极作用，就抓住这个机会予以强调，做深入细致的阐述，否则不妨淡化处理。在回答在校期间最不喜欢的科目时，应注意把握如下原则：第一，要懂得如何避重就轻；第二，假如你不喜欢的科目恰好与所应聘的工作密切相关，那你就需要巧妙改变主题；第三，要有幽默感。关于这类问题，面试应届大学毕业生和研究生时主考官常会提起，因此，如果你是一个青年学生，在面试前就不妨琢磨琢磨，用心准备一番。

4. 总结评议　由C组观摩学生对A、B两组学生的表现进行评价，分别指出其优缺点以及自己的想法和建议。最后由指导教师进行总结和评价，肯定正确的做法，指出存在的不足。

[案例]

医药企业成功面试案例

毕业生小刘参加了某医药集团的校园招聘面试，顺利地通过了三轮面试，把他的经历写出来与大家分享，希望对大家有帮助。

1. 第一轮面试　首轮面试是标准的小组讨论。12个应聘者分成两个小组，六七个面试官（不过只有几个人说话，其他的人一直在听）。先给几分钟围着一个桌子进行讨论并将结果写在白纸上，这一过程中面试的人力资源人员一直在不停的观察，然后每个小组将白纸挂起来，每个小组选出一个代表做出解释，之后进行辩论（跟正规的辩论模式一样，不过感觉大家不要太激进了），最后是个别提问，让自己给自己打分、问你与平时表现有何差别、自己的最大缺陷、如果一个小组只能出线两个人你会选择谁之类的问题。并由小组组长按照贡献排序。小组讨论的问题是酒店管理问题，从十个影响酒店利润的因素中挑选五个来排序。

建议：群面的时候，大家可以把握机会表现自己，不要太张扬了，但是也不能不说话，在辩论时要找机会发言两三次就可以了。小组讨论时，最好做小组计时员，如果没有十足把握不太推荐做组长。问个人问题时，会问到一些和专业有关的问题，所以应该提前准备一下专业知识。

2. 第二轮面试　两个面试官，一男一女（后来根据观察，一个是市场部的经理，一个是HR），六个应聘者一起面试。

第一，1~2分钟的自我介绍。

第二，对医药行业有什么了解？你认为我们公司有什么优势？

第三，谈谈你的专业和所应聘的职位。

第四，谈一下你未来的职业规划。

第五，根据个人情况，针对每个人提问题，校园经历、学习之类的问题。

给大家的建议是，首先，最好要了解一下该公司的企业文化等基本情况；其次，要把你应聘的职位和所学的专业联系起来，要有说服力；第三，想想你自己的要求；第四道题是想了解一下你对应聘的公司要求有多高，是否适合你，你是否会真的留下来。

另外有一个问题是，面试的六个人中有两个是一个班级的，面试官还让他们互相说说对方的缺点，突然之间问到这个问题还是挺难回答的，如果有一起去面试的，最好要提前准备一下。

3. 第三轮面试

其实"二面"后我就基本有数了，认为"三面"是有机会的。所以接到电话也没什么意外了，觉得只是个时间问题。

到了面试那天，面试我的是部门的直接上级主管，我一开始还是有点慌的，担心如果问了很深奥的问题回答不上来会很难堪。不过我进去后才发现，面试氛围很轻松，问题有涉及一些专业问题，而且都是学校老师在讲课时跳过不讲的内容，但是幸好我平时看了很多的杂志，所以都比较顺利。到后来，我和总监竟然讨论到"周总理出席印尼万象会议"上去了，甚至还说起了电影《十里长街送总理》的情节。差不多一个小时后，面试结束了，整个过程都很轻松，领导也很和善，都笑容满面的，所以觉得时间过得很快。

相关解答

1. 用人单位最关注我们医学毕业生哪些能力？

医学生除了要学好专业知识以外，还应具备一些用人单位关注的技能和能力，或者说要培养的意识。

首先，用人单位看重的是医学生与用人单位（医疗卫生机构或企业）文化的相容性。企业文化是一个企业倡导什么理念、什么样的行为方式、追求什么价值。很自然，企业希望员工能认同该单位的文化，与本单位荣辱与共。所以医学毕业生一定要树立正确的职业观，在应聘一个单位前，最好先去了解这个单位的企业文化，然后努力地去适应他们的企业文化。

其次，医学生应具有实际的动手操作能力。找工作时千万不要眼高手低，要扎扎实实做人，脚踏实地做事。不管自身多么有能力，专业知识多么扎实，必须亲自动手去做，去实践，从基础做起。

再次，人际交往相处能力。任何一个单位都强调个人的协作能力，就是团队精神。刚刚毕业的医学生不仅要把本职工作做好，还要和周围的同事维持良好的人际关系。所以要提前在学校培养自己的人际交往能力。

最后，培养自己的特长爱好，做好职业规划。

2. 面试中我们应注意哪些问题？

（1）文明礼貌：中华民族是礼仪之邦，大学生作为知识层次较高的群体，更应具备这种基本素质，这是对别人的尊重，是引起别人重视的第一印象。礼貌的具体表现反映在语言和衣着上。在语言上，更多使用"您好""请多关照""谢谢""再见"等。

（2）面试时的穿着打扮：在衣着上要整洁大方，得体，能够体现大学生良好的精神风貌和审美素养。参加面试时，男性求职者，最好穿一套深色的、职业式样的西装，且西装应熨洗服帖，刚好合身，领口和袖口不松不紧。内穿白衬衫，打一条素雅的领带；指甲要修剪干净，头发整齐精神，袜子应该穿深色的。皮鞋要擦亮，但不要佩戴光彩夺目的皮带或扣环。女性求职者也同样应该穿得职业化一些：不要穿性感的衣服，应该显得庄重严肃。尽量避免穿戴时髦衣服、尖跟鞋、避免戴首饰，避免浓妆艳抹、香气扑鼻。应该尽可能穿职业化的衣服和裙子。如果路途较远，应该提前赶到面试地点。先去休息室待几分钟，整理整理头发、领带等。

（3）合理选择座位：面试既可能在专用会客室或会议室，也可以在主试人的办公室举办。在进面试室后，遵照主试人的指示坐到相应座位上，如果主试人不指定座位，可选择主试人对面的座位，或询问主试人后坐到适宜的位置。坐的位置既不要离主试人过远，产生距离感，也不要过近，更不要与主试人共用一张办公桌，探视主试人办公桌上文件或面试资料。在选择座位时，应落落大方，必要时征求主试人的同意。

3. 面试前应做好哪些准备工作？

首先，提前了解应聘单位和应征职位要求。无论你申请什么性质的工作，对欲应聘单位的情况了解得越多，对你面试成功越有利。这可以使你在面试中提出更聪明的问题，并让你在回答问题时融入你对该单位的了解，这两点很容易打动面试官。

其次，提前了解医学行业的薪金情况。

专家建议：毕业生求职不宜漫天要价。一个毕业生应该如何制定合理的薪水策略呢？最重要的是了解你所应聘的医疗行业的薪水情况。毕业生可以去网站上或者通过其他渠道了解一下该医疗卫生行业的薪水情况。只有了解了这些情况，一个毕业生才有可能提出一个比较合理的薪水要求。

最后，准备合适的自我介绍。

在求职面试时，大多数面试官会要求应聘者做一个自我介绍，一方面以此了解应聘者的大概情况；另一方面考察应聘者的口才、应变和心理承受能力、逻辑思维能力等。自我介绍，既是打动面试官的敲门砖，也是推销自己的极好机会。因此，一定要好好把握。

课后作业

1. 根据本单元"关于常见心理障碍及调节"的知识点的讲解，分析自身存在哪些问题和倾向，并找出切实有效的调试方法。

2. 进行自我形象设计，加强仪态礼仪的练习。

3. 请你独立制作一份个性化简历和求职信。

4. 经常参加校园内招聘会，了解医院、医药企业、医学院校对医学生的招聘要求，怎样才能掌握应聘面试技巧？

5. 自己搜集一些各种类型招聘单位的面试中的常见问题，学生以小组为单位进行模拟招聘演练。

6. 观看一些招聘面试的视频。

相关链接：

1. http：//www.chinamsr.com 中国医药联盟网
2. http：//www.dxy.cn 丁香园网站
3. http：//www.doctorjob.com.cn 中国医疗人才网
4. http：//www.eyjob.cn 中国医药招聘网
5. http：//bbs.bioon.net/bbs/forum.php 生命科学论坛
6. http：//bbs.39.net 39 健康论坛

第八章

▶ 医学生就业权益与保障

"法律不保护权利上的睡眠者。"

——法谚

知识点

　　医学生在步入社会工作中经常会面临利益受损现象。通过本单元学习医学生就业相关的法律法规，树立就业权利意识，防范就业陷阱，学会用法律武器维护自身合法权益。

迷惘与疑惑

　　作为医科大学 2018 届应届毕业生，小张到一家三甲医院实习。由于实习表现突出，小张与该医院达成就业意向，并签订了就业协议。双方约定，医院派送小张到重点三甲医院进行为期 3 年的住院医师规范化培训，同时约定 5 年服务期，如果小张提前解约，必须按照每年 5 万元赔偿医院。至于协议中的待遇、福利等条款暂为空白，医院人事部门让他先签名，具体条款过几天再补上。小张觉得寻找工作不易，不好意思提待遇的事儿，便在协议上签了自己的名字。正式上班后，医院与他签订了劳动合同，合同的有效期为 8 年，而且也没有提前解除合同的赔偿条款。由于待遇与其他员工相比差距大，小张在规培结束后工作第二年便向医院提出辞职。医院提出，必须按就业协议的规定赔偿 20 万元。小张不服，准备通过法律手段维权。小张是否需要向医院赔偿 20 万元？

理论解析

　　在大学生就业制度改革逐步走向市场化、法治化的今天，作为就业制度改革的直接承受者和参与主体，大学生在其整个求职择业过程中应该增强法律自觉意识，遵守市场规则，并用法律武器保护自己的合法权益。要保护好自己的合法权益，医学生必须首先全面了解自己在就业过程中享有的权利与义务，了解与就业有关的法律法规。

第一节　医学生就业权益

　　我国高等学校毕业生就业机制经过近十年的改革发展，已逐步建立起了"实行政府管理、学校推荐、学生和用人单位双向选择"的机制和"不包分配、竞争上岗、择优录用"的原则。与之相配套的有关法律、法规、规定也日趋完善，一个开放、竞争、规范、有序的毕业生就业市场正逐步建成。作为毕业生就业市场的一个重要构成要素——大学医学毕业生的劳动主体地位也日益凸现出来。

一、医学生就业的权利

医学生就业权是指法律规定或者认可的高等医学院校大学生所享有的与就业有关的权利的总称，包括平等自由地获得就业机会、依法保护所获得就业机会的权利以及公平待遇权等。医学院校的学生自进入大学时，基本已年满16周岁，符合《中华人民共和国劳动法》（简称《劳动法》，下同）第十五条对未成年劳动者年龄的规定。按照《劳动法》第三条规定："劳动者享有平等就业和选择职业的权利、取得劳动报酬的权利、休息休假的权利、获得劳动安全卫生保护的权利、接受职业技能培训的权利、享受社会保险和福利的权利、提请劳动争议处理的权利以及法律规定的其他劳动权利"，医学生就业依法享有以下权利：

1. 自主择业权 就业与不就业的权利，如申请自费出国的毕业生毕业时可以申请不就业；自主选择就业方式的权利；职业选择决定权。

2. 平等待遇权 用人单位在录用毕业生的过程中，应坚持公开、公平、公正的原则，一视同仁。但在当前，毕业生的公平待遇权受到很大的冲击，也最为毕业生所担忧。由于各项配套措施滞后，完全开放公平的就业市场尚未真正形成，用人单位录用毕业生还不同程度地存在不公平、不公正的现象，如女生就业难仍然是困扰女毕业生就业的一大问题。公平受录用权是毕业生最为迫切需要得到维护的权益。

3. 接受就业指导、就业服务权 医学毕业生有权接受学校的就业指导和就业服务。学校应成立专门机构，安排专门人员对毕业生进行就业指导，包括向毕业生宣传国家关于毕业生就业的有关方针、政策；对毕业生进行择业技巧的指导；引导毕业生根据国家、社会需要，结合个人实际情况进行择业，使毕业生通过接受就业指导，准确定位，合理择业。当然，随着毕业生就业完全市场化，毕业生也将由从学校接受就业指导而转为主动到市场寻求和接受一些有益的社会上合法机构的就业指导。

4. 自荐权和被荐权 医学毕业生有权向有需求的用人单位进行自我推荐并接受学校的推荐。学校应广泛地向用人单位推荐毕业生，并坚持优生优荐的原则，发挥学校推荐的导向作用。

5. 信息知晓权 就业信息是毕业生择业成功的前提和关键，只有在充分占有信息的基础上，才能结合自身情况选择适合自身发展的用人单位。毕业生获取信息权，应包括三方面含义：①信息公开。即所有用人信息向全体毕业生公开。②信息及时。也就是毕业生获取的信息必须是及时、有效，不能将过时无利用价值的信息传递给毕业生。③信息全面。毕业生有权获得准确、全面的就业信息，以便对用人单位有全面了解，从而作出符合自身要求的选择，而不是盲目的。

6. 享受国家规定的待遇权 医学毕业生就业后，其工资标准和福利待遇按国家有关规定执行，工龄从报到之日计算。毕业生报到后，用人单位应根据工作需要和毕业生所学专业及时安排工作岗位。到非公有制单位就业的毕业生，其档案按国家有关规定进行管理，工资待遇由毕业生与用人单位协商确定，但工资标准原则上应不低于国家规定。此外，毕业生还应享有自谋职业和自主创业及享受相应优惠政策的权利、支边及享受相应的优惠政策的权利。患有疾病学生应享有《普通高等学校毕业生就业工作暂行规定》第三十七条规定的权利："学校应在派遣前认真负责地对毕业生进行健康检查，不能坚持正常工作的，让其回家休养。一年内治愈的（须经学校指定县级以上医院证明能坚持正常工作的）可以随下一届毕业生就业；一年后仍未治愈或无用人单位接收的，户粮关系和档案材料转至家庭所在地，按社会待业人员办理"。毕业生报到后，发生疾病不能坚持正常工作的，应按在职人员有关规定处理，不得把上岗后发生疾病的毕业生退回学校。

7. 申请调整改派权 符合下列条件之一的毕业生，可以提出申请改派：因家庭发生不可预知的困难需要回家庭所在地就业的；符合国家、省有关政策导向，流向合理的；接收单位因不可抗拒的原因（如单位倒闭、破产或被兼并等）无法接收毕业生的；国家政策照顾对象情况发生变化的；毕业生就业主管部门下达调整分配计划的；其他经批准要求改派的。

8. 解除协议权 当履行协议后毕业生的权益或人身自由、人身安全受到用人单位严重侵害时，毕业生可以主动提出解除协议。《劳动法》第三十二条规定，有下列情形之一的，劳动者可以随时通知用人单位解除劳动合同：在试用期内的；用人单位以暴力、威胁或者非法限制人身自由的手段强迫劳动的；用人单位未按照劳动合同约定支付劳动报酬或者提供劳动条件的。

9. 申诉权 《劳动法》第七十七条、七十九条、八十三条都明确规定了用人单位与劳动者发生劳动争议，可以依法申请调解、仲裁、提起诉讼，也可以协商解决。

10. 求偿权 毕业生、用人单位签订协议后，任何一方不得擅自毁约。如用人单位无故要求解约，毕业生有权要求对方严格履行就业协议，否则，用人单位应对毕业生承担违约责任，支付违约金，毕业生有权利要求用人单位进行补偿，即向违约方要求承担违约责任、获得赔偿的权利。

11. 毕业生享有国家和省规定的与就业有关的其他权利 近年来，国家、各省、市相继出台了有利于毕业生就业的政策法规。同学们应多关注最新的政策，了解在就业中应享受的权利，这对就业有很大的好处。

二、医学生就业的义务

医学生就业时在享有国家规定的权利的同时，还必须履行一定的义务。

1. 执行国家就业方针、政策和规定的义务 国家任务招收的各类毕业生，应服从国家需要，在国家宏观政策指导下自主择业，为国家社会主义事业和现代化建设服务。如国家教育部规定定向生、委培生按合同就业；国家招生计划内招收的自费生（含电大、函授普通专科班）毕业后自主择业；委托培养、定向等毕业生按合同就业；师范类毕业生原则上在教育系统内就业。

2. 向用人单位实事求是介绍个人情况的义务 大学毕业生在向用人单位进行自我推荐、自我介绍和接受考察时，有义务全面地实事求是地反映个人情况，以利于用人单位的遴选，不得夸大其词、弄虚作假。

3. 严格履行就业协议的义务 《合同法》第八条规定："依法成立的合同，对当事人具有法律约束力。当事人应当按照约定履行自己的义务，不得擅自变更或者解除合同。依法成立的合同，受法律保护。"

4. 遵守学校有关规定的义务　按时离校，文明离校，办理相关离校手续，如归还公物、清偿债务等。不履行义务的毕业生，应当受到应有的处理。

随着毕业生就业工作逐步走向规范化、制度化和法治化，毕业生应该增强依法就业的意识，认真遵守国家有关毕业生就业的方针、政策、规定，自觉履行应尽义务，并学会拿起法律武器维护自己的应有权利。

第二节　医学生就业法律保障

随着高校近些年扩招，使得医学生的就业形势异常严峻。由于医学生不论在经济地位还是在信息掌握方面远远落后于用人单位，在就业选择中始终存在着双方不平等。许多医学生为了尽快落实工作，对于签署的文件的内容及效力并不清楚，导致医学生就业过程的合法权益遭到侵害的现象比较普遍，因此我们必须要学习掌握就业协议和劳动合同的具体内容。

一、就业协议概述

就业协议是《全国普通高等学校毕业生就业协议书》的简称，又称毕业生三方协议，是普通高等学校毕业生和用人单位在正式确立劳动人事关系前，经双向选择，在规定期限内确立就业关系、明确双方权利和义务而达成的书面协议，是用人单位确认毕业生相关信息真实可靠以及接收毕业生的重要凭证，也是高校进行毕业生就业管理、编制就业方案以及毕业生办理就业落户手续等有关事项的重要依据。就业协议在毕业生到单位报到、用人单位正式接收后自行终止。

就业协议与劳动合同是用人单位录用毕业生时所订立的书面协议，但两者分处两个相互联系的不同阶段：

第一，就业协议是毕业生在校时，由学校参与见证的，与用人单位协商签订的，是编制毕业生就业计划方案和毕业生派遣的依据。劳动合同是毕业生与用人单位明确劳动关系中权利义务关系的协议，学校不是劳动合同的主体，也不是劳动合同的见证方，劳动合同是上岗毕业生从事何种岗位、享受何种待遇等权利和义务的依据。

第二，就业协议的内容主要是毕业生如实介绍自身情况，并表示愿意到用人单位就业、用人单位表示愿意接收毕业生，学校同意推荐毕业生并列入就业计划进行派遣。劳动合同的内容涉及劳动报酬、劳动保护、工作内容、劳动纪律等方方面面，更为具体，劳动权利义务更为明确。

第三，一般来说就业协议签订在前，劳动合同订立在后，如果毕业生与用人单位就工资待遇、住房等有事先约定，亦可在就业协议备注条款中予以注明，日后订立劳动合同对此内容应予认可。

第四，就业协议是毕业生和用人单位关于将来就业意向的初步约定，对于双方的基本条件以及即将签订劳动合同的部分基本内容大体认可，并经用人单位的上级主管部门，高校毕业生和用人单位签字盖章承诺履行协议，高校不作为第三方。高校只在"有关信息及意见"一栏填写（或制作长条章加盖）学校的联系电话、邮箱、邮寄地址及相关意见等信息。一经毕业生、用人单位、高校、用人单位主管部门签字盖章，即具有一定的法律效力，是编制毕业生的就业计划和将来可能发生违约情况时的判断依据。

第五，现实中就业协议存在着尴尬现象，很多学校必须先签订就业协议，才发毕业证（不签三方，不发毕业证）。这样，就业协议不是毕业生和用人单位关于将来就业意向的初步约定，而是未毕业学生和用人单位关于将来就业意向的初步约定。

（一）就业协议主要内容

1. 高校毕业生基本情况　应包括姓名、性别、身份证号、专业、学制、毕业时间、学历、联系方式等。

2. 用人单位基本情况　应包括单位名称、组织机构代码、单位性质、联系人及联系方式、档案接收地等。

3. 高校毕业生和用人单位约定的有关内容　可包括工作地点及工作岗位；户口迁入地；违约责任；协议自动失效条款、协议终止条款；双方约定的其他事宜。

4. 各方应严格履行协议，任何一方若违反协议，应承担违约责任。

（二）就业协议签订的作用

就业协议作为用人单位、毕业生之间双方的一份意向性协议，不仅能为毕业生解决工作问题，保障毕业生在寻找工作阶段的权利与义务；同时，也保障了用人单位能够从不同学校找到合适，优秀的毕业生。具体作用表现为：

1. 保障毕业生在寻找工作阶段的权利与义务，约束签订劳动合同的时间，劳动合同的内容等　当发现所要签订的劳动合同与就业协议不一致，特别是出现对维护毕业生权益不利的情况时，毕业生应该要求用人单位按照已经签订生效的就业协议，制定新的劳动合同，使其内容符合就业协议。

2. 保障用人单位能方便地直接从学校方面调出该毕业生真实的档案、资料　令用人单位能够方便，清楚了解毕业生真实情况。

（三）就业协议的签订步骤

1. 要约　毕业生持学校统一印制的就业推荐表或复印件参加各地供需洽谈会（人才市场），进行双向选择，或向各用人单位寄发书面材料，应视为要约邀请，用人单位收到毕业生材料，对毕业生进行考察后，表示同意接收并将回执寄到高校毕业生就业工作部门或毕业生本人，应为要约。

2. 承诺　毕业生收到用人单位回执或通过其他方式得到用人单位答复后，从中做出选择并到学校毕业生就业工作部门领取就业协议书，与用人单位签订协议，即为承诺。由于毕业生就业工作比较繁琐，比较具体，有时很难明确分为要约和承诺两个步骤。比如：有的毕业生参加公务员考试，达到面试线后，到用人单位参加面试、体检，用人单位也对毕业生进政审、阅档，表示同意接收，在这种情况下，毕业生应与该用人单位签订就业协议，而不应再选择其他单位。又如，用人单位到学校挑选毕业生，毕业生自己主动报名，经学校积极推荐，用人单位也表示同意接收，但要回到单位后再正式发函签协议，在这种情况下，毕业生也应安心等待与用人单位签约，而不能出尔反尔，以未正式签协议为由，置学校信誉于不顾，在这过程中与其他单位签约，这样也浪费了其他毕业生的就业机会。

（四）就业协议无效及解除

1. 就业协议无效的概念　无效协议是指欠缺就业协议的有效要件或违反就业协议订立的原则从而不发生法律效力，无效协议自订立之日起无效。以下两种情形就业协议无效：

（1）有的就业协议书对毕业生显失公平，或违反公平竞争、公平录用的原则。

（2）采取欺骗等违法手段签订的就业协议无效：如用人单位未如实介绍本单位情况，根本无录用计划而与毕业生签订就业协议。无效协议产生的法律责任应由责任方承担。

2. 就业协议的解除

（1）就业协议解除的概念：为了维护就业协议书的严肃性和学校的声誉，毕业生与用人单位签订了《就业协议书》后，毕业生和用人单位都应认真履行协议。倘若毕业生因特殊原因要求违约，应承担违约责任。已签订《就业协议书》的毕业生，如要违约，需办理解约手续。

（2）就业协议解除的分类：就业协议的解除分为单方解除和二方解除。

单方解除，包括单方擅自解除和单方依法或依协议解除。单方擅自解除协议属违约行为，解约方应对另一方承担违约责任。单方依法或依协议解除，是指一方解除就业协议有法律上的或协议上的依据，如学生未取得毕业资格，用人单位有权单方解除就业协议，毕业生录用之后，可解除就业协议，或依协议规定，毕业生未通过用人单位所在地组织的公务员考试，用人单位有权解除协议，此类单方解除，解除方无须对另一方承担法律责任。

二方解除，是指毕业生和用人单位双方经协商一致，取消原订立的协议，使协议不发生法律效力。此类解除因是双方当事人真实意思表示一致的体现，双方均不承担法律责任，双方解除应在就业计划上报主管部门之前进行，如就业派遣计划下达后双方解除，还须经主管部门批准办理调整改派。

（五）就业协议违约的后果

就业协议书一经毕业生、用人单位签署即具有法律效力，任何一方不得擅自解除，否则违约方应向权利受损方支付协议条款所规定的违约金，从实际情况来看，就业违约多为毕业生违约。

（六）协议区分

大学生毕业前后往往要签署三份协议：实习协议、就业协议、劳动合同，但是不少学生和用人单位都不能区分三份协议的特点和效力。

实习协议是指在校学生通过参加实习单位的实际工作进行实践学习，明确双方权利义务的协议；

就业协议是指在校学生毕业前与学校、用人单位三方签订的协议，目的在于约束学生和用人单位在毕业后建立劳动关系；

劳动合同是指劳动者与用人单位建立劳动关系，明确双方权利义务关系的合同。

二、劳动合同概述

（一）劳动合同的概念

劳动合同是指劳动者与用工单位之间确立劳动关系，明确双方权利和义务的协议。订立和变更劳动合同，应当遵循平等自愿、协商一致的原则，不得违反法律、行政法规的规定。劳动合同依法订立即具有法律约束力，当事人必须履行劳动合同规定的义务。

根据《劳动法》第十六条第一款规定，劳动合同是劳动者与用工单位之间确立劳动关系，明确双方权利和义务的协议。根据这个协议，劳动者加入企业、个体经济组织、事业单位、国家机关、社会团体等用人单位，成为该单位的一员，承担一定的工种、岗位或职务工作，并遵守所在单位的内部劳动纪律和其他规章制度；用人单位应及时安排被录用的劳动者工作，按照劳动者提供劳动的数量和质量支付劳动报酬，并且根据劳动法律、法规规定和劳动合同的约定提供必要的劳动条件，保证劳动者享有劳动保护及社会保险、福利等权利和待遇。

（二）建立劳动关系

劳动关系的建立，是指劳动者和用人单位按照一定的方式确定劳动关系，从而产生相互之间权利和义务的活动。劳动关系的建立，表明劳动者实现了就业，用人单位录用了劳动者，是劳动关系运行的起点。按照《劳动法》及《劳动合同法》的规定，建立劳动关系，应当订立劳动合同，并且要求订立书面劳动合同。

1. 录用通知书（offer）　是用人单位向应聘者发放的，意在告知应聘者希望与其建立劳动关系的意思表示。严格讲，录用通知书并非建立劳动关系的必要程序，其性质为何，对于用人单位和劳动者具有何种法律意义目前存在争议。实践中，有些用人单位发放录用通知书往往很随意，对于内容不做细致斟酌，忽略了其中隐藏的法律风险，引发了劳动争议。

根据《合同法》关于要约的基本原理，要约必须是特定人所为的意思表示，必须向相对人发出，必须具有缔结合同的目的。录用通知书是用人单位的意思表示，向特定的应聘者发出，具有订立劳动合同的目的。可见，录用通知书符合"要约"的构成要件。

2. 劳动合同的订立与书面劳动合同　《劳动合同法》第十条规定，建立劳动关系，应当订立书面劳动合同。已建立劳动关系，未同时订立书面劳动合同的，应当自用工之日起一个月内订立书面劳动合同。用人单位与劳动者在用工前订立劳动合同的，劳动关系自用工之日起建立。《劳动法》和《劳动合同法》均强调，建立劳动关系必须订立劳动合同。劳动合同，是指劳动者与用人单位确立劳动关系、明确双方权利义务的协议。合同有口头与书面之分，理论上讲，劳动合同也有口头与书面之分。但是，为了维护劳动者的合法权益，明确劳动者与用人单位双方的权利义务关系，减少劳动争议，《劳动合同法》明确规定书面劳动合同是劳动合同的唯一合法形式，不承认口头劳动合同。口头劳动合同视为未签订劳动合同，用人单位将因此承担赔偿责任。

应当理清"劳动关系"与"劳动合同"两者之间的联系和区别。

两者之间的联系：建立劳动关系依法就要求订立劳动合同。订立劳动合同是为了明确劳动关系，约定劳动者和用人单位之间的权利和义务。

两者之间的区别：所谓"劳动关系"，是指劳动者事实上为用人单位提供有报酬的劳动，有了这个事实，就可以说劳动者与用人单位之间建立了劳动关系。这种劳动关系的建立不要求双方已签订劳动合同。

3. 劳动合同的补签　补签劳动合同主要涉及是否适用双倍工资的问题。也就是说，本来应当在较早的时间签订书面劳动合同，但由于疏忽等原因而未签订，有一段时间没签合同，后来补签了。补签虽然确定了劳动关系，但是未签劳动合同的时间，是否要给双倍工资，目前有不同理解。作者倾向于补签了不再考虑双倍工资。

4. 劳动合同的续订　是指劳动合同期限届满后，劳动者和用人单位继续延长劳动合同有效期的法律行为，即原有的劳动合同在有效期届满后仍然存续一段期限。在该期限内，劳动者和用人单位继续享受和承担原劳动合同存在时完全相同或者基本相同的权利义务。

从广义上讲，劳动合同续订属于合同的订立行为，因此原则上应以合同订立的要件来确定劳动合同续订的条件，应当坚持平等自愿、协商一致的原则，不得违反国家法律法规的规定。合同订立的核心要件是双方当事人就合同的内容达成合意，从程序上讲要经过要约和承诺的过程。劳动合同的续订，最重要的条件也是当事人达成意思的一致，即用人单位和劳动者都愿意按原合同约定的内容继续履行。

从劳动合同类型的角度来看，并不是所有的劳动合同都能续订。劳动合同根据期限可以分为：固定期限的劳动合同、以完成一定工作任务为期限的劳动合同和无固定期限的劳动合同。以完成一定工作任务为期限的劳动合同不可续订，无固定期限的劳动合同不需要续订，可以续订的劳动合同仅限于固定期限的劳动合同。劳动合同期限届满，经用人单位与劳动者双方协商一致，可以续订劳动合同。用人单位如果无法定事由，不得单方决定不签订劳动合同，否则可因终止劳动合同而向劳动者支付经济补偿，甚至赔偿金。

需要注意劳动合同续延与劳动合同续订的区别：

《劳动合同法》第四十五条规定，劳动合同期满，有本法第四十二条规定情形之一的，劳动合同应当续延至相应的情形消失时终止。主要包括如下情形：

（1）从事接触职业病危害作业的劳动者未进行离岗前职业健康检查，或者疑似职业病病人在诊断或者医学观察期间的；

（2）在本单位患职业病或者因工负伤并被确认丧失或者部分丧失劳动能力的；

（3）患病或者非因工负伤，在规定的医疗期内的；

（4）女职工在孕期、产期、哺乳期的；

（5）在本单位连续工作满十五年，且距法定退休年龄不足五年的；

（6）法律、行政法规规定的其他情形。

上述情形，劳动合同应当续延至相应的情形消失时终止。《劳动合同法》已有明确规定。因此，不需要续订劳动合同。

《劳动合同法》第四十六条第五款规定，除用人单位维持或者提高劳动合同约定条件续订劳动合同，劳动者不同意续订的情形外，依照《劳动合同法》第四十四条第一款规定终止固定期限劳动合同的，用人单位应当向劳动者支付经济补偿。

（三）劳动合同的种类

劳动合同按照不同的标准可以有不同的分类。签订何种性质的劳动合同往往取决于用人单位的生产经营需要，有些工作需要具有常年性、连续性和稳定性的特点，需要由相对固定的人员长期去做，有些工作受员工流动性限制较小，用人单位希望有一定的用工灵活性等，这就需要区分不同情况分别签订不同类型的劳动合同。

1. 固定期限劳动合同　是指用人单位与劳动者约定合同终止时间的劳动合同。固定期限的劳动合同可以是较短时间的，如一年、二年；也可以是较长时间的，如五年、十年，甚至更长时间。不管时间长短，劳动合同的起始和终止日期都是固定的。只要用人单位与劳动者协商一致，就可以订立固定期限劳动合同。如果双方协商一致，还可以续订劳动合同，延长期限。

固定期限的劳动合同适用范围广，既能保持劳动关系的相对稳定，又能促进劳动力的合理流动，是实践中运用较多的一种劳动合同。固定劳动合同也有一些缺点和适用限制，如短期劳动合同不利于保护劳动者的就业稳定性，同时也给社会稳定性带来了不利影响。《劳动合同法》不鼓励用人单位与劳动者签订固定期限劳动合同。

2. 无固定期限劳动合同　在 1994 年《劳动法》颁布实施以前，我国的用工制度实行的基本上是固定工制，劳动关系双方被死死地拴在一起。《劳动法》实施以来，完全打破了固定工制，实行劳动合同制，这在优化劳动市场资源配置，释放企业活力方面起到了重大积极作用，但劳动合同短期化问题又暴露了出来，无固定期限劳动合同的比例比较低。正是针对这个状况，《劳动合同法》重新作出调整，对无固定期限劳动合同作出新的规范。

所谓无固定期限劳动合同，是指用人单位与劳动者约定无确定终止时间的劳动合同。怎么理解"无确定终止时间"应当包括如下两点：①有终止时间，一旦出现了法定解除情形或者双方协商一致解除的，无固定期限劳动合同终止履行；②终止时间不确切，劳动合同期限长短不能确定，即只要没有出现法定解除情形或者双方协商一致解除的，双方当事人就要继续履行劳动合同。因此，在此提请用人单位和广大劳动者注意：无固定期限劳动合同并非没有终止时间的"铁饭碗"，符合一定条件，合同即可解除，终止条件的规定是一致的。

根据《劳动合同法》的规定，无固定期限劳动合同适用的情形包括以下三大类六种具体情形：

第一类，用人单位与劳动者协商一致，可以订立无固定期限劳动合同。劳动合同当事人双方只要是在平等、自愿、协商一致的情况下就可以签订无固定期限劳动合同。

第二类，出现以下三种情形之一，劳动者提出或者同意续订、订立劳动合同的，除劳动者提出订立固定期限劳动合同外，必须订立无固定期限劳动合同：

（1）劳动者在该用人单位连续工作满十年。这种情况对签订劳动合同的次数和劳动合同的期限没有要求，只要满足"连续工作十年以上"即可。

（2）用人单位初次实行劳动合同制度或者国有企业改制重新订立劳动合同时，劳动者在该用人单位连续工作满十年且距离法定退休年龄不足十年的。

（3）连续订立二次固定期限劳动合同，且劳动者没有《劳动合同法》第三十九条和第四十条第一项、第二项规定的情形，续订劳动合同的。

第三类，视为订立无固定期限劳动合同，用人单位自用工之日起满一年不与劳动者订立书面劳动合同的，视为用人单位与劳动者已订立无固定期限劳动合同。

3. 以完成一定工作任务为期限的劳动合同　是指用人单位与劳动者约定以某项工作的完成为合同期限的劳动合同。此类劳动合同是一种特殊类型的劳动合同，是以完成一定工作任务为核心的劳动合同，用人单位与劳动者协商一致可以订立这种类型的劳动合同。此类劳动合同还有一点特殊之处在于，不再约定试用期。

已完成一定工作任务为期限的劳动合同一般出现在以下几种情况：

（1）以完成单项工作任务为期限的劳动合同；

（2）以项目承包方式完成承包任务的劳动合同；

（3）因季节原因用工的劳动合同。

（四）劳动合同的内容

劳动合同的内容，是指劳动合同书中用人单位与劳动者双方在合同中的具体条款。由于实践中劳动合同多由用人单位单方提供，很多劳动者缺乏法律常识，对于劳动合同应当如何签订、包含哪些内容都缺乏认知，合同签订后容易引发纠纷。部分未建立公司法务制度的用人单位，也存在不熟悉劳动合同制度的情况，其与劳动者签订的劳动合同并不规范和完善。当然，也存在少数用人单位明知提供的劳动合同文本不规范甚至违规，仍然使用，引发了一系列的问题，影响了正常的劳动关系。鉴于此《劳动合同法》设专门条款对劳动合同内容进行规定，并将劳动合同内容作了必备条款和约定条款的区分。这有利于用人单位在招聘录用员工签订劳动合同时有所遵循的依据，又有利于劳动者依法维权，从而减少劳动合同纠纷。

1.劳动合同必备条款　劳动合同必备条款是劳动合同中最基本最重要的条款也是与劳动者有切身利益关系的条款。具备必备条款，劳动合同的签订主体用人单位和劳动者的权利义务关系才算明确。

按照《劳动合同法》第十七条的规定劳动合同的必备条款共有九项：

（1）用人单位的名称住所和法定代表人或者主要负责人：该项条款主要是为了明确用人单位的主体资格，确定劳动合同的一方当事人，一旦发生纠纷知道应当由谁承担义务和责任。

（2）劳动者的姓名、住址和居民身份证或者其他有效身份证件号码：本条款主要是为了明确劳动者的主体资格，确定劳动合同的另一方当事人。

（3）劳动合同的期限：劳动合同期限是用人单位与劳动者双方当事人互相享有权利履行义务的时间界限，即劳动合同的有效期限。劳动合同的有效期限有其特殊性，可分为固定期限、无固定期限和以完成一定工作任务为期限的三种期限类型。合同期限不明确则无法确定合同何时终止，如何给付劳动报酬等，因此劳动合同期限也是劳动合同中的必备条款。

（4）工作内容和工作地点：工作内容，是指用人单位要求和希望劳动者做的事情，或者说劳动者应当履行的职责，包含工作岗位、工作任务和工作职责的含义。工作地点是劳动者履行劳动合同义务的所在地。它关系到劳动者的工作环境，生活环境以及劳动者的就业选择。

（5）工作时间和休息休假：简单来说，工作时间是指劳动者完成其工作内容的时间段、时间长短，根据工种的不同，工作时间会有差别。劳动合同不对工作时间作出约定，也是容易产生纠纷的。休息休假是劳动者的法定权利，《劳动法》第三十八条规定，用人单位应当保证劳动者每周至少休息一日，目前大部分单位已实现了每周双休。

（6）劳动报酬：劳动报酬的重要性不言而喻，它是劳动者和用人单位都较为关心的内容，是用人单位对劳动者付出劳动所支付的对价。

（7）社会保险：所谓社会保险就是日常说的"五险一金"中的五险部分，"五险"指的是医疗保险、养老保险、失业保险、工伤保险和生育保险。社会保险具有强制性，是法定的要求，通过书面劳动合同予以约定是劳动关系双方执行的法律规定，而不是双方合意约定的内容。即关于该条款的约定不能违反国家或者地方的法定标准。

（8）劳动保护、劳动条件和职业危害防护：劳动保护是指用人单位为了防止劳动过程中的安全事故，采取各种措施来保障劳动者的生命安全和健康。劳动条件主要指用人单位为保障使劳动者完成工作内容所应提供给劳动者的必要物质条件。职业危害主要就是指劳动者工作过程中可能罹患职业病的风险或危害。用人单位有如实告知劳动者职业危害的义务并应当在劳动合同中写明。该条款与"社会保险"条款一样，国家或地方法律法规都有相关的强制性要求。

（9）法律法规规定应当纳入劳动合同的其他事项：这是一项兜底性的条款，为将来新的法律法规作出强制性规定预留余地。

必备条款为劳动合同的核心要素，《劳动合同法》之所以要求一个劳动合同必须具备九项必备条款，是因为合同期限、劳动报酬、工作内容等条款内容与用人单位和劳动者双方是否达成建立劳动关系的合意、与劳动合同内容建立有效约束力密切相关。

2. 劳动合同对劳动报酬和劳动条件约定不明确的解决　有些劳动合同存在着对劳动报酬和劳动条件约定不明确的情况，有时可能因为用人单位故意模糊处理，有时可能因为疏忽大意，还有可能因为缺乏法律常识，仅作口头约定，但不论属于何种情况，如果对劳动报酬和劳动条件约定不明确都容易引发争议。

必须约定得明确具体，否则难以保障劳动者的合法权益。如果劳动合同对劳动报酬和劳动条件约定不明，按照《劳动合同法》第十八条的规定，发生争议后，处理方式及处理顺序如下：

（1）用人单位与劳动者重新协商：劳动合同的内容，本来就是合同双方协商确定的，劳动报酬和劳动条件约定不明确，最好的解决方式，就是双方重新协商，予以明确。

（2）适用集体合同的规定：根据《劳动合同法》第五十一条的规定，企业职工一方与用人单位通过平等协商，可以就劳动报酬，工作时间、休息休假，劳动安全卫生、保险福利等事项订立集体合同，依法订立的集体合同，对用人单位和劳动者有约束力，因此，如果协商不成，用人单位又有自己合同的就应当适用集体合同的规定。

目前我国集体合同适用并不普遍，如果协商不成，又没有集体合同或者集体合同未规定劳动报酬的，用人单位应当对劳动者实行同工同酬。同工同酬是《劳动法》确立的分配原则，《劳动法》第四十六条规定："工资分配应当遵循按劳分配原则，实行同工同酬。"即用人单位对相同或相近的工作岗位的劳动者支付大体相同的劳动报酬。

没有集体合同或者集体合同未规定劳动条件等标准的，应当按照国家有关规定来确定相应事项的标准。除了劳动法，还有很多其他法律法规对劳动条件等事项作出了相关规定。如《安全生产法》《女职工劳动保护特别规定》《国务院关于职工工作时间的规定》等有关规定。

（五）劳动合同的效力

劳动合同效力可分为两类，即有效劳动合同和无效劳动合同。

1. 有效的劳动合同　一个有效的劳动合同的要件包括：

（1）合同主体：即双方当事人都必须具备法定的主体资格。

（2）意思表示真实：即用人单位和劳动者都具有签订劳动合同的真实意愿。

（3）合同内容不违反法律或者社会公共利益。

（4）程序和形式合法。

2. 无效的劳动合同　无效的劳动合同是指由当事人签订成立而国家不予承认其法律效力的劳动合同。一般情况下，合同依法成立后就具有法律约束力，但是无效合同即使成立，也不具有法律约束力，不发生履行效力。无效合同自始至终不具有法律效力。

（1）劳动合同无效的情形：根据《劳动合同法》第二十六条的规定，下列劳动合同无效或者部分无效：①以欺诈、胁迫的手段或者乘人之危，使对方在违背真实意思的情况下订立或者变更劳动合同的；②用人单位免除自己的法定责任，排除劳动者权利的；③违反法律、行政法规强制性规定的。其中，"欺诈"的表现形式多种多样，如用人单位虚假承诺，诱使劳动者基于此承诺做出签约决定，但事后用人单位不兑现承诺；电梯公司招聘电梯技工，劳动者本没有相关资格，却通过向用人单位提供虚假的资质证书，骗取用人单位的认可而签订劳动合同等。采用欺诈手段订立的劳动合同是无效的。"用人单位免除自己的法定责任、排除劳动者权利"，通常表现为用人单位在其提供的格式合同文本中，设定的一些"霸王"条款，或要求劳动者签署"免责承诺书"等，无限度规避用人单位责任，排除劳动者权利的行为，如要求劳动者签署造成劳动者人身伤害的免责条款。但是，法律对公民的身体权和健康权给予特殊保护。如果允许免除用人单位对劳动者人身伤害的责任，这无异于纵容用人单位对生命和健康的漠视，这与保护公民人身权利的宪法原则是相违背的。因此，这类合同也是无效的。

（2）劳动合同无效的认定：劳动合同是否无效，由劳动争议仲裁机构或者人民法院确认，其他任何部门或者个人都无权认定无效劳动合同。

（3）劳动合同无效的后果：无效劳动合同自始没有法律约束力。但它仍有法律后果：

第一，劳动合同部分无效的，不影响其他部分效力的，其他部分仍然有效。如劳动合同约定未经批准不得辞职、加班不给加班费、工作受伤自己负责等。

第二，按照《劳动合同法》第二十八条的规定，劳动合同被确认无效，劳动者已付出劳动的，用人单位应当向劳动者支付劳动报酬。劳动报酬的数额，参照本单位相同或者相近岗位劳动者的劳动报酬确定。

第三节　医学生的违约责任与劳动争议

医学生毕业后进入到工作岗位，但他们对关于劳动合同的各项制度及劳动合同的违约等还很迷茫，劳动关系的稳定性也有待商榷，下面介绍《劳动法》及《劳动合同法》的相关法律规定。

一、试用期制度

劳动合同试用期是劳动关系当事人双方依照法律规定，在劳动合同期限之内特别约定的一个供当事人双方相互考察、合同解除条件无严格限制的期间。

（一）试用期期限

1. 试用期上限　《劳动合同法》关于试用期的期限做了上限规定，用人单位不能任意固定试用期的长度，根据劳动合同法种类和期限的不同，试用期长度相应有所不同，具体规定如表8-1：

表 8-1　不同劳动合同的试用期期限

劳动合同类型	劳动合同期限	试用期限定
以完成一定工作任务为期限的劳动合同	——	不得约定试用期
固定期限劳动合同	不满 3 个月	不得约定试用期
	3 个月以上不满 1 年	不得超过 1 个月
	1 年以上不满 3 年	不得超过 2 个月
	3 年以上	不得超过 6 个月
无固定期限劳动合同	——	不得超过 6 个月

由上表可知，并非所有的劳动合同都可以约定试用期，其中以完成一定工作任务为期限的劳动合同以及不满 3 个月的固定期限劳动合同不得约定试用期。这两类劳动合同，一般而言期限相对较短。这一规定主要是为了遏制用人单位短期用工问题。此外，不论何种可以约定试用期的劳动合同，可以约定的最长试用期限不得超过 6 个月。

2. 试用期延长

（1）试用期可以延长：一般而言，试用期延长出现在如下情况：试用期内员工表现未达到考核要求，虽达不到转正标准，但企业打算再给员工一次机会；试用期内企业发现之前约定的试用期过短。只要企业与员工双方协商一致，可以将试用期适当延长。

（2）应当在试用期届满前延长试用期：试用期已届满后再约定试用期，就属于约定多个试用期，属违法行为。

（3）试用期不能无限延长：试用期及延长后的试用期累计不能超过《劳动合同法》规定的最长期限，超过规定试用期，劳动者有权拒绝试用期的延长。企业要么给员工转正，要么依法解除劳动合同。

（4）延长试用期需办理相关手续：试用期限届满企业未办理转正手续，则视为自动转正。即通常转正不需要特别程序，企业未提出员工不符合转正条件，即可认为员工符合转正条件，按时转正。如果企业需要延长员工的试用期，则应通过劳动合同或补充协议等一定的文件予以确认。

3. 试用期终止　试用期是用人单位和劳动者为相互了解，选择在劳动合同履行期内约定的一定时间的考察期。试用期制度的设置是为了促进劳动力资源的充分合理利用，也是为了保障劳动者就业选择权的充分实现。因此，对于劳动合同双方而言，劳动者的实际工作能力是否能如应聘时所言，是否符合岗位要求，用人单位的工作条件等都如招聘时承诺的与否，都需要在劳动权利义务的实际履行过程中加以考察。

4. 试用期与合同期的关系　《劳动合同法》明确规定，试用期包括在劳动合同期限内。也就是说，不管劳动合同双方当事人订立的是一年期限的劳动合同，还是三年五年期限的劳动合同，如果约定了试用期，劳动合同期限的前一段即为试用期，试用期包括在整个劳动合同期限里，不管试用期之后当即订立劳动合同还是其他承诺，都不允许单独约定试用期。《劳动合同法》还规定，劳动合同仅约定试用期的，试用期不成立，该期限为劳动合同期限。可见，《劳动合同法》不认可只有试用期而无劳动合同期限情况下试用期的效力。

5. 试用期约定禁止　根据《劳动合同法》第十九条的规定，同一用人单位与同一劳动者只能约定一个试用期。所谓的试用期，就是用人单位与劳动者在法律规定的框架内约定一个合理期限相互考察，根据考察结果决定去留。因此，用人单位与劳动者不变的情况下，约定一次试用期是合理的，也是足够的。在录用劳动者时的试用期内这些情况已经基本搞清楚了，没有必要同一用人单位与同一劳动者多次约定试用期。如果多次约定试用期，就属于用人单位滥用试用期的情况。

（二）试用期工资

我国劳动力市场中，相对而言人力资源比较充足，用人单位一般处于更加优势的地位。因此，出现了一些用人单位利用劳动者急于就业的心态滥用试用期的情况，在试用期员工工资方面，采取压低劳动者工资的措施，甚至试用期零工资。这显然不利于劳动者合法权益的保护。但是，《劳动法》并未对试用期工资做出明确规定。针对这种情况，《劳动合同法》及《劳动合同法实施条例》做出了明确规定。

1. 试用期工资　《劳动合同法》第二十条规定，劳动者在试用期的工资不得低于本单位相同岗位最低档工资或者劳动合同约定工资的80%，并不得低于用人单位所在地的最低工资标准。《劳动合同法实施条例》第十五条规定，劳动者在试用期的工资不得低于本单位相同岗位最低档工资的80%或者不得低于劳动合同约定工资的80%，并不得低于用人单位所在地的最低工资标准。

2. 试用期福利待遇　根据相关法律规定，试用期是包含在劳动合同期限内的。劳动者在试用期应当享有全部的劳动权利。这些权利包括取得劳动者保持报酬的权利（除了试用期工资可以依法低于转正后的工资之外）、休息休假的权利、获得劳动者安全卫生保护的权利、接受职业技能培训的权利、享受社会保险和福利的权利、提请劳动争议处理的权利以及法律规定的其他劳动权利；还包括依照法律规定，通过职工代表大会或者其他形式进行平等协商的权利。劳动者在试用期的福利待遇与正式员工并无二致，不能与其他劳动者区别对待。

（三）试用期考核

试用期考核如同试用期制度本身，是交给用人单位和劳动者双方行使选择权的时间节点，即决定已签订了劳动合同是否继续履行，是否需要终止。《劳动法》及《劳动合同法》均规定了劳动合同可以约定试用期，试用期是劳动者与生产资料组合的考察期，目的是使这两大要素实现最佳组合，取得最佳劳动效果。试用期是劳动合同中的一种特有现象，是合同有效期已开始，合同也已经履行，但在一个特定的期限内双方当事人都可以相对自由地解除劳动合同，终止劳动关系，而无须承担在劳动合同有效期内的其他时间应当承担的某些责任。但是，在实践中，的确存在着一些用人单位试用期恶意解除劳动合同的情况，因为试用期内劳动者的工资待遇相对较低，用人单位节约成本，永远处在招聘和解聘试用期员工的循环中，对劳动者不负责任。为了规范"试用期考核"行为，保持劳动关系的和谐稳定，《劳动合同法》对试用期解除劳动合同也有相关规定。

1. 用人单位试用期内解除劳动合同　《劳动合同法》第二十一条规定，在试用期中，除劳动者有本法第三十九条和第四十条第一项、第二项规定的情形外，用人单位不得解除劳动合同。用人单位在试用期解除劳动合同的，应当向劳动者说明理由。可见，即便是在试用期内，用人单位绝不可以任意解除劳动合同，不仅如此，还必须满足法定条件。否则，用人单位不得解除劳动合同。

2. 劳动者试用期内辞职　劳动者有权利辞职，试用期内也不例外。在试用期内劳动关系是一种不稳定的状态。如果劳动者发现用人单位并非自己理想的劳动服务对象，或者发现自己不适于从事用人单位安排的工作以及存在其他不能履行劳动合同的情况，劳动者可以提出解除劳动合同。

关于劳动者试用期内辞职，《劳动法》第三十二条规定，在试用期内，劳动者可以随时通知用人单位解除劳动合同。《劳动合同法》出台后，对这一规定进行了修改。《劳动合同法》第三十七条规定，劳动者在试用期内提前 3 日通知用人单位，可以解除劳动合同。可见，在保留劳动者试用期内辞职权利的同时，对劳动者辞职程序做了相对更严格的要求。即劳动者应当履行至少提前 3 日通知用人单位解除劳动合同的义务。

劳动者使用该条规定提出辞职需要注意的是，合同中约定的"试用期"是否为合法有效的试用期，比如是否存在过长的试用期约定、多次约定试用期限等。如存在这些情况，属于双方约定的试用期因违反规定而无效，实际上就不属于《劳动合同法》第三十七条规定中的试用期，此时辞职仍然按照提前 30 日通知用人单位的规定。此外，在解除劳动合同时，不论用人单位还是劳动者都应当尽量保存好相关证据材料。

二、服务期制度

（一）服务期的概述

《劳动合同法》颁布实施以后，服务期是有所特指的，约定服务期是有条件的。服务期，是指用人单位为劳动者提供专项培训费用对其进行专业技术培训后，双方订立协议约定劳动者为用人单位工作的劳动期限。

1. 服务期适用的情形　服务期协议约定以用人单位向劳动者提供专项培训费用，对其进行专业技术培训为条件。由于服务期具有限制劳动者择业自由权的法律效果，所以其适用条件必须受到严格限定，以免使其成为用人单位损害劳动者利益的工具。

（1）用人单位提供专项培训费用，对劳动者进行专业技术培训：第一，"培训费用"应当是"专项的"也就是说，并非用人单位只要支出了培训费用都可算作可以约定服务期的培训费用，而必须是专项培训费用。所谓"专项"就是指专门的，为特定劳动者或者特定工作岗位上的劳动者提供区别于常态下、普通的以及必须完成的培训。如劳动部、国家经贸委《企业职工培训规定》（劳部发〔1996〕370 号）第二十一条规定："企业应当按照以下国家规定提取、使用职工培训经费：①职工培训经费按照职工工资总额的 1.5% 计取，企业自有资金可以有适当部分用于职工培训；②职工培训经费应根据企业需要，安排合理比例用于职工技能培训；③企业的引进项目、技术改造项目的技术培训费用可以在项目中列支；④工会用于职工业余教育的经费由各级工会掌握使用；⑤企业职工培训经费应合理使用。当年结余的可结转到下一年使用。"这是国家明文规定的用人单位按照本单位工资总额的一定比例提取的培训费用。如果单位仅仅对劳动者提供了这部分培训费用，并不能作为劳动者约定服务期的条件，至于专项培训费用金额，法律未做进一步的细致规定，实践中发生纠纷后，一般由司法机关裁量。第二，"技术培训"应当是"专业的"，"专业技术培训"应当是具有岗位专属性的培训。具有"量身定做"的特点，是企业为满足特殊岗位的需要，对员工进行专业操作技能及专业知识的培训，针对专门岗位或特殊岗位的员工，培训内容是指专业技能及专业知识。对于培训形式，法律上并没作出明确规定，可以是脱产的，也可以是不脱产的。

（2）签订了服务期协议对服务期相关内容作出约定：即使用人单位提供了专项培训费用，对劳动者进行了专业技术培训，服务期并不当然存在也并不意味着用人单位与劳动者必须约定服务期。双方可约定，可不约定。只有在签了服务期协议或者劳动合同等文件中约定了相关条款的，才能说双方有服务期的约定。

2. 服务期的期限　《劳动合同法》对服务期的期限未做硬性规定，用人单位与劳动者可以根据实际情况具体协商确定。当然，这并不意味着用人单位可以随心所欲，应当结合用人单位的实际投入来衡量，从而体现公平原则。

（二）服务期协议

1. 服务期协议概念　服务期协议是用人单位与劳动者协商一致签订的关于专项培训及服务期相关内容的合同。服务期协议具有民事合同性质，其特点如下：

第一，由用人单位与劳动者协商一致，自愿达成。

第二，双方当事人形成合意的主要内容：用人单位向劳动者支付专门经费，提供专门专业培训，这是用人单位超出其劳动合同义务的额外支出。其对价是劳动者向用人单位承诺在用人单位工作满一定期限。

第三，服务期协议以劳动合同为基础，受劳动法律法规的规制。

第四，服务期协议可以单独签订，也可作为劳动合同的条款约定。

第五，服务期协议的主要内容一般包括：专业培训内容、专项培训的期限和费用、培训期间的工作待遇、甲方（用人单位）的责任和义务、乙方（劳动者）的责任和义务，服务期的履行和终止、违约责任、争议处理等。

2. 服务期协议签订的注意事项　服务期协议有其特殊性，用人单位与劳动者签订服务期协议应当注意以下事项：

（1）服务期适用范围的限制：服务期协议适用于用人单位对劳动者进行专项培训的情况，用人单位仅仅提供了一般职业培训的，不能约定服务期。用人单位只是招聘了新员工，而未提供任何培训，就不能约定服务期。否则，就因违反法律规定而无效。

（2）服务期期限的问题：根据《劳动合同法实施条例》第十七条规定，劳动合同期满，但是用人单位与劳动者依照《劳动合同法》第二十二条的规定约定的服务期尚未到期的，劳动合同应当续延至服务期满；双方另有约定的，从其约定。当服务期短于或等于劳动期限时，服务期被劳动合同期限吸收，劳动合同期限，与服务期限不存在冲突。但当服务期限长于劳动合同期限时，劳动合同就要续延，如果签订的服务期限属于这种情况，则建议双方就该期间劳动者的工资待遇等约定明确，以免发生纠纷。

（3）约定了服务期并不影响按照正常的工资调整机制提高劳动者在服务期期间的劳动报酬：出于岗位或企业发展所需，服务期内用人单位为员工支付了专门的费用，但作为对价，劳动者也承诺用人单位一定期限的服务。至此，服务期制度下双方的权利义务实现了平衡。劳动者的劳动报酬是另一个范畴的问题，用人单位支付的培训费不能覆盖，更不能代替劳动报酬、劳动报酬的增长不受服务期限的影响。

（三）服务期违约金

1. 服务期违约金的性质　根据《劳动合同法》第二十二条规定，劳动者违反服务期规定的，应当按照约定向用人单位支付违约金。但对违约金的数额以及劳动者违约时向用人单位支付的违约金数额却作出如下规定：违约金的数额不得超过用人单位提供的培训费用。用人单位要求劳动者支付的违约金不得超过服务期尚未履行部分所应分摊的培训费用。由此可见,《劳动合同法》中关于服务期违约金的规定仅具有部分补偿性质,而不具有惩罚性特点,不同于《合同法》中的违约金。更确切地讲,服务期"违约金"更像是返还款。

2. 服务期违约金的有效要件 服务期协议中的违约金条款有效须具备如下条件:

第一,服务期协议或条款合法成立。

第二,用人单位支付了培训费用,包括用人单位为了对劳动者进行专业技术培训而支付的有凭证的培训费用、培训期间的差旅费用以及因培训产生的用于该劳动者的其他直接费用。

第三,约定的违约金数额不超过用人单位提供的培训费用。

第四,用人单位要求劳动者支付的违约金不得超过服务期尚未履行部分所应分摊的培训费用。

3. 服务期违约金适用范围 企业与员工可以约定服务期,并约定员工违反试用期制度时应当支付违约金。如果违反了服务期的约定,劳动者要面临支付违约金的后果。但是,这并非绝对的。有些情况下,即使服务期未届满,劳动者解除劳动合同也无须承担支付违约金的责任。

三、解聘离职与劳动合同的解除和终止

(一)协商解除劳动合同

劳动合同的签订是用人单位与劳动者协商一致的结果,在不违反法律强制性规定,且不违背国家利益和社会公共利益的情况下,双方协商一致解除劳动合同当然也是可以的。在协商一致的情况下,劳动合同可以随时解除,可以不受劳动合同中约定的种种条件的限制。这是保障用人单位的用人自主权和劳动者劳动权的体现。不论对于用人单位还是对于劳动者,能通过协商的方式解除劳动合同都是成本较低的,当成为首选的方案。

协商解除劳动合同,应满足一定条件:

(1)协商解除的须为双方建立的合法劳动关系。这是因为如果双方非劳动合同关系,或劳动合同无效,那么解除劳动合同就无从谈起。

(2)劳动合同双方均有提出协商解除劳动合同的权利。

(3)协商解除劳动合同须在劳动合同全部履行完毕之前进行。这是因为劳动合同一旦履行完毕,已无解除的必要。

(4)劳动合同双方商量解除合同要遵守平等自愿、协商一致的原则,且不违反相关法律法规。

需要注意的是,通过协商途径解除劳动合同,因提出主体不同,法律后果不同。如果是用人单位提出与劳动者协商一致解除劳动合同,用人单位应当向劳动者支付经济补偿金。如果是劳动者提出,则用人单位无须向劳动者支付经济补偿金。为避免争议,建议用人单位与劳动者解除劳动合同时,签订书面的《协商解除劳动合同协议书》。

(二)劳动者单方解除劳动合同

劳动者单方解除劳动合同,与通常意义上的"跳槽""辞职""换工作"接近。根据方式和原因的不同,大致分为三大类别:一是预告辞职,即劳动者一方提前通知用人单位

辞职; 二是即时通知辞职, 即劳动者一方不提前通知, 而是即时通知即时辞职, 该情况发生于用人单位有过错时; 三是无通知立即解除劳动合同, 该情况发生于用人单位存在严重过错时。

1. 劳动者提前通知解除劳动合同 在劳动合同解除问题上, 相对于用人单位而言, 法律赋予了劳动者更多的自由和权利。法律对劳动者行使此权利未附加任何实体性条件, 但在用人单位无过错的情况下, 劳动者解除劳动合同需履行一定的程序。试用期内须有至少 3 天的预告期, 对于用书面形式还是口头形式不做要求。试用期后的辞职, 须有至少 30 天的预告期, 另须用书面形式通知。《劳动合同法》第三十七条作出了详细规定。这一制度安排, 在充分保障劳动者择业自由的同时, 也给用人单位预留了必要的时间。

现实中劳动合同纠纷中, 存在争议的是对劳动者提前 30 日以书面形式通知用人单位是劳动合同的解除程序, 还是劳动合同的解除条件, 用人单位与劳动者往往有着不同的理解。对此问题, 劳动部办公厅《关于劳动者解除劳动合同有关问题的复函》(劳办发 [1995] 324 号) 规定:"劳动者提前 30 日以书面形式通知用人单位, 既是解除劳动合同的程序, 也是解除劳动合同的条件。劳动者提前 30 日以书面形式通知用人单位, 解除劳动合同, 无须征得用人单位的同意。超过 30 日, 劳动者向用人单位提出办理解除劳动合同的手续, 用人单位应予办理。"这是《劳动法》和《劳动合同法》赋予劳动者自主选择职业的权利, 是劳动者的一项基本权利。

2. 劳动者即时通知解除劳动合同 劳动者即时通知解除劳动合同, 就是当用人单位存在过错时, 允许劳动者不必履行预告期义务, 不为员工上社保, 工作性质存在职业病风险却不提供必要的劳动保护等。《劳动合同法》第三十八条第一款作出了详细规定。在此情况下, 法律就不要求劳动者再提前 30 天或者提前 3 天预告解除劳动合同了。

需要注意的是, 虽然劳动者无须履行提前书面通知的程序, 但是仍需要通知用人单位。

3. 无通知立即解除劳动合同 当用人单位存在严重过错时, 劳动者连通知的义务都可以不履行, 直接解除劳动合同, 即无须通知立即 (随时) 解除劳动合同。这种方式比"劳动者即时通知解除劳动合同"方式更进一步。

《劳动合同法》第三十八条第二款作出了详细规定这种方式的适用情形, 包括: 一是用人单位以暴力、威胁或者非法限制人身自由的手段强迫劳动者劳动; 二是用人单位违章指挥、强令冒险作业危及劳动者人身安全。上述情形, 已经远远超过了一般过错的程度, 甚至构成了犯罪应当被追究刑事责任, 因此, 法律规定劳动者可以不用履行任何程序, 连通知用人单位都免了, 即可以"不辞而别"。

(三) 用人单位单方解除劳动合同

法律在赋予劳动者单方解除劳动合同权利的同时, 也赋予用人单位对劳动合同的单方解除权, 以保障用人单位的用工自主权。用人单位单方解除劳动合同共分为三种情况: 一是过失性辞退, 即因劳动者的过失用人单位单方解除劳动合同; 二是无过失性辞退, 劳动者虽无任何过失, 但因某种客观原因不得不解除劳动合同; 三是经济性裁员, 是指用人单位一次性辞退部分劳动者, 以此作为改善生产经营状况的一种手段, 其目的是保护自己在市场经济中的竞争和生存能力, 渡过暂时的难关。

1. 过失性辞退 是指用人单位在劳动者有过错的情况下, 无须提前 30 天通知, 即可辞退劳动者的行为。过失性辞退属于劳动者一方当事人存在主观过错行为，用人单位有权解除劳动合同，而无须征得他人的意见，也不必履行特别的程序。

2. 无过失性辞退　是指在劳动者并无过失的情况下，用人单位有权解除劳动合同，但须提前30日以书面形式通知劳动者本人或者额外支付劳动者一个月工资，无过失性辞退，是用人单位根据劳动合同履行中客观情况的变化而解除劳动合同。这里的"客观情况"既包括用人单位的，也有劳动者自身的原因、如劳动合同订立时所依据的客观条件不能就变更劳动合同达成协议的；劳动者患病或者非因工负伤，医疗期满后，不能从事原工作也不能从事用人单位另行安排的工作的；劳动者不能胜任工作的，经过培训或者调整工作岗位，仍不能胜任工作等。

3. 经济型裁员　为应付企业发展的严重经济困难，或者出现的情势变更情况，企业可能会采取经济性裁员。劳动合同法意义上的经济性裁员特指上述情况下，需要裁减人员20人以上或虽裁员不足20人但占企业职工总数10%以上的裁员。

经济性裁员要履行一定程序，即提前说明、听取意见、向劳动部门报告。①提前说明。企业在经济性裁员前30日，应向工会或者全体职工说明情况，企业应当尊重员工的权利，切实履行该项义务。②听取意见。企业在向工会或者职工说明情况后，还需要听取工会或者职工的意见，充分交流后，才能形成正式的裁减人员方案。③向劳动部门报告。

经济性裁员还受到一定限制，即优先留用制度和优先招用制度。①优先留用制度是《劳动合同法》新规定的一项制度，对两类人员用人单位需要特别照顾，优先留用。一类是合同期限较长的人员，包括与用人单位订立较长固定期限劳动合同和无固定期限劳动合同的劳动者；另一类是家庭经济困难人员，这类人员的具体界定标准是家庭有无其他就业人员，有需要抚养的老人或者未成年人，主要是考虑到该类人员的经济负担往往比较重，较一般人更加需要工作。企业在进行经济性裁员时，应当优先留用以上两类人员。②同时《劳动合同法》沿用了原《劳动法》规定的优先招用原则。《劳动合同法》规定，用人单位在六个月内重新招用人员的，应当通知被裁减的人员，并在同等条件下优先招用被裁减人员。

（四）劳动合同的终止

《合同法》中合同终止包括合同解除的情形，但是在《劳动法》中，对于劳动合同的终止与解除做了不同的规定。《劳动法》和《劳动合同法》认为劳动合同的终止与劳动合同的解除是不同的概念，劳动合同的终止并不包括劳动合同的解除。

按照《劳动合同法》第四十四条规定，有以下情形之一的，劳动合同终止。①劳动合同期满的；②劳动者开始依法享受基本养老保险待遇的；③劳动者死亡的，或者被人民法院宣告死亡或者宣告失踪的；④用人单位被依法宣告破产的；⑤用人单位被吊销营业执照、责令关闭、撤销或者用人单位决定提前解散的；⑥法律、行政法规规定的其他情形。

结合《劳动合同法》关于劳动合同解除的相关规定，劳动合同的终止与劳动合同的解除有以下区别：

第一，阶段不同。劳动合同终止是劳动合同关系的自然结束，而解除是劳动合同关系的提前结束。

第二，结束劳动关系的条件都有约定条件和法定条件，但是具体内容不同。劳动合同终止的条件中，约定条件主要是合同期满的情形，而法定条件主要是劳动者和用人单位主体资格的消灭。劳动合同解除的条件中，约定条件主要是协商一致解除合同情形，而法定条件是一些违反违规等行为。

第三，预见性不同。劳动合同终止一般是可以预见的，特别是劳动合同期满终止的，而劳动合同解除一般不可预见。

第四，适用原则不同。劳动合同终止受当事人意思自治的程度更高一些，一般遵循民法的原则和精神，而劳动合同解除受法律约束的程度较高，更多地体现社会法的性质和国家公权力的介入，体现对劳动者的倾斜保护。

（五）劳动合同解除或终止的限制

劳动合同法对劳动合同的解除和终止规定了一些限制措施。

1. 劳动合同期满时强制延续的情形　劳动合同期满，劳动合同本应终止，但出现特殊情况时（《劳动合同法》第四十二条规定的出现用人单位不得解除劳动合同的情形时），法律规定劳动合同应当延续至相应情形消失时终止。

劳动合同期满，有下列情形之一的，劳动合同应当延续至相应的情形消失时终止。

（1）从事解除职业病危害作业的劳动者未进行离岗前职业健康检查，或者疑似职业病病人在诊断或者医学观察期间的。

（2）在本单位患职业病或者因工负伤并被确认丧失或者部分丧失劳动能力的；

（3）患病或者非因工负伤，在规定的医疗期内的；

（4）女职工在孕期、产期、哺乳期的；

（5）在本单位连续工作满十五年，且距法定退休年龄不足五年的；

（6）法律、行政法规规定的其他情形。

其中第2项规定丧失或者部分丧失劳动能力劳动者的劳动合同的终止，按照国家有关工伤保险的规定执行。按照国家有关工伤保险的规定，职工因工作遭受事故伤害或者患职业病需要暂停工作接受工伤医疗的，在停工留薪期内，原工资福利待遇不变，由所在单位按月支付。①职工因工致残被鉴定为一级至四级伤残的，保留劳动关系，退出工作岗位。②五级、六级伤残的，保留与用人单位的劳动关系，由用人单位安排适当工作。经工伤职工本人提出，该职工可以与工作单位解除或者终止劳动关系，由用人单位支付一次性工伤医疗补助金和伤残就业补助金。③七级至十级伤残的，劳动合同期满终止，或者职工本人提出解除劳动合同的，由用人单位支付一次性工伤医疗补助和伤残就业补助金。

2. 用人单位不得解除劳动合同的情形　《劳动合同法》第四十二条规定：劳动者有下列情形之一的，用人单位不得依照本法第四十条、第四十一条的规定解除劳动合同：①从事职业病危害作业的劳动者未进行离岗前职业健康检查，或者疑似职业病病人在诊断或者医学观察期间的；②在本单位患职业病或者因工负伤并被确认为丧失或者部分丧失劳动能力的；③患病或者非因工负伤，在规定的医疗期内的；④女职工在孕期、产期、哺乳期的；⑤在本单位连续工作满十五年，且距法定退休年龄不足五年的；⑥法律、行政法规规定的其他情形。

理解上述规定，应当注意以下两点：

第一，发生上述六种情况，本条禁止用人单位根据本法第四十条、第四十一条的规定解除劳动合同，但并不禁止用人单位根据《劳动合同法》第三十九条规定解除劳动合同。也就是说，当劳动者出现《劳动合同法》第三十九条规定的情形，存在过错时用人单位可以依法解除劳动合同。

第二，本条禁止的是用人单位单方解除劳动合同，并不禁止劳动者与用人单位协商一致解除劳动合同。换句话说，即使发生上述规定中的情况，如果劳动者提出解除劳动合同，双方仍然可以协商解除劳动合同。

四、违约金、经济补偿金和赔偿金

劳动合同解除和终止常常涉及劳动者要求用人单位支付经济补偿金、赔偿金，以及用人单位要求劳动者支付违约金。相当部分的劳动争议最终均反映在是否需要支付"三金"以及支付多少"三金"的问题。但是，"三金"的性质、功能、适用条件各不相同，有时又容易混淆，还存在被滥用的情况。所以，必须掌握三者的内涵，以减少劳动争议的发生。

（一）违约金

1. 违约金的概念　违约金亦称违约罚款，是指合同当事人约定在一方不履行合同时向另一方支付一定数额的货币。违约金可分为赔偿性违约金和惩罚性违约金。

劳动合同约定的违约金，指的是劳动合同中约定的在用人单位或者劳动者违反了劳动合同中其他有关约定时，应当向对方支付的赔偿金。

2. 违约金适用情形　在劳动合同关系中，双方当事人分别为用人单位和劳动者。双方都存在违约的可能，理论上只要双方同意就可以相关情形约定违约金。签订劳动合同时，一般用人单位处于相对强势的地位，因此发现较少存在用人单位需向劳动者承担违约责任的情况，一般都是约定劳动者需承担违约金的情况。部分用人单位滥用违约金条款，侵害了劳动者自主择业权。为防止此类侵权行为的发生，《劳动合同法》规定，只有在劳动者违反服务期约定、负有保密义务的劳动者违反竞业限制约定两种情形以外，用人单位不得与劳动者约定由劳动者承担违约金。

（二）经济补偿金

经济补偿金是法定的，经济补偿金的支付主体只能是用人单位。

1. 经济补偿金适用情况　除了解聘离职与劳动合同的解除和终止以外，还有一种情况用人单位需支付经济补偿金。即根据《最高人民法院关于审理劳动争议案件适用法律若干问题的解释（四）》第十三条的规定，劳动合同法施行后，因为用人单位经营期限届满不再继续经营导致劳动合同不能继续履行，劳动者请求用人单位支付经济补偿的，人民法院予以支持。

2. 经济补偿的计算　《劳动合同法》施行后经济补偿金的计算标准：经济补偿金＝基数 × 年限

年限：按劳动者在本单位的连续工作年限，每满一年支付一个月工资的标准向劳动者支付。六个月以上不满一年的，按一年计算；不满六个月的，向劳动者支付半个月工资的经济补偿。

基数：劳动者的月工资。月工资是指劳动者在劳动合同解除或者终止前十二个月的平均工资。另《劳动合同法实施条例》规定月工资按照劳动者应得工资计算，包括计时工资或者计件工资以及奖金、津贴和补贴等货币性收入。劳动者工作不满 12 个月的，按照实际工作的月数计算平均工资。并设定了劳动者月工资的下限，如果劳动者在劳动合同解除或者终止前 12 个月的平均工资低于当地最低工资标准的，按照当地最低工资标准计算。

根据基数实行封顶

《劳动合同法》对月工资较高的劳动者的经济补偿金作出一定限制，即劳动者月工资高于用人单位所在直辖市、设区的市级人民政府公布的本地区上年度职工月平均工资三倍的，向其支付经济补偿的标准按职工月平均工资三倍的数额支付，向其支付经济补偿的年限最高不超过十二年。

经济补偿金的分段计算

从上可知，《劳动合同法》施行前后在经济补偿金计算标准上区别很大，《劳动合同法》施行前根据法定情形实行十二年封顶，施行后根据劳动者月平均工资实行经济补偿金年限和基数双封顶制度。然而现实中，大量存在《劳动合同法》施行之日存续的劳动合同，解除或者终止却是在《劳动合同法》施行后。针对这种情况，《劳动合同法》第九十七条第三款规定，用人单位支付经济补偿金时实行分段计算：2008 年 1 月 1 日存续的劳动合同自 2008 年 1 月 1 日计发经济补偿金；劳动合同法施行前按照当时有关规定，用人单位应当向劳动者支付经济补偿的，按照当时有关规定执行。

（三）赔偿金

1. 赔偿金的概念　劳动法上的赔偿金有广义与狭义之分。广义的赔偿金是指用人单位违反了《劳动合同法》有关规定，侵害了劳动者合法权益，给劳动者造成了损失，由用人单位支付给职工的经济赔偿。狭义的赔偿金是指用人单位违法解除或终止劳动合同时，依法应当向劳动者承担的经济赔偿法律责任形式。

其中，广义的赔偿金除了包含了狭义赔偿金这种情况，还包括如下情况：①未按照劳动合同的约定或者国家规定及时足额支付劳动者劳动报酬，经劳动行政部门责令期限支付，逾期未支付的。②低于当地最低工资标准支付劳动者工资，经劳动行政部门责令期限支付其差额部分，逾期未支付的。③安排加班不支付加班费，经劳动行政部门责令期限支付，逾期未支付的。④解除或者终止劳动合同，未依照《劳动合同法》规定向劳动者支付经济补偿，经劳动行政部门责令限期支付，逾期未支付的。上述四种情况，赔偿金支付标准为应付金额的50%以上100%以下。⑤用人单位损害职工劳动权益的，应当支付赔偿金。⑥劳动合同约定其他赔偿，用人单位违反合同约定的，应当按照劳动合同约定赔偿。

2. 赔偿金适用情形　用人单位违反《劳动合同法》规定解除或者终止劳动合同并不必然导致用人单位向劳动者支付赔偿金，而是首先给了劳动者以选择权。如果劳动者要求继续履行劳动合同的，用人单位应当履行，当然得有个前提，即劳动合同能够继续履行。劳动者不要求继续履行劳动合同或者劳动合同已经不能继续履行的，用人单位应当按照《劳动合同法》第八十七条规定支付赔偿金。

3. 赔偿金标准　用人单位违反《劳动合同法》规定解除或者终止劳动合同的，应当依照本法第四十七条规定的经济补偿标准的二倍向劳动者支付赔偿金。

课后作业

1. 就业协议书与劳动合同的区别有哪些？
2. 如何防范就业合同的陷阱？

相关链接

1. 《中华人民共和国劳动法》
2. 《中华人民共和国劳动合同法》
3. 《中华人民共和国就业促进法》
4. 《中华人民共和国劳动争议调解仲裁法》
5. 《中华人民共和国企业劳动争议处理条例》
6. 《普通高等学校毕业生就业工作暂行规定》
7. 《劳动人事争议仲裁办案规则》

第九章

医学生职业发展路径

凡事以理想为因，实行为果

——鲁迅

知识点

大学毕业步入职场是每个高校毕业生的必经之路。成功实现从学生到职业者角色转换将直接影响个人的职业生涯发展和身心健康。本章将帮助医学生掌握就业的主要方式和从业必备的执业资质要求，了解医学生就业的一般程序及如何从学生角色向职业角色转换等问题，帮助学生顺利度过职场转换期，从容步入职场，实现自己的职业发展目标。

第一节　医学生就业的主要方式

迷惘与疑惑

小孙是某医科大学的应届毕业生，上学期间一直名列前茅，继续读研也成为了他长期以来的目标。大四在北京一家三甲医院实习，实习期间表现非常优秀，得到了留用的机会。但凭借小孙优秀的成绩和学习能力，考研成功的可能性也很大，可她又不想放弃这个就业的机会。她心里很矛盾："如果硕士研究生毕业会有更好的就业机会呢？我考研也无非就是想得到一份好工作，现在就有这么好的医院向我伸出橄榄枝，我还是否应该坚持继续考研呢？"

小孙同学的纠结是很多大学生面临的困惑，一般大学生入学时会有自己的学业规划及职业规划，毕业时会根据自己的职业规划选择毕业去向，大学生毕业时会有多种选择，目标与现实出现偏差时就会纠结和困惑。

理论解析

党的十九大报告指出，就业是最大的民生。习近平总书记在十九大报告中要求坚持就业优先战略和积极就业政策，实现更高质量和更充分就业。就业（employment），狭义的讲是指具有劳动能力的公民，依法从事某种有报酬或劳动收入的社会活动；这里泛指毕业后除待就业外的一切毕业去向，包括签约就业、参与国家的就业扶持计划、继续学习深造、自主创业等。

一、签约就业

签约就业是较为传统的就业模式，一般指正规的全日制、与用人单位建立稳定的劳动法律关系、获有工资福利和社会保障的就业。签约就业是大学毕业生就业最普遍的一种方式。它包括以下三种情形：

（一）协议就业

协议就业：是最多见的一种就业形式，也称正式就业。毕业生先与用人单位正式签订《全国普通高等学校毕业生就业协议书》，协议期满后签订正式劳动合同书，这种就业形式较为正规，能够解决毕业生户籍、档案、保险、公积金等一系列相关问题。协议在毕业生到单位报到、用人单位正式接收后自行终止。就业协议一般由国家教育部或各省、市、自治区就业主管部门统一制表。就业协议作为学校、用人单位及毕业生之间三方的一份意向性协议，不仅能为毕业生解决工作问题，保障毕业生在寻找工作阶段的权利与义务；同时，也保障了用人单位能够从不同学校招聘到合适、优秀的毕业生。

（二）劳动合同就业

劳动合同就业：毕业生与用人单位不签订就业协议而是直接签订劳动合同，或用人单位出具接收函，到用人单位工作。只要签订人事部门出具的正规的劳动合同，合同就业也可称为正式就业。

（三）灵活就业

灵活就业：指毕业生虽然与用人单位建立一定的用工关系，但毕业相关手续派往生源地人事部门，而学生在单位以临时用工的形式获得收入的就业类型。如果用人单位无法落实户口、档案等手续而只接受毕业生到单位工作，则可向学校提出灵活就业申请，申请时须填写具体工作单位并向就业中心提供与单位签订的灵活就业协议书。在得到学校审核通过后，其报到证、户口迁移证将开往生源所在地的人事部门。毕业生之所以选择灵活就业，是因为有一些毕业生在毕业之后没有找到理想的工作，应聘单位的临时用工岗位，有一些则是因为用人单位或个人的原因，时而应聘，时而解约，导致毕业生频繁变换自己的工作岗位。

二、参与国家的就业扶持计划

（一）公务员、选调生及事业单位招考

1.公务员招考　公务员，是指依法履行公职、纳入国家行政编制、由国家财政负担工资福利的工作人员。按公务员法的界定，列入我国公务员范围的机关工作人员大致是：中国共产党机关的工作人员；人大机关的工作人员；行政机关的工作人员；政协机关的工作人员；民主党派机关的工作人员。此外，法律、法规授权的具有公共事务管理职能的事业单位中除工勤人员以外的工作人员，经批准参照公务员法进行管理，不管是中央还是地方公务员，都是国家公务员。

2. 选调生招考　选调生，是组织部门有计划地从高等院校选调品学兼优的应届大学本科及其以上毕业生到基层工作，作为党政领导干部后备人选和县级以上党政机关高素质

的工作人员人选进行重点培养，这批毕业生简称"选调生"。一般公务员招考的是非领导职务国家公务人员。选调生不仅仅具有国家公务员身份，其重点是培养党政领导干部后备人选；同时，为县（处）级以上党政机关和企事业单位培养和输送高素质的工作人员和管理人员。根据《公务员法》和中共中央组织部有关选调生工作的要求，报考人员需具备以下条件：拥护党的领导，政治立场坚定，认真学习中国特色社会主义理论体系。品行端正，遵守纪律，在同学中威信较高；有吃苦奉献精神，志愿到基层工作，服从组织安排。组织协调能力和语言表达能力较强，有发展潜力；学习成绩优良，基础知识扎实，能够同时获得相应学制的毕业证书和学位证书。报考法院、检察院系统的硕士研究生须取得国家法律职业资格证书。学生干部中的共产党员（含预备党员）。"211工程"高校毕业生、少数民族毕业生、报考法检系统的全国重点政法院校毕业生，可放宽为学生干部或共产党员（含预备党员）。

3. 事业单位招考　事业单位，是指由国家机关举办或者其他组织利用国有资产举办的，从事教育、科技、文化、卫生等活动的社会服务组织。与企业单位相比，事业单位主要有以下两个特征：不以盈利为目的；财政及其他单位拨入的资金主要不以经济利益的获取为回报。事业单位是以政府职能、公益服务为主要宗旨的一些公益性单位、非公益性职能部门等。它参与社会事务管理，履行管理和服务职能，宗旨是为社会服务。医院、医学高校及科研院所多为事业单位，所以，医学生毕业后签约事业单位的居多。

（二）基层就业

1. "三支一扶"计划　高校毕业生参加"三支一扶"工作的服务期限为2年，"三支一扶"学生应按照规定期限完成服务工作，由于身体状况等特殊原因不能继续服务的，须经省"三支一扶"办批准，并履行有关手续。服务内容主要是到乡镇一级从事支教、支农、支医和扶贫工作。"三支一扶"大学生户口可留在原学校管理，也可根据本人意愿转至入学前户籍所在地，公安机关应按规定为其办理落户手续。人事档案原则上统一转至服务单位所在地的县级政府人社部门，党团关系转至服务单位。

2. 选聘到村任职　大学生村官工作是国家开展的选派项目。大学生村官岗位性质为"村级组织特设岗位"，系非公务员身份，其工作、生活补助和享受保障待遇应缴纳的相关费用由中央和地方财政共同承担。大学生村官的工作管理及考核比照公务员有关规定进行，由县（市、区）党委组织部牵头负责、乡镇党委直接管理、村党组织协助实施；人事档案由县（市、区）党委组织部管理或县（市、区）人力资源和社会保障部门所属人才服务机构免费代理，党团关系转至所在村。

3. 大学生志愿服务西部计划　大学生志愿服务西部计划从2003年开始，按照公开招募、自愿报名、组织选拔、集中派遣的方式，每年招募一定数量的普通高等学校应届毕业生，到西部贫困县的乡镇从事为期1~2年的教育、卫生、农技、扶贫以及青年中心建设和管理等方面的志愿服务工作。志愿者服务期满后，鼓励其扎根基层，或者自主择业和流动就业。

（三）大学生应征入伍

大学生入伍是指部队每年从在校大学生和大学毕业生中招收义务兵，报名流程有网上登记、初审初检、体检政审、走访调查、预定新兵、张榜公示、批准入伍。具备以下情况的毕业生可以应征入伍：中央部门和地方所属全日制公办普通高等学校、民办普通高等学校和独立学院的全日制普通本专科（含高职）、研究生、第二学士学位应届毕业生。不包括往届毕业生及成人高等教育（高等教育自学考试类学生、各类非学历教育的学生）。

三、继续学习深造

严格来讲，继续学习深造只是推迟就业的缓兵之计，不是真正的就业。但这些学生当年不需要流向就业市场，所以一般也作为就业的一种形式。

（一）考研

考研，即"参加硕士研究生入学考试"之意。考研首先要符合国家标准，其次按照程序：与学校联系、先期准备、报名、初试、调剂、复试、复试调剂、录取、毕业生就业、其他等方面依次进行。研究生的种类：按攻读学位等级不同，分为攻读硕士学位研究生（简称"硕士生"）和攻读博士学位研究生（简称"博士生"）两级；按学习方式不同，分为学术型研究生和专业型研究生。

（二）专升本

专升本是指具备大学本科办学资格的高校，根据国家下达的招生计划，以国民教育系列高等学校的大学专科毕业生为对象，通过全国全日制普通高校"专升本"考试或成人高校"专升本"统一考试进行录取的本科招生类别。它与普通本科教育的最大区别是以专科为起点。

（三）出国留学

出国留学一般需要考虑以下几点情况：

1. 经济能力 出国所需费用对普通百姓来说不是小数目。
2. 适应能力 出国必须具备一定的语言能力、较强的生活适应能力等。
3. 出国的投入产出比。

申请自费出国的毕业生不参加就业，凭国（境）外大学的录取通知书，在学校规定期限内提出申请，经学校学籍部门及毕业就业管理部门审核同意后，不列入就业计划。毕业生离校时未办妥手续的，原则上将其户口转至家庭所在地，继续办理出国手续。

在选择留学目的地时，一般来说，最重要的考虑因素是国家的教育水平及自身的经济能力，还有对自己长远发展的计划与期望。应从加强职业规划的角度出发，在选学校前先选专业。一方面要结合自己的特长和兴趣爱好；另一方面要选择有发展潜力的专业，而不能盲目追捧热门专业，或因为仰慕某所大学的"名气"而选择这所大学却非自己喜欢的专业。在确定了专业的前提下，参考这所大学在该专业领域的学术声誉、研究成果、师资水平、录取难易、毕业生就业、底薪等指标来衡量，最终做出相应决定。

四、自主创业

2015年，国务院办公厅颁发了《国务院关于进一步做好新形势下就业创业工作的意见》（国发〔2015〕23号），文件指出：大众创业、万众创新是富民之道、强国之举，有利于产业、企业、分配等多方面结构优化。面对就业压力加大形势，必须着力培育大众创业、万众创新的新引擎，实施更加积极的就业政策，把创业和就业结合起来，以创业创新带动就业，催生经济社会发展新动力，为促进民生改善、经济结构调整和社会和谐稳定提供新动能。

自主创业与一般意义上的就业相比是有风险的、主动的，是最能体现自我价值的。在创业过程中，要充分估计到创业的困难，做好创业知识、创业资金、创业失败的思想、创业成功的核心竞争力特质等几方面准备。

课后作业

你今后的就业方向是什么？想通过何种方式就业？

第二节 就业手续的办理

迷惘与疑惑

小张为医学院校护理专业大三专科学生，求职期间参加了一场招聘会，通过了一家公司的笔试和面试，用人单位提出毕业后即可入职签订劳动合同，并不需要签订就业协议书，并在口头上承诺为小张交纳五险一金等。三个月以后，小张如约去公司报到，却被公司以现在公司只招收本科生为由，拒绝小张入职。小张的问题出在哪里呢？应该如何在求职过程中避免这种情况的发生、维护自己的权益呢？

理论解析

一、就业的必备知识

（一）就业协议书

1. 就业协议书　是《全国普通高等学校毕业生就业协议书》的简称，是普通高等学校毕业生和用人单位在正式确立劳动人事关系前，经双向选择，在规定期限内确立就业关系、明确双方权利和义务而达成的书面协议，是用人单位确认毕业生相关信息真实可靠以及接收毕业生的重要凭据，也是高校进行毕业生就业管理、编制就业方案以及毕业生办理就业落户手续等有关事项的重要依据。协议在毕业生到单位报到、用人单位正式接收后自行终止。就业协议一般由国家教育部或各省、市、自治区就业主管部门统一制表。

2. 认识调配权问题　通常情况下，只有国有企业或大学才有独立的人事调配权，无需主管部门盖章，直接在单位意见处盖章即可。医疗卫生事业单位、三资企业、外资企业、独资企业、民营企业等非国有单位，需要主管部门（通常情况下是当地的人力资源和社会保障局）的公章。

3. 特殊城市　对于接收单位属于北京、上海、广东省（含广州、深圳）、山东省有关市、天津、厦门市等地区的非当地生源毕业生，除签订就业协议书外还必须有当地人社或教育部门的审批才可正式派遣，考取公务员的除外。审批方式如下：

北京市：取得中央各部委（含群团组织）组织人事部门接收手续、《国务院各部委、直属机构及在京中央企业毕业生接收函》或取得加盖北京市人力资源和社会保障局的毕业生接收函。

上海市：取得《关于同意非上海生源高校毕业生办理本市户籍的通知》。

广东省：取得加盖广东省高校就业指导中心和用人单位专用章的《广东省接收省外高

校毕业生报表》或取得加盖市一级人力资源社会保障局的毕业生接收函（也可以在协议书中加盖市一级人力资源社会保障局专用章）。

深圳市：取得加盖深圳市人力资源社会保障局专用章的《普通高校应届毕业生接收申请表》。

山东省：通过网上审核《山东省高等（中专）学校毕业生就业协议书》并加盖单位专用章，特殊的由县级及以上就业主管部门审核即可。

天津市：取得加盖天津市教育委员会专用章的《外地院校非天津生源应届普通高校毕业生进津就业申请表》，硕士研究生除外。

厦门市：取得加盖厦门市人社局专用章的《厦门市接收高等院校毕业生就业申报表》或由用人单位为毕业生在厦门人事网上申报备案材料。

4. 对于录取公务员的毕业生，必须有公务员考录部门或组织部门正式录用手续方可派遣。

5. 对于由人才中介机构或上级主管部门人事代理的用人单位，除签订就业协议书外，还必须经上级主管部门或人才中介机构的审批通过方可。

6. 单位在协议书中或有书面说明不解决档案户口、或书面同意毕业生档案户口回生源所在地，就业单位性质代码也应填为单位相对应的性质。

7. 其他省市区

一般情况：取得中省直事业、企业单位人事部门加盖专用章手续即可。地市县直属的须有地市县人社或教育部门审批手续。

自 2017 年起各城市都不同程度放宽了接收条件，一般普通本科以上毕业生即有资格申请，深圳市更是普通专科以上毕业生即可申请入深。

特殊情况：经授权的国家级（省级）经济技术开发区（园区）或区人社或教育部门审批也可直接派遣。例如宁波市、重庆市、西安市、齐齐哈尔市、大庆市各区人社部门，佛山市顺德区、南海区，杭州余杭区、萧山区，宿州埇桥区，苏州吴江区，江苏省昆山市经济技术开发区、苏州工业园区、烟台高新区、烟台经济技术开发区等；经过授权的企事业单位参照办理。特殊情况按属地主管部门最新要求办理。

（二）生源地

高考生源地指参加高考时的户籍所在地，与现在的户口所在地没有关系。生源地不随户籍的改变而改变。对于以不同户籍多次参加过高考的考生来说，以最后一次参加高考时的户籍所在地为生源地。生源地以教育局的系统信息为准。如毕业生在离校前未就业或出现用人单位不能解决编制、户口或主管部门盖章不合格等情况，不能正常派遣到用人单位所在地时，报到证将派遣至生源所在地人力资源和社会保障部门等国家接收毕业生的单位，档案、户口也随之迁移至此地。

（三）报到证

报到证为《普通高等学校毕业生就业报到证》的简称，也就是派遣证。它是高校毕业生报到和落户手续的唯一合法依据和有效证明，只有列入国家就业方案的毕业生才能持有。报到证是由教育部直接印制，省级高校毕业生就业主管部门签发。报到证是一个毕业生从学生身份转变为国家工作者身份的标志性材料，是人事关系正式从学校转移到就业单位的证明，也是干部身份的证明。

《普通高等学校毕业生就业报到证》的主要作用是：到接收单位报到的凭证；落实工作关系和编制的功能；证明持证毕业生是纳入国家统一招生计划的学生，具有证明身份的功能；迁移和落实户口的功能；迁移和落实人事档案；人才服务机构存档的证明；保护和维护普通高校毕业生权益的功能；就业通知书是存入个人档案的必备材料。毕业生毕业学校凭《毕业生就业报到证》办理档案转递、户口迁移手续；用人单位以《毕业生就业报到证》为依据，办理接收毕业生有关事宜；公安机关凭《毕业生就业报到证》办理落户事宜；人才交流部门凭《毕业生就业报到证》办理人事代理。

（四）人事代理

人事代理是指用人单位或毕业生个人委托人事部门下属的人才服务中心代为保管档案，办理有关定级转正等服务事宜的一种代理制度。凡是到三资企业、私营企业等非公有制性质单位就业的毕业生，因为这些单位不能保管档案，毕业生必须办理人事代理。如果去人才市场办理了人事代理，只是档案等关系转到人才市场代为保管和办理后期转正定级手续，医社保还是按实际就业单位的政策在当地进行缴交，与是否人事代理没有关系。

二、毕业生的就业程序

医学生在大学最后一年一般为实习期，也是找工作的黄金时期。就业程序一般如下：

1. 认真填写《毕业生就业推荐表》并准备好自己的自荐材料。自荐材料一般包括学校简介、专业介绍、个人简历、自荐信、获奖情况、参加社会工作或社会实践情况、荣誉证书复印件等，要求形式多样，彰显个性。

2. 广泛搜集人才市场需求信息，并对所了解的需求信息进行筛选。

3. 进一步了解用人单位情况，确定职业方向，有条件的可以进行个人职业生涯设计。

4. 向用人单位报名，投送自荐材料，争取参加用人单位组织的笔试及面试的考核。

5. 与用人单位签订《全国普通高等学校毕业生就业协议书》或就业合同等其他确定劳务关系的证明材料。

6. 将手续完备的《全国普通高等学校毕业生就业协议书》或合同在第一时间送往学校就业部门。《全国普通高等学校毕业生就业协议书》第一联给用人单位留存，第二联毕业生个人留存，第三联学校留存，作毕业派遣，开具《就业报到证》之用。

7. 由学校招生就业处凭《全国普通高等学校毕业生就业协议书》或《劳动合同》复印件、用人单位《录（聘）用毕业生证明》等材料到学校所在省教育厅办理《就业报到证》。

8. 《就业报到证》一式两份，一份由毕业生本人保存，一份放入毕业生个人档案后结转档案。

9. 持《就业报到证》并在其所规定时间到用人单位或人才交流中心报到，办理档案转接手续。

10. 凭《户口迁移证》《就业报到证》办理落户手续。

相关解答

1. 毕业生报到时用人单位拒绝接收怎么办？

未经高校和用人单位双方复议并报地方主管部门批准，学校不得随意改派毕业生，用人单位不得接收和退回毕业生。当遇到用人单位拒绝接收时，毕业生应主动向用人单位说明情况，不要与对方争吵，更不要贸然返校，应及时与学校取得联系，由学校分清责任，按有关规定妥善处理。若属因学校工作失误造成计划不落实，误派毕业生的，应由学校负责提出调整意见报批。由于用人单位发生重大变化（如撤并、破产、倒闭等）无接收能力的，应及时与学校协商，合理调整。若是用人单位对毕业生提出难以达到的又不符合政策规定的过高要求，则不能作为退人理由。属于毕业生本人身体有病而提出退回的，若是学生在校期间就有传染病史，精神病史，用人单位不知道，待毕业生报到时才被发现的，应允许提出退回；若是报到后才患病的，应按在职人员病假的有关规定处理。

2. 未在学校备案的协议，可否要求换发？

教育部明确规定，学校在制订毕业生建议就业方案时，要完善相应的管理措施，与用人单位和毕业生一道，维护《全国普通高等学校毕业生就业协议书》的严肃性。毕业生一旦与用人单位签订就业协议，双方就已构成契约关系（不论是否在学校备案），毕业生如因故要终止与原签约单位的协议，必须办理违约手续。

3. 签了协议后，又被录取为研究生、考取公务员或自费出国留学，怎么办？

只要毕业生提供如下材料，学校不作违约处理：

（1）原签约单位同意解除就业协议的书面证明；

（2）研究生录取通知书的复印件，或公务员录取通知书，或国外学校录取通知书的复印件；

（3）本人申请报告，并附上学院意见。毕业生将以上材料送就业指导服务中心，经审核同意后即可。

4. 申请出国（出境）的学生户口和档案办理？

毕业生要求办理出国（出境）不参加就业的，学生联系本地人才市场或者其他地方落实接收户口、档案，签订协议书领取报到证，到保卫部办理户口转出手续，到学院办理档案转寄手续。户口、档案的转入手续由学生自己负责。已经落实就业单位的学生需要原签约单位出具书面同意公函后才能办理。已经开具报到证的，还要交回报到证。

第三节　医学生的执业资质及职称晋升

迷惘与疑惑

【案例】

2009 年 2 月，小闫在某医学院学习了 3 年临床医学后，便到某市租房开了一家私人诊所，给附近的居民看看小病。但在医学院学过 3 年临床医学的她并未取得医师执业资格证。

2010 年 10 月一位居民邓某某因身体不适，把小闫请到家中帮其输液。2010 年 10 月 28 晚、29 日上午，小闫两次前往邓某某家中给患病的邓某某进行输液、吃药治疗。不料，10 月 29 日中午，邓某某在输液时发生昏迷，家人急忙把他送到医院经抢救，最终邓某某抢救无效死亡。

经当地公安局刑事科学技术鉴定，邓某某符合在原有高血压性心脏病的基础上，输液过程中出现急性左心衰、急性肺水肿死亡。悲痛欲绝的邓某某家人认为这一切都是无证行医的小闫乱治病造成的，一纸诉状将小闫告上法庭，要求小闫赔偿 47 万余元。

法院认为，被告人小闫未取得医生执业资格非法行医，造成就诊人死亡，其行为已触犯《中华人民共和国刑法》第三百三十六条之规定，犯罪事实清楚，证据确实充分，应当以非法行医罪追究其刑事责任。

小闫既无医师执业资格也无护士执业资格，擅自进行诊治及护理操作是违法行为，必将受到法律的制裁。

理论解析

医疗行业有其特殊性。为维护医务工作者的合法权益，规范诊疗行为，促进医疗卫生事业发展，保障医疗安全和人体健康，医疗行业有准入资格规定，未经注册取得《医师执业证书》《护士执业证书》《执业药师》等，不得从事医疗、预防、保健、护理等活动。对于从事医疗护理等活动、履行保护生命、减轻痛苦、增进健康职责的卫生技术人员，国家有明确的准入资质规定。

一、医学生相关执业资质

（一）医师资格证

2017 年 2 月 28 日，国家卫生计生委（现国家卫生健康委员会）发布了《医师执业注册管理办法》（国家卫生计生委令第 13 号，自 2017 年 4 月 1 日起施行。同时废止了 1999 年 7 月 16 日原卫生部公布的《医师执业注册暂行办法》。

医师资格证是行业准入考试合格获得的证书，是评价申请医师资格者是否具备从事医师工作所必需的专业知识与技能的考试。医生要行医必须先参加执业医师资格考试，取得医师资格证。医师资格考试分实践技能考试和医学综合笔试两部分。考试分为两级四类，即执业医师和执业助理医师两级；每级分为临床、中医、口腔、公共卫生四类。中医类包括中医、民族医和中西医结合，其中民族医又含蒙医、藏医和维医三类，其他民族医医师暂不开考。到目前为止，我国医师资格考试共有 24 种类别。

医师取得《医师执业证书》后，应当按照注册的执业地点、执业类别、执业范围，从事相应的医疗、预防、保健活动。

执业地点是指执业医师执业的医疗、预防、保健机构所在地的省级行政区划和执业助理医师执业的医疗、预防、保健机构所在地的县级行政区划。

执业类别是指临床、中医（包括中医、民族医和中西医结合）、口腔、公共卫生。

执业范围是指医师在医疗、预防、保健活动中从事的与其执业能力相适应的专业。

（二）住院医师规范化培训合格证

住院医师规范化培训是培养合格临床医师的必经途径，是加强卫生人才队伍建设、提高医疗卫生工作质量和水平的治本之策，是深化医药卫生体制改革和医学教育改革的重大举措。为贯彻《中共中央国务院关于深化医药卫生体制改革的意见》（中发〔2009〕6 号）和《国家中长期人才发展规划纲要（2010-2020 年）》精神，培养和建设一支适应人民群众健康保障需要的临床医师队伍，2013 年国家卫计委建立住院医师规范化培训制度。

住院医师规范化培训是指医学专业毕业生在完成医学院校教育之后，以住院医师的身份在认定的培训基地接受以提高临床能力为主的系统性、规范化培训。住院医师规范化培训制度是对招收对象、培训模式、培训招收、培训基地、培训内容和考核认证等方面的政策性安排。

（三）执业药师资格证

执业药师是指经全国统一考试合格，取得《执业药师资格证书》并经注册登记，在药品生产、经营、使用单位中执业的药学技术人员。《执业药师资格制度暂行规定》是人事部和国家医药管理总局为了加强对药学技术人员的职业准入控制，确保药品质量，保障人民用药的安全有效，根据《中华人民共和国药品管理法》《中共中央、国务院关于卫生改革与发展的决定》及职业资格制度的有关内容，制定的规定。

（四）临床医学检验技士（技师）资格证

临床医学检验师是临床工作不可缺少的部分，他们负责检验人体体液、血液、排泄物、感染微生物等标本，通过客观的化验指标，为临床医生提供治疗依据。为贯彻国家人事部、卫生部《关于加强卫生专业技术职务评聘工作的通知》等相关文件的精神，自2001年全国卫生专业初、中级技术资格以考代评工作正式实施。通过考试取得的资格代表了相应级别技术职务要求的水平与能力，作为单位聘任相应技术职务的必要依据。

（五）护士执业资格证

根据《护士条例》及《护士执业资格考试办法》的有关规定，凡在中等职业学校、高等学校完成国务院教育主管部门和国务院卫生主管部门规定的普通全日制3年以上的护理、助产专业课程学习，包括在教学、综合医院完成8个月以上护理临床实习，并取得相应学历证书的人员，可以申请参加护士执业资格考试。

国家护士执业资格考试是评价申请护士执业资格者是否具备执业所必须的护理专业知识与工作能力的考试。护士执业资格考试实行国家统一考试制度。统一考试大纲，统一命题，统一合格标准。护士执业资格考试是作为单位聘任相应技术职务的必要依据。

考试报名采用网上预报名方式，报名日期一般为每年1月份，由所在单位或所属卫生局组织报名确认及缴费等。考试采取为人机对话形式，一般在每年的5月中旬。考试内容为专业实务和实践能力，涵盖护理工作的各方面知识，每科满分为150分。同年7月国家卫生和健康委员会公布护士执业资格考试成绩，考生须在指定时间内登录中国卫生人才网下载打印成绩单。考生成绩合格证明将作为申请护士执业注册的有效证明。护士执业注册申请，应当自通过护士执业资格考试之日起3年内提出；逾期提出申请的，除准备注册必备的材料外，还应当提交在省、自治区、直辖市人民政府卫生行政部门规定的教学、综合医院接受3个月临床护理培训并考核合格的证明。

二、医学生职业发展及技术资格

绝大多数医学生职业发展要经历职称晋升的过程。医务工作者的职称晋升是国家卫生和人事部门为了科学、客观、公正地评价临床医学及其他医学相关专业人员的技术水平和能力，完善评价机制，提高临床医学及其他医学相关专业人员的业务素质而进行的卫生专业技术职务评聘工作。

（一）专业技术资格类别

临床医学、预防医学、全科医学专业技术资格包括初级资格（医士、医师），中级资格（主治医师），高级资格（副主任医师、主任医师）；药学、检验及其他卫生技术等专业技术资格包括初级资格（技士、技师），中级资格（主管技师），高级资格（副主任技师、主任技师）；护理专业技术资格包括初级资格（护士、护师），中级资格（主管护师），高级资格（副主任护师、主任护师）。医学各专业初、中级资格实行全国统一考试制度，高级资格的取得实行考评结合的方式。

（二）专业技术资格晋升条件

符合卫生部、人事部印发的《临床医学专业技术资格考试暂行规定》（卫人发〔2000〕462号）和《预防医学、全科医学、药学、护理、其他卫生技术等专业技术资格考试暂行规定》（卫人发〔2001〕164号）中报名条件的人员，均可报名参加相应级别和专业类别的考试。（注：部分地区卫生资格考试报名条件可能会略有不同，具体以当地卫生局公布内容为准。）

1. 临床医学、预防医学、全科医学专业初级　根据462号文件精神，临床医学专业初级资格的考试按照《中华人民共和国执业医师法》的有关规定执行。参加国家医师资格考试，取得执业助理医师资格，可聘任医士职务；取得执业医师资格，可聘任医师职务。

2. 临床医学、预防医学、全科医学专业中级

（1）遵守中华人民共和国的宪法和法律。

（2）遵守《中华人民共和国执业医师法》，并取得执业医师资格。

（3）具备良好的医德医风和敬业精神。

（4）已实施住院医师规范化培训的医疗机构的医师须取得该培训合格证书。

参加临床医学专业中级资格考试的人员，除具备上述所规定的条件外，还必须具备下列条件之一：

（1）取得医学中专学历，受聘担任医师职务满7年。

（2）取得医学大专学历，从事医师工作满6年。

（3）取得医学本科学历，从事医师工作满4年。

（4）取得临床医学硕士专业学位，从事医师工作满2年。

（5）取得临床医学博士专业学位。

3. 药学、护理、其他卫生技术等专业初级

（1）遵守中华人民共和国的宪法和法律，具备良好的医德医风和敬业精神。

（2）取得相应专业中专或专科学历，从事本专业技术工作满1年，参加药（护、技）士资格考试合格。

（3）取得相应专业中专学历，受聘担任药（护、技）士职务满5年。

（4）取得相应专业专科学历，从事本专业技术工作满3年。

（5）取得相应专业本科学历或硕士学位，从事本专业技术工作满1年。

4. 药学、护理、其他卫生技术等专业中级

（1）遵守中华人民共和国的宪法和法律，具备良好的医德医风和敬业精神。

（2）取得相应专业中专学历，受聘担任药（护、技）师职务满7年。

（3）取得相应专业专科学历，受聘担任药（护、技）师职务满6年。

（4）取得相应专业本科学历，受聘担任药（护、技）师职务满4年。

（5）取得相应专业硕士学位，受聘担任药（护、技）师职务满2年。

（6）取得相应专业博士学位。

对符合报考条件的人员，不受单位性质和户籍的限制，均可根据本人所从事的工作选择报考专业类别参加考试。

5. 副主任医（药，护，技）师

（1）具有硕士学位，担任5年以上主治医（药，护，技）师职务。

（2）获得研究生班毕业证书或第二学士学位或具有研究生学历而未获硕士学位，担任主治医（药，护，技）师6年以上。

（3）大学本科毕业，担任7年以上主治医（药，护，技）师职务。

（4）具有本专业较系统的基础理论和专业知识，了解本专业国内外现状和发展趋势，能吸取最新科研成就并应用于实际工作。

（5）工作成绩突出，具有较丰富的临床和技术工作经验，能解决本专业复杂疑难问题。

（6）具有指导和组织本专业技术工作和科学研究的能力，具有指导和培养中，初级卫生技术人员的能力。

6. 主任医（药、护、技）师略。有下列情形之一的不得申请参加临床医学、预防医学、全科医学、药学、护理、技术专业技术资格的考试：

（1）医疗事故责任者未满3年。

（2）医疗差错责任者未满1年。

（3）受到行政处分者在处分时期内。

（4）伪造学历或考试期间有违纪行为未满2年。

（5）省级卫生行政部门规定的其他情形。

（三）晋升材料

晋升专业技术资格各地卫生和人事部门的标准也稍有不同，但中级以下资格全国均为以考代评的方式，即通过全国统一考试。晋升副主任医师（技师、护师），则各地及各年需要的申报材料都不尽相同，一般情况下申报所需的材料为：学历或学位证书、中级职称证书（满五年）；执业医师（护师）证书；现专业技术资格批复、聘书；职称外语合格证书（高级）；职称计算机培训合格证书（高级）；业绩成果：代表本人专业技术水平的业绩成果材料（任中级职称以来的不同年度的三份病案）；在ISSN、CN专业期刊发表论文2篇；要通过副高专业实践能力考核（申报当年的上一年度组织考核）；继续教育证书；年度考核合格证明等。晋升主任医师（技师、护师）则需要在副高资格标准上再增加。

（四）专业技术人才评价新政策

2018年7月3日中共中央办公厅、国务院办公厅印发了《关于深化项目评审、人才评价、机构评估改革的意见》。该意见从进一步优化科研项目评审管理机制、改进科技人才评价方式、完善科研机构评估制度、加强监督评估和科研诚信体系建设、加强组织实施确保政策措施落地见效等五个方面提出具体要求。

《意见》对人才评价指标的设立要求突出品德、能力、业绩导向，克服唯论文、唯职称、唯学历、唯奖项倾向，推行代表作评价制度，注重标志性成果的质量、贡献、影响。把学科领域活跃度和影响力、重要学术组织或期刊任职、研发成果原创性、成果转化效益、科技服务满意度等作为重要评价指标。在对社会公益性研究、应用技术开发等类型科研人才的评价中，SCI（科学引文索引）和核心期刊论文发表数量、论文引用榜单和影响因子排名等仅作为评价参考。注重个人评价与团队评价相结合，尊重和认可团队所有参与者的实际贡献。引进海外人才要加强对其海外教育和科研经历的调查验证，不把教育、工作背景简单等同于科研水平。注重发挥同行评议机制在人才评价过程中的作用。探索对特殊人才采取特殊评价标准。对承担国防重大工程任务的人才可采用针对性评价措施，对国防科技涉密领域人才评价开辟特殊通道。

相关链接

1. 护士执业注册管理办法（卫生部令第 59 号）.http：//www.nhfpc.gov.cn/yzygj/s3592/200805/47a98d941bf148fa908bedcfcc7f01fe.shtml

2. 医师执业注册管理办法 .http：//www.nhfpc.gov.cn/yzygj/s3576/201703/3f8de749eebd4a1ebf1961c78ad4be7e.shtml

第四节　医学生职业适应与发展

迷惘与疑惑

小李同学的故事

小李是一名刚刚从医学院毕业的学生，求职期间换了四份工作，每一份工作上了几天就辞职，因为他觉得和同学们在一起的感觉不一样，和同事们都谈不来，自己比较内向，工作能力不是很突出，领导好像也不是很喜欢自己，感觉职场就像战场一样，自己似乎永无出头之日了。

这是典型的职场角色没有成功转换的问题。

理论解析

每一个刚刚走向工作岗位的大学毕业生，都非常关心怎样才能顺利地适应新岗位的要求，充分发挥自己的专长，脱颖而出；怎样尽快地融入工作环境，建立和谐的人际关系；怎样树立良好的职业形象，迈好事业的第一步。即如何尽快从学生角色到职业角色的转换。

有研究者从职业适应的影响因素、职业不适应的表现和角色转换三个方面论述了大学毕业生的职业适应问题，认为影响因素有职业期望、职业心态、职业风险、职业待遇、职业声望、自我价值和人际关系等是较为突出的因素；而对学生角色的依恋心理、职业角色中的依赖心理、眼高手低的自傲心理、消极退缩的自卑心理和见异思迁的浮躁心理，是大学生从学校到工作的转换过程中主要的适应性障碍。

一、心理学上的角色转换理论

（一）社会角色

就像演员在舞台上扮演不同的角色一样，人处在不同的社会地位，从事不同的社会职业（或中心任务）都要有相应的个人行为模式，即扮演不同的社会角色。因此，社会角色就是个人在社会关系体系中处于特定的社会地位、并符合社会要求的一套个人行为模式。

（二）角色转换

通常一个人会经常变换自己的角色，比如说下班回家，就要从职业角色变换为家庭成员角色。这种经常性的由上级到下级、由领导到子女、由医生到父亲、由学生到老师、由主人到客人等杂乱无章的变换即为角色转换。从事职业（或中心任务）的变化，职务的升迁，家庭成员的增减等，都会产生新旧角色的转换。新旧角色转换的过程中必然伴随着新旧角色的冲突。

角色冲突是普遍存在的。不过，可以通过角色协调使得角色冲突尽可能地降至最低限度。协调新旧角色冲突的有效方法是角色学习，即通过观念培养和技能认知习练，以提高角色扮演能力，使角色得以成功转换。

二、学生角色向职业角色转换的两个阶段

大学毕业生从学生角色转换到职业角色的过程中必然伴随着角色冲突。只有尽早做好准备，形成职业角色观念，提高职业角色技能，增强角色扮演能力，才能使自己的职业生涯有一个良好开端。因此，充分把握好毕业前后的两个阶段至关重要。

（一）临床实习及毕业前夕的角色转换

目前，我国大学毕业生在每年7月初离校，奔赴工作岗位。但是就业工作一般从前一年的11份就开始了，前后共有半年多的时间。医学生还要更早一些，一般在前一年的7月份即开始临床实习，可以说，这一时期是毕业生转换角色的重要阶段，主要表现在以下两个方面：

毕业前夕是择业的黄金季节。毕业生通过到各单位临床实习及与用人单位"双向选择"的过程，可以加强对用人单位的了解，合理地确定自己的价值定位，进而通过签订就业协议书来确定自己的职业角色。

毕业生在与用人单位接触的过程中，能够比较全面地了解到用人单位的基本情况，切身体会到社会对自己的认可程度，并依据自身感受调整职业期望值，实事求是地定位自己的职业。这是从学生角色向职业角色转换的第一步，为大学生的职业角色确定了一个基调，将对角色转换产生深远影响。

提前奠定良好的心理基础和知识技能基础。一般来说，在校学习期间的学习环境、学习条件、学习精神、学习技能的训练都是最为理想的。因此，从就业协议书签订到毕业离校这段时间，是有针对性地学习知识、培养能力进而转角色的最佳时期。在这段时间内，除了按照学校正常教学计划完成课程的学习、实习实践和毕业论文外，还应该进行如下学习和训练。

1. 把握好宝贵的临床实习机会，学习与未来工作岗位有密切联系的专业知识和专业

技能 大学的课程设置总体上偏重于基础知识的学习和基本技能的培养，而不一定涉及特定岗位上所需要的专业知识和技能。同时，通过学习和训练，还可以加深对未来职业岗位的认同，培养职业兴趣。

2. 进行非智力因素技能的训练 大学毕业生智力上的相差并不太大，而非智力方面的技能却是影响毕业生择业、就业和创业的重要因素。毕业生要敢于表现自己，克服在公众面前"害羞"和"胆怯"等人格心理方面的不良现象，这是给人留下良好印象的前提和关键；还要善于表现自己，主要是书面表达能力和口头表达能力的提高。在与人交往的过程中要诚恳而不谦卑，自尊而不居傲，不急不躁，以富含感染力的幽默语言来展示自己的意图和信誉。

3. 进行必要的心理准备，特别是"受挫准备" 大学毕业生大都很有才华，但并非都能在自己的工作岗位上实现成功。过硬的职业技能对职业成功固然重要，充分的心理准备更是不可缺少的，特别是要有"受挫"的心理准备。一般来说，事业不会是一帆风顺的，如果心理准备不足，就会产生过激情绪，导致能力低下，在愤世嫉俗的言行中使得自己的才华泯灭。因此，在校期间要提高调整心态，充分做好心理上的"受挫准备"。在事业顺利的时候不沾沾自喜；以平常心对待工作上的平淡、无为和不被重用；在屡试屡挫的境地中屡挫屡试，不懈追求；在似乎"一文不名"的地位上奋发向上，一鸣惊人。这是事业成功者的必备素质。

（二）见习期内的角色转换

大学生参加工作后的一年或半年为见习期，之后转为正式人员，与大学相比，都有很大区别。高校大多位于大中城市，学习和生活条件比较优越，空闲时间和自由支配时间比较多，节奏也比较缓和，压力较小。而众多的职业岗位不一定在城市里，有的在偏僻的山沟里，有的在茫茫的戈壁滩上，有的环境相当艰苦。由于工作繁忙，经常需要加班加点，尤其医务工作还需值夜班等，属于自己的时间越来越少。从大学学习环境到职业环境的变化，往往会加剧角色冲突，为此，大学毕业生应该加强见习期内的角色学习，使角色转换顺利实现。

一般来说，大学生要在较短时间内获得同事认同和领导肯定，应当从以下三个方面提高和锻炼自己。

1. 要善于展现自己的知识 大学毕业生因为具有新知识而受到同事的青睐和尊敬，但为此也使一些人与同事之间容易产生一定的距离。因此，大学生在同事面前一定要表现得谦虚、随和，在尊重同事丰富经验的同时，适时适度地展现自己的知识。例如，可以利用工作机会，特别是当同事在工作中遇到麻烦时，以谦虚诚恳的态度从理论上提出自己的见解，共同商讨，共同解决问题。也可以利用业余娱乐机会，发挥自己的知识优势。在交流中让同事了解你的为人和性格，表明自己的世界观、人生观和价值观，缩短与同事间的距离，成为大家的朋友。要切忌以较高文凭自居自傲，那样只能使得同事对你产生反感，使得自己越来越脱离群众，变得孤立无助。

2. 要树立工作的责任意识 大学生对未来都有美好的愿望，都想在事业上大干一场，建功立业。但是多数人在走上工作岗位之初，一般不会被委以重任，而是先从最简单的辅助性工作做起，这也符合人才成长的基本规律。但是，有不少人凭着对工作的新鲜感和学识上的优越感，认为自己被大材小用了，对一些工作不愿意干，甚至开始闹情绪。其实，这是缺乏责任意识的表现，干任何一项工作，都要有足够的热情，更要有丰富的随机应变的能力。这种经验和能力的获得并非一朝一夕之功，它需要在平时的工作中积累和训练。显然，凭借热情和情绪只能是对工作的不负责任。因此，不管工作的大小，分工的高低，大学生都要以满腔的热情、高度的事业心和责任感认真对待，圆满完成。

3. 要培养实事求是的工作作风　　大学毕业生具有较强的自尊心和自立意识，在工作上总想独挡一面，取得成就。尽管很多人对待工作的态度是认真谨慎的，但工作中还是难免出现失误。工作失误并不可怕，可怕的是不能正确地认识失误，不能实事求是地去承认失误。如果工作中一旦出现了失误，就要认真地分析原因，总结经验教训，找准失误点；同时要敢于向领导和同事承认，开展批评和自我批评，并勇于承担责任，以获得领导和同事的理解；另外，要虚心学习、请教，总结经验教训，防止避免类似失误再次发生。

另外，大学生要重视岗前培训这样的重要环节，因为岗前培训对于刚刚走上工作岗位的大学生的角色转换是非常重要和必要的。它不仅仅是让新员工了解单位的基本情况，熟悉规章制度和工作程序，更重要的是通过岗前培训来树立集体主义观念，培养人际协调能力和奉献精神。从某种意义上讲，岗前培训可以直接反映出新员工的素质高低，因此单位都非常重视，并依此择优录用，分配岗位。毕业生一定要以认真的态度把握好这样一次充实自己、表现自己和提升自己的良机。事实证明，很多毕业生就是因为在岗前培训期间显露才华，表现出色而被委以重任。

三、角色转换过程中容易出现的问题

大学生在从学生角色向职业角色转换的过程中，往往会面临着新旧角色的冲突。有些人由于受到社会因素、家庭因素尤其是自身认知能力、人格心理发展、意志品质以及情绪情感等因素的影响，不能正确认识角色转换的实质，或者在角色转换中不能持之以恒，于是在从学生角色到职业角色的转换过程中容易出现以下问题。

（一）对学生角色的依恋

一些毕业生在角色转换过程中容易依恋学生角色，出现怀旧心理。经过十多年的读书生涯，对学生角色的体验可以说是非常深刻了，学生生活使得每一位学生在学习、生活和思维方式上都养成了一种相对固定的习惯。因此，在职业生涯开始之初，许多人常常会自觉或者不自觉地置身于学生角色之中，以学生角色的社会义务和社会规范来要求自己、对待工作，以学生角色的习惯方式来待人接物，来观察和分析事物。

（二）对职业角色的畏惧

面对新环境，一些大学生在刚走进新的工作环境时，不知道工作应该从何入手，如何应对工作，怕担责任，怕出事故，怕闹笑话，怕造成不良影响。于是工作上就放不开手脚，前怕狼后怕虎，缺乏年轻人的朝气和锐气。

（三）主观思想上的自傲

有一些毕业生对人才的理解不够全面和准确，认为自己接受了比较系统正规的高等教育，拿到了学历，学到了知识，已经是比较高层次的人才了。因而，往往看不起基层工作和基层工作人员，甚至认为一个堂堂的大学毕业生干一些琐碎的不起眼的工作是大材小用，有失身份。于是就轻视实践，眼高手低。

（四）客观作风上的浮躁

一些人在角色转换的过程中受社会环境的影响，表现出不踏实的浮躁作风和不稳定的情绪情感。一阵子想干这项工作，一阵子又想干那项工作，不能深入工作内部了解工作性质、工作职责以及工作技巧。近年来，毕业生要求调整单位的人数增多，就是因为一些学生入职很长时间后还不能稳定情绪，进入职业角色，反而认为单位有问题，没有适合自己的职位。事实上，如果不能静下心来踏踏实实地学习和适应工作，不管什么样的单位都不会适合。

四、角色转换的原则

角色转换是一个艰苦而长期的过程，需要坚持不懈的努力。同时，在角色转换过程中需要注意以下几条原则。

（一）热爱本职工作，树立救死扶伤的信念

热爱本职工作，安心工作岗位是学生角色向职业角色转换的基础。刚刚走上工作岗位的大学生，应当尽快地从学生学习生活的模式中解脱出来，全身心地投入到工作岗位中去。如果"身在曹营心在汉"，经过几个月甚至一年的适应还静不下心来，那么，不仅对角色转换不利，而且会影响职业兴趣的培养和工作成绩的取得。甘于吃苦是角色转换的重要条件。只有甘于吃苦，才能实事求是地分析和对待角色转换中遇到的种种困难，并自觉地加以克服。

（二）虚心学习知识，提高治病救人的能力

虚心学习知识，提高治病救人的能力是角色转换的重要手段。由于专业课程设置的相对狭窄和大学生活的短暂，一个人在校期间学习到的东西毕竟是有限的，尤其是随着科学的发展和技术的进步，新的知识和技能不断地出现，新的疾病谱及诊疗方法的更新，很多知识和能力需要在工作实践中去学习、锻炼和提高。大学毕业生在学校期间虽然学到了不少知识和技能，但面对全新的职业，还需要像小学生那样从头学起，虚心向有经验的技术人员、领导、师父和同事学习，学习他们观察问题、分析问题和解决问题的方法，不断丰富自己的专业知识，提高自己的专业技能，最终达到自我完善。

（三）勤于观察思考，杜绝责任事故发生

勤于观察思考，杜绝责任事故发生是角色转换的有力保障。大学毕业生进入职业角色，只有发现问题并努力运用自身掌握的知识去努力解决问题，才能掌握大量的第一手资料；只有分析研究职业对象的内部规律，也才能培养自己的独立见解。医务工作的对象是人，同样的病发生在不同人身上，症状和治疗方法也许都会有差别。职场新人要勤于观察思考，善于发现问题，主动寻求帮助，杜绝责任事故的发生。否则，将影响职业角色成功转换，甚至影响职业发展。

（四）勇挑工作重担，增强社会责任意识

勇挑重担和较强的社会责任感是完成角色转换的重要标志。大学毕业生走上工作岗位以后，应当从一开始就严格要求自己，树立主人翁意识，增强社会责任感，培养无私奉献的精神，任劳任怨，不计较个人的得失，努力承担岗位责任，主动适应工作环境，促使自己更好。

课后作业

　　刚刚迈入职场的医学生，难免在职场上产生迷惑和不适应的感觉。请结合本节内容，谈谈自己如何从思想、工作、学习等方面做好角色转变，成为合格的医务工作者。

第十章

医学生创新创业常识 ◀

我们要有一个真正创新的点。这个创新的点，并不是你随便想出来的一个小窍门或是比较有意思的想法，并不是这么简单的。当你有了创新点后，需要考虑的就是如何把你的能力或是企业的能力与创新相结合。

——简晶（联众创始人之一）

知识点

创新教育与创业教育的目标取向是一致的，都是旨在培养学生的创新精神和创业能力。本单元重点就创新创业的基本知识进行阐述，通过学习使学生对于创新创业的内涵、意义以及我国创新创业环境有所了解，明晰医学生创新创业应具备的条件，旨在引导医学生确立创新意识，在不断尝试、摸索、反思中学会创新创业，提高医学生创新创业的成功率。

第一节　医学生创新精神的培育

创新是社会进步的灵魂，创业是推进经济社会发展、改善民生的重要途径，创新和创业相连一体、共生共存。适应和引领经济发展新常态，推进供给侧结构性改革，根本要靠创新。

习近平（2017 年 9 月 15 日）

当前我国已进入大众化教育阶段，大学毕业生的就业压力增大，而大学生创新创业既是缓解社会就业压力的需要，也是国家提升民族竞争力的需要。对广大医学生来说，选择走创新创业之路既存在难得的机遇，也面临着严峻的挑战。

在此之前，首先要学习创新创业的基本知识，正确认识创新创业以及创新与创业之间的关系，学会运用创新的思维去指导创业的过程。

一、创新的内涵

1985 年，被誉为"现代管理之父"的彼得·德鲁克（Peter F.Drucker）发展了创新理论。他提出，任何使现有资源的财富创造潜力发生改变的行为，都可以称之为创新。德鲁克认为，创新不仅仅是创造，而且并非一定是技术上的；一项创新的考验并不在于它的新奇性、它的科学内涵，或它的小聪明，而在于推出市场后的成功程度，也就是能否为大众创造出新的价值。

创新是以新思维、新发明和新描述为特征的一种概念化过程，它原意含有三层意思：第一，更新；第二，创造新的东西；第三，改变。创新是人类特有的认识能力和实践能力，是人类主观能动性的高级表现形式，是推动民族进步和社会发展的不竭动力。目前主要根据创新活动中创新对象的不同，把创新分为知识创新和技术创新等。知识创新与技术创新作为人类创新活动的主要方面，互相之间存在着复杂的交互作用。知识创新是技术创新的基础，技术创新是知识创新的应用与发展。

二、创新对医学生的意义

创新是人类社会发展的重要动力，在人类社会发展的历史长河中，代代相传的人们不断改进生产工具，进行社会生产变革和科学技术创新，从而推动了世界文明的进步。创新也是一个国家和民族兴旺发达、繁荣昌盛的重要动力，只有大胆创新的国家才能成为世界强国，也只有勇于创新的民族才能雄居世界民族之林。人们的创新活动和创新能力源于人们在实践中培养起来的创新精神，具有高度创新精神的人，才会主动自觉地从事创新活动，才会有高度的创新能力。当代大学生是社会主义事业的建设者和接班人，其创新精神的培养关系到社会主义的前途命运，关系到国家的兴旺发达和民族的繁荣昌盛，有着十分重要的现实和历史意义。

同样，一切科学的进步与发展都离不开创新精神的作用，医学也是一样。科学技术每一项具有决定意义的突破，都将会带来生产力的飞跃，都将改变世界政治、经济乃至科技发展进程，对人类的生存和发展起着巨大的促进作用，影响到社会的各个方面。

健康是人们的基本权利和永恒追求，满足人们的健康需求永无止境。而这样的人类追求就是医学创新的不竭动力。高校医学生有良好的专业知识和实践技术作为基础，以此为基的创业更具有社会竞争力。

三、构建创新意识

创新意识引导着创新行为，具有较强的能动性，是创新型人才所必须具备的条件之一，而在现实生活中能希望找到解决问题的更好方法就是创新，而利用这种创新去创造社会价值的过程就是创业。

迷惘与疑惑

1. 作为医科大学应届毕业生，小王同学有想要自主创业的想法，他应该通过怎样的方式来提升自己的自主创业能力？

2. 小李同学刚刚从医学院校毕业，家庭经济条件较好，父母为她注册了一个小型药店，她一心想要发展好自己的"企业"，结果学护理专业的她对于药品营销的相关知识和技能了解甚少，药店的销售额日益萎缩，目前已面临关门的危险。

创新意识是指人们根据社会和个体生活发展的需要，引起创造前所未有的事物或观念的动机，并在创造活动中表现出的意向、愿望和设想。它是人类意识活动中的一种积极的、富有成果性的表现形式，是人们进行创造活动的出发点和内在动力。

医学生创新意识的培养和确立要注重培养求知欲。学而创，创而学这是创新的根本途径。青年要具备勤奋求知精神，不断地学习医学领域新知识，才能在自主创新中发挥充分作用。

医学生创新意识的培养要注重培养好奇欲。将蒙昧时期的好奇心向求知时期的好奇心转化，这是坚持、发展好奇心的重要环节。要对自己接触到的现象保持旺盛的好奇心，要敢于在新奇的现象面前提出问题，不要怕提出的问题简单，不要怕被人耻笑。

医学生创新意识的培养要注重培养创造欲。不满足于现成的思想、观点、方法，要经常思考如何在尊重医学的基础上创新发明，大脑里经常有"能否换个角度看问题？有没有更简捷有效的方法和途径"等问题盘旋。

医学生创新意识的培养要注重培养其质疑欲。"学起于思，思源于疑"，有疑问才能促使学生去思考，去探索，去创新。因此，要鼓励医学生大胆质疑、提出多种解决问题的方案及最佳方法。

当医学生的创新意识培养出来，他会在生活中发现解决问题的更好方法，而实践方法的过程会激发创业意识、创业动力和创业方式。

四、医学生创新创业教育的重点

在经济飞速发展和国家大力提倡创新创业的背景下，医学生创新创业教育日益受到重视。长期以来，党和国家十分重视公众的健康发展，并将"健康中国"建设上升为国家战略。随着全国卫生与健康大会的召开，"健康中国2030"规划纲要的出台，标志着大健康时代的到来，"大健康"在经济社会发展中的"优先度"也正日益凸显出来。当前，随着生产力的发展和国民经济的提高，创新越来越成为推动社会发展的重要力量，通过创新带动创业，再通过医学生的创业带动我国大健康产业的发展，使医学生充分发挥自己的优势和特长，不断的发挥创新意识，通过创新和创业共同推动大健康产业的发展。

（一）重点加强医学学生自主创业、创新意识的教育

要想创业成功，首先得有自主创业的意识。这种意识不仅需要学生具有，还需要来自学生家庭的认可和支持。只有在学生时代培养自己的创新创业意识，并不断地在创新创业实践中去提高自己的能力，才能将创业具体地付诸实践，否则，创新创业就只能是空喊口号。然而，由于专业性较强，加上传统思想的影响，医学类大学生普遍存在创新创业意识薄弱的倾向，所以在医学生创新创业教育中创新、创业的意识培养尤为重要。

（二）重点加强医学生创新、创业的危机意识的教育

创新、创业的发展突飞猛进，但是任何创新、创业的前提都应该建立在良好的知识储备、较强的综合能力、适宜的创业环境和充分的市场调查等条件的基础上。所以在医学生创新、创业的教育上危机意识和风险意识的树立尤为重要。不仅要培养学生创新、创业的主观能动性，更要让创业的学生明确创业有失败的风险，不能盲目地进行创新、创业活动，要在评估各方面风险后做下一步决定。

第二节　医学生创业素质的培养

一、创业的内涵

创业本义是"创立基业""创建功业"。在英文中"创业"有两种表达方式：一是"venture"，二是"entrepreneurship"。"venture"一词的最初意义是"冒险"，但在企业创业领域，它的实际意义并不是单纯的"冒险"，而是被赋予了"冒险创建企业"，即"创业"这一新的特定内涵。

结合我国当前实际，我们认为创业是通过必要的时间和努力发现与把握商业机会，通过创建企业或企业组织结构创新，筹集并配置各种资源，将新颖的产品或服务推向市场，从而最终实现创造经济价值和社会价值的过程。当然，从更广泛的意义上说，创业就是创造事业，是最高层次的就业。创业者进入市场、创建实业，是生活态度和生活方式的巨大转折，是为自己创建一个发挥才华、施展抱负、奉献社会、报效国家的舞台。

二、创业的意义

当前经济环境下，创新创业日益成为时代的潮流和主题。尤其是互联网经济的蓬勃发展，各种新的商业模式、新的商业理念层出不穷，日益成为经济发展的新引擎。

（一）创新创业是国家经济发展的直接推动力

有关研究表明，某一区域内创新创业活动的活跃程度与该区域的经济发展速度之间呈现出显著的正相关关系，尤其是区域内创新创业活动对该区域未来两年的经济发展具有明显促进作用。其内在的逻辑是：区域内创新创业活动会直接推动该区域内中小企业数量增加，从而引起该区域内社会财富和经济总量的增长。这突出体现在，与发展中国家或地区相比，发达国家和地区所拥有的企业的相对数量通常更高。据近年来有关研究资料，美国共有中小企业约560万家，占各类企业总数的99.7%，此外还有1500万个体户，其39%的GDP和53.5%的销售额是由中小企业实现的。美国平均每53人拥有一家企业，每10人拥有一家包括个体户在内的经济实体。2008年欧盟共有各类企业2300万家，其中中小企业占99.8%，平均每22个人拥有一家企业。2001—2006年欧盟平均每年净增加企业约30万家，增速1.4%，新增企业几乎全是中小企业。2009年以后，由于金融危机的冲击，欧盟企业增速下滑，宏观经济也相应进入衰退时期。德国75%的国内生产总值、46%全国总投资、70%的税收和2/3的专利技术，以及约1/3的开发项目在商业上得到应用，都是中小企业提供和实现的，其强大的国际竞争力的基础主要是中小企业。意大利作为世界经济强国之一，主要是以中小企业为其经济实力基础的。日本目前共有企业约627万个，其中中小企业占99.4%，平均每20个人拥有一家企业。韩国企业数量约346.9万个，平均每14个人拥有一家企业。

近年来，我国创新创业活动日益活跃，新企业数量增长明显加快，企业素质也显著提高。据国家工商总局提供的数据，2012年全国实有内外资企业1308.57万户，实有注册资本77.20万亿元，比2007年分别增长49.4%和132.7%，年均增长率为8.4%和18.4%。

2001 年我国平均每 179 人拥有一家内外资企业，2007 年每 137 人拥有一家企业，2011 年每 107 人拥有一家企业。企业数量和宏观经济在 2001~2011 年的增长情况，印证了创业与两年后的经济增长正相关程度更高的观点是基本正确的。

（二）创新创业活动是推动我国经济结构转型的重要力量

创业者的有效创业数量越高，中小企业数量增加就越快，从这些企业中成长起来的大中型企业的数量也越多。不断增多的新创企业具有满足多样性、特殊性社会需求，以及深化产业分工、缓解经济衰退的破坏性作用，还有消除垄断造成的许多弊端、合理开发利用资源等功能，在促进经济增长加快的基础上，能够有效推动经济结构和经济社会运行发展模式趋于合理、进步。

（三）推动创新创业活动是实现充分就业、促进社会稳定与发展的有效手段

有关研究表明，平均每名创业者可带动 28 人就业。世界主要国家实现充分就业的主渠道就是增加企业尤其是中小企业的数量。随着经济的发展和升级，传统就业岗位不足以承担巨大的经济容量和发展规模，只有通过创业活动，扩大各类企业特别是中小企业的就业容量，才能创造不断增多的新工作岗位，并提高就业结构水平。

三、医学生创业应具备的素质

（一）要有梦想和激情

创新创业是一个非常伟大的字眼，它使人兴奋、冲动、热血沸腾。创新创业需要梦想和激情，没有对创新创业成功的渴求很难想象能取得创新创业的成功。梦想是创新创业的摇篮，能激发个体的创造力，使他从梦想家成为成功的创新创业者。梦想就是对自己说：一切皆有可能！将梦想变为现实生活中的一个目标，明确努力的方向，并保持清醒的头脑坚持到底，才能最终实现梦想。

【案例】

戴尔集团的创始人迈克尔·戴尔曾经这样说过："梦想有多大，你的成功就有多大"。要做到这一点，不必是天才，不必是先知，不必有大学文凭，所需要的只是一个架构与梦想，并将它付诸于实践！美国家庭教育中，小孩从 6 岁开始就进行创业教育。他们认为，青少年的职业观念的发展包括三个阶段：梦想阶段，尝试阶段，实践阶段。其中一、二阶段也就是把人生梦想转变为职业理想的一个过程，第三个阶段则是追求并实现理想的过程。其实，真实的世界是个富裕的世界，如果心里有一个美丽的梦想，那么请开始认真地探寻方法去实现梦想，终有一天，会看到梦想变成理想，进而变成现实。

（二）拥有利于创业的人格特征

创新创业能力与人格有着密切的关系。比如探索欲望，表现在大学生身上，就是在解决问题初期，大学生会不满足于现有研究对问题的解释，希望能够对问题有新的发现；在解决问题的过程中，会不满足于自己已经取得的成果，而是希望能够进一步深入研究，更好地解决问题和有更大的发现。还有意志力，意志力是指在人的活动中克服各种困难以实现目标的一种心理品质。创新创业活动是与克服困难相联系的，活动中既要克服外在的困难，如任务具有挑战性及解决问题条件不充分等困难，更要克服内在的思维定势、知识经验不足以及提高经受打击的能力。因此，创新的人格需要具有克服困难的良好意志力。良好意志力使学生在活动中能够坚忍不拔、不半途而废，而这对于创新创业活动至关重要。

许多领域的创新活动经验证明，灵感只偏爱执着的人，只有在"山重水复疑无路"时继续坚持，才会有最终的发现。

（三）要有资金的准备

俗话说"巧妇难为无米之炊"。对于创新创业而言，没有资金的支持，再好的创意也难以转化为现实的生产力。在获取资金前，首先得明白自己需要多少资金，如何获得资金，资金的来源渠道等。创新创业者必须具备一定的商业概念，是选择债权作为资金来源还是选择股权作为资金来源，你选择什么东西给你的投资人作保障，这些基本问题将决定创新创业的前期是否成功。大学生要开拓思路，多渠道融资，除了银行贷款、自筹资金、民间借贷等传统途径外，还可充分利用风险投资、创业基金等融资渠道。

【案例】

一位某医学院校毕业生想利用自身所学知识开办一家社区门诊，在创业初期，由于资金紧张，举步维艰，于是他用自己的一套旧房子到银行抵押贷款，贷款 5 万元，一年还清。但他为了获得银行信任，不到一年，提前 3 个月就将本息还清。不久，第二次去该银行贷款 10 万元。由于第一次合作愉快，以后不断增加贷款额，直至使他的社区门诊红红火火地开展起来。

（四）要有社会经验和人际关系积累

一个人要成功，到底是知识重要，还是人脉更重要？答案是两个都重要。但是他们重要的比例是不一样的，很多社会学家认为知识占 30%，人脉占 70%，这里的人脉其实指的就是人际关系。社会经验和人脉关系积累是创新创业成功的必要条件之一，可以比较的是，一个有广泛的社会关系和朋友的人肯定要比一个没有多少朋友的人创新创业成功的可能性要更大一些。因此，人们常说，社会经验和人脉关系积累也是一个人重要的财富。

（五）要有良好的心理素质和风险意识

凡是投资就都会有风险，不可能万无一失，市场经济条件下，无论从事哪种行业都能难免会遭遇各种各样的挫折和失败，创新创业者总是要面对无数或隐藏或暴露的风险，所以想要创新创业成功一定要具备过硬的心理素质和风险意识。

医学生创新创业是一项非常艰辛的事业，在创新创业过程中不仅仅会兴奋和激动，也会承担压力和风险，具备了更多的创新创业条件，才能够更好地加入到创新创业的队伍中。

第三节　医学生创新创业能力的激发

一、创新能力概述

创新的过程是一项复杂的社会实践活动。具备较高的创新能力是创新和创业取得成功的重要条件和保障。

国内外学者对创新能力的理解并不相同，但他们对创新能力内涵的阐述基本上可以概括为三种观点：第一种观点认为，创新能力是个体运用一切已知信息，包括已有的知识和经验等，产生某种独特、新颖、有社会或个人价值的产品的能力。它包括创新意识、创新思维和创新技能三部分，核心是创新思维。第二种观点认为，创新能力表现为两个相互关联的部分，一部分是对已有知识的获取、改组和运用；另一部分是对新思想、新技术、新产品的研究与发明。第三种观点从创新能力应具备的知识结构着手，认为创新能力应具备的知识结构包括基础知识、专业知识、工具性知识或方法论知识以及综合性知识四类。

综上所述，所谓创新能力，是指为了达到某一目标，综合运用所掌握的知识，通过分析解决问题，获得新颖、独创的，具有社会价值的精神和物质财富的能力。创新能力从来不是孤立地存在于个体的心理活动中的，而是与个体所具有的人格特征紧密相连的。

二、创新与创业的关系

创业与创新虽然是两个不同的概念，但是两个范畴之间却存在着本质上的契合、内涵上的相互包容和实践过程中的互动发展。

在知识经济时代，创新创业成为大学毕业生一种新的择业途径，具有广阔的发展前景。创新创业要取得成功，创新创业者就必须具备一定的基本知识和技能。

一般来说，创新创业者必须具备以下八个方面的能力，即创新能力、策划能力、组织能力、管理能力、社交能力、知识储备能力、自控能力以及抗压能力。

1. 创新能力（innovation ability） 创新贯穿于创业的全过程，无论是发现市场机遇还是撰写创业计划，再到创业融资乃至对创业活动的管理与控制，都是一个创新的过程。所以，作为一个创业者，必须具有在技术和管理上的创新能力。当然，这里所说的创业者并不局限于个体，而是包括团队在内的组织。创新能力又来源于创造性思维，很难想象一个墨守成规、循规蹈矩的人能够成为一个成功的创业者。

2. 策划能力（plan ability） 管理学上通常将管理资源分为人、财、物、信息和时间等，这样的分类方法同样适用新创企业，这些资源对于一个处于初创期的企业来说都是稀缺的，所以根据外部创业环境和掌握的创业机会进行富有创意的策划就显得至关重要。创新创业者发挥策划能力必须注意几个方面的问题。第一、创新创业者在进行某项策划时必须考虑策划涉及的范围和有关限制因素，然后决定由谁来进行策划；第二、创新创业者要考虑某项策划的价值；第三、创新创业者要考虑策划的时机，进行为时尚早的策划同贻误战机一样，都会导致失去创业机会；第四、创新创业者要考虑策划的根据和后果。

3. 组织能力（organization ability） 早在20世纪初，法约尔就将管理的职能归纳为计划、组织、命令、调整和控制。对于新创企业而言，由于资源的缺乏和经验的不足，对有限的资源进行合理的组织就显得格外重要。组织能力是创新创业者不可缺少的能力之一。因为，组织才是创造价值的源泉。

4. 管理能力（management ability） 创新创业者需要具备的第四项能力就是管理能力。管理能力与组织能力有着密不可分的联系，但是两者并不等同。管理能力主要包括四个方面的内容。①创新创业者必须具备决策能力。这里所说的决策既包括对实现目的、手段的规定，又包括对目的本身的规定。巴纳德将前者称为机会主义的决策（译为随机应变的决策）；后者则为道德决策。对于创新创业者来说，道德决策显得比机会主义决策更加重要。

因为它决定了企业的目的，规定了企业的发展方向和经营理念。②创新创业者必须具备沟通能力。创业者在作为企业领导者的同时，又是沟通系统的中心。任何一个组织都可以理解为一个信息传递的系统，而创业者常常位于组织的核心。③创新创业者需要具备激励能力，通俗地讲，就是善于调动人的积极性。通常，激励的方式很多，既包括物质激励，又包括精神激励；既包括制度方面的内容，又包括情感方面的内容。对于新创企业而言，创业者能否通过事业和情感吸引、激励人才具有深刻的意义。④创新创业者必须具有领导能力。创新创业者在组织中需要承担多种角色，其中重要的一项就是领导者。现代管理学认为，一个命令或信息是否能够引发行动，不在于发出命令的一方，而在于接受的一方。这就是我们常说的权威接受学说，而决定命令是否有效的关键是发令者是否具有威望，而与他所在的职位无关。这就要求创新创业者不仅要在技术和管理业务上具备令人信服的才能，而且要有良好的修养和高尚的道德情操。

5. 社交能力（social ability）　社交能力对于创新创业者来说也是必不可少的。由于新创企业是一个"后发者"，所以社交活动必不可少。如果创新创业者具有较强的社交能力，就有可能获取更多的信息，并尽快与各界人士建立相互信赖的关系。综观世界上成功的创业者，作为社交家活跃在国际舞台的大有人在。

6. 知识储备能力（ability of knowledge reserve）　"罗马不是一天建成的。"这句话我们耳熟能详，他告诉我们：创新、创业想要赢，贵在持之以恒。而良好的知识储备能力是持之以恒进行有关创新创业思考和学习的最基本能力。"恒"，完成幼苗苗长为参天大树的抱负；"恒"，实现小溪汇成江河的理想；"恒"，成就了骏马至之千里的志向。对于创新、创业来说知识储备能力是十分必要的，想要充分全面地进行创新、创业的前期工作，良好的知识储备能力能够使得创业者更好规避创业带来的风险以及提升在创新性方面的前沿竞争性。

7. 自控能力（control ability）　自控力，也可以通俗地理解成控制自己的注意力、情绪和欲望的能力。心理学家利兰对意志力慷慨激昂的诠释更使我们深受启发。他说："一个有意锻炼自己并提升自己自控力的人，将会获得无比巨大的力量，这种力量不仅能够完全控制一个人的精神世界，而且能够使人的心理发展水平达到前所未有的高度，让一个人得到以前从未想过能拥有的智慧、天赋和能力。"而对于进行创业活动的学生来说，自控能力尤为重要，因为在创业过程中潜在许多风险，而金融诱惑是其中的陷阱之一，只有拥有良好的自控能力才能在创新、创业过程中规避由于各种陷阱和诱惑带来的风险。

8. 抗压能力（compression ability）　任何人都存在的不同程度的压力，对于大学生创新、创业的教育来说，培养学生的抗压能力十分重要。而对于大学生创业者来说面临的压力更加严峻。压力的来源主要分为外部环境和心理因素，而当今的大学生由于生活环境的优越没有经历过太大的挫折导致他们的抗压能力不强，而创业的过程压力是巨大的，当创业面临窘境甚至失败的时候压力更是不言而喻。所以在大学生创新、创业的教育中抗压能力的具备是必不可少的。

第四节 大学生创新创业的政策法规

一、创新创业应掌握的基本知识

（一）专业知识

专业知识是指与创新创业目标直接联系和发挥作用的知识体系。专业知识是人们长期的社会实践及社会分工的产物，在形式上表现为某种性质和类别的学科知识，可以说专业知识就是对某一领域内事物发展规律的概括和总结。对于医学生创新创业而言，专业知识的要求程度更高，由于医学专业知识的应用性很强，这些专业知识也是医学生创新创业的基础。

（二）经济管理知识

在市场经济条件下，创新创业成败的关键很大程度上在于经营管理。医学生创新创业也不例外，在日益复杂激烈的市场竞争中，无论是开设门诊还是药品经营企业或其他行业，创新创业者不能仅凭经验和直觉去经营，必须运用有效的经营管理知识来武装自己，指导经营活动。同时，人力资源是社会的稀缺资源，创新创业者必须明白只有科学合理地使用人力资源，才会为企业创造更多的财富。

（三）金融知识

金融即资金的融通，它涉及到如何获得发展所需资金等各个方面的问题。一个创新创业者，无论有多强的经营能力，如果没有资金，那就什么也干不成。所以无论是在创新创业初期，还是在创新创业过程中，筹集发展所需要的资金都至关重要。

（四）商业知识

创新创业者要懂得必要的商业知识，它包括：合法开业知识、营销知识、货物知识、资金及财务知识、服务行业知识、经济法常识、劳动用工及社会保障知识、公关及交际基本知识等。这些商业知识的取得，可以通过专业培训、就业指导咨询、广播电视媒体讲座、自学或向别人请教等多种方式获得，也可以边干边学，边学边干，带着问题学，学以致用，从而逐渐了解和掌握。

（五）税收知识

税收是国家凭借政治权力参与社会分配、取得物质财富的一种手段。国家行使社会管理职能必须有物质基础作保证，税收就是这种物质基础的来源。税收具有强制性，即国家依靠国家权力，按照法律规定强制征收。纳税是政府调节经济的重要杠杆，依法纳税是纳税人的义务。

（六）法律知识

我们的市场经济是法制经济。创新者尤其是创业者一般应对《公司法》《合同法》《劳动法》《反不正当竞争法》《产品质量法》《商标法》《消费者权益保护法》等我国法律条文有所了解，并聘请律师作为自己的法律顾问。

二、我国创新创业环境的特点

2013 年 11 月习近平致 "2013 年全球创业周中国站活动组委会的贺信" 中指出，青年是国家和民族的希望，创新是社会进步的灵魂，创业是推动经济社会发展、改善民生的重要途径。青年学生富有想象力和创造力，是创新创业的有生力量。希望广大青年学生把自己的人生追求同国家发展进步、人民伟大实践紧密结合起来，刻苦学习，脚踏实地，锐意进取，在创新创业中展示才华、服务社会。全社会都要重视和支持青年创新创业，提供更有利的条件，搭建更广阔的舞台，让广大青年在创新创业中焕发出更加夺目的青春光彩。

（一）平民化创新创业时代的到来

当前，我国创新创业活动最明显的特征就是表现出平民化趋势，我国成为了世界上创新创业活动最活跃的地区之一。这种平民化趋势体现在以下几个方面：创新创业门槛降低，适宜平民进入；创新创业主体趋向社会基层；平民化的营销思路更具发展前景；平民化创新创业企业呈现旺盛生机。

（二）创新创业教育蓬勃兴起

创新创业教育是指与创新创业有关的理论教育和实践教育的统称。创新创业能力是一种生存能力，创新创业教育是一种培养和提高生存能力的教育。

（三）创新创业孵化器发展迅速

创新创业孵化器也称企业孵化器，是一种新型的创新创业经济组织，是为创新创业企业成长和发展提供系统支持和资源网络的经济组织形式。它通过提供低成本的研发、生产、经营用地、通讯、网络办公等共享设施，系统的培训和咨询，政策、融资、法律和市场推广等方面的支持系统，使创新创业企业的创业成本得以降低，创新创业风险得以规避，创新创业成功率得以提高的一种适于中小企业生存和成长的发展环境和发展空间。我国当前已经进入创新创业孵化器大国行列。2012 年底我国已有创新创业孵化器1000 余家。它的主要功能是将初始阶段的创新创业企业发展成为健康成长的企业，将创新创业者培养成为企业家。它将成为培养成功的创新创业企业家的摇篮和风险投资的理想投资场所。

（四）创新创业扶植力度不断加大

为加速群体性创新创业活动的开展，从国家到地方陆续出台了许多鼓励创新创业，扶植创新创业企业快速崛起的政策。2015 年国务院印发了《关于大力推进大众创业万众创新若干政策措施的意见》，从 9 大领域、30 个方面明确了 96 条政策措施，这是推动大众创业、万众创新的系统性、普惠性政策文件。《意见》要求，各地区、各部门要进一步统一思想认识，高度重视、认真落实，结合实际明确任务分工、落实工作责任，主动作为、敢于担当，积极研究解决新问题，及时总结推广经验做法，推动各项政策措施落实到位，不断拓展大众创业、万众创新的空间，汇聚经济社会发展新动能，促进我国经济保持中高速增长、迈向中高端水平。

为了缓解大学生就业的压力，国家工商总局出台了对普通高等学校毕业生从事个体经营有关收费的优惠政策。不仅如此，各地政策正在进一步细化和配套化，这些政策对创新创业者的创业活动开展起到了一定的促进作用。

（五）创新创业协会的普遍建立

当前，清华大学、海南大学、吉林化工学院、南京航空航天大学等 100 多所院校已经建立了创新创业者协会。不仅如此，这种创新创业者协会还进行了横向扩展和纵向延伸，已经发展了青年创新创业者学会、中关村创新创业者学会、外出务工创新创业者学会等众多的创新创业协会组织。这种遍及国内外的、形式多样的创新创业学会对于创业者的创新创业活动给予多种帮助和指导，对其成长起到了重要的作用。

课后作业

1. 思考自己是否具备创业条件？
2. 制订一个初步的创业方案。

大学生职业生涯与发展规划表　附录 1

附表 1-1　×××大学期间生涯规划表

×××大学期间生涯规划表

一般情况	姓名		性别		年龄		政治面貌	
	就读学校				院、系			
	所学专业				感兴趣的专业			
	起止时限							
	年龄跨度							
规划总目标	就业		考研		留学		创业	
具体方向			我的气质					
自我分析（包括现状分析与潜力测评的发展潜能）	认识自我		我的性格					
			我的能力					
			我的兴趣					
			我的职业价值观					
			我心中理想的职业					
	角色转为目标		从依赖到独立的转变					
			从被动学习到主动学习的转变					
			从未成年人向成年人的转变					

续表

环境因素 分析	学校学习、生活 等环境分析	本专业的课程设置（可另附表）	
		与未来职业发展有关的课程设置（可另附表）	
	行业发展趋势与就业环境分析		
	国家相关政策法规、经济形势分析		
我的现状与 规划成功标 准之间的匹 配分析	我的优势		
	我的不足		
征求意见	家长建议		
	老师建议		
	同学建议		
	朋友建议		
大学生生涯 规划目标 分解	大一的目标	1. 学业规划目标	
		2. 生活成长规划目标	
		3. 社会活动规划目标	
	大二的目标	1. 学业规划目标	
		2. 生活成长规划目标	
		3. 社会活动规划目标	
	大三的目标	1. 学业规划目标	
		2. 生活成长规划目标	
		3. 社会活动规划目标	
	大四的目标	1. 学业规划目标	
		2. 生活成长规划目标	
		3. 社会活动规划目标	

续表

大学期间 生涯规划 目标组合	学习目标	专业学习目标	
		与职业相关的学习目标	
	生活成长目标	体魄健康	
		心理健康	
		学会理财	
		学会管理时间	
		正确交友	
	社会实践目标	参加社团目标	
		见习、实习目标	
		假期社会实践目标	
大学期间 生涯规划 成功标准	学习生涯 成功标准	专业学习成绩优良	
		与总目标相关的学习成绩优良	
	生活成长 成功标准	体魄健康	
		心理健康	
		会理财	
		会管理时间	
		人际沟通能力强	
	社会实践 成功标准	积极参与社团活动，成为社团骨干	
		见习、实习成绩优良	
		认识社会与职业	
找出差距			
缩小差距的 方案			

附表 1-2 ×××大学期间生涯规划××（阶段）实施、评估与修正表

×××大学期间生涯规划××（阶段）实施、评估与修正表

一般情况		姓名		性别		年龄		政治面貌	
		就读学校				院、系			
		所学专业		感兴趣的专业					
		起止时限							
总目标									

		学习目标	生活成长目标	社会实践目标
××阶段 分目标		1. 专业学习成绩优良 2. 与总目标相关的学习成绩优良	1. 体魄健康 2. 心理健康 3. 会理财 4. 会管理时间 5. 人际沟通能力强	1. 积极参与社团活动，成为社团骨干 2. 实习成绩优良 3. 认识社会与职业
实施 （具体方案）	1. 制订的实施方案应该详细、可以量化 2. 可以便于评估 3. 必须围绕阶段目标制订	1. 文化基础课程考核成绩优良门数××门 2. 相关专业课程考核优良门数××门 3. 选修课程考核成绩优良门数××门	1. 每天坚持体育锻炼××小时 2. 坚持心理素质训练 3. 每月收支平衡 4. 时间安排合理	1. 参加了××社团，每周参加社会活动××次 2. 参加社会公益活动 3. 实习成绩优良
评估 （内容）	1. 达到规划标准的情况 2. 未达标的情况 3. 找出差距并分析原因	1. 达标门数 2. 未达标门数 3. 差距有 4. 原因是	1. 达标的地方 2. 未达标的地方 3. 差距有 4. 原因是	1. 达标的地方 2. 未达标的地方 3. 差距有 4. 原因是
修正 （内容）	1. 目标过高过大，不切合施加，需修订目标 2. 实施方案不符合实际，需要调整 3. 执行方案不力，要加强实施			

附表 1-3　大学生毕业后职业生涯与发展规划表

大学生毕业后职业生涯与发展规划表

一般情况	姓名		性别		年龄		政治面貌	
	最高学历				婚姻状态			
	所学专业				感兴趣的专业			
	起止时限							
	年龄跨度							
规划总目标								
职业方向	职业方向一							
	职业方向二							
	职业方向二							
自我分析（包括现状分析与潜力测评的发展潜能）	认识自我	我的气质						
		我的性格						
		我的能力						
		我的兴趣						
		我的职业价值观						
		我心中理想的职业						
环境因素分析	社会环境分析							
	职业环境分析							
	行业发展趋势与就业环境分析							
	企业分析							
	国家相关政策法规、经济形势分析							
我的现状与规划成功标准之间的匹配分析	我的优势							
	我的不足							
征求意见	家长建议							
	老师建议							
	同事建议							
	朋友建议							

续表

大学生生涯规划目标分解	阶段一的目标（ 年 – 年）		
	阶段二的目标（ 年 – 年）		
	阶段三的目标（ 年 – 年）		
	阶段四的目标（ 年 – 年）		
大学期间生涯规划目标组合	人生目标	职业目标	
		财富目标	
		家庭目标	
		社会价值目标	
	长期目标	职业目标	
		财富目标	
		家庭目标	
		社会价值目标	
	中期目标	职业目标	
		财富目标	
		家庭目标	
		社会价值目标	
大学期间生涯规划成功标准	职业目标成功标准		
	家庭目标成功标准		
	社会价值成功标准		
找出差距			
缩小差距的方案			

注：在制订出大学期间的规划之后，还要进一步根据规划制订出按学期、月、周、日的实施方案，并在实施过程中，及时进行评估，总结实施的效果，必要时对方案进行修正。

（一）中华人民共和国就业促进法

（2007 年 8 月 30 日第十届全国人民代表大会常务委员会第二十九次会议通过）

目　　录

第一章　总　　则

第一条　为了促进就业，促进经济发展与扩大就业相协调，促进社会和谐稳定，制定本法。

第二条　国家把扩大就业放在经济社会发展的突出位置，实施积极的就业政策，坚持劳动者自主择业、市场调节就业、政府促进就业的方针，多渠道扩大就业。

第三条　劳动者依法享有平等就业和自主择业的权利。

劳动者就业，不因民族、种族、性别、宗教信仰等不同而受歧视。

第四条　县级以上人民政府把扩大就业作为经济和社会发展的重要目标，纳入国民经济和社会发展规划，并制定促进就业的中长期规划和年度工作计划。

第五条　县级以上人民政府通过发展经济和调整产业结构、规范人力资源市场、完善就业服务、加强职业教育和培训、提供就业援助等措施，创造就业条件，扩大就业。

第六条　国务院建立全国促进就业工作协调机制，研究就业工作中的重大问题，协调推动全国的促进就业工作。国务院劳动行政部门具体负责全国的促进就业工作。

省、自治区、直辖市人民政府根据促进就业工作的需要，建立促进就业工作协调机制，协调解决本行政区域就业工作中的重大问题。

县级以上人民政府有关部门按照各自的职责分工，共同做好促进就业工作。

第七条　国家倡导劳动者树立正确的择业观念，提高就业能力和创业能力；鼓励劳动者自主创业、自谋职业。

各级人民政府和有关部门应当简化程序，提高效率，为劳动者自主创业、自谋职业提供便利。

第八条　用人单位依法享有自主用人的权利。

用人单位应当依照本法以及其他法律、法规的规定，保障劳动者的合法权益。

第九条　工会、共产主义青年团、妇女联合会、残疾人联合会以及其他社会组织，协助人民政府开展促进就业工作，依法维护劳动者的劳动权利。

第十条　各级人民政府和有关部门对在促进就业工作中作出显著成绩的单位和个人，给予表彰和奖励。

第二章　政　策　支　持

第十一条　县级以上人民政府应当把扩大就业作为重要职责，统筹协调产业政策与就业政策。

第十二条　国家鼓励各类企业在法律、法规规定的范围内，通过兴办产业或者拓展经营，增加就业岗位。

国家鼓励发展劳动密集型产业、服务业，扶持中小企业，多渠道、多方式增加就业岗位。

国家鼓励、支持、引导非公有制经济发展，扩大就业，增加就业岗位。

第十三条　国家发展国内外贸易和国际经济合作，拓宽就业渠道。

第十四条　县级以上人民政府在安排政府投资和确定重大建设项目时，应当发挥投资和重大建设项目带动就业的作用，增加就业岗位。

第十五条　国家实行有利于促进就业的财政政策，加大资金投入，改善就业环境，扩大就业。

县级以上人民政府应当根据就业状况和就业工作目标，在财政预算中安排就业专项资金用于促进就业工作。

就业专项资金用于职业介绍、职业培训、公益性岗位、职业技能鉴定、特定就业政策和社会保险等的补贴，小额贷款担保基金和微利项目的小额担保贷款贴息，以及扶持公共就业服务等。就业专项资金的使用管理办法由国务院财政部门和劳动行政部门规定。

第十六条　国家建立健全失业保险制度，依法确保失业人员的基本生活，并促进其实现就业。

第十七条　国家鼓励企业增加就业岗位，扶持失业人员和残疾人就业，对下列企业、人员依法给予税收优惠：

（一）吸纳符合国家规定条件的失业人员达到规定要求的企业；

（二）失业人员创办的中小企业；

（三）安置残疾人员达到规定比例或者集中使用残疾人的企业；

（四）从事个体经营的符合国家规定条件的失业人员；

（五）从事个体经营的残疾人；

（六）国务院规定给予税收优惠的其他企业、人员。

第十八条　对本法第十七条第四项、第五项规定的人员，有关部门应当在经营场地等方面给予照顾，免除行政事业性收费。

第十九条　国家实行有利于促进就业的金融政策，增加中小企业的融资渠道；鼓励金融机构改进金融服务，加大对中小企业的信贷支持，并对自主创业人员在一定期限内给予小额信贷等扶持。

第二十条　国家实行城乡统筹的就业政策，建立健全城乡劳动者平等就业的制度，引导农业富余劳动力有序转移就业。

县级以上地方人民政府推进小城镇建设和加快县域经济发展，引导农业富余劳动力就地就近转移就业；在制定小城镇规划时，将本地区农业富余劳动力转移就业作为重要内容。

县级以上地方人民政府引导农业富余劳动力有序向城市异地转移就业；劳动力输出地和输入地人民政府应当互相配合，改善农村劳动者进城就业的环境和条件。

第二十一条　国家支持区域经济发展，鼓励区域协作，统筹协调不同地区就业的均衡增长。

国家支持民族地区发展经济，扩大就业。

第二十二条　各级人民政府统筹做好城镇新增劳动力就业、农业富余劳动力转移就业和失业人员就业工作。

第二十三条　各级人民政府采取措施，逐步完善和实施与非全日制用工等灵活就业相适应的劳动和社会保险政策，为灵活就业人员提供帮助和服务。

第二十四条　地方各级人民政府和有关部门应当加强对失业人员从事个体经营的指导，提供政策咨询、就业培训和开业指导等服务。

第三章　公　平　就　业

第二十五条　各级人民政府创造公平就业的环境，消除就业歧视，制定政策并采取措施对就业困难人员给予扶持和援助。

第二十六条　用人单位招用人员、职业中介机构从事职业中介活动，应当向劳动者提供平等的就业机会和公平的就业条件，不得实施就业歧视。

第二十七条　国家保障妇女享有与男子平等的劳动权利。

用人单位招用人员，除国家规定的不适合妇女的工种或者岗位外，不得以性别为由拒绝录用妇女或者提高对妇女的录用标准。

用人单位录用女职工，不得在劳动合同中规定限制女职工结婚、生育的内容。

第二十八条　各民族劳动者享有平等的劳动权利。

用人单位招用人员，应当依法对少数民族劳动者给予适当照顾。

第二十九条　国家保障残疾人的劳动权利。

各级人民政府应当对残疾人就业统筹规划，为残疾人创造就业条件。

用人单位招用人员，不得歧视残疾人。

第三十条　用人单位招用人员，不得以是传染病病原携带者为由拒绝录用。但是，经医学鉴定传染病病原携带者在治愈前或者排除传染嫌疑前，不得从事法律、行政法规和国务院卫生行政部门规定禁止从事的易使传染病扩散的工作。

第三十一条　农村劳动者进城就业享有与城镇劳动者平等的劳动权利，不得对农村劳动者进城就业设置歧视性限制。

第四章　就业服务和管理

第三十二条　县级以上人民政府培育和完善统一开放、竞争有序的人力资源市场，为劳动者就业提供服务。

第三十三条　县级以上人民政府鼓励社会各方面依法开展就业服务活动，加强对公共就业服务和职业中介服务的指导和监督，逐步完善覆盖城乡的就业服务体系。

第三十四条　县级以上人民政府加强人力资源市场信息网络及相关设施建设，建立健全人力资源市场信息服务体系，完善市场信息发布制度。

第三十五条　县级以上人民政府建立健全公共就业服务体系，设立公共就业服务机构，为劳动者免费提供下列服务：

（一）就业政策法规咨询；

（二）职业供求信息、市场工资指导价位信息和职业培训信息发布；

（三）职业指导和职业介绍；

（四）对就业困难人员实施就业援助；

（五）办理就业登记、失业登记等事务；

（六）其他公共就业服务。

公共就业服务机构应当不断提高服务的质量和效率，不得从事经营性活动。

公共就业服务经费纳入同级财政预算。

第三十六条　县级以上地方人民政府对职业中介机构提供公益性就业服务的，按照规定给予补贴。

国家鼓励社会各界为公益性就业服务提供捐赠、资助。

第三十七条　地方各级人民政府和有关部门不得举办或者与他人联合举办经营性的职业中介机构。

地方各级人民政府和有关部门、公共就业服务机构举办的招聘会，不得向劳动者收取费用。

第三十八条　县级以上人民政府和有关部门加强对职业中介机构的管理，鼓励其提高服务质量，发挥其在促进就业中的作用。

第三十九条　从事职业中介活动，应当遵循合法、诚实信用、公平、公开的原则。

用人单位通过职业中介机构招用人员，应当如实向职业中介机构提供岗位需求信息。禁止任何组织或者个人利用职业中介活动侵害劳动者的合法权益。

第四十条　设立职业中介机构应当具备下列条件：

（一）有明确的章程和管理制度；

（二）有开展业务必备的固定场所、办公设施和一定数额的开办资金；

（三）有一定数量具备相应职业资格的专职工作人员；

（四）法律、法规规定的其他条件。

设立职业中介机构，应当依法办理行政许可。经许可的职业中介机构，应当向工商行政部门办理登记。

未经依法许可和登记的机构，不得从事职业中介活动。

国家对外商投资职业中介机构和向劳动者提供境外就业服务的职业中介机构另有规定的，依照其规定。

第四十一条　职业中介机构不得有下列行为：

（一）提供虚假就业信息；

（二）为无合法证照的用人单位提供职业中介服务；

（三）伪造、涂改、转让职业中介许可证；

（四）扣押劳动者的居民身份证和其他证件，或者向劳动者收取押金；

（五）其他违反法律、法规规定的行为。

第四十二条　县级以上人民政府建立失业预警制度，对可能出现的较大规模的失业，实施预防、调节和控制。

第四十三条　国家建立劳动力调查统计制度和就业登记、失业登记制度，开展劳动力资源和就业、失业状况调查统计，并公布调查统计结果。

统计部门和劳动行政部门进行劳动力调查统计和就业、失业登记时，用人单位和个人应当如实提供调查统计和登记所需要的情况。

第五章　职业教育和培训

第四十四条　国家依法发展职业教育，鼓励开展职业培训，促进劳动者提高职业技能，增强就业能力和创业能力。

第四十五条　县级以上人民政府根据经济社会发展和市场需求，制定并实施职业能力开发计划。

第四十六条　县级以上人民政府加强统筹协调，鼓励和支持各类职业院校、职业技能培训机构和用人单位依法开展就业前培训、在职培训、再就业培训和创业培训；鼓励劳动者参加各种形式的培训。

第四十七条　县级以上地方人民政府和有关部门根据市场需求和产业发展方向，鼓励、指导企业加强职业教育和培训。

职业院校、职业技能培训机构与企业应当密切联系，实行产教结合，为经济建设服务，培养实用人才和熟练劳动者。

企业应当按照国家有关规定提取职工教育经费，对劳动者进行职业技能培训和继续教育培训。

第四十八条　国家采取措施建立健全劳动预备制度，县级以上地方人民政府对有就业要求的初高中毕业生实行一定期限的职业教育和培训，使其取得相应的职业资格或者掌握一定的职业技能。

第四十九条　地方各级人民政府鼓励和支持开展就业培训，帮助失业人员提高职业技能，增强其就业能力和创业能力。失业人员参加就业培训的，按照有关规定享受政府培训补贴。

第五十条　地方各级人民政府采取有效措施，组织和引导进城就业的农村劳动者参加技能培训，鼓励各类培训机构为进城就业的农村劳动者提供技能培训，增强其就业能力和创业能力。

第五十一条　国家对从事涉及公共安全、人身健康、生命财产安全等特殊工种的劳动者，实行职业资格证书制度，具体办法由国务院规定。

第六章　就　业　援　助

第五十二条　各级人民政府建立健全就业援助制度，采取税费减免、贷款贴息、社会保险补贴、岗位补贴等办法，通过公益性岗位安置等途径，对就业困难人员实行优先扶持和重点帮助。

就业困难人员是指因身体状况、技能水平、家庭因素、失去土地等原因难以实现就业，以及连续失业一定时间仍未能实现就业的人员。就业困难人员的具体范围，由省、自治区、直辖市人民政府根据本行政区域的实际情况规定。

第五十三条　政府投资开发的公益性岗位，应当优先安排符合岗位要求的就业困难人员。被安排在公益性岗位工作的，按照国家规定给予岗位补贴。

第五十四条　地方各级人民政府加强基层就业援助服务工作，对就业困难人员实施重点帮助，提供有针对性的就业服务和公益性岗位援助。

地方各级人民政府鼓励和支持社会各方面为就业困难人员提供技能培训、岗位信息等服务。

第五十五条　各级人民政府采取特别扶助措施，促进残疾人就业。

用人单位应当按照国家规定安排残疾人就业，具体办法由国务院规定。

第五十六条　县级以上地方人民政府采取多种就业形式，拓宽公益性岗位范围，开发就业岗位，确保城市有就业需求的家庭至少有一人实现就业。

法定劳动年龄内的家庭人员均处于失业状况的城市居民家庭，可以向住所地街道、社区公共就业服务机构申请就业援助。街道、社区公共就业服务机构经确认属实的，应当为该家庭中至少一人提供适当的就业岗位。

第五十七条　国家鼓励资源开采型城市和独立工矿区发展与市场需求相适应的产业，引导劳动者转移就业。

对因资源枯竭或者经济结构调整等原因造成就业困难人员集中的地区，上级人民政府应当给予必要的扶持和帮助。

第七章　监　督　检　查

第五十八条　各级人民政府和有关部门应当建立促进就业的目标责任制度。县级以上人民政府按照促进就业目标责任制的要求，对所属的有关部门和下一级人民政府进行考核和监督。

第五十九条　审计机关、财政部门应当依法对就业专项资金的管理和使用情况进行监督检查。

第六十条　劳动行政部门应当对本法实施情况进行监督检查，建立举报制度，受理对违反本法行为的举报，并及时予以核实处理。

第八章　法 律 责 任

第六十一条　违反本法规定，劳动行政等有关部门及其工作人员滥用职权、玩忽职守、徇私舞弊的，对直接负责的主管人员和其他直接责任人员依法给予处分。

第六十二条　违反本法规定，实施就业歧视的，劳动者可以向人民法院提起诉讼。

第六十三条　违反本法规定，地方各级人民政府和有关部门、公共就业服务机构举办经营性的职业中介机构，从事经营性职业中介活动，向劳动者收取费用的，由上级主管机关责令限期改正，将违法收取的费用退还劳动者，并对直接负责的主管人员和其他直接责任人员依法给予处分。

第六十四条　违反本法规定，未经许可和登记，擅自从事职业中介活动的，由劳动行政部门或者其他主管部门依法予以关闭；有违法所得的，没收违法所得，并处一万元以上五万元以下的罚款。

第六十五条　违反本法规定，职业中介机构提供虚假就业信息，为无合法证照的用人单位提供职业中介服务，伪造、涂改、转让职业中介许可证的，由劳动行政部门或者其他主管部门责令改正；有违法所得的，没收违法所得，并处一万元以上五万元以下的罚款；情节严重的，吊销职业中介许可证。

第六十六条　违反本法规定，职业中介机构扣押劳动者居民身份证等证件的，由劳动行政部门责令限期退还劳动者，并依照有关法律规定给予处罚。

违反本法规定，职业中介机构向劳动者收取押金的，由劳动行政部门责令限期退还劳动者，并以每人五百元以上二千元以下的标准处以罚款。

第六十七条　违反本法规定，企业未按照国家规定提取职工教育经费，或者挪用职工教育经费的，由劳动行政部门责令改正，并依法给予处罚。

第六十八条　违反本法规定，侵害劳动者合法权益，造成财产损失或者其他损害的，依法承担民事责任；构成犯罪的，依法追究刑事责任。

第九章　附　　则

第六十九条　本法自 2008 年 1 月 1 日起施行。

（二）中华人民共和国劳动法（2009 年修正）

（1994 年 7 月 5 日第八届全国人民代表大会常务委员会第八次会议通过 1994 年 7 月

5 日中华人民共和国主席令第二十八号公布自 1995 年 1 月 1 日起施行根据 2009 年 8 月 27 日第十一届全国人民代表大会常务委员会第十次会议通过的《关于修改部分法律的决定》修正）

第一章　总　则

第一条　为了保护劳动者的合法权益，调整劳动关系，建立和维护适应社会主义市场经济的劳动制度，促进经济发展和社会进步，根据宪法，制定本法。

第二条　在中华人民共和国境内的企业、个体经济组织（以下统称用人单位）和与之形成劳动关系的劳动者，适用本法。

国家机关、事业组织、社会团体和与之建立劳动合同关系的劳动者，依照本法执行。

第三条　劳动者享有平等就业和选择职业的权利、取得劳动报酬的权利、休息休假的权利、获得劳动安全卫生保护的权利、接受职业技能培训的权利、享受社会保险和福利的权利、提请劳动争议处理的权利以及法律规定的其他劳动权利。

劳动者应当完成劳动任务，提高职业技能，执行劳动安全卫生规程，遵守劳动纪律和职业道德。

第四条　用人单位应当依法建立和完善规章制度，保障劳动者享有劳动权利和履行劳动义务。

第五条　国家采取各种措施，促进劳动就业，发展职业教育，制定劳动标准，调节社会收入，完善社会保险，协调劳动关系，逐步提高劳动者的生活水平。

第六条　国家提倡劳动者参加社会义务劳动，开展劳动竞赛和合理化建议活动，鼓励和保护劳动者进行科学研究、技术革新和发明创造，表彰和奖励劳动模范和先进工作者。

第七条　劳动者有权依法参加和组织工会。

工会代表和维护劳动者的合法权益，依法独立自主地开展活动。

第八条　劳动者依照法律规定，通过职工大会、职工代表大会或者其他形式，参与民主管理或者就保护劳动者合法权益与用人单位进行平等协商。

第九条　国务院劳动行政部门主管全国劳动工作。

县级以上地方人民政府劳动行政部门主管本行政区域内的劳动工作。

第二章　促　进　就　业

第十条　国家通过促进经济和社会发展，创造就业条件，扩大就业机会。

国家鼓励企业、事业组织、社会团体在法律、行政法规规定的范围内兴办产业或者拓展经营，增加就业。

国家支持劳动者自愿组织起来就业和从事个体经营实现就业。

第十一条　地方各级人民政府应当采取措施，发展多种类型的职业介绍机构，提供就业服务。

第十二条　劳动者就业，不因民族、种族、性别、宗教信仰不同而受歧视。

第十三条　妇女享有与男子平等的就业权利。在录用职工时，除国家规定的不适合妇女的工种或者岗位外，不得以性别为由拒绝录用妇女或者提高对妇女的录用标准。

第十四条　残疾人、少数民族人员、退出现役的军人的就业，法律、法规有特别规定的，从其规定。

第十五条　禁止用人单位招用未满十六周岁的未成年人。

文艺、体育和特种工艺单位招用未满十六周岁的未成年人，必须依照国家有关规定，履行审批手续，并保障其接受义务教育的权利。

第三章　劳动合同和集体合同

第十六条　劳动合同是劳动者与用人单位确立劳动关系、明确双方权利和义务的协议。

建立劳动关系应当订立劳动合同。

第十七条　订立和变更劳动合同，应当遵循平等自愿、协商一致的原则，不得违反法律、行政法规的规定。

劳动合同依法订立即具有法律约束力，当事人必须履行劳动合同规定的义务。

第十八条　下列劳动合同无效：

（一）违反法律、行政法规的劳动合同；

（二）采取欺诈、威胁等手段订立的劳动合同。

无效的劳动合同，从订立的时候起，就没有法律约束力。确认劳动合同部分无效的，如果不影响其余部分的效力，其余部分仍然有效。

劳动合同的无效，由劳动争议仲裁委员会或者人民法院确认。

第十九条　劳动合同应当以书面形式订立，并具备以下条款：

（一）劳动合同期限；

（二）工作内容；

（三）劳动保护和劳动条件；

（四）劳动报酬；

（五）劳动纪律；

（六）劳动合同终止的条件；

（七）违反劳动合同的责任。

劳动合同除前款规定的必备条款外，当事人可以协商约定其他内容。

第二十条 劳动合同的期限分为有固定期限、无固定期限和以完成一定的工作为期限。

劳动者在同一用人单位连续工作满十年以上，当事人双方同意续延劳动合同的，如果劳动者提出订立无固定期限的劳动合同，应当订立无固定期限的劳动合同。

第二十一条 劳动合同可以约定试用期。试用期最长不得超过六个月。

第二十二条 劳动合同当事人可以在劳动合同中约定保守用人单位商业秘密的有关事项。

第二十三条 劳动合同期满或者当事人约定的劳动合同终止条件出现，劳动合同即行终止。

第二十四条 经劳动合同当事人协商一致，劳动合同可以解除。

第二十五条 劳动者有下列情形之一的，用人单位可以解除劳动合同：

（一）在试用期间被证明不符合录用条件的；

（二）严重违反劳动纪律或者用人单位规章制度的；

（三）严重失职，营私舞弊，对用人单位利益造成重大损害的；

（四）被依法追究刑事责任的。

第二十六条 有下列情形之一的，用人单位可以解除劳动合同，但是应当提前三十日以书面形式通知劳动者本人：

（一）劳动者患病或者非因工负伤，医疗期满后，不能从事原工作也不能从事由用人单位另行安排的工作的；

（二）劳动者不能胜任工作，经过培训或者调整工作岗位，仍不能胜任工作的；

（三）劳动合同订立时所依据的客观情况发生重大变化，致使原劳动合同无法履行，经当事人协商不能就变更劳动合同达成协议的。

第二十七条 用人单位濒临破产进行法定整顿期间或者生产经营状况发生严重困难，确需裁减人员的，应当提前三十日向工会或者全体职工说明情况，听取工会或者职工的意见，经向劳动行政部门报告后，可以裁减人员。

用人单位依据本条规定裁减人员，在六个月内录用人员的，应当优先录用被裁减的人员。

第二十八条 用人单位依据本法第二十四条、第二十六条、第二十七条的规定解除劳动合同的，应当依照国家有关规定给予经济补偿。

第二十九条 劳动者有下列情形之一的，用人单位不得依据本法第二十六条、第二十七条的规定解除劳动合同：

（一）患职业病或者因工负伤并被确认丧失或者部分丧失劳动能力的；

（二）患病或者负伤，在规定的医疗期内的；

（三）女职工在孕期、产期、哺乳期内的；

（四）法律、行政法规规定的其他情形。

第三十条　用人单位解除劳动合同，工会认为不适当的，有权提出意见。如果用人单位违反法律、法规或者劳动合同，工会有权要求重新处理；劳动者申请仲裁或者提起诉讼的，工会应当依法给予支持和帮助。

第三十一条　劳动者解除劳动合同，应当提前三十日以书面形式通知用人单位。

第三十二条　有下列情形之一的，劳动者可以随时通知用人单位解除劳动合同：

（一）在试用期内的；

（二）用人单位以暴力、威胁或者非法限制人身自由的手段强迫劳动的；

（三）用人单位未按照劳动合同约定支付劳动报酬或者提供劳动条件的。

第三十三条　企业职工一方与企业可以就劳动报酬、工作时间、休息休假、劳动安全卫生、保险福利等事项，签订集体合同。集体合同草案应当提交职工代表大会或者全体职工讨论通过。

集体合同由工会代表职工与企业签订；没有建立工会的企业，由职工推举的代表与企业签订。

第三十四条　集体合同签订后应当报送劳动行政部门；劳动行政部门自收到集体合同文本之日起十五日内未提出异议的，集体合同即行生效。

第三十五条　依法签订的集体合同对企业和企业全体职工具有约束力。职工个人与企业订立的劳动合同中劳动条件和劳动报酬等标准不得低于集体合同的规定。

第四章　工作时间和休息休假

第三十六条　国家实行劳动者每日工作时间不超过八小时、平均每周工作时间不超过四十四小时的工时制度。

第三十七条　对实行计件工作的劳动者，用人单位应当根据本法第三十六条规定的工时制度合理确定其劳动定额和计件报酬标准。

第三十八条　用人单位应当保证劳动者每周至少休息一日。

第三十九条　企业因生产特点不能实行本法第三十六条、第三十八条规定的，经劳动行政部门批准，可以实行其他工作和休息办法。

第四十条　用人单位在下列节日期间应当依法安排劳动者休假：

（一）元旦；

（二）春节；

（三）国际劳动节；

（四）国庆节；

（五）法律、法规规定的其他休假节日。

第四十一条　用人单位由于生产经营需要，经与工会和劳动者协商后可以延长工作时间，一般每日不得超过一小时；因特殊原因需要延长工作时间的，在保障劳动者身体健康的条件下延长工作时间每日不得超过三小时，但是每月不得超过三十六小时。

第四十二条　有下列情形之一的，延长工作时间不受本法第四十一条的限制：

（一）发生自然灾害、事故或者因其他原因，威胁劳动者生命健康和财产安全，需要紧急处理的；

（二）生产设备、交通运输线路、公共设施发生故障，影响生产和公众利益，必须及时抢修的；

（三）法律、行政法规规定的其他情形。

第四十三条 用人单位不得违反本法规定延长劳动者的工作时间。

第四十四条 有下列情形之一的，用人单位应当按照下列标准支付高于劳动者正常工作时间工资的工资报酬：

（一）安排劳动者延长工作时间的，支付不低于工资的百分之一百五十的工资报酬；

（二）休息日安排劳动者工作又不能安排补休的，支付不低于工资的百分之二百的工资报酬；

（三）法定休假日安排劳动者工作的，支付不低于工资的百分之三百的工资报酬。

第四十五条 国家实行带薪年休假制度。

劳动者连续工作一年以上的，享受带薪年休假。具体办法由国务院规定。

第五章 工 资

第四十六条 工资分配应当遵循按劳分配原则，实行同工同酬。

工资水平在经济发展的基础上逐步提高。国家对工资总量实行宏观调控。

第四十七条 用人单位根据本单位的生产经营特点和经济效益，依法自主确定本单位的工资分配方式和工资水平。

第四十八条 国家实行最低工资保障制度。最低工资的具体标准由省、自治区、直辖市人民政府规定，报国务院备案。

用人单位支付劳动者的工资不得低于当地最低工资标准。

第四十九条 确定和调整最低工资标准应当综合参考下列因素：

（一）劳动者本人及平均赡养人口的最低生活费用；

（二）社会平均工资水平；

（三）劳动生产率；

（四）就业状况；

（五）地区之间经济发展水平的差异。

第五十条 工资应当以货币形式按月支付给劳动者本人。不得克扣或者无故拖欠劳动者的工资。

第五十一条 劳动者在法定休假日和婚丧假期间以及依法参加社会活动期间，用人单位应当依法支付工资。

第六章 劳动安全卫生

第五十二条 用人单位必须建立、健全劳动安全卫生制度，严格执行国家劳动安全卫生规程和标准，对劳动者进行劳动安全卫生教育，防止劳动过程中的事故，减少职业危害。

第五十三条 劳动安全卫生设施必须符合国家规定的标准。

新建、改建、扩建工程的劳动安全卫生设施必须与主体工程同时设计、同时施工、同时投入生产和使用。

第五十四条　用人单位必须为劳动者提供符合国家规定的劳动安全卫生条件和必要的劳动防护用品，对从事有职业危害作业的劳动者应当定期进行健康检查。

第五十五条　从事特种作业的劳动者必须经过专门培训并取得特种作业资格。

第五十六条　劳动者在劳动过程中必须严格遵守安全操作规程。

劳动者对用人单位管理人员违章指挥、强令冒险作业，有权拒绝执行；对危害生命安全和身体健康的行为，有权提出批评、检举和控告。

第五十七条　国家建立伤亡事故和职业病统计报告和处理制度。县级以上各级人民政府劳动行政部门、有关部门和用人单位应当依法对劳动者在劳动过程中发生的伤亡事故和劳动者的职业病状况，进行统计、报告和处理。

第七章　女职工和未成年工特殊保护

第五十八条　国家对女职工和未成年工实行特殊劳动保护。

未成年工是指年满十六周岁未满十八周岁的劳动者。

第五十九条　禁止安排女职工从事矿山井下、国家规定的第四级体力劳动强度的劳动和其他禁忌从事的劳动。

第六十条　不得安排女职工在经期从事高处、低温、冷水作业和国家规定的第三级体力劳动强度的劳动。

第六十一条　不得安排女职工在怀孕期间从事国家规定的第三级体力劳动强度的劳动和孕期禁忌从事的劳动。对怀孕七个月以上的女职工，不得安排其延长工作时间和夜班劳动。

第六十二条　女职工生育享受不少于九十天的产假。

第六十三条　不得安排女职工在哺乳未满一周岁的婴儿期间从事国家规定的第三级体力劳动强度的劳动和哺乳期禁忌从事的其他劳动，不得安排其延长工作时间和夜班劳动。

第六十四条　不得安排未成年工从事矿山井下、有毒有害、国家规定的第四级体力劳动强度的劳动和其他禁忌从事的劳动。

第六十五条　用人单位应当对未成年工定期进行健康检查。

第八章　职　业　培　训

第六十六条　国家通过各种途径，采取各种措施，发展职业培训事业，开发劳动者的职业技能，提高劳动者素质，增强劳动者的就业能力和工作能力。

第六十七条　各级人民政府应当把发展职业培训纳入社会经济发展的规划，鼓励和支持有条件的企业、事业组织、社会团体和个人进行各种形式的职业培训。

第六十八条　用人单位应当建立职业培训制度，按照国家规定提取和使用职业培训经费，根据本单位实际，有计划地对劳动者进行职业培训。

从事技术工种的劳动者，上岗前必须经过培训。

第六十九条 国家确定职业分类，对规定的职业制定职业技能标准，实行职业资格证书制度，由经过政府批准的考核鉴定机构负责对劳动者实施职业技能考核鉴定。

第九章 社会保险和福利

第七十条 国家发展社会保险事业，建立社会保险制度，设立社会保险基金，使劳动者在年老、患病、工伤、失业、生育等情况下获得帮助和补偿。

第七十一条 社会保险水平应当与社会经济发展水平和社会承受能力相适应。

第七十二条 社会保险基金按照保险类型确定资金来源，逐步实行社会统筹。用人单位和劳动者必须依法参加社会保险，缴纳社会保险费。

第七十三条 劳动者在下列情形下，依法享受社会保险待遇：

（一）退休；

（二）患病、负伤；

（三）因工伤残或者患职业病；

（四）失业；

（五）生育。

劳动者死亡后，其遗属依法享受遗属津贴。

劳动者享受社会保险待遇的条件和标准由法律、法规规定。

劳动者享受的社会保险金必须按时足额支付。

第七十四条 社会保险基金经办机构依照法律规定收支、管理和运营社会保险基金，并负有使社会保险基金保值增值的责任。

社会保险基金监督机构依照法律规定，对社会保险基金的收支、管理和运营实施监督。

社会保险基金经办机构和社会保险基金监督机构的设立和职能由法律规定。

任何组织和个人不得挪用社会保险基金。

第七十五条 国家鼓励用人单位根据本单位实际情况为劳动者建立补充保险。

国家提倡劳动者个人进行储蓄性保险。

第七十六条 国家发展社会福利事业，兴建公共福利设施，为劳动者休息、休养和疗养提供条件。

用人单位应当创造条件，改善集体福利，提高劳动者的福利待遇。

第十章 劳 动 争 议

第七十七条 用人单位与劳动者发生劳动争议，当事人可以依法申请调解、仲裁、提起诉讼，也可以协商解决。

调解原则适用于仲裁和诉讼程序。

第七十八条 解决劳动争议，应当根据合法、公正、及时处理的原则，依法维护劳动争议当事人的合法权益。

第七十九条 劳动争议发生后，当事人可以向本单位劳动争议调解委员会申请调解；

调解不成，当事人一方要求仲裁的，可以向劳动争议仲裁委员会申请仲裁。当事人一方也可以直接向劳动争议仲裁委员会申请仲裁。对仲裁裁决不服的，可以向人民法院提起诉讼。

第八十条　在用人单位内，可以设立劳动争议调解委员会。劳动争议调解委员会由职工代表、用人单位代表和工会代表组成。劳动争议调解委员会主任由工会代表担任。

劳动争议经调解达成协议的，当事人应当履行。

第八十一条　劳动争议仲裁委员会由劳动行政部门代表、同级工会代表、用人单位方面的代表组成。劳动争议仲裁委员会主任由劳动行政部门代表担任。

第八十二条　提出仲裁要求的一方应当自劳动争议发生之日起六十日内向劳动争议仲裁委员会提出书面申请。仲裁裁决一般应在收到仲裁申请的六十日内作出。对仲裁裁决无异议的，当事人必须履行。

第八十三条　劳动争议当事人对仲裁裁决不服的，可以自收到仲裁裁决书之日起十五日内向人民法院提起诉讼。一方当事人在法定期限内不起诉又不履行仲裁裁决的，另一方当事人可以申请人民法院强制执行。

第八十四条　因签订集体合同发生争议，当事人协商解决不成的，当地人民政府劳动行政部门可以组织有关各方协调处理。

因履行集体合同发生争议，当事人协商解决不成的，可以向劳动争议仲裁委员会申请仲裁；对仲裁裁决不服的，可以自收到仲裁裁决书之日起十五日内向人民法院提起诉讼。

第十一章　监　督　检　查

第八十五条　县级以上各级人民政府劳动行政部门依法对用人单位遵守劳动法律、法规的情况进行监督检查，对违反劳动法律、法规的行为有权制止，并责令改正。

第八十六条　县级以上各级人民政府劳动行政部门监督检查人员执行公务，有权进入用人单位了解执行劳动法律、法规的情况，查阅必要的资料，并对劳动场所进行检查。

县级以上各级人民政府劳动行政部门监督检查人员执行公务，必须出示证件，秉公执法并遵守有关规定。

第八十七条　县级以上各级人民政府有关部门在各自职责范围内，对用人单位遵守劳动法律、法规的情况进行监督。

第八十八条　各级工会依法维护劳动者的合法权益，对用人单位遵守劳动法律、法规的情况进行监督。

任何组织和个人对于违反劳动法律、法规的行为有权检举和控告。

第十二章　法　律　责　任

第八十九条　用人单位制定的劳动规章制度违反法律、法规规定的，由劳动行政部门给予警告，责令改正；对劳动者造成损害的，应当承担赔偿责任。

第九十条　用人单位违反本法规定，延长劳动者工作时间的，由劳动行政部门给予警告，责令改正，并可以处以罚款。

第九十一条　用人单位有下列侵害劳动者合法权益情形之一的，由劳动行政部门责令支付劳动者的工资报酬、经济补偿，并可以责令支付赔偿金：

（一）克扣或者无故拖欠劳动者工资的；

（二）拒不支付劳动者延长工作时间工资报酬的；

（三）低于当地最低工资标准支付劳动者工资的；

（四）解除劳动合同后，未依照本法规定给予劳动者经济补偿的。

第九十二条　用人单位的劳动安全设施和劳动卫生条件不符合国家规定或者未向劳动者提供必要的劳动防护用品和劳动保护设施的，由劳动行政部门或者有关部门责令改正，可以处以罚款；情节严重的，提请县级以上人民政府决定责令停产整顿；对事故隐患不采取措施，致使发生重大事故，造成劳动者生命和财产损失的，对责任人员依照刑法有关规定追究刑事责任。

{原条文：用人单位的劳动安全设施和劳动卫生条件不符合国家规定或者未向劳动者提供必要的劳动防护用品和劳动保护设施的，由劳动行政部门或者有关部门责令改正，可以处以罚款；情节严重的，提请县级以上人民政府决定责令停产整顿；对事故隐患不采取措施，致使发生重大事故，造成劳动者生命和财产损失的，对责任人员比照刑法第一百八十七条的规定追究刑事责任。}

第九十三条　用人单位强令劳动者违章冒险作业，发生重大伤亡事故，造成严重后果的，对责任人员依法追究刑事责任。

第九十四条　用人单位非法招用未满十六周岁的未成年人的，由劳动行政部门责令改正，处以罚款；情节严重的，由工商行政管理部门吊销营业执照。

第九十五条　用人单位违反本法对女职工和未成年工的保护规定，侵害其合法权益的，由劳动行政部门责令改正，处以罚款；对女职工或者未成年工造成损害的，应当承担赔偿责任。

第九十六条　用人单位有下列行为之一，由公安机关对责任人员处以十五日以下拘留、罚款或者警告；构成犯罪的，对责任人员依法追究刑事责任：

（一）以暴力、威胁或者非法限制人身自由的手段强迫劳动的；

（二）侮辱、体罚、殴打、非法搜查和拘禁劳动者的。

第九十七条　由于用人单位的原因订立的无效合同，对劳动者造成损害的，应当承担赔偿责任。

第九十八条　用人单位违反本法规定的条件解除劳动合同或者故意拖延不订立劳动合同的，由劳动行政部门责令改正；对劳动者造成损害的，应当承担赔偿责任。

第九十九条　用人单位招用尚未解除劳动合同的劳动者，对原用人单位造成经济损失的，该用人单位应当依法承担连带赔偿责任。

第一百条　用人单位无故不缴纳社会保险费的，由劳动行政部门责令其限期缴纳，逾期不缴的，可以加收滞纳金。

第一百零一条　用人单位无理阻挠劳动行政部门、有关部门及其工作人员行使监督检查权，打击报复举报人员的，由劳动行政部门或者有关部门处以罚款；构成犯罪的，对责任人员依法追究刑事责任。

第一百零二条　劳动者违反本法规定的条件解除劳动合同或者违反劳动合同中约定的

保密事项，对用人单位造成经济损失的，应当依法承担赔偿责任。

第一百零三条　劳动行政部门或者有关部门的工作人员滥用职权、玩忽职守、徇私舞弊，构成犯罪的，依法追究刑事责任；不构成犯罪的，给予行政处分。

第一百零四条　国家工作人员和社会保险基金经办机构的工作人员挪用社会保险基金，构成犯罪的，依法追究刑事责任。

第一百零五条　违反本法规定侵害劳动者合法权益，其他法律、法规已规定处罚的，依照该法律、行政法规的规定处罚。

第十三章　附　　则

第一百零六条　省、自治区、直辖市人民政府根据本法和本地区的实际情况，规定劳动合同制度的实施步骤，报国务院备案。

第一百零七条　本法自 1995 年 1 月 1 日起施行。

（三）中华人民共和国劳动合同法

（2007 年 6 月 29 日第十届全国人民代表大会常务委员会第二十八次会议通过）

目　录

第一章　总　　则

第一条　为了完善劳动合同制度，明确劳动合同双方当事人的权利和义务，保护劳动者的合法权益，构建和发展和谐稳定的劳动关系，制定本法。

第二条　中华人民共和国境内的企业、个体经济组织、民办非企业单位等组织（以下称用人单位）与劳动者建立劳动关系，订立、履行、变更、解除或者终止劳动合同，适用本法。

国家机关、事业单位、社会团体和与其建立劳动关系的劳动者，订立、履行、变更、解除或者终止劳动合同，依照本法执行。

第三条 订立劳动合同，应当遵循合法、公平、平等自愿、协商一致、诚实信用的原则。

依法订立的劳动合同具有约束力，用人单位与劳动者应当履行劳动合同约定的义务。

第四条 用人单位应当依法建立和完善劳动规章制度，保障劳动者享有劳动权利、履行劳动义务。

用人单位在制定、修改或者决定有关劳动报酬、工作时间、休息休假、劳动安全卫生、保险福利、职工培训、劳动纪律以及劳动定额管理等直接涉及劳动者切身利益的规章制度或者重大事项时，应当经职工代表大会或者全体职工讨论，提出方案和意见，与工会或者职工代表平等协商确定。

在规章制度和重大事项决定实施过程中，工会或者职工认为不适当的，有权向用人单位提出，通过协商予以修改完善。

用人单位应当将直接涉及劳动者切身利益的规章制度和重大事项决定公示，或者告知劳动者。

第五条 县级以上人民政府劳动行政部门会同工会和企业方面代表，建立健全协调劳动关系三方机制，共同研究解决有关劳动关系的重大问题。

第六条 工会应当帮助、指导劳动者与用人单位依法订立和履行劳动合同，并与用人单位建立集体协商机制，维护劳动者的合法权益。

第二章 劳动合同的订立

第七条 用人单位自用工之日起即与劳动者建立劳动关系。用人单位应当建立职工名册备查。

第八条 用人单位招用劳动者时，应当如实告知劳动者工作内容、工作条件、工作地点、职业危害、安全生产状况、劳动报酬，以及劳动者要求了解的其他情况；用人单位有权了解劳动者与劳动合同直接相关的基本情况，劳动者应当如实说明。

第九条 用人单位招用劳动者，不得扣押劳动者的居民身份证和其他证件，不得要求劳动者提供担保或者以其他名义向劳动者收取财物。

第十条 建立劳动关系，应当订立书面劳动合同。

已建立劳动关系，未同时订立书面劳动合同的，应当自用工之日起一个月内订立书面劳动合同。

用人单位与劳动者在用工前订立劳动合同的，劳动关系自用工之日起建立。

第十一条 用人单位未在用工的同时订立书面劳动合同，与劳动者约定的劳动报酬不明确的，新招用的劳动者的劳动报酬按照集体合同规定的标准执行；没有集体合同或者集体合同未规定的，实行同工同酬。

第十二条 劳动合同分为固定期限劳动合同、无固定期限劳动合同和以完成一定工作任务为期限的劳动合同。

第十三条　固定期限劳动合同，是指用人单位与劳动者约定合同终止时间的劳动合同。

用人单位与劳动者协商一致，可以订立固定期限劳动合同。

第十四条　无固定期限劳动合同，是指用人单位与劳动者约定无确定终止时间的劳动合同。

用人单位与劳动者协商一致，可以订立无固定期限劳动合同。有下列情形之一，劳动者提出或者同意续订、订立劳动合同的，除劳动者提出订立固定期限劳动合同外，应当订立无固定期限劳动合同：

（一）劳动者在该用人单位连续工作满十年的；

（二）用人单位初次实行劳动合同制度或者国有企业改制重新订立劳动合同时，劳动者在该用人单位连续工作满十年且距法定退休年龄不足十年的；

（三）连续订立二次固定期限劳动合同，且劳动者没有本法第三十九条和第四十条第一项、第二项规定的情形，续订劳动合同的。

用人单位自用工之日起满一年不与劳动者订立书面劳动合同的，视为用人单位与劳动者已订立无固定期限劳动合同。

第十五条　以完成一定工作任务为期限的劳动合同，是指用人单位与劳动者约定以某项工作的完成为合同期限的劳动合同。

用人单位与劳动者协商一致，可以订立以完成一定工作任务为期限的劳动合同。

第十六条　劳动合同由用人单位与劳动者协商一致，并经用人单位与劳动者在劳动合同文本上签字或者盖章生效。

劳动合同文本由用人单位和劳动者各执一份。

第十七条　劳动合同应当具备以下条款：

（一）用人单位的名称、住所和法定代表人或者主要负责人；

（二）劳动者的姓名、住址和居民身份证或者其他有效身份证件号码；

（三）劳动合同期限；

（四）工作内容和工作地点；

（五）工作时间和休息休假；

（六）劳动报酬；

（七）社会保险；

（八）劳动保护、劳动条件和职业危害防护；

（九）法律、法规规定应当纳入劳动合同的其他事项。

劳动合同除前款规定的必备条款外，用人单位与劳动者可以约定试用期、培训、保守秘密、补充保险和福利待遇等其他事项。

第十八条　劳动合同对劳动报酬和劳动条件等标准约定不明确，引发争议的，用人单位与劳动者可以重新协商；协商不成的，适用集体合同规定；没有集体合同或者集体合同未规定劳动报酬的，实行同工同酬；没有集体合同或者集体合同未规定劳动条件等标准的，适用国家有关规定。

第十九条　劳动合同期限三个月以上不满一年的，试用期不得超过一个月；劳动合同期限一年以上不满三年的，试用期不得超过二个月；三年以上固定期限和无固定期限的劳动合同，试用期不得超过六个月。

同一用人单位与同一劳动者只能约定一次试用期。

以完成一定工作任务为期限的劳动合同或者劳动合同期限不满三个月的，不得约定试用期。

试用期包含在劳动合同期限内。劳动合同仅约定试用期的，试用期不成立，该期限为劳动合同期限。

第二十条　劳动者在试用期的工资不得低于本单位相同岗位最低档工资或者劳动合同约定工资的百分之八十，并不得低于用人单位所在地的最低工资标准。

第二十一条　在试用期中，除劳动者有本法第三十九条和第四十条第一项、第二项规定的情形外，用人单位不得解除劳动合同。用人单位在试用期解除劳动合同的，应当向劳动者说明理由。

第二十二条　用人单位为劳动者提供专项培训费用，对其进行专业技术培训的，可以与该劳动者订立协议，约定服务期。

劳动者违反服务期约定的，应当按照约定向用人单位支付违约金。违约金的数额不得超过用人单位提供的培训费用。用人单位要求劳动者支付的违约金不得超过服务期尚未履行部分所应分摊的培训费用。

用人单位与劳动者约定服务期的，不影响按照正常的工资调整机制提高劳动者在服务期期间的劳动报酬。

第二十三条　用人单位与劳动者可以在劳动合同中约定保守用人单位的商业秘密和与知识产权相关的保密事项。

对负有保密义务的劳动者，用人单位可以在劳动合同或者保密协议中与劳动者约定竞业限制条款，并约定在解除或者终止劳动合同后，在竞业限制期限内按月给予劳动者经济补偿。劳动者违反竞业限制约定的，应当按照约定向用人单位支付违约金。

第二十四条　竞业限制的人员限于用人单位的高级管理人员、高级技术人员和其他负有保密义务的人员。竞业限制的范围、地域、期限由用人单位与劳动者约定，竞业限制的约定不得违反法律、法规的规定。

在解除或者终止劳动合同后，前款规定的人员到与本单位生产或者经营同类产品、从事同类业务的有竞争关系的其他用人单位，或者自己开业生产或者经营同类产品、从事同类业务的竞业限制期限，不得超过二年。

第二十五条　除本法第二十二条和第二十三条规定的情形外，用人单位不得与劳动者约定由劳动者承担违约金。

第二十六条　下列劳动合同无效或者部分无效：

（一）以欺诈、胁迫的手段或者乘人之危，使对方在违背真实意思的情况下订立或者变更劳动合同的；

（二）用人单位免除自己的法定责任、排除劳动者权利的；

（三）违反法律、行政法规强制性规定的。

对劳动合同的无效或者部分无效有争议的，由劳动争议仲裁机构或者人民法院确认。

第二十七条　劳动合同部分无效，不影响其他部分效力的，其他部分仍然有效。

第二十八条　劳动合同被确认无效，劳动者已付出劳动的，用人单位应当向劳动者支付劳动报酬。劳动报酬的数额，参照本单位相同或者相近岗位劳动者的劳动报酬确定。

第三章　劳动合同的履行和变更

第二十九条　用人单位与劳动者应当按照劳动合同的约定，全面履行各自的义务。

第三十条　用人单位应当按照劳动合同约定和国家规定，向劳动者及时足额支付劳动报酬。

用人单位拖欠或者未足额支付劳动报酬的，劳动者可以依法向当地人民法院申请支付令，人民法院应当依法发出支付令。

第三十一条　用人单位应当严格执行劳动定额标准，不得强迫或者变相强迫劳动者加班。用人单位安排加班的，应当按照国家有关规定向劳动者支付加班费。

第三十二条　劳动者拒绝用人单位管理人员违章指挥、强令冒险作业的，不视为违反劳动合同。

劳动者对危害生命安全和身体健康的劳动条件，有权对用人单位提出批评、检举和控告。

第三十三条　用人单位变更名称、法定代表人、主要负责人或者投资人等事项，不影响劳动合同的履行。

第三十四条　用人单位发生合并或者分立等情况，原劳动合同继续有效，劳动合同由承继其权利和义务的用人单位继续履行。

第三十五条　用人单位与劳动者协商一致，可以变更劳动合同约定的内容。变更劳动合同，应当采用书面形式。

变更后的劳动合同文本由用人单位和劳动者各执一份。

第四章　劳动合同的解除和终止

第三十六条　用人单位与劳动者协商一致，可以解除劳动合同。

第三十七条　劳动者提前三十日以书面形式通知用人单位，可以解除劳动合同。劳动者在试用期内提前三日通知用人单位，可以解除劳动合同。

第三十八条　用人单位有下列情形之一的，劳动者可以解除劳动合同：

（一）未按照劳动合同约定提供劳动保护或者劳动条件的；

（二）未及时足额支付劳动报酬的；

（三）未依法为劳动者缴纳社会保险费的；

（四）用人单位的规章制度违反法律、法规的规定，损害劳动者权益的；

（五）因本法第二十六条第一款规定的情形致使劳动合同无效的；

（六）法律、行政法规规定劳动者可以解除劳动合同的其他情形。

用人单位以暴力、威胁或者非法限制人身自由的手段强迫劳动者劳动的，或者用人单位违章指挥、强令冒险作业危及劳动者人身安全的，劳动者可以立即解除劳动合同，不需事先告知用人单位。

第三十九条　劳动者有下列情形之一的，用人单位可以解除劳动合同：

（一）在试用期间被证明不符合录用条件的；

（二）严重违反用人单位的规章制度的；

（三）严重失职，营私舞弊，给用人单位造成重大损害的；

（四）劳动者同时与其他用人单位建立劳动关系，对完成本单位的工作任务造成严重影响，或者经用人单位提出，拒不改正的；

（五）因本法第二十六条第一款第一项规定的情形致使劳动合同无效的；

（六）被依法追究刑事责任的。

第四十条　有下列情形之一的，用人单位提前三十日以书面形式通知劳动者本人或者额外支付劳动者一个月工资后，可以解除劳动合同：

（一）劳动者患病或者非因工负伤，在规定的医疗期满后不能从事原工作，也不能从事由用人单位另行安排的工作的；

（二）劳动者不能胜任工作，经过培训或者调整工作岗位，仍不能胜任工作的；

（三）劳动合同订立时所依据的客观情况发生重大变化，致使劳动合同无法履行，经用人单位与劳动者协商，未能就变更劳动合同内容达成协议的。

第四十一条　有下列情形之一，需要裁减人员二十人以上或者裁减不足二十人但占企业职工总数百分之十以上的，用人单位提前三十日向工会或者全体职工说明情况，听取工会或者职工的意见后，裁减人员方案经向劳动行政部门报告，可以裁减人员：

（一）依照企业破产法规定进行重整的；

（二）生产经营发生严重困难的；

（三）企业转产、重大技术革新或者经营方式调整，经变更劳动合同后，仍需裁减人员的；

（四）其他因劳动合同订立时所依据的客观经济情况发生重大变化，致使劳动合同无法履行的。

裁减人员时，应当优先留用下列人员：

（一）与本单位订立较长期限的固定期限劳动合同的；

（二）与本单位订立无固定期限劳动合同的；

（三）家庭无其他就业人员，有需要扶养的老人或者未成年人的。

用人单位依照本条第一款规定裁减人员，在六个月内重新招用人员的，应当通知被裁减的人员，并在同等条件下优先招用被裁减的人员。

第四十二条　劳动者有下列情形之一的，用人单位不得依照本法第四十条、第四十一条的规定解除劳动合同：

（一）从事接触职业病危害作业的劳动者未进行离岗前职业健康检查，或者疑似职业病病人在诊断或者医学观察期间的；

（二）在本单位患职业病或者因工负伤并被确认丧失或者部分丧失劳动能力的；

（三）患病或者非因工负伤，在规定的医疗期内的；

（四）女职工在孕期、产期、哺乳期的；

（五）在本单位连续工作满十五年，且距法定退休年龄不足五年的；

（六）法律、行政法规规定的其他情形。

第四十三条　用人单位单方解除劳动合同，应当事先将理由通知工会。用人单位违反法律、行政法规规定或者劳动合同约定的，工会有权要求用人单位纠正。用人单位应当研究工会的意见，并将处理结果书面通知工会。

第四十四条　有下列情形之一的，劳动合同终止：

（一）劳动合同期满的；

（二）劳动者开始依法享受基本养老保险待遇的；

（三）劳动者死亡，或者被人民法院宣告死亡或者宣告失踪的；

（四）用人单位被依法宣告破产的；

（五）用人单位被吊销营业执照、责令关闭、撤销或者用人单位决定提前解散的；

（六）法律、行政法规规定的其他情形。

第四十五条　劳动合同期满，有本法第四十二条规定情形之一的，劳动合同应当续延至相应的情形消失时终止。但是，本法第四十二条第二项规定丧失或者部分丧失劳动能力劳动者的劳动合同的终止，按照国家有关工伤保险的规定执行。

第四十六条　有下列情形之一的，用人单位应当向劳动者支付经济补偿：

（一）劳动者依照本法第三十八条规定解除劳动合同的；

（二）用人单位依照本法第三十六条规定向劳动者提出解除劳动合同并与劳动者协商一致解除劳动合同的；

（三）用人单位依照本法第四十条规定解除劳动合同的；

（四）用人单位依照本法第四十一条第一款规定解除劳动合同的；

（五）除用人单位维持或者提高劳动合同约定条件续订劳动合同，劳动者不同意续订的情形外，依照本法第四十四条第一项规定终止固定期限劳动合同的；

（六）依照本法第四十四条第四项、第五项规定终止劳动合同的；

（七）法律、行政法规规定的其他情形。

第四十七条　经济补偿按劳动者在本单位工作的年限，每满一年支付一个月工资的标准向劳动者支付。六个月以上不满一年的，按一年计算；不满六个月的，向劳动者支付半个月工资的经济补偿。

劳动者月工资高于用人单位所在直辖市、设区的市级人民政府公布的本地区上年度职工月平均工资三倍的，向其支付经济补偿的标准按职工月平均工资三倍的数额支付，向其支付经济补偿的年限最高不超过十二年。

本条所称月工资是指劳动者在劳动合同解除或者终止前十二个月的平均工资。

第四十八条　用人单位违反本法规定解除或者终止劳动合同，劳动者要求继续履行劳动合同的，用人单位应当继续履行；劳动者不要求继续履行劳动合同或者劳动合同已经不能继续履行的，用人单位应当依照本法第八十七条规定支付赔偿金。

第四十九条　国家采取措施，建立健全劳动者社会保险关系跨地区转移接续制度。

第五十条　用人单位应当在解除或者终止劳动合同时出具解除或者终止劳动合同的证明，并在十五日内为劳动者办理档案和社会保险关系转移手续。

劳动者应当按照双方约定，办理工作交接。用人单位依照本法有关规定应当向劳动者支付经济补偿的，在办结工作交接时支付。

用人单位对已经解除或者终止的劳动合同的文本，至少保存二年备查。

第五章　特　别　规　定

第一节　集　体　合　同

第五十一条　企业职工一方与用人单位通过平等协商，可以就劳动报酬、工作时间、休息休假、劳动安全卫生、保险福利等事项订立集体合同。集体合同草案应当提交职工代表大会或者全体职工讨论通过。

集体合同由工会代表企业职工一方与用人单位订立；尚未建立工会的用人单位，由上级工会指导劳动者推举的代表与用人单位订立。

第五十二条　企业职工一方与用人单位可以订立劳动安全卫生、女职工权益保护、工资调整机制等专项集体合同。

第五十三条　在县级以下区域内，建筑业、采矿业、餐饮服务业等行业可以由工会与企业方面代表订立行业性集体合同，或者订立区域性集体合同。

第五十四条　集体合同订立后，应当报送劳动行政部门；劳动行政部门自收到集体合同文本之日起十五日内未提出异议的，集体合同即行生效。

依法订立的集体合同对用人单位和劳动者具有约束力。行业性、区域性集体合同对当地本行业、本区域的用人单位和劳动者具有约束力。

第五十五条　集体合同中劳动报酬和劳动条件等标准不得低于当地人民政府规定的最低标准；用人单位与劳动者订立的劳动合同中劳动报酬和劳动条件等标准不得低于集体合同规定的标准。

第五十六条　用人单位违反集体合同，侵犯职工劳动权益的，工会可以依法要求用人单位承担责任；因履行集体合同发生争议，经协商解决不成的，工会可以依法申请仲裁、提起诉讼。

第二节　劳　务　派　遣

第五十七条　劳务派遣单位应当依照公司法的有关规定设立，注册资本不得少于五十万元。

第五十八条　劳务派遣单位是本法所称用人单位，应当履行用人单位对劳动者的义务。劳务派遣单位与被派遣劳动者订立的劳动合同，除应当载明本法第十七条规定的事项外，还应当载明被派遣劳动者的用工单位以及派遣期限、工作岗位等情况。

劳务派遣单位应当与被派遣劳动者订立二年以上的固定期限劳动合同，按月支付劳动报酬；被派遣劳动者在无工作期间，劳务派遣单位应当按照所在地人民政府规定的最低工资标准，向其按月支付报酬。

第五十九条　劳务派遣单位派遣劳动者应当与接受以劳务派遣形式用工的单位（以下称用工单位）订立劳务派遣协议。劳务派遣协议应当约定派遣岗位和人员数量、派遣期限、劳动报酬和社会保险费的数额与支付方式以及违反协议的责任。

用工单位应当根据工作岗位的实际需要与劳务派遣单位确定派遣期限，不得将连续用工期限分割订立数个短期劳务派遣协议。

第六十条　劳务派遣单位应当将劳务派遣协议的内容告知被派遣劳动者。

劳务派遣单位不得克扣用工单位按照劳务派遣协议支付给被派遣劳动者的劳动报酬。

劳务派遣单位和用工单位不得向被派遣劳动者收取费用。

第六十一条　劳务派遣单位跨地区派遣劳动者的，被派遣劳动者享有的劳动报酬和劳动条件，按照用工单位所在地的标准执行。

第六十二条　用工单位应当履行下列义务：

（一）执行国家劳动标准，提供相应的劳动条件和劳动保护；

（二）告知被派遣劳动者的工作要求和劳动报酬；

（三）支付加班费、绩效奖金，提供与工作岗位相关的福利待遇；

（四）对在岗被派遣劳动者进行工作岗位所必需的培训；

（五）连续用工的，实行正常的工资调整机制。

用工单位不得将被派遣劳动者再派遣到其他用人单位。

第六十三条　被派遣劳动者享有与用工单位的劳动者同工同酬的权利。用工单位无同类岗位劳动者的，参照用工单位所在地相同或者相近岗位劳动者的劳动报酬确定。

第六十四条　被派遣劳动者有权在劳务派遣单位或者用工单位依法参加或者组织工会，维护自身的合法权益。

第六十五条　被派遣劳动者可以依照本法第三十六条、第三十八条的规定与劳务派遣单位解除劳动合同。

被派遣劳动者有本法第三十九条和第四十条第一项、第二项规定情形的，用工单位可以将劳动者退回劳务派遣单位，劳务派遣单位依照本法有关规定，可以与劳动者解除劳动合同。

第六十六条　劳务派遣一般在临时性、辅助性或者替代性的工作岗位上实施。

第六十七条　用人单位不得设立劳务派遣单位向本单位或者所属单位派遣劳动者。

第三节　非全日制用工

第六十八条　非全日制用工，是指以小时计酬为主，劳动者在同一用人单位一般平均每日工作时间不超过四小时，每周工作时间累计不超过二十四小时的用工形式。

第六十九条　非全日制用工双方当事人可以订立口头协议。

从事非全日制用工的劳动者可以与一个或者一个以上用人单位订立劳动合同；但是，后订立的劳动合同不得影响先订立的劳动合同的履行。

第七十条　非全日制用工双方当事人不得约定试用期。

第七十一条　非全日制用工双方当事人任何一方都可以随时通知对方终止用工。终止用工，用人单位不向劳动者支付经济补偿。

第七十二条　非全日制用工小时计酬标准不得低于用人单位所在地人民政府规定的最低小时工资标准。

非全日制用工劳动报酬结算支付周期最长不得超过十五日。

第六章　监督检查

第七十三条　国务院劳动行政部门负责全国劳动合同制度实施的监督管理。

县级以上地方人民政府劳动行政部门负责本行政区域内劳动合同制度实施的监督管理。

县级以上各级人民政府劳动行政部门在劳动合同制度实施的监督管理工作中，应当听取工会、企业方面代表以及有关行业主管部门的意见。

第七十四条　县级以上地方人民政府劳动行政部门依法对下列实施劳动合同制度的情况进行监督检查：

（一）用人单位制定直接涉及劳动者切身利益的规章制度及其执行的情况；

（二）用人单位与劳动者订立和解除劳动合同的情况；

（三）劳务派遣单位和用工单位遵守劳务派遣有关规定的情况；

（四）用人单位遵守国家关于劳动者工作时间和休息休假规定的情况；

（五）用人单位支付劳动合同约定的劳动报酬和执行最低工资标准的情况；

（六）用人单位参加各项社会保险和缴纳社会保险费的情况；

（七）法律、法规规定的其他劳动监察事项。

第七十五条　县级以上地方人民政府劳动行政部门实施监督检查时，有权查阅与劳动合同、集体合同有关的材料，有权对劳动场所进行实地检查，用人单位和劳动者都应当如实提供有关情况和材料。

劳动行政部门的工作人员进行监督检查，应当出示证件，依法行使职权，文明执法。

第七十六条　县级以上人民政府建设、卫生、安全生产监督管理等有关主管部门在各自职责范围内，对用人单位执行劳动合同制度的情况进行监督管理。

第七十七条　劳动者合法权益受到侵害的，有权要求有关部门依法处理，或者依法申请仲裁、提起诉讼。

第七十八条　工会依法维护劳动者的合法权益，对用人单位履行劳动合同、集体合同的情况进行监督。用人单位违反劳动法律、法规和劳动合同、集体合同的，工会有权提出意见或者要求纠正；劳动者申请仲裁、提起诉讼的，工会依法给予支持和帮助。

第七十九条　任何组织或者个人对违反本法的行为都有权举报，县级以上人民政府劳动行政部门应当及时核实、处理，并对举报有功人员给予奖励。

第七章　法律责任

第八十条　用人单位直接涉及劳动者切身利益的规章制度违反法律、法规规定的，由劳动行政部门责令改正，给予警告；给劳动者造成损害的，应当承担赔偿责任。

第八十一条　用人单位提供的劳动合同文本未载明本法规定的劳动合同必备条款或者用人单位未将劳动合同文本交付劳动者的，由劳动行政部门责令改正；给劳动者造成损害的，应当承担赔偿责任。

第八十二条　用人单位自用工之日起超过一个月不满一年未与劳动者订立书面劳动合同的，应当向劳动者每月支付二倍的工资。

用人单位违反本法规定不与劳动者订立无固定期限劳动合同的，自应当订立无固定期限劳动合同之日起向劳动者每月支付二倍的工资。

第八十三条　用人单位违反本法规定与劳动者约定试用期的，由劳动行政部门责令改正；违法约定的试用期已经履行的，由用人单位以劳动者试用期满月工资为标准，按已经履行的超过法定试用期的期间向劳动者支付赔偿金。

第八十四条　用人单位违反本法规定，扣押劳动者居民身份证等证件的，由劳动行政部门责令限期退还劳动者本人，并依照有关法律规定给予处罚。

用人单位违反本法规定，以担保或者其他名义向劳动者收取财物的，由劳动行政部门责令限期退还劳动者本人，并以每人五百元以上二千元以下的标准处以罚款；给劳动者造成损害的，应当承担赔偿责任。

劳动者依法解除或者终止劳动合同，用人单位扣押劳动者档案或者其他物品的，依照前款规定处罚。

第八十五条　用人单位有下列情形之一的，由劳动行政部门责令限期支付劳动报酬、加班费或者经济补偿；劳动报酬低于当地最低工资标准的，应当支付其差额部分；逾期不支付的，责令用人单位按应付金额百分之五十以上百分之一百以下的标准向劳动者加付赔偿金：

（一）未按照劳动合同的约定或者国家规定及时足额支付劳动者劳动报酬的；

（二）低于当地最低工资标准支付劳动者工资的；

（三）安排加班不支付加班费的；

（四）解除或者终止劳动合同，未依照本法规定向劳动者支付经济补偿的。

第八十六条　劳动合同依照本法第二十六条规定被确认无效，给对方造成损害的，有过错的一方应当承担赔偿责任。

第八十七条　用人单位违反本法规定解除或者终止劳动合同的，应当依照本法第四十七条规定的经济补偿标准的二倍向劳动者支付赔偿金。

第八十八条　用人单位有下列情形之一的，依法给予行政处罚；构成犯罪的，依法追究刑事责任；给劳动者造成损害的，应当承担赔偿责任：

（一）以暴力、威胁或者非法限制人身自由的手段强迫劳动的；

（二）违章指挥或者强令冒险作业危及劳动者人身安全的；

（三）侮辱、体罚、殴打、非法搜查或者拘禁劳动者的；

（四）劳动条件恶劣、环境污染严重，给劳动者身心健康造成严重损害的。

第八十九条　用人单位违反本法规定未向劳动者出具解除或者终止劳动合同的书面证明，由劳动行政部门责令改正；给劳动者造成损害的，应当承担赔偿责任。

第九十条　劳动者违反本法规定解除劳动合同，或者违反劳动合同中约定的保密义务或者竞业限制，给用人单位造成损失的，应当承担赔偿责任。

第九十一条　用人单位招用与其他用人单位尚未解除或者终止劳动合同的劳动者，给其他用人单位造成损失的，应当承担连带赔偿责任。

第九十二条　劳务派遣单位违反本法规定的，由劳动行政部门和其他有关主管部门责令改正；情节严重的，以每人一千元以上五千元以下的标准处以罚款，并由工商行政管理部门吊销营业执照；给被派遣劳动者造成损害的，劳务派遣单位与用工单位承担连带赔偿责任。

第九十三条　对不具备合法经营资格的用人单位的违法犯罪行为，依法追究法律责任；劳动者已经付出劳动的，该单位或者其出资人应当依照本法有关规定向劳动者支付劳动报酬、经济补偿、赔偿金；给劳动者造成损害的，应当承担赔偿责任。

第九十四条　个人承包经营违反本法规定招用劳动者，给劳动者造成损害的，发包的组织与个人承包经营者承担连带赔偿责任。

第九十五条　劳动行政部门和其他有关主管部门及其工作人员玩忽职守、不履行法定职责，或者违法行使职权，给劳动者或者用人单位造成损害的，应当承担赔偿责任；对直接负责的主管人员和其他直接责任人员，依法给予行政处分；构成犯罪的，依法追究刑事责任。

第八章　附　　则

第九十六条　事业单位与实行聘用制的工作人员订立、履行、变更、解除或者终止劳动合同，法律、行政法规或者国务院另有规定的，依照其规定；未作规定的，依照本法有关规定执行。

第九十七条　本法施行前已依法订立且在本法施行之日存续的劳动合同，继续履行；本法第十四条第二款第三项规定连续订立固定期限劳动合同的次数，自本法施行后续订固定期限劳动合同时开始计算。

本法施行前已建立劳动关系，尚未订立书面劳动合同的，应当自本法施行之日起一个月内订立。

本法施行之日存续的劳动合同在本法施行后解除或者终止，依照本法第四十六条规定应当支付经济补偿的，经济补偿年限自本法施行之日起计算；本法施行前按照当时有关规定，用人单位应当向劳动者支付经济补偿的，按照当时有关规定执行。

第九十八条　本法自 2008 年 1 月 1 日起施行。

（四）中华人民共和国劳动合同法实施条例

第一章　总　　则

第一条　为了贯彻实施《中华人民共和国劳动合同法》（以下简称劳动合同法），制定本条例。

第二条　各级人民政府和县级以上人民政府劳动行政等有关部门以及工会等组织，应当采取措施，推动劳动合同法的贯彻实施，促进劳动关系的和谐。

第三条　依法成立的会计师事务所、律师事务所等合伙组织和基金会，属于劳动合同法规定的用人单位。

第二章　劳动合同的订立

第四条　劳动合同法规定的用人单位设立的分支机构，依法取得营业执照或者登记证书的，可以作为用人单位与劳动者订立劳动合同；未依法取得营业执照或者登记证书的，受用人单位委托可以与劳动者订立劳动合同。

第五条　自用工之日起一个月内，经用人单位书面通知后，劳动者不与用人单位订立书面劳动合同的，用人单位应当书面通知劳动者终止劳动关系，无需向劳动者支付经济补偿，但是应当依法向劳动者支付其实际工作时间的劳动报酬。

第六条　用人单位自用工之日起超过一个月不满一年未与劳动者订立书面劳动合同的，应当依照劳动合同法第八十二条的规定向劳动者每月支付两倍的工资，并与劳动者补订书面劳动合同；劳动者不与用人单位订立书面劳动合同的，用人单位应当书面通知劳动者终止劳动关系，并依照劳动合同法第四十七条的规定支付经济补偿。

前款规定的用人单位向劳动者每月支付两倍工资的起算时间为用工之日起满一个月的次日，截止时间为补订书面劳动合同的前一日。

第七条　用人单位自用工之日起满一年未与劳动者订立书面劳动合同的，自用工之日起满一个月的次日至满一年的前一日应当依照劳动合同法第八十二条的规定向劳动者每月支付两倍的工资，并视为自用工之日起满一年的当日已经与劳动者订立无固定期限劳动合同，应当立即与劳动者补订书面劳动合同。

第八条　劳动合同法第七条规定的职工名册，应当包括劳动者姓名、性别、公民身份号码、户籍地址及现住址、联系方式、用工形式、用工起始时间、劳动合同期限等内容。

第九条　劳动合同法第十四条第二款规定的连续工作满 10 年的起始时间，应当自用人单位用工之日起计算，包括劳动合同法施行前的工作年限。

第十条　劳动者非因本人原因从原用人单位被安排到新用人单位工作的，劳动者在原用人单位的工作年限合并计算为新用人单位的工作年限。原用人单位已经向劳动者支付经济补偿的，新用人单位在依法解除、终止劳动合同计算支付经济补偿的工作年限时，不再计算劳动者在原用人单位的工作年限。

第十一条　除劳动者与用人单位协商一致的情形外，劳动者依照劳动合同法第十四条第二款的规定，提出订立无固定期限劳动合同的，用人单位应当与其订立无固定期限劳动合同。对劳动合同的内容，双方应当按照合法、公平、平等自愿、协商一致、诚实信用的原则协商确定；对协商不一致的内容，依照劳动合同法第十八条的规定执行。

第十二条　地方各级人民政府及县级以上地方人民政府有关部门为安置就业困难人员提供的给予岗位补贴和社会保险补贴的公益性岗位，其劳动合同不适用劳动合同法有关无固定期限劳动合同的规定以及支付经济补偿的规定。

第十三条　用人单位与劳动者不得在劳动合同法第四十四条规定的劳动合同终止情形之外约定其他的劳动合同终止条件。

第十四条　劳动合同履行地与用人单位注册地不一致的，有关劳动者的最低工资标准、劳动保护、劳动条件、职业危害防护和本地区上年度职工月平均工资标准等事项，按照劳动合同履行地的有关规定执行；用人单位注册地的有关标准高于劳动合同履行地的有关标准，且用人单位与劳动者约定按照用人单位注册地的有关规定执行的，从其约定。

第十五条　劳动者在试用期的工资不得低于本单位相同岗位最低档工资的 80% 或者不得低于劳动合同约定工资的 80%，并不得低于用人单位所在地的最低工资标准。

第十六条　劳动合同法第二十二条第二款规定的培训费用，包括用人单位为了对劳动者进行专业技术培训而支付的有凭证的培训费用、培训期间的差旅费用以及因培训产生的用于该劳动者的其他直接费用。

第十七条　劳动合同期满，但是用人单位与劳动者依照劳动合同法第二十二条的规定约定的服务期尚未到期的，劳动合同应当续延至服务期满；双方另有约定的，从其约定。

（五）中华人民共和国劳动争议调解仲裁法

（2007 年 12 月 29 日第十届全国人民代表大会常务委员会
第三十一次会议通过）

目　录

第一章　总　　则

第一条　为了公正及时解决劳动争议，保护当事人合法权益，促进劳动关系和谐稳定，制定本法。

第二条　中华人民共和国境内的用人单位与劳动者发生的下列劳动争议，适用本法：

（一）因确认劳动关系发生的争议；

（二）因订立、履行、变更、解除和终止劳动合同发生的争议；

（三）因除名、辞退和辞职、离职发生的争议；

（四）因工作时间、休息休假、社会保险、福利、培训以及劳动保护发生的争议；

（五）因劳动报酬、工伤医疗费、经济补偿或者赔偿金等发生的争议；

（六）法律、法规规定的其他劳动争议。

第三条　解决劳动争议，应当根据事实，遵循合法、公正、及时、着重调解的原则，依法保护当事人的合法权益。

第四条　发生劳动争议，劳动者可以与用人单位协商，也可以请工会或者第三方共同与用人单位协商，达成和解协议。

第五条　发生劳动争议，当事人不愿协商、协商不成或者达成和解协议后不履行的，可以向调解组织申请调解；不愿调解、调解不成或者达成调解协议后不履行的，可以向劳动争议仲裁委员会申请仲裁；对仲裁裁决不服的，除本法另有规定的外，可以向人民法院提起诉讼。

第六条　发生劳动争议，当事人对自己提出的主张，有责任提供证据。与争议事项有关的证据属于用人单位掌握管理的，用人单位应当提供；用人单位不提供的，应当承担不利后果。

第七条　发生劳动争议的劳动者一方在十人以上，并有共同请求的，可以推举代表参加调解、仲裁或者诉讼活动。

第八条　县级以上人民政府劳动行政部门会同工会和企业方面代表建立协调劳动关系三方机制，共同研究解决劳动争议的重大问题。

第九条　用人单位违反国家规定，拖欠或者未足额支付劳动报酬，或者拖欠工伤医疗费、经济补偿或者赔偿金的，劳动者可以向劳动行政部门投诉，劳动行政部门应当依法处理。

第二章　调　　解

第十条　发生劳动争议，当事人可以到下列调解组织申请调解：

（一）企业劳动争议调解委员会；

（二）依法设立的基层人民调解组织；

（三）在乡镇、街道设立的具有劳动争议调解职能的组织。

企业劳动争议调解委员会由职工代表和企业代表组成。职工代表由工会成员担任或者由全体职工推举产生，企业代表由企业负责人指定。企业劳动争议调解委员会主任由工会成员或者双方推举的人员担任。

第十一条　劳动争议调解组织的调解员应当由公道正派、联系群众、热心调解工作，并具有一定法律知识、政策水平和文化水平的成年公民担任。

第十二条　当事人申请劳动争议调解可以书面申请，也可以口头申请。口头申请的，调解组织应当当场记录申请人基本情况、申请调解的争议事项、理由和时间。

第十三条　调解劳动争议，应当充分听取双方当事人对事实和理由的陈述，耐心疏导，帮助其达成协议。

第十四条　经调解达成协议的，应当制作调解协议书。

调解协议书由双方当事人签名或者盖章，经调解员签名并加盖调解组织印章后生效，对双方当事人具有约束力，当事人应当履行。

自劳动争议调解组织收到调解申请之日起十五日内未达成调解协议的，当事人可以依法申请仲裁。

第十五条　达成调解协议后，一方当事人在协议约定期限内不履行调解协议的，另一方当事人可以依法申请仲裁。

第十六条　因支付拖欠劳动报酬、工伤医疗费、经济补偿或者赔偿金事项达成调解协议，用人单位在协议约定期限内不履行的，劳动者可以持调解协议书依法向人民法院申请支付令。人民法院应当依法发出支付令。

第三章　仲　裁

第一节　一　般　规　定

第十七条　劳动争议仲裁委员会按照统筹规划、合理布局和适应实际需要的原则设立。省、自治区人民政府可以决定在市、县设立；直辖市人民政府可以决定在区、县设立。直辖市、设区的市也可以设立一个或者若干个劳动争议仲裁委员会。劳动争议仲裁委员会不按行政区划层层设立。

第十八条　国务院劳动行政部门依照本法有关规定制定仲裁规则。省、自治区、直辖市人民政府劳动行政部门对本行政区域的劳动争议仲裁工作进行指导。

第十九条　劳动争议仲裁委员会由劳动行政部门代表、工会代表和企业方面代表组成。劳动争议仲裁委员会组成人员应当是单数。

劳动争议仲裁委员会依法履行下列职责：

（一）聘任、解聘专职或者兼职仲裁员；

（二）受理劳动争议案件；

（三）讨论重大或者疑难的劳动争议案件；

（四）对仲裁活动进行监督。

劳动争议仲裁委员会下设办事机构，负责办理劳动争议仲裁委员会的日常工作。

第二十条　劳动争议仲裁委员会应当设仲裁员名册。

仲裁员应当公道正派并符合下列条件之一：

（一）曾任审判员的；

（二）从事法律研究、教学工作并具有中级以上职称的；

（三）具有法律知识、从事人力资源管理或者工会等专业工作满五年的；

（四）律师执业满三年的。

第二十一条　劳动争议仲裁委员会负责管辖本区域内发生的劳动争议。

劳动争议由劳动合同履行地或者用人单位所在地的劳动争议仲裁委员会管辖。双方当事人分别向劳动合同履行地和用人单位所在地的劳动争议仲裁委员会申请仲裁的，由劳动合同履行地的劳动争议仲裁委员会管辖。

第二十二条　发生劳动争议的劳动者和用人单位为劳动争议仲裁案件的双方当事人。

劳务派遣单位或者用工单位与劳动者发生劳动争议的，劳务派遣单位和用工单位为共同当事人。

第二十三条　与劳动争议案件的处理结果有利害关系的第三人，可以申请参加仲裁活动或者由劳动争议仲裁委员会通知其参加仲裁活动。

第二十四条　当事人可以委托代理人参加仲裁活动。委托他人参加仲裁活动，应当向劳动争议仲裁委员会提交有委托人签名或者盖章的委托书，委托书应当载明委托事项和权限。

第二十五条　丧失或者部分丧失民事行为能力的劳动者，由其法定代理人代为参加仲裁活动；无法定代理人的，由劳动争议仲裁委员会为其指定代理人。劳动者死亡的，由其近亲属或者代理人参加仲裁活动。

第二十六条　劳动争议仲裁公开进行，但当事人协议不公开进行或者涉及国家秘密、商业秘密和个人隐私的除外。

第二节　申请和受理

第二十七条　劳动争议申请仲裁的时效期间为一年。仲裁时效期间从当事人知道或者应当知道其权利被侵害之日起计算。

前款规定的仲裁时效，因当事人一方向对方当事人主张权利，或者向有关部门请求权利救济，或者对方当事人同意履行义务而中断。从中断时起，仲裁时效期间重新计算。

因不可抗力或者有其他正当理由，当事人不能在本条第一款规定的仲裁时效期间申请仲裁的，仲裁时效中止。从中止时效的原因消除之日起，仲裁时效期间继续计算。

劳动关系存续期间因拖欠劳动报酬发生争议的，劳动者申请仲裁不受本条第一款规定的仲裁时效期间的限制；但是，劳动关系终止的，应当自劳动关系终止之日起一年内提出。

第二十八条　申请人申请仲裁应当提交书面仲裁申请，并按照被申请人人数提交副本。

仲裁申请书应当载明下列事项：

（一）劳动者的姓名、性别、年龄、职业、工作单位和住所，用人单位的名称、住所和法定代表人或者主要负责人的姓名、职务；

（二）仲裁请求和所根据的事实、理由；

（三）证据和证据来源、证人姓名和住所。

书写仲裁申请确有困难的，可以口头申请，由劳动争议仲裁委员会记入笔录，并告知对方当事人。

第二十九条　劳动争议仲裁委员会收到仲裁申请之日起五日内，认为符合受理条件的，应当受理，并通知申请人；认为不符合受理条件的，应当书面通知申请人不予受理，并说明理由。对劳动争议仲裁委员会不予受理或者逾期未作出决定的，申请人可以就该劳动争议事项向人民法院提起诉讼。

第三十条　劳动争议仲裁委员会受理仲裁申请后，应当在五日内将仲裁申请书副本送达被申请人。

被申请人收到仲裁申请书副本后，应当在十日内向劳动争议仲裁委员会提交答辩书。劳动争议仲裁委员会收到答辩书后，应当在五日内将答辩书副本送达申请人。被申请人未提交答辩书的，不影响仲裁程序的进行。

第三节　开庭和裁决

第三十一条　劳动争议仲裁委员会裁决劳动争议案件实行仲裁庭制。仲裁庭由三名仲裁员组成，设首席仲裁员。简单劳动争议案件可以由一名仲裁员独任仲裁。

第三十二条　劳动争议仲裁委员会应当在受理仲裁申请之日起五日内将仲裁庭的组成情况书面通知当事人。

第三十三条 仲裁员有下列情形之一，应当回避，当事人也有权以口头或者书面方式提出回避申请：

（一）是本案当事人或者当事人、代理人的近亲属的；

（二）与本案有利害关系的；

（三）与本案当事人、代理人有其他关系，可能影响公正裁决的；

（四）私自会见当事人、代理人，或者接受当事人、代理人的请客送礼的。

劳动争议仲裁委员会对回避申请应当及时作出决定，并以口头或者书面方式通知当事人。

第三十四条 仲裁员有本法第三十三条第四项规定情形，或者有索贿受贿、徇私舞弊、枉法裁决行为的，应当依法承担法律责任。劳动争议仲裁委员会应当将其解聘。

第三十五条 仲裁庭应当在开庭五日前，将开庭日期、地点书面通知双方当事人。当事人有正当理由的，可以在开庭三日前请求延期开庭。是否延期，由劳动争议仲裁委员会决定。

第三十六条 申请人收到书面通知，无正当理由拒不到庭或者未经仲裁庭同意中途退庭的，可以视为撤回仲裁申请。

被申请人收到书面通知，无正当理由拒不到庭或者未经仲裁庭同意中途退庭的，可以缺席裁决。

第三十七条 仲裁庭对专门性问题认为需要鉴定的，可以交由当事人约定的鉴定机构鉴定；当事人没有约定或者无法达成约定的，由仲裁庭指定的鉴定机构鉴定。

根据当事人的请求或者仲裁庭的要求，鉴定机构应当派鉴定人参加开庭。当事人经仲裁庭许可，可以向鉴定人提问。

第三十八条 当事人在仲裁过程中有权进行质证和辩论。质证和辩论终结时，首席仲裁员或者独任仲裁员应当征询当事人的最后意见。

第三十九条 当事人提供的证据经查证属实的，仲裁庭应当将其作为认定事实的根据。

劳动者无法提供由用人单位掌握管理的与仲裁请求有关的证据，仲裁庭可以要求用人单位在指定期限内提供。用人单位在指定期限内不提供的，应当承担不利后果。

第四十条 仲裁庭应当将开庭情况记入笔录。当事人和其他仲裁参加人认为对自己陈述的记录有遗漏或者差错的，有权申请补正。如果不予补正，应当记录该申请。

笔录由仲裁员、记录人员、当事人和其他仲裁参加人签名或者盖章。

第四十一条 当事人申请劳动争议仲裁后，可以自行和解。达成和解协议的，可以撤回仲裁申请。

第四十二条 仲裁庭在作出裁决前，应当先行调解。

调解达成协议的，仲裁庭应当制作调解书。

调解书应当写明仲裁请求和当事人协议的结果。调解书由仲裁员签名，加盖劳动争议仲裁委员会印章，送达双方当事人。调解书经双方当事人签收后，发生法律效力。

调解不成或者调解书送达前，一方当事人反悔的，仲裁庭应当及时作出裁决。

第四十三条 仲裁庭裁决劳动争议案件，应当自劳动争议仲裁委员会受理仲裁申请之日起四十五日内结束。案情复杂需要延期的，经劳动争议仲裁委员会主任批准，可以延期并书面通知当事人，但是延长期限不得超过十五日。逾期未作出仲裁裁决的，当事人可以就该劳动争议事项向人民法院提起诉讼。

仲裁庭裁决劳动争议案件时，其中一部分事实已经清楚，可以就该部分先行裁决。

第四十四条　仲裁庭对追索劳动报酬、工伤医疗费、经济补偿或者赔偿金的案件，根据当事人的申请，可以裁决先予执行，移送人民法院执行。

仲裁庭裁决先予执行的，应当符合下列条件：

（一）当事人之间权利义务关系明确；

（二）不先予执行将严重影响申请人的生活。

劳动者申请先予执行的，可以不提供担保。

第四十五条　裁决应当按照多数仲裁员的意见作出，少数仲裁员的不同意见应当记入笔录。仲裁庭不能形成多数意见时，裁决应当按照首席仲裁员的意见作出。

第四十六条　裁决书应当载明仲裁请求、争议事实、裁决理由、裁决结果和裁决日期。裁决书由仲裁员签名，加盖劳动争议仲裁委员会印章。对裁决持不同意见的仲裁员，可以签名，也可以不签名。

第四十七条　下列劳动争议，除本法另有规定的外，仲裁裁决为终局裁决，裁决书自作出之日起发生法律效力：

（一）追索劳动报酬、工伤医疗费、经济补偿或者赔偿金，不超过当地月最低工资标准十二个月金额的争议；

（二）因执行国家的劳动标准在工作时间、休息休假、社会保险等方面发生的争议。

第四十八条　劳动者对本法第四十七条规定的仲裁裁决不服的，可以自收到仲裁裁决书之日起十五日内向人民法院提起诉讼。

第四十九条　用人单位有证据证明本法第四十七条规定的仲裁裁决有下列情形之一，可以自收到仲裁裁决书之日起三十日内向劳动争议仲裁委员会所在地的中级人民法院申请撤销裁决：

（一）适用法律、法规确有错误的；

（二）劳动争议仲裁委员会无管辖权的；

（三）违反法定程序的；

（四）裁决所根据的证据是伪造的；

（五）对方当事人隐瞒了足以影响公正裁决的证据的；

（六）仲裁员在仲裁该案时有索贿受贿、徇私舞弊、枉法裁决行为的。

人民法院经组成合议庭审查核实裁决有前款规定情形之一的，应当裁定撤销。

仲裁裁决被人民法院裁定撤销的，当事人可以自收到裁定书之日起十五日内就该劳动争议事项向人民法院提起诉讼。

第五十条　当事人对本法第四十七条规定以外的其他劳动争议案件的仲裁裁决不服的，可以自收到仲裁裁决书之日起十五日内向人民法院提起诉讼；期满不起诉的，裁决书发生法律效力。

第五十一条　当事人对发生法律效力的调解书、裁决书，应当依照规定的期限履行。

一方当事人逾期不履行的，另一方当事人可以依照民事诉讼法的有关规定向人民法院申请执行。受理申请的人民法院应当依法执行。

第四章　附　　则

第五十二条　事业单位实行聘用制的工作人员与本单位发生劳动争议的，依照本法执行；法律、行政法规或者国务院另有规定的，依照其规定。

第五十三条　劳动争议仲裁不收费。劳动争议仲裁委员会的经费由财政予以保障。

第五十四条　本法自 2008 年 5 月 1 日起施行。

（六）中华人民共和国企业劳动争议处理条例

第一章　总　　则

第一条　为了妥善处理企业劳动争议，保障企业和职工的合法权益，维护正常的生产经营秩序，发展良好的劳动关系，促进改革开放的顺利发展，制定本条例。

第二条　本条例适用于中华人民共和国境内的企业与职工之间的下列劳动争议：

（一）因企业开除、除名、辞退职工和职工辞职、自动离职发生的争议；

（二）因执行国家有关工资、保险、福利、培训、劳动保护的规定发生的争议；

（三）因履行劳动合同发生的争议；

（四）法律、法规规定应当依照本条例处理的其他劳动争议。

第三条　企业与职工为劳动争议案件的当事人。

第四条　处理劳动争议，应当遵循下列原则：

（一）着重调解，及时处理；

（二）在查清事实的基础上，依法处理；

（三）当事人在适用法律上一律平等。

第五条　发生劳动争议的职工一方在三人以上，并有共同理由的，应当推举代表参加调解或者仲裁活动。

第六条　劳动争议发生后，当事人应当协商解决；不愿协商或者协商不成的，可以向本企业劳动争议调解委员会申请调解；调解不成的，可以向劳动争议仲裁委员会申请仲裁。当事人也可以直接向劳动争议仲裁委员会申请仲裁。对仲裁裁决不服的，可以向人民法院起诉。

劳动争议处理过程中，当事人不得有激化矛盾的行为。

第二章　企　业　调　解

第七条　企业可以设立劳动争议调解委员会（以下简称调解委员会）。调解委员会负责调解本企业发生的劳动争议。调解委员会由下列人员组成：

（一）职工代表；

（二）企业代表；

（三）企业工会代表。

职工代表由职工代表大会（或者职工大会，下同）推举产生；企业代表由厂长（经理）指定；企业工会代表由企业工会委员会指定。调解委员会组成人员的具体人数由职工代表大会提出并与厂长（经理）协商确定，企业代表的人数不得超过调解委员会成员总额的三分之一。

第八条　调解委员会主任由企业工会代表担任。调解委员会的办事机构设在企业工会委员会。

第九条　没有成立工会组织的企业，调解委员会的设立及其组成由职工代表与企业代表协商决定。

第十条　调解委员会调解劳动争议，应当自当事人申请调解之日起三十日内结束；到期未结束的，视为调解不成。

第十一条　调解委员会调解劳动争议应当遵循当事人双方自愿原则，经调解达成协议的，制作调解协议书，双方当事人应当自觉履行；调解不成的，当事人在规定的期限内，可以向劳动争议仲裁委员会申请仲裁。

第三章　仲　　裁

第十二条　县、市、市辖区应当设立劳动争议仲裁委员会（以下简称仲裁委员会）。

第十三条　仲裁委员会由下列人员组成：

（一）劳动行政主管部门的代表；

（二）工会的代表；

（三）政府指定的经济综合管理部门的代表。

仲裁委员会组成人员必须是单数，主任由劳动行政主管部门的负责人担任。

劳动行政主管部门的劳动争议处理机构为仲裁委员会的办事机构，负责办理仲裁委员会的日常事务。

仲裁委员会实行少数服从多数的原则。

第十四条　仲裁委员会处理劳动争议，实行仲裁员、仲裁庭制度。

第十五条　仲裁委员会可以聘任劳动行政主管部门或者政府其他有关部门的人员、工会工作者、专家学者和律师为专职的或者兼职的仲裁员。兼职仲裁员与专职仲裁员在执行仲裁公务时享有同等权利。兼职仲裁员进行仲裁活动时，所在单位应当给予支持。

第十六条　仲裁委员会处理劳动争议，应当组成仲裁庭。仲裁庭由三名仲裁员组成。简单劳动争议案件，仲裁委员会可以指定一名仲裁员处理。仲裁庭对重大的或者疑难的劳动争议案件的处理，可以提交仲裁委员会讨论决定；仲裁委员会的决定，仲裁庭必须执行。

第十七条　县、市、市辖区仲裁委员会负责本行政区域内发生的劳动争议。设区的市的仲裁委员会和市辖区的仲裁委员会受理劳动争议案件的范围，由省、自治区人民政府规定。

第十八条　发生劳动争议的企业与职工不在同一个仲裁委员会管辖地区的，由职工当事人工资关系所在地的仲裁委员会处理。

第十九条　当事人可以委托一至二名律师或者其他人代理参加仲裁活动。委托他人参加仲裁活动，必须向仲裁委员会提交有委托人签名或者盖章的委托书，委托书应当明确委托事项和权限。

第二十条　无民事行为能力的和限制民事行为能力的职工或者死亡的职工，可以由其法定代理人代为参加仲裁活动；没有法定代理人的，由仲裁委员会为其指定代理人代为参加仲裁活动。

第二十一条　当事人双方可以自行和解。

第二十二条　与劳动争议案件的处理结果有利害关系的第三人，可以申请参加仲裁活动或者由仲裁委员会通知其参加仲裁活动。

第二十三条　当事人应当从知道或者应当知道其权利被侵害之日起六个月内，以书面形式向仲裁委员会申请仲裁。当事人因不可抗力或者有其他正当理由超过前款规定的申请仲裁时效的，仲裁委员会应当受理。

第二十四条　当事人向仲裁委员会申请仲裁，应当提交申诉书，并按照被诉人数提交副本。申诉书应当载明下列事项：

（一）职工当事人的姓名、职业、住址和工作单位；企业的名称、地址和法定代表人的姓名、职务；

（二）仲裁请求和所根据的事实和理由；

（三）证据、证人的姓名和住址。

第二十五条　仲裁委员会应当自收到申诉书之日起七日内做出受理或者不予受理的决定。仲裁委员会决定受理的，应当自作出决定之日起七日内将申诉书的副本送达被诉人，并组成仲裁庭；决定不予受理的，应当说明理由。被诉人应当自收到申诉书副本之日起十五日内提交答辩书和有关证据。被诉人没有按时提交或者不提交答辩书的，不影响案件的审理。仲裁委员会有权要求当事人提供或者补充证据。

第二十六条　仲裁庭应当于开庭的四日前，将开庭时间、地点的书面通知送达当事人。当事人接到书面通知，无正当理由拒不到庭或者未经仲裁庭同意中途退庭的，对申诉人按照撤诉处理，对被诉人可以缺席裁决。

第二十七条　仲裁庭处理劳动争议应当先行调解，在查明事实的基础上促使当事人双方自愿达成协议。协议内容不得违反法律、法规。

第二十八条　调解达成协议的，仲裁庭应当根据协议内容制作调解书，调解书自送达之日起具有法律效力。调解未达成协议或者调解书送达前当事人反悔的，仲裁庭应当及时裁决。

第二十九条　仲裁庭裁决劳动争议案件，实行少数服从多数的原则。不同意见必须如实笔录。

仲裁庭作出裁决后，应当制作裁决书，送达双方当事人。

第三十条　当事人对仲裁裁决不服的，自收到裁决书之日起十五日内，可以向人民法院起诉；期满不起诉的，裁决书即发生法律效力。

第三十一条 当事人对发生法律效力的调解书和裁决书，应当依照规定的期限履行。一方当事人逾期不履行的，另一方当事人可以申请人民法院强制执行。

第三十二条 仲裁庭处理劳动争议，应当自组成仲裁庭之日起六十日内结束。案情复杂需要延期的，经报仲裁委员会批准，可以适当延期，但是延长的期限不得超过三十日。

第三十三条 仲裁委员会在处理劳动争议时，有权向有关单位查阅与案件有关的档案、资料和其他证明材料，并有权向知情人调查，有关单位和个人不得拒绝。仲裁委员会之间可以委托调查。

仲裁委员会及其工作人员对调查劳动争议案件中涉及的秘密和个人隐私应当保密。

第三十四条 劳动争议当事人申请仲裁，应当按照国家有关规定交纳仲裁费。

仲裁费包括案件受理费和处理费。收费的标准和办法由国务院劳动行政主管部门会同国务院财政行政主管部门和国务院物价行政主管部门规定。

第三十五条 仲裁委员会组成人员或者仲裁员有下列情形之一的，应当回避，当事人有权以口头或者书面方式申请其回避：

（一）是劳动争议当事人或者当事人近亲属的；

（二）与劳动争议有利害关系的；

（三）与劳动争议当事人有其他关系，可能影响公正仲裁的。

第三十六条 仲裁委员会对回避申请应当及时做出决定，并以口头或者书面方式通知当事人。

第四章 罚 则

第三十七条 当事人及有关人员在劳动争议处理过程中有下列行为之一的，仲裁委员会可以予以批评教育、责令改正；情节严重的，依照《中华人民共和国治安管理处罚条例》有关规定处罚；构成犯罪的，依法追究刑事责任：

（一）干扰调解和仲裁活动、阻碍仲裁工作人员执行公务的；

（二）提供虚假情况的；

（三）拒绝提供有关文件、资料和其他证明材料的；

（四）对仲裁工作人员、仲裁参加人、证人、协助执行人，进行打击报复的。

第三十八条 处理劳动争议的仲裁工作人员在仲裁活动中，徇私舞弊、收受贿赂、滥用职权、泄露秘密和个人隐私的，由所在单位或者上级机关给予行政处分，是仲裁员的，仲裁委员会应当予以解聘；构成犯罪的，依法追究刑事责任。

第五章 附 则

第三十九条 国家机关、事业单位、社会团体与本单位工人之间，个体工商户与帮工、学徒之间，发生的劳动争议，参照本条例执行。

第四十条 仲裁委员会组织规则、办案规则由国务院劳动行政主管部门会同其他有关部门制定。

第四十一条 省、自治区、直辖市人民政府可以根据本条例制定实施办法。

第四十二条　本条例由国务院劳动行政主管部门负责解释。

第四十三条　本条例自一九九三年八月一日起施行。一九八七年七月三十一日国务院发布的《国营企业劳动争议处理暂行规定》同时废止。

参考文献

[1] 李芳,李义庭 . 大学生职业生涯与发展规划 . 北京 : 人民军医出版社,2008

[2] 石建勋,蔡新会,张鑫,等 . 职业规划与企业管理 . 北京 : 机械工业出版社,2006

[3] 唐伯武 . 创业·就业指导 . 北京 : 中国经济出版社,2008

[4] 就业与创业课题研究组 . 大学生就业与创业指导教程(卫生类). 北京 : 人民军医出版社,2008

[5] 曲振国 . 大学生就业指导与职业生涯规划 . 北京 : 清华大学出版社,2015

[6] 陈兰云,王凯 . 大学生就业指导 . 北京 : 中国医药科技出版社,2015

[7] 李功迎 . 医患行为与医患沟通技巧 . 北京 : 人民卫生出版社,2012

[8] 王莉,陈岩,吕化周 . 大学生职业发展与就业能力培养 . 武汉 : 武汉理工大学出版社,2013

[9] 高桥,王辉 . 大学生职业发展与就业指导教学指南 . 北京 : 中国出版集团现代教育出版社,2008

[10] 陈曦,赵北平 . 大学生就业指导 . 武汉 : 武汉理工大学出版社,2007

[11] (美)里尔登(Reardon)等著 . 职业生涯发展与规划(学生手册). 教育部高校学生司组织编译,侯志瑾等
       译 . 北京 : 高等教育出版社,2005

[12] 项中,魏萍,梁志雄,等 . 医药大学生就业与创业指导 . 北京 : 新华出版社,2008

[13] 周宏岩,苏文平 . 大学生职业生涯规划与就业指导 . 北京 : 化学工业出版社,2008

[14] 陈冰 . 世界 500 强企业面试题解析 . 北京 : 人民邮电出版社,2009

[15] 褚福灵 . 人力资源管理职位模拟教程 . 北京 : 中国人民大学出版社,2003

[16] 陈统 . 公务员面试真题 1000 道详解 . 北京 : 中国建材工业出版社,2008

[17] 辽宁省教育厅 . 大学生职业发展与就业创业概论 . 大连 : 大连理工大学出版社,2008

[18] 王海棠 . 大学生就业指导教程 . 北京 : 北京大学出版社,2008

[19] 张培德 . 就业与职业 . 上海 : 上海中医药大学出版社,2006

[20] 段西涛 . 大学生就业指导职业生涯规划 . 北京 : 光明日报出版社,2008

[21] 邵国琼 . 护士应聘面试通关 . 长沙 : 湖南科学技术出版社,2009

[22] 金正昆 . 服务礼仪教程 . 北京 : 中国人民大学出版社,2005

[23] 刘光泽,葛国文 . 医学生就业指南 . 北京 : 科学出版社,2003

[24] 刘晓滇 . 大学生职业生涯与发展规划教程 . 北京 : 人民军医出版社,2008

[25] 方伟 . 大学生职业生涯规划咨询案例教程 . 北京 : 北京大学出版社,2008

[26] 代凤兰,官素琼 . 创业就业指导 . 北京 : 科学出版社,2008

[27] 周三多 . 管理学 . 北京 : 高等教育出版社,2000

[28] 廖泉文 . 人力资源招聘系统 . 济南 : 山东人民出版社,1999

[29] 王银生,涂满章 . 一基三维修炼 . 西宁 : 青海人民出版社,2009

[30] 京斯坦威管理咨询有限公司 . 实用人才素质与能力测评 . 北京 : 企业管理出版社,2003

[31] 姚裕群 . 职业生涯规划和发展 . 北京 : 首都经济贸易大学出版社,2003

[32] 沈之菲 . 生涯心理辅导 . 上海 : 上海教育出版社,2000

［33］金树人.生涯咨询与辅导.北京:高等教育出版社,2007

［34］郭志文,李斌成.大学生职业生涯规划.武汉:华中科技大学出版社,2008

［35］吴春虎,李红英.医学生求职指导——34个精彩的求职故事.北京:人民军医出版社,2007

［36］瞿振元.大学生就业指导.北京:高等教育出版社,2001

［37］宋专茂.大学生就业心理辅导.广州:暨南大学出版社,2004

［38］王斌,阎荣花.毕业生就业指导教程.哈尔滨:黑龙江教育出版社,2002

［39］(美)Diane Sukiennk,William Bendat,Lisa Raufman 著.就业指导(职业生涯规划教程)第7版.李洋,张奕,小卉译.北京:中国劳动社会保障出版社,2005

［40］温树田.就业与创业指导.北京:人民卫生出版社,2008

［41］郭松,王燕,李发蓉.医学生就业指导.赤峰:内蒙古科学技术出版社,2001

［42］张恒亮.学业规划.西安:电子科技大学出版社.2003

［43］徐小洲.国外中学创业教育.浙江:浙江出版联合集团,浙江教育出版社,2010.

［44］程社明.你的船,你的海——职业生涯规划.北京:新华出版社,2007年

［45］尼可拉斯·劳尔.天才也怕入错行.姜飞月译.吉林:吉林人民出版社,2000

［46］罗伯特·洛克.把握你的职业生涯发展.北京:中国轻工业出版社,2006

［47］曲振国.大学生就业指导与职业生涯规划.北京:清华大学出版社,2008

［48］洪向阳.10天谋出好前途——职业规划实操手册.上海:上海大学出版社,2014

［49］国家职业分类大典和职业资格工作委员会.中华人民共和国职业分类大典.北京:中国劳动社会保障出版社,2017

［50］普通高等院校十二五精品规划教材职业生涯规划课题组.大学生职业生涯规划与素质能力提升.北京:现代教育出版社,2013

［51］唐闻捷,王占岳.医学生职业生涯规划与发展.杭州:浙江大学出版社,2013

［52］曲振国.大学生职业生涯规划与就业创业指导教程.西安:西安交通大学出版社,2015

［53］汪莉.职业生涯规划与管理.北京:中国华侨出版社,2008

［54］秦自强,王刚.大学生就业指导新编.北京:北京大学出版社,2004

［55］刘志荣.大学生成才与就业指导.武汉:武汉大学出版社,2004

［56］钟谷兰,杨开.大学生职业生涯发展与规划.上海:华东师范大学出版社,2008

［57］理查德·尼尔森·鲍利斯.你的降落伞是什么颜色.陈伟等译.北京:中信出版社,2006

［58］赵怀玉.大学生学业规划、职业发展与就业指导.西安:西北大学出版社,2008

［59］孙桂兰.医学生临床指南.北京:军事医学科学出版社,2000

［60］杜映梅.职业生涯规划.北京:对外经济贸易大学出版社,2004

［61］刘献忠,廖茂侦.新编就业指导教程.北京:中国言实出版社,2004

［62］李红,方爱珍.医学类专业大学生职业发展与就业指导.北京:高等教育出版社,2008

［63］徐笑君.职业生涯规划与管理.成都:四川出版社,2008

［64］彭澎.生涯规划实务.北京:清华大学出版社,2008

［65］曹鸣岐.职业生涯规划.北京:高等教育出版社,2008

［66］李志平.中西医学史.北京:人民卫生出版社,1999

［67］杨平.医学导论.北京:人民卫生出版社,1999

［68］陈石清,熊道陵.浅论大学生职业生涯规划.中国大学生就业,2008,4:57-58

［69］胡建华.医学院校毕业生的就业现状与思考.中国高等医学教育,2002,(06):14-15

［70］丁旭.浅谈医学生职业生涯规划教育.河北北方学院学报,2008,(02):73-75

［71］吉明明.医学毕业生就业现状及对策.中国交通医学杂志,2005,(19):177-178

［72］郝家荣,张宏.普通医学院校学生就业与大学英语教学改革.中国校外教育,2009,(04):29

［73］念轩.求职表达巧用"三板斧".中国妇女报,2005,（06）:3

［74］罗建云.我凭什么敲开用人单位的门——应届生求职成功案例扫描.创业者,2006,（09）:45

［75］冯子才.大学生就业与学业自议.西南科技大学学报(哲学社会科学版),2003,12

［76］秦岩.高校英语专业人才就业形势调研及对策.招生与就业,2009,（01）:7-8

［77］王季,李靖舒,李倩.高校创业教育基地发展现状与建设办法.沈阳师范大学学报(社会科学版).2015（02）:152-155

［78］李碧宪,梁劲泰.论职业道德的内涵.理论导刊,1997,（09）:25-26

［79］王云鹏,时建伟,刘恭辉.医学院校大学生创业教育实施体系的构建.现代教育管理,2009,（03）:116—118

［80］姜春慧,姜春邢.对大学生创业政策理性思考探析.素质教育论坛,2008,（12）:25

［81］阚甜.大学生自主创业环境分析.教育导论,2007,（17）:12-13

［82］左开英.浅谈当代医学类毕业生的就业现状.四川省卫生管理干部学院学报,2007,（26）:145 – 146

［83］万鹏飞.医学生就业难的几点思考.中国高等医学教育,2008,（11）:124 – 125

［84］张鸿波.医学生就业与综合素质培养.承德医学院学报,2006,（24）:335 – 336

［85］张丽莉.医学研究生生涯规划现状调查研究.西北医学教育,2008,（16）:1103 – 1104

［86］李恩昌.医学职业人格培养的必要性.中国医学伦理学,2005（18）:21 – 24

［87］张劲强.医生职业声望.中国行为医学科学,2005,（14）:470 – 471

［88］盖世洲.浅论我国大学生就业市场现状及发展趋势.就业工作研究,2008 :81 – 84

［89］刘宪亮.论医学生职业人格培养的内容及途径.中国医学伦理学,2005,（18）:10 – 13

［90］邹建良.探索大学生创新创业教育途径.中国高等教育.2015（05）

［91］刘振中.大学生创业的制约因素分析与对策探讨.中国成人教育.2013（23）

［92］周纯,王锋.当代大学生创业的现实困境及对策.黑龙江高教研究.2013（09）

［93］郭园兰.试析高校毕业生创业现状、制约因素及政策建议.湖南社会科学.2010（06）

［94］詹全友.武汉市大学生创业现状及发展趋势.科协论坛（下半月）.2010（09）

［95］詹志灵.双创时代高校创业教育的定位及实施策略.闽西职业技术学院学报.2016（03）

［96］刘梦格,冯洁芳,赵露露."大众创业,万众创新"背景下,大学生创新创业教育的研究.科技经济市场.2016（05）

［97］王善科.高校创新创业教育发展策略研究.中国成人教育.2016（10）

［98］龚园媛.大众创业万众创新的社会化服务研究.创新科技.2016（03）

［99］卢丽华.美国人学实施创业教育的特点及启示.外国教育研究,2007（5）:59-63

［100］刘帆.美国高校创业教育的目标、模式及其趋势.中国青年政治学院学报,2008（4）:98-101

［101］梅伟惠.美国高校创业教育模式研究.比较教育研究,2008（5）:52-56

［102］张竹药.美国大学的创业教育对中国的启示.科研管理,2005（12）:86-89

［103］Holland JL.The Self-Directed Search,professional manual.Odessa,FL:Psychological Assessment Resources,1985

［104］Holland J L.Making vocational choices:A theory of vocational personalities and work environments.3rd ed.Odessa,FL:Psychological Assessment Resources,1997

［105］Cochran L.Difference between supplied and elicited construct:Considerations in career evaluation.Social Behavior and Personality,1977,5 :241-247

［106］PAZY A.Joint Responsibility:The Relationships between Organizational and Individual Career Management and the Effectiveness of Careers.Group and Organization Studies,1988,13 :311-331

［107］Sullivan SE,Baruch Y.Advances in career theory and research:A critical review and agenda for future exploration.Journal of management,2009,35（6）:1542-1571

[108] Super DE.A Theory of vocational development.American Psychologist,1953,8(5):185-190

[109] Turnley WH,Bolino MC,Lester SW,et al.The impact of psychological contract fulfillment on the perform-ance of in-role and organizational citizenship behaviors. Journal of Management,2003,29(2):187-206

[110] Guan Y,Wang F,Liu H,et al.Career-specific parental behaviors,career exploration and career adaptability: A three-wave investigation among Chinese undergraduates.Journal of Vocational Behavior,2015a,86:95-103

[111] Hirschi A,Valero D.Career adaptability profiles and their relationship to adaptivity and adapting.Journal of vocational behavior,2015,88:220-229

[112] Wilkins KG,Santilli S,Ferrari L,et al.The relationship among positive emotional dispositions, career adaptability,and satisfaction in Italian high school students.Journal of Vocational Behavior,2014,85 (3):329-338

[113] King Z.Career self-management:Its nature,causes and consequences.Journal of Vocational Behavior,2004, 65(1):112-133

后 记

在教材再版之际，我们要感谢哈尔滨医科大学领导及哈尔滨医科大学大庆校区的各位领导，对本教材编写和出版工作给予的高度重视和大力支持！特别感谢哈尔滨医科大学校长、中国工程院院士杨宝峰教授，作为国内外医药领域德高望重、成绩斐然的医药科学家和医学教育家、中国共产党十七大、十八大、十九大代表能在百忙中为本书作序，不仅是我们编者的最大荣幸和对此教材的最大支持与首肯，同时也是医学院校的专家学者对所有医学生成长与未来发展的最大关怀。

本教材的总策划人是哈尔滨医科大学大庆校区人文社科系主任、硕士研究生导师王彩霞教授，本教材的编写大纲也由王彩霞教授审定。此前，王彩霞教授对医学院校医学生职业生涯规划和就业指导情况进行了认真调研，收集了大量该方面的信息，掌握了第一手资料，吸纳了最新的职业生涯规划和大学生职业发展立体理念以及设计方法；同时王彩霞教授还协助本版主编全艳对全书进行了统稿，认真加工修改了各章的内容，为本教材能够充分体现医学特色、实践特色和创新特色付出了许多心血。哈尔滨医科大学学生工作部部长周艳娟教授，在繁忙之中以其丰富的学生教育管理经验和丰富的编写教材经历，对本教材的编写给予了积极的指导和支持，尤其是在提高教材质量、保证本书的专业性、科学性和实用性方面提出了许多颇有见地的意见，在此一并致以衷心的谢意！

编写中我们引用和参考了许多专家、学者和同仁们的文献和资料，为本书增添了光彩和分量，也在此致以诚挚的谢意！

虽然我们为此教材的再版编写付出了许多努力，但疏漏和错误在所难免，我们真诚希望广大医学生和读者以及同仁们不吝赐教，衷心感谢！

编者

2018 年 8 月

Postscript

At the time of republication, we would like to thank the leaders of Harbin Medical University and the leaders of Daqing Campus of Harbin Medical University for their great attention and support of this textbook.Special thanks to Professor YANG Baofeng, the former President of Harbin Medical University and academician of Chinese Academy of Engineering, as a highly respected and outstanding medical scientist and medical educator in the field of medicine at home and abroad, a representative of 17th, 18th, 19th CPC national congress, who wrote the Preface to this book.It is not only the greatest honor for our editors, but also the greatest support and endorsement for the teaching materials, as well as the greatest concern for the growth and future development of all medical students.

The chief planner of this textbook is Professor WANG Caixia, the director of Department of Humanities and Social Sciences, Daqing Campus of Harbin Medical University, and a supervisor of postgraduates.The compilation outline of this textbook is also approved by Professor WANG. Previously, Professor WANG has conducted a careful investigation on the career planning and guidance of medical students, collected a large amount of information, mastered first-hand information, and absorbed the latest career planning and three-dimensional concept and design methods of college students' career development.At the same time, she has assisted the chief editor QUAN Yan in compiling the draft of the textbook, carefully processed and revised the contents of each chapter, and paid a lot of efforts to fully reflect the characteristics of medicine, practice and innovation.Meanwhile, we extend our heartfelt thanks to Professor ZHOU Yanjuan, the Minister of Student Work Department of Harbin Medical University, who provided positive guidance and support with her rich experience in student education management, especially in improving the quality, professional, scientific and practical of the textbook.

We would like to express our sincere thanks to all the experts, scholars and colleagues, whose literature and materials we have quoted and referred, though which adds luster and weight to this textbook.

Although we have made lots of efforts to compile the republication of the textbook, errors and omissions are inevitable.We sincerely hope the majority of medical students and readers, as well as colleagues, do not hesitate to comment.Thanks.

Editors

August, 2018